数字化转型网络安全丛书编委会

主 编

冯登国　杨晓宁

副主编

俞能海　陈立全　王生牛

编 委

（以姓氏笔画为序）

马 烨	王 进	王正安	王良民	左晓栋
乔 明	刘 斌	李卫海	杨 望	张 驰
张卫明	陈 彦	林璟锵	罗 俊	胡云坤
胡红钢	胡轶宁	侯 炜	陶 军	梁 冰

数字化转型网络安全丛书

冯登国 杨晓宁 主编

数字化转型下的隐私治理

张驰 罗俊 王生生 等/编著

PRIVACY GOVERNANCE UNDER DIGITAL TRANSFORMATION

中国科学技术大学出版社

内 容 简 介

本书立足于数字化环境下企业隐私治理的实际需求,系统、全面地分析企业网络安全隐私治理所依据的法律法规、标准规范,重点介绍隐私治理理念、方法、流程及工作机制,并以华为公司为案例,详细描述隐私治理在企业实践中的方法和难点,从而为实现企业隐私治理的互信共赢提供理论基础、组织管理路径和技术储备。

本书适合高校网络安全相关专业师生阅读参考,也适合企业信息安全人员、企业网络安全从业者及其他对网络安全感兴趣的个人参考。

图书在版编目(CIP)数据

数字化转型下的隐私治理 / 张驰等编著. -- 合肥:中国科学技术大学出版社,2024.11. -- ISBN 978-7-312-06092-2

Ⅰ. F272.7

中国国家版本馆 CIP 数据核字第 20245C6Y27 号

数字化转型下的隐私治理

SHUZIHUA ZHUANXING XIA DE YINSI ZHILI

出版	中国科学技术大学出版社 安徽省合肥市金寨路96号,230026 http://press.ustc.edu.cn https://zgkxjsdxcbs.tmall.com
印刷	合肥华苑印刷包装有限公司
发行	中国科学技术大学出版社
开本	787 mm×1092 mm　1/16
印张	23.75
字数	489千
版次	2024年11月第1版
印次	2024年11月第1次印刷
定价	98.00元

《数字化转型下的隐私治理》编写人员

张　驰　　罗　俊　　王生牛　　俞能海　　魏凌波
郑云文　　胡云坤　　陈　丽　　黄　伟　　郑长柏
赖克群　　雷　斌　　郭海阔　　杨　晨　　李　根
薛长祺　　黄泽平

序一

当今世界正经历百年未有之大变局,全球数字化浪潮推动数字权力兴起,各国从传统的地缘物理空间的竞争,转向数字空间的竞争。国际网络安全形势日益严峻,高级持续性威胁(APT)攻击、AI对抗攻击、勒索软件攻击等网络安全事件频发,给全球网络空间的安全稳定带来巨大挑战。

当前,涉及国计民生的大数据平台、云计算平台、工业控制系统、物联网等关键信息基础设施,以及正在步入千家万户的智能家电、智能驾驶汽车等,逐渐成为网络攻击的重要目标。然而,由于技术发展与历史原因,许多关键系统的安全防护能力滞后。以工业控制系统为例,为了保障业务的连续性和可靠性,部分老旧系统仍在运行,甚至不乏一些超过生命周期的设备,其高风险漏洞往往未得到及时修补。虽然近年来操作系统、数据库等方面的安全性受到广泛重视,对它们的安全防护也在逐步加强,但是个别漏洞仍可能带来巨大的风险。例如,Intel熔断、幽灵等处理器漏洞以及Raw Hammer等存储硬件漏洞,其危害严重且修复难度大,给网络安全带来严峻挑战。在我国,各行业对漏洞的认知程度和安全体系化建设的水平存在差异,对于如何从产品设计、研发、检测和运营的角度全面拒绝漏洞,急需成熟的理论指导、技术支持和产品支撑,这一挑战已经非常严峻且现实地摆在我们面前。

此外,数据安全事件也层出不穷,总体安全形势不容乐观。数据是数字时代的基础性战略资源与关键性生产要素,数据安全是数字经济健康、有序和可持续发展的基石,世界各国对数据安全的认识已从个人隐私保护层面上升到国家安全的高度。在法律层面，需要构建并完善网络安全、数据安全、隐私保护相关制度；在技术层面，需要努力打造自主可控的技术体系，确保数据的安全利用，充分发挥数据资产价值。我们必须高度重视数据的全生命周期安全，切实提升数据安全防护和治理能力，重点防范针对敏感数据的窃取、破解、篡改等攻击活动，保障关键信息基础设施安全。

我国拥有庞大的信息技术研发团体，高校、研究所、企业等储备了大量的研发技术人才。这些年来，我国企业的研发实力和研发投入已经在市场中得到展现，科研院所的研究水平也有大幅提升，为我国在全球科技竞争中赢得了宝贵的机遇。我们需要持续强化网络安全能力建设，提升关键信息基础设施安全保障水平，加大数据安全保护力度，开展新技术网络安全防护，不断从安全防御、安全治理和安全威慑等方面提升我国网络安全保障能力和水平。

"数字化转型网络安全丛书"是通过校企合作深入研究网络安全治理的专题类图书，汇集了理论方法与实践经验，深入剖析了企业在数字化转型过程中面临的网络安全挑战，提供了应对策略和治理经验。希望该丛书可以为行业内的专业人士提供有益的参考和启示，推动网络安全治理不断发展与进步。

是为序。

中国科学院院士

2024年5月于北京

随着移动互联网、大数据与云计算、5G、人工智能等技术的加速创新，数字技术已经日益融入经济社会发展各领域和全过程，企业数字化和智能化转型提速。数字技术的普及和应用推动了生产系统改造升级，算力、数据、网络流量爆发式增长，生产效率大幅提升。数字技术在智能辅助驾驶、远程操控、AI检测等广泛的应用场景中日益发挥着关键性作用，为港口、制造、能源与矿山、交通等关键基础设施行业的转型升级和高效运营提供了强有力的技术支撑。

数字化转型进程的加速，使得网络空间安全的风险暴露面也在持续扩大，网络勒索、DDoS攻击、恶意软件、网络钓鱼等网络安全威胁正在不断演变升级，新的网络安全漏洞不断被黑客发现和利用，这些威胁对个人、企业以及组织的伤害也越来越大，数字世界的安全威胁和冲突也日益加剧。从政府到企业、从安全研究员到普通民众，任何一方都无法单独应对这些挑战，我们呼吁各利益相关方，都能够对网络空间安全建立起清醒的认知，客观理性地评估风险并实施有效的风险消减措施。网络空间安全的本质是资产的所有者和经营者围绕资产脆弱性与威胁方之间展开动态对抗的全过程，考验的是我们在威胁感知、安全防护、数据保护和安全治理等多方面的综合能力。华为作为全球领先的ICT解决方案的提供者，我们更加需要持续构建与强化这些关键能力，并将这些能力融入产品和解决方案，支撑客户在产品的全生命周期中持续构建网络韧性，有效消减网络安全风险。

企业在追求业务发展与应对安全威胁的同时，也必须遵守网络空间安全与隐私保护的法律法规，履行网络空间/数字世界的合规义务。近些年来，各国政府都陆续出台了很多与网络安全、隐私保护、数据安全相关的法律法规，通过对网络空间、数字世界的立法约束，维护社会、企业和个人在数字领域的合法权益，保障网络空间的安全有序和可持续发展。

作为全球ICT产业的领军企业，华为拥有丰富的网络安全和信息安全的实践经验。自2010年起，华为进一步将网络安全和隐私保护列为公司的重要发展战略，投入充足资源以确保安全需求得到有效执行和落地。基于广泛的外部法规、技术标准、监管需求，华为形成了成熟的网络安全治理机制，有效保障了产品的高质量与安全可信。华为已在全球170多个国家建设1 500个网络，服务逾30亿用户，至今没有出现重大网络安全事故。我们希望通过"数字化转型网络安全丛书"将华为在网络安全与隐私保护保障体系方面的实践经验分享给广大读者，加强与高校合作，共同培养网络安全专业人才。

最后，衷心期望"数字化转型网络安全丛书"不仅能传授网络安全专业知识和技能，更能激发读者对网络空间安全领域的兴趣和热情。在数字化日益融入我们生活的今天，网络安全已不再是某个特定行业或个体的专属话题，而是我们每个人都应该关心和参与的重要议题。我相信通过对该丛书的阅读和学习，读者将收获宝贵的知识，并能在建设一个更安全、更可靠的数字世界中发挥自己的力量，共同守护我们的网络空间。

网络空间安全始于心，践于行。路虽远，行则将至。

华为网络安全与隐私保护官

杨晓宁

2024年5月于深圳

前言

在当今时代,数字化转型已深入到各行各业。以数据为新生产要素的数字经济蓬勃发展,数据竞争已成为国际竞争的重要领域。绝大部分采集和使用中的数据都或多或少与人的行为相关,包含个人信息的数据构成了数字经济的核心和基础。一方面,社会和商业的正常运行越来越离不开对个人信息的有效收集和利用;但另一方面,对个人信息的无序获取和违规滥用也严重侵犯了公民的个人信息权益,给个人、社会乃至国家都带来了巨大的危害。所有的个人信息处理者,尤其是企业,都面临着如何做好隐私治理(或者更准确地说是个人信息治理)的难题,即如何在切实履行个人信息保护法定义务的前提下有效释放数据价值。

目前市面上已有的隐私治理方面的书籍,或是站在企业法务的视角,聚焦如何满足法律的规制要求;或是站在技术研发的视角,聚焦隐私计算技术如何助力企业突破隐私治理的困局,但缺乏一本完整覆盖隐私治理知识体系中的法规、管理、技术三大板块的综合性教材。而在企业的隐私治理实践中,这三者是缺一不可的。鉴于此,中国科学技术大学网络空间安全学院的专业教师携手华为隐私治理领域的专家组成了编写团队,共同编写了本书。本书从企业隐私治理的视角出发,结合理论研究与实践经验,深入剖析了在数字化转型的背景下,企业处理个人信息所面临的风险及应对之道。全书共4个部分计11章,从隐私治理的核心概念和基本思路、相关法律法规和标准指南、企业实施隐私治理的管理方法、隐私科技四个方面全面介绍了隐私治理之道,为企业及其员工开展隐私治理工作提供了一套全新的思考框架和解决方案。本书的出版得到了华为公司的大力支持，全书基于华为公司十多年来在全球 170 多个国家或地区开展隐私合规工作的实践经验，希望能给读者呈现一份具有代表性、完整性和启发性的隐私治理"中国方案"。同时，本书的出版也得到了中国科学技术大学研究生教材出版专项经费的支持。

在本书的编写过程中，我们深切地认识到，如果只是把相关的法规、管理、技术三大板块的知识罗列呈现出来，并不能为解决企业隐私治理实践中遇到的难题提供多少帮助，也无法有效培养隐私治理人才。这样一个表面上"琳琅满目"的知识拼盘，很可能实质上让读者"消化不良"。在一个企业里，围绕着隐私治理问题，法务、管理、技术人员之间沟通起来往往很困难，因为大家的术语表达、思维方式都有很大不同。同样的问题也是我们编写这本综合性的图书所面临的难点。为此，编写团队从整本书的结构入手，花了很大的心力，通过将三个板块的内容融会贯通地讲解，帮助具有不同学科背景的读者破除藩篱。例如，本书在第 4 章系统介绍了细化法律要求的国家、行业标准和规范，作为沟通法律和管理之间的桥梁；在第 7 章通过专门介绍提升企业管理效能的隐私合规技术，实现管理和技术的紧密结合；在第 8 章通过分析隐私增强技术的合规性，构建法律条文和具体技术之间的联系。在具体知识点的陈述上，我们花费较多的篇幅去讨论这三大知识板块之间的联系，从而帮助读者构建一个完整、有机的隐私治理知识体系和思考框架。

我们朝着打破法规、管理、技术在隐私治理方面藩篱的目标努力前进，"虽不能至，然心向往之"，我们将继续努力，向着这一目标不断迈进。为此，衷心希望广大读者能反馈意见和建议，帮助我们进一步完善本书的内容。

术语解释

术语名称	英文全称	含义解释
个人信息	Personal Information	以电子或者其他方式记录的与已识别或者可识别的自然人有关的各种信息,不包括匿名化处理后的信息
个人数据	Personal Data	任何已识别或可识别的自然人("数据主体")相关的信息;一个可识别的自然人是一个能够被直接或间接识别的个体,特别是通过诸如姓名、身份编号、地址数据、网上标识或者自然人所特有的一项或多项的身体性、生理性、遗传性、精神性、经济性、文化性或社会性身份而识别个体
信息隐私/数据隐私	Information Privacy/Data Privacy	在信息域保持个人私密信息不被公开
敏感个人信息	Sensitive Personal Information	一旦泄露或者非法使用,容易导致自然人的人格尊严受到侵害或者人身、财产安全受到危害的个人信息,包括生物识别、宗教信仰、特定身份、医疗健康、金融账户、行踪轨迹等信息,以及不满十四周岁未成年人的个人信息
私密个人信息/隐私信息	Secret Personal Information/Private Information	凡是自然人不愿意为他人知晓且旨在维护自然人的私生活安宁或私生活秘密的信息
个人信息处理	Personal Information Processing	对个人信息的收集、存储、使用、加工、传输、提供、公开、删除等
个人信息处理者	Personal Information Processor	在个人信息处理活动中自主决定处理目的、处理方式的组织、个人
受托人	The entrusted party	受处理者委托处理个人信息的组织或个人
个人数据控制者	Personal Data Controller	指的是那些决定,不论是单独决定还是共同决定,个人数据处理目的与方式的自然人或法人、公共机构、规制机构或其他实体;如果此类处理的方式是由欧盟或成员国的法律决定的,那么对控制者的定义或确定控制者的标准应当由欧盟或成员国的法律来规定

续表

术语名称	英文全称	含义解释
联合数据控制者	Joint Controllers	当两个或更多控制者共同决定处理目的和方式,它们就是联合控制者
个人数据处理者	Personal Data Processor	数据控制者处理个人数据的自然人或法人、公共机构、规制机构或其他实体
匿名化	Anonymization	个人信息经过处理无法识别特定自然人且不能复原的过程
去标识化	De-identification	个人信息经过处理,使其在不借助额外信息的情况下无法识别特定自然人的过程
假名化	Pseudonymisation	一种使得个人数据在不参照其他数据的情况下无法指向特定数据主体的个人数据处理方式。该处理方式将个人数据与其他数据分别存储,并且会采取相应的技术和组织措施而使得个人数据无法指向一个已识别到的或可被识别的自然人
单独同意	Separate Consent	个人针对其个人信息进行特定处理而专门作出具体、明确授权的行为,不包括一次性针对多种目的或方式的个人信息处理活动作出的同意
明示同意	Explicit Consent	个人信息主体通过书面、口头等方式主动作出纸质或电子形式的声明,或者自主作出肯定性动作,对其信息进行特定处理作出明确授权的行为。注:肯定性动作包括个人信息主体主动勾选、主动点击"同意""注册""发送""拨打"、主动填写或提供等
自动化决策	Automated Decision Making	通过计算机程序自动分析、评估个人的行为习惯、兴趣爱好或者经济、健康、信用状况等,并进行决策的活动
用户画像	User Profiling	通过收集、汇聚、分析个人信息,对某特定自然人个人特征,如职业、经济、健康、教育、个人喜好、信用、行为等方面作出分析或预测,形成其个人特征模型的过程。直接使用特定自然人的个人信息,形成该自然人的特征模型,称为直接用户画像。使用来源于特定自然人以外的个人信息,如其所在群体的数据,形成该自然人的特征模型,称为间接用户画像

续表

术语名称	英文全称	含义解释
隐私治理/个人信息治理	Privacy Governance/Personal Information Governance	依照法律、法规、国家标准、行业标准规范等的规定,基于隐私设计和隐私工程的方法,建立、健全企业全流程的个人数据安全管理制度和隐私风险管理制度,采取相应的组织和技术,保障个人信息的安全与合理应用
隐私工程	Privacy Engineering	选择、运用和配置恰当的技术和组织措施,从而具体实现数据保护原则(也就是隐私设计原则)
信息/数据安全	Information/Data Security	确保个人信息的机密性、完整性和可用性等
数据效用/有用性	Data Utility/Usefulness	对各种形态的个人信息(包括原始的、去标识化的、匿名化的)的挖掘和利用所能获得的可量化的利益
隐私科技	Privacy Technology	各种隐私保护技术的合称,主要包含三类技术:信息安全技术、隐私合规技术、隐私增强技术
隐私计算技术	Privacy-preserving Computing Technology	含义与隐私增强技术基本相同

序一 ·· (ⅰ)

序二 ·· (ⅲ)

前言 ·· (ⅴ)

术语解释 ·· (ⅶ)

1 企业隐私治理的需求和挑战

1.1 隐私治理的必要性 ·· (002)

1.2 隐私治理面临的挑战 ·· (006)

1.3 隐私治理的目标与途径 ······································· (012)

1.4 本书的主题和内容安排 ······································· (019)

扩展阅读 ·· (023)

2 隐私治理的基本概念

2.1 个人信息与个人信息处理 ··································· (027)

2.2 个人信息处理活动所涉及的相关方 ··················· (037)

2.3 从隐私设计到隐私工程 ······································· (039)

2.4 从行为规制到隐私风险规制 ······························· (054)

2.5 信息隐私、安全与数据效用 ································ (058)

扩展阅读 ·· (061)

xi

3 隐私保护相关的法律法规

- 3.1 相关法律法规概述 ……………………………(065)
- 3.2 中国相关法律法规 ……………………………(069)
- 3.3 欧盟相关法律法规 ……………………………(081)
- 3.4 美国相关法律法规 ……………………………(091)
- 扩展阅读 …………………………………………(105)

4 隐私保护相关的标准和规范

- 4.1 相关标准和规范概述 …………………………(108)
- 4.2 相关的中国国家标准 …………………………(114)
- 4.3 国际标准化组织(ISO)的相关标准和规范 …………………………………………………(125)
- 4.4 美国国家标准与技术协会(NIST)的相关标准和规范 ………………………………………(134)
- 扩展阅读 …………………………………………(140)

5 企业隐私保护治理实践

- 5.1 隐私保护治理与框架 …………………………(142)
- 5.2 隐私组织架构 …………………………………(162)
- 5.3 隐私管理制度和操作规程 ……………………(166)
- 5.4 隐私运营管理 …………………………………(170)
- 扩展阅读 …………………………………………(204)

6 企业隐私保护运营实践

- 6.1 记录个人信息清单 ……………………………(207)
- 6.2 隐私影响评估 …………………………………(213)

6.3　个人信息全生命周期合规实践 …………………………(219)
6.4　企业作为受托人隐私保护实践 …………………………(266)
扩展阅读 ………………………………………………………(273)

7 隐私合规技术

7.1　隐私科技的总体介绍 ………………………………………(276)
7.2　个人信息全生命周期管控技术 ……………………………(279)
7.3　隐私治理中企业与用户交互的自动化 ……………………(287)
7.4　监测评估和安全事件应急处理的自动化 …………………(295)
扩展阅读 ………………………………………………………(302)

8 隐私增强技术

8.1　个人信息去标识化技术 ……………………………………(304)
8.2　密态个人数据处理技术 ……………………………………(321)
8.3　联邦学习技术 ………………………………………………(332)
8.4　隐私增强技术的总结与展望 ………………………………(338)
扩展阅读 ………………………………………………………(343)

附录 …………………………………………………………………(345)
　　附录1　名词解释 ……………………………………………(345)
　　附录2　术语等价表 …………………………………………(348)
　　附录3　国外相关的标准与规范列表 ………………………(349)

参考文献 ……………………………………………………………(352)
后记 …………………………………………………………………(357)

1 企业隐私治理的需求和挑战

- ◆ 1.1 隐私治理的必要性
- ◆ 1.2 隐私治理面临的挑战
- ◆ 1.3 隐私治理的目标与途径
- ◆ 1.4 本书的主题和内容安排

科技的迅猛发展为社会生活带来了极大的便捷,但随之而来的是对海量个人信息的收集与处理,这给个人信息权益保护带来了巨大挑战。本章首先分析了个人信息泄露与滥用所产生的危害以及当前隐私保护的现状,说明了企业加强隐私治理的必要性;其次总结了造成隐私治理困难的三个根本原因,明确了企业隐私治理的最终目标与途径;最后介绍了本书的编写目的、目标读者和后续章节的内容安排。

1.1 隐私治理的必要性

在当今时代,互联网、大数据、人工智能等科技的迅猛发展为大众生活带来了便捷与高效,与此同时伴随而至的是对海量数据与个人信息的处理。2019年10月,党的十九届四中全会通过的《中共中央关于坚持和完善中国特色社会主义制度、推进国家治理体系和治理能力现代化若干重大问题的决定》将数据列为生产要素。2022年12月颁布的《中共中央 国务院关于构建数据基础制度更好发挥数据要素作用的意见》以及国家数据局等17部门于2024年1月联合印发的《"数据要素×"三年行动计划(2024—2026年)》,明确要求:推进各类数据的开放共享,提升数据资源价值,加强数据资源整合与安全保护,加快培育数据要素市场。除此之外,全球其他国家或地区近年来相继出台法规政策以在国际上争夺数据主权。可以看到,数据作为一种新型生产要素,其价值及影响力不言而喻。

然而,数据的开发利用、价值挖掘、跨境流动等生产活动给个人信息权益的保护带来了巨大的挑战。目前所收集的绝大部分数据,都是人类日常生活高度数字化和网络化的产物,都与个人信息密切相关。对于这些与个人信息相关的数据进行不加约束的采集和使用,必然会危及个人的隐私和权益,并进一步危害国家安全和社会经济发展。

1.1.1 个人信息泄露和滥用所产生的危害

理解个人信息保护或者隐私治理①的必要性,首先需要认识到个人信息泄露和滥用在个人、企业、社会层面所产生的广泛危害。

1. 个人信息泄露和滥用在个人层面产生的危害

(1) 侵犯个人隐私、危及人身安全。个人信息泄露最直接的影响就是会侵犯个人的隐私权。个人信息如住址、电话号码、电子邮件等一旦泄露,可能会被不法分子利用,对个人生活造成严重干扰。泄露的个人信息可能被不法分子用于跟踪、骚扰甚至更严重的犯罪行为,给人身安全带来严重威胁。例如,泄露的住址信息可能导致入室盗窃、绑架等犯罪行为。在极端情况下,个人信息泄露甚至可能危及生命安全。

---

① 个人信息保护与隐私保护、个人信息治理与隐私治理这两对概念是有差异的,但这一领域的绝大部分研究文献和企业实践对这些概念不作区分。本书遵循业界的这一惯例,具体分析与说明参见本书2.1.5小节。

(2)造成个人财产和信用的安全风险。银行账户信息、信用卡信息等一旦泄露,可能导致经济损失。诈骗分子可能利用这些信息进行盗刷或其他形式的财产盗窃。如果个人信息被用来欺诈性地申请信用卡或贷款,这可能会对个人的信用评分造成长期损害。

(3)造成不良的职业影响。在职场环境中,个人信息的泄露可能对职业生涯造成负面影响。例如,竞争对手可能利用泄露的信息进行不正当竞争,损害个人的商业利益。敏感的个人信息被泄露还可能被用于职场欺凌或歧视,影响个人的职业发展和晋升机会。

2. 个人信息泄露和滥用在企业层面产生的危害

(1)产生法律和合规风险。在许多国家和地区,对个人信息保护有严格的法律要求,如中国的《中华人民共和国个人信息保护法》(下文简称《个人信息保护法》)、欧盟的《通用数据保护条例》(General Data Protection Regulation,GDPR)、美国的《加州消费者隐私法》(California Consumer Privacy Act,CCPA)及其修正案《加州隐私权法》(California Privacy Rights Act,CPRA)等。个人信息泄露和滥用可能导致企业违反这些法律规定,面临高额罚款、诉讼和其他法律制裁。

(2)破坏品牌价值和声誉,如果企业未采取适当的安全和管理措施而导致个人信息泄露和滥用,会对企业品牌价值和声誉产生破坏性影响。因信息泄露和滥用所导致的信任危机可能会使企业失去现有客户。即使短期内解决了相关的法律问题,企业也可能面临长期的声誉修复和客户信任重建的挑战。

(3)损害商业合作关系。在数字经济时代,企业间的商业合作可能涉及个人信息的共享和交换。一旦发生个人信息泄露和滥用事件,合作伙伴可能会担心危及自身收集和处理的个人信息,从而选择终止或限制与企业的合作。这不仅会导致业务损失,还可能影响企业在行业内的声誉和竞争地位。

3. 个人信息泄露在社会层面产生的危害

(1)危害国家安全。从特定的个人数据中可以挖掘出国家机密、关键基础设施和重要人物的相关信息。不法分子可能恶意利用这些信息进行间谍活动、网络攻击和恶意渗透,危及国家的政治、经济和军事安全。

(2)影响宏观经济。个人数据泄露导致的金融诈骗和身份盗用可以给个人和企业造成巨大经济损失,从宏观层面影响国家经济。企业和个人可能面临巨额财务损失,市场信心受到冲击,投资和消费意愿降低,对国家经济增长产生负面影响。

(3)助长犯罪率提升。个人信息泄露增加了社会范围内诈骗、身份盗用等犯罪活动的发生率。不法分子可以利用泄露的个人信息进行欺诈行为,从而导致犯罪率的升高。这不仅给受害者造成经济损失,还对社会治安产生负面影响。

(4)影响国际关系。跨国个人数据泄露事件可能引起国际纷争,特别是在涉及数据跨境传输和国际法律冲突时。泄露和滥用个人信息可能触发跨国调查和起诉,影响国家间的合作和互信,损害国家在国际舞台上的形象和声誉。

隐私治理的现状

1. 外部立法和监管力度加大

目前全球已有150多个国家和地区制定了与个人数据保护相关的法律法规,其他国家和地区亦正着手进行相关的立法。咨询机构Gartner预测,到2024年底,全球75%人口的个人数据将受到隐私法规的保护。[①]各国关于个人数据保护的监管执行日趋严格。根据跨国律师事务所DLA Piper公布的《GDPR罚款和数据违规报告》[②],个人数据保护当局于2023年在欧洲执行了17.8亿欧元的罚款,比上一年增长14%。

在我国,个人信息保护已完成了顶层制度设计,以《中华人民共和国个人信息保护法》《中华人民共和国网络安全法》《中华人民共和国数据安全法》《中华人民共和国民法典》为核心,以相关行政法规、司法解释、部门规章、规范性文件、国家和行业标准为辅助,对个人数据的全生命周期,包括收集、使用、存储、披露、销毁等环节,建立了全方位、立体化的合规体系。此外,相关法规出台的频繁程度,以及监管部门持续发布的通报处罚信息,表明我国高度重视个人信息保护工作,不断提升相关要求,加强监管力度。这给企业开展个人数据收集和处理活动带来了较大的合规压力。

2. 企业内部隐私治理投入加大

在高强度的外部监管下,企业对隐私治理的重视程度和人力、物力投入在近年都有了显著增长。国际信息系统审计协会(Information Systems Audit and Control Association,ISACA)所做的全球调查显示,已经有更多的企业将数据合规和隐私保护视作企业的生命线。ISACA 2022年的调研发现,有57%参与调研的企业正在实施部分隐私合规解决方案,而到了2023年,这个比例增长到65%以上,其中更是有38%的参与调研的企业已经实施了部分隐私合规解决方案。

3. 当前隐私治理的效果并不理想

虽然外部监管不断加强、企业内部隐私治理也越来越受到重视,但最近一年发布的国内外市场调查报告均表明,当前隐私治理的效果并不理想。

2023年12月,一份受苹果公司委托进行的独立研究报告《对个人数据的持续威胁:2023年数据增长背后的关键因素》显示,个人数据隐私泄露的状况并没有得到扭转。个人数据泄露的次数在2013年至2022年间翻了三倍,仅在过去两年内就泄露了多达26亿份个人记录,且在2023年进一步恶化。仅在美国,2023年前9个月的数据泄

---

① https://www.gartner.com/cn/newsroom/press-releases/2022-privacy-trends.

② https://www.dlapiper.com/es-pr/news/2024/03/dla-piper-gdpr-and-data-breach-report.

露次数就比此前的2022年全年高出近20%。截至2023年8月底，企业和机构一共泄露了约3.6亿人的敏感记录。IBM和Forrester的研究数据显示，在最近发生过个人数据泄露的组织中，95%之前已经发生过一次泄露；而75%的个人受访者表示在过去的一年内至少经历过一次本人的数据泄露事件。

2023年11月，中国数据安全共同体计划和中国网络安全产业联盟数据安全工作委员会等单位在国内组织了《个人信息保护法》实施两周年的个人信息保护效果问卷调研[①]。虽然有51.32%的受访者认为，"企业个人信息保护意识有所提升，并主动告知信息收集使用情况"；但有64.64%的受访者认为，仍需要加强监管——因为个人信息保护问题层出不穷，平均每位受访者都曾遭遇过2.36种类型的个人信息泄露事件。有36.35%的受访者在行使个人信息权利时遇到了障碍，有45.75%的受访者在当个人信息被侵犯时"想要维权，但不知具体途径和方法"。

ISACA基于向全球1.5万名有认证资质的隐私保护从业人员进行调查的结果，在2024年1月发布了《2024年隐私实践研究报告》。该报告显示，虽然企业对隐私治理的重视程度大幅提升，但由于人员配置、隐私预算和技能差距等问题，企业的隐私治理仍然面临严峻的挑战：

（1）企业隐私专业人员配备不足、招聘困难。全球企业的隐私专业人员主要分为两类：法律/合规专业人员和隐私技术专业人员。与法律/合规职位相比，隐私技术职位的人员配置不足情况更为严重。有54%的受访者表示，隐私技术团队的人员配置稍显或明显不足；而有44%的受访者表示，法律/合规部门的人员配置稍显或明显不足。有19%的受访者表示，空缺隐私技术职位的招聘周期明显增加（说明招聘难度增加）。有76%的受访者在招聘专家级隐私专业人员时遇到的困难最大。有大约五分之一的受访者表示，在他们企业中，只有不到四分之一的隐私职位申请人符合这些职位的要求。

（2）隐私专业人员缺乏与企业其他职能部门的定期协作。只有34%的受访者经常与采购部门密切合作；同样比例(34%)的受访者经常与产品/业务开发部门合作；而只有23%的受访者经常与销售、市场营销和客户关系部门合作。在缺乏参与采购、研发、销售过程的情况下，隐私专业人员几乎不可能确保隐私治理目标的实现。

（3）隐私团队内部的合作频率也不高。现行的隐私法律法规很多，有23%的受访者表示，难以识别和了解自己岗位的隐私义务，这说明了技术性隐私人员与法律/合规隐私人员定期会面的重要性。但是有近三分之一的受访者表示本企业这两类人员的会面频率还达不到每季度一次，有近五分之一的受访者表示只有在新的隐私法律和法规出台时才会碰头。

---

① 数据安全共同体计划，中国网络安全产业联盟数据安全工作委员会.《个人信息保护法》实施两周年观察报告[R/OL].(2023-11-1). https://www.secrss.com/articles/60719.

(4) 企业用于内部隐私治理的预算资金不足。有57%的受访者表示其所在企业的董事会充分重视隐私;有74%的受访者认为其企业的隐私战略与企业目标一致,均比2023年的调查结果略有增加。但是,有43%的受访者认为其所在企业用于内部隐私治理的预算资金不足,比2023年的调查结果(42%)还要高一些。而且有63%的受访者认为未来一年内企业的隐私治理预算将进一步缩减,这使得资源紧缺的隐私团队将面临更严峻的挑战。

(5) 企业对个人数据保护的效果不佳。有63%的受访者表示其所在企业并未发生过重大隐私泄露事件,但有近四分之一的受访者表示不清楚是否发生过隐私泄露事件。他们知道发生了安全事件,但不确定个人信息是否泄露,这可能意味着许多企业的隐私风险管控能力尚未成熟。只有45%的受访者对其隐私团队确保个人数据隐私及隐私合规的能力有信心。

1.2 隐私治理面临的挑战

当前隐私治理的效果并不令人满意,这固然有国家的密集监管起步较晚、企业投入不够、隐私治理人才缺乏等因素的影响,但更为根本的原因在于个人信息的双重属性(个人属性和社会属性)所导致的隐私治理的冲突性、不平衡性、不确定性。任何隐私治理的理论探讨和实务落地,都必须面对这三个特性所造成的隐私治理的挑战。

1.2.1 个人信息保护与数据价值释放之间的冲突性

大部分的研究文献和企业实践都不区分个人信息和隐私[①],这造成社会大众容易形成"个人信息=隐私"的思维惯性,错误地认为只要商家在提供产品和服务时收集或处理个人信息就是侵犯隐私,自己的所有个人信息都要像隐私一样保密。

虽然个人信息保护往往和传统的隐私权保护相互交织、彼此混用,但两者是不同的概念,有着不同的属性。隐私权旨在确保不愿为他人所知晓的个人私密信息不被公开,从而保障个人"不受干扰的生活状态和精神安宁"。因而隐私只具有个人属性中的私密性。个人信息的范围则大于隐私信息;个人信息同时具有个人属性和社会属性,而不一定具有私密性[②]。个人信息的重要特征为其直接或者间接的可识别性

---

① 本书2.1.1小节严格分析了这些概念之间的差异,并在2.1.5小节说明了为何在研究文献(包括本书)和企业实践中经常不加区分地使用这些概念。

② 隐私、个人信息的概念参见本书2.1.1小节。

（可识别为某个自然人的相关信息），因而其一大功能在于为人与人之间的社会交往建立基础，这不同于旨在构筑私人领域的隐私。例如，手机号码是《中华人民共和国民法典》(下文简称《民法典》)第1034条第2款所列举出来的一种典型个人信息，但这显然不是隐私信息。因为手机号码的最大功能就是满足社会交往的需要，没有人会将自己在电信部门申请到的手机号码立即"锁进保险柜"，完全不让别人知晓，而是要通过手机号码的必要分享，来帮助个人进行社会交往和商业活动。所以，个人信息的存在更多的不是为了被保密，相反是为了流通和被合理利用。

虽然个人信息不等同于隐私，但绝不意味着个人信息可以不受法律保护而被随意使用。只是不能完全按照信息隐私的标准去保护其私密性，而是要在保障个人信息权益的基础上对个人信息进行有效、合规的利用。也就是说，个人信息的双重属性（个人属性和社会属性）决定了国家对个人信息进行立法的目的和企业进行隐私治理的目标必然也是双重性的，一方面要切实保护人民群众个人信息权益；另一方面也要促进个人数据在社会和商业中的合理、有效利用，释放数据要素的价值。例如，中国的《个人信息保护法》第1条明确规定立法目的是："保护个人信息权益，规范个人信息处理活动，促进个人信息合理利用。"欧盟的GDPR在鉴于条款中明确规定，"自然人在其个人数据处理活动中获得保护是其拥有的一项基本权利"，受到《欧盟基本权利宪章》第8条第1款和《欧盟运行条约》第16条第1款的保护。但同时又明确指出，"本条例致力于实现自由、安全、公平的空间和经济联盟，推动经济和社会进步，促进欧盟内部市场各经济体的壮大和融合""个人数据保护权利不是一项绝对权利，必须考虑其在社会中的作用并应当根据比例性原则与其他基本权利保持平衡"。GDPR第1条规定，"本条例保护自然人的基本权利与自由，特别是自然人享有的个人数据保护的权利"，但同时"不能以保护处理个人数据中的相关自然人为由，对欧盟内部个人数据的自由流动进行限制或禁止"。

不可否认，保护个人信息权益与促进个人信息的流通和利用之间存在着紧张关系。过分强调流通和利用就有可能侵害到个人信息主体的合法权益，而过分强调对个人信息的保护又会影响到个人信息可能产生的积极作用，影响网络信息科技的发展和数字经济的繁荣，最终损害国家利益、公共利益以及社会的整体福利，对个人也是不利的。如何在个人信息的利用和保护之间寻找一个合理的平衡点，成为各国立法和执法所面临的共同难题。在权衡的过程中，不同的国家/地区有着不同的侧重。一般认为，欧盟和美国代表了监管模式的两个极端：欧盟的原则是除非是法律明确许可的情形，否则禁止处理个人信息，因而更加倾向于严格的个人信息保护；而美国的原则正好相反，除非是法律明确禁止的情形，否则对个人信息的处理不受限制，因而更加倾向于对个人信息的有效利用。这种权衡的多样性，也必然会给企业的隐私治理带来挑战。

与此同时,也应该认识到两者的权衡对企业来说意味着新的机会。保护用户隐私和个人信息与实现企业的商业利益确实常常表现出一种此消彼长的冲突关系,但这并不总是一种零和博弈(zero-sum game),而可以是一种正和(positive-sum)博弈,即个人和企业有望实现一种正和共赢(win/win)的局面。例如,企业可以通过管理和技术的创新,在保持同等的个人信息权益保护水平的前提下,扩大从个人信息的合规利用中产生的商业利益,从而为自己创造竞争优势[①]。

1.2.2 处理个人信息的企业与用户之间的不平衡性

个人信息早已有之,传统的民法、行政法和刑法也都进行了相应的规制。为何在社会经济出现数字化转型之后,各国又纷纷通过专门的立法来规范对个人信息的使用,并且要求处理个人信息的企业开展隐私治理?这主要是因为:随着网络信息科技的迅猛发展,对个人信息的大规模与自动化处理导致了处理者与个人之间在相关信息、技术能力、组织资金等方面出现了严重的失衡,才产生了专门规范个人信息处理活动的立法需求和相应的企业隐私治理的需求。

构建个人信息保护的法律制度,其实就是专门用来处理个人与信息处理者之间的不平衡问题,而传统的隐私法处理的是平等主体之间的关系。正是假设了信息处理者与个人之间的不平衡关系,大部分的个人信息保护法律才专门赋予了个人知情选择权、访问权、更正权等一系列权利。从法律制度上来看,此类权利类似于《消费者权益保护法》与《中华人民共和国劳动法》等法律中所赋予消费者与劳动者的一系列权利,意在通过赋予弱势群体一系列权利来矫正信息处理者与个人之间的不平衡关系。如果此种不平衡关系不存在,上述个人信息权利也将丧失其存在基础。例如,中国的《个人信息保护法》第72条第1款规定:"自然人因个人或者家庭事务处理个人信息的,不适用本法。"也就是说,平等的自然人之间处理个人信息的行为不受本法规制。类似地,欧盟的GDPR第2条第2款也规定,"本条例不适用于自然人在纯粹的个人或家庭活动中所进行的个人数据处理。"

个人与信息处理者之间的不平衡关系,或者说用户面对企业的弱势地位主要表现在以下方面。

首先,由于存在信息不对称,企业对个人信息的实际处理过程对外是个不可见的"黑盒子",导致个人甚至监管部门都很难有效地检查和判断企业是否在合规地处理

---

① 零和博弈表示所有参与方的利益之和为零,即一方有收益,另一方必有所失。在零和博弈中,理性的参与方没有意愿合作;正和博弈表示在不同策略组合下各参与方的得益之和是大于零的,如果某些策略的选取可以使得各参与方的利益都得到增加(或者至少不减少),那么就可能出现参与方相互合作的局面,从而实现共赢。本书2.5.2小节更加系统地描述了个人信息保护与个人信息合理利用之间正和共赢的情形。

个人数据。企业作为自身信息系统和管理流程的开发者或执行者，自然更了解企业中个人信息处理的实际方式与风险，而用户对相应的系统和运行规则的了解是被动的，主要依赖于企业的披露。因此，两者对个人信息处理所掌握的实际信息量存在巨大的差异。法律虽然强制企业进行相关的信息披露（如隐私政策等），来弥补两者间的信息差距，但披露的内容相较于整个信息处理活动往往只是冰山一角，无法实质性地扭转双方信息不平衡的局面。一方面，企业所愿披露的信息量与个人用户期望获取的信息量往往是不一致的。企业披露的信息越少，受到隐私政策约束的事项越少，企业作为信息处理者能有更多的灰色地带。而用户掌握的信息越多，其对系统处理个人信息的风险认知则越为清晰，同意决定的作出便愈加谨慎。因此，企业与用户对弥补信息不对称的意愿也可能是不一致的。另一方面，个人信息保护中的不确定性因素很多。针对复杂的业务场景，无论是个人信息的范围、个人信息保护的目的，还是收集与处理个人信息过程中所涉及的相关风险，都很难有共识。在这种背景下，监管机构很难对披露的内容和形式进行明确、精细、全面的规范，企业对于披露哪些事项、披露何种程度上的事实、用何种语言与方式披露，都有很大的自主裁量权。

其次，即使用户获得了充分的信息，也不见得有能力和意愿作出合理的决策。例如，"告知-同意"规则（即企业告知用户对个人信息进行收集和处理的政策；用户则基于自身意愿权衡利弊，决定是否授权企业按照政策宣示来处理自己的个人信息）是在目前大部分法律框架下，企业获得个人信息处理合法性依据的主要途径。然而，即便获得了充分的披露信息，个人用户也往往乏于时间、匮于能力、囿于兴趣，无法有效地阅读和理解相关披露信息，使之成为有效决策的依据。因而大部分用户往往抱着"以隐私换便利"的心态，并无积极理解披露信息的意愿。有意愿的个人用户还面临系统性的判断难题：面对个人信息可能带来的系统性风险与不确定性风险，个人很难判断企业对个人信息的收集、使用与泄露到底会给个人造成什么样的影响，其中存在哪些方面的风险与哪种程度的风险。这些都是非常专业性的问题，进行理性决策已经远远超出大部分个人用户的时间、精力、资金和技术能力范围。

为了能够有效矫正信息处理者与个人之间的不平衡关系，各国颁布的相关法律都主要以"保护法"的定位来保障用户的个人信息权益，从外部、内部两方面来规范企业的个人信息处理活动。从外部来说，在区分不同的个人信息处理行为、不同种类的个人信息以及不同的个人信息处理者的基础上，明确处理者在各类个人信息处理行为中所担负的义务，对于那些可观测性强、共识度高、易于监管的信息处理活动制定"关注底线的、静态的、具体的措施性规定"，从而施加行为规制[①]。从内部来说，强制性要求企业建立和健全相应的隐私治理机制，包括组织机构、管理制度、操作规程和

[①] 规制是指政府以法律为基础，对企业活动进行干预、限制或约束。本书2.4节对个人信息保护中的主要规制方式进行了介绍与分析。

技术保障手段等,要求企业以隐私风险评估为基础,实施风险管理,合理确定个人信息保护的目标和资源分配,实现以企业隐私治理为基础的规制。这就使得企业的隐私治理在整个制度设计中居于核心地位。

最后,在发生侵害个人信息权益事件而追究相关方法律责任时,各国法律主要都遵循"过错推定原则",原告不承担举证责任,而是由被告承担举证责任。例如,中国《个人信息保护法》第69条第1款规定:"处理个人信息侵害个人信息权益造成损害,个人信息处理者不能证明自己没有过错的,应当承担损害赔偿等侵权责任。"欧盟的GDPR第82条也有类似的规定。也就是说,用户在针对作为个人信息处理者的企业提起侵害个人信息的侵权之诉时,只需"合理怀疑",无须证明企业存在过错;而企业需要"自证清白",才能免除责任。在中国《民法典》中,处理平等主体(都是自然人)之间的隐私侵权时,举证责任则由原告承担。之所以会有这样的举证责任倒置,就是为了对处于弱势、客观上难以提供证据的个人用户提供有效的救济。同样,监管部门与被监管的企业之间也有明显的信息不对称,造成监管能力滞后,获取证据难、固定证据难、处罚难、胜诉难,也适用于"过错推定原则"。因而,具备"自证清白"的能力就成为了企业隐私治理的一个重要目标和挑战。

1.2.3 个人信息治理的外部环境和要求的不确定性

个人信息治理/隐私治理不可避免地受到外部文化经济环境、社会对个人信息保护边界的"合理预期"的影响,而这些因素又往往有很大的不确定性。

首先,隐私、个人信息这些概念本身就有主观性、不确定性。法学界普遍认为:"隐私保护虽然已经成为共识,但隐私概念的内涵与外延却非常不确定。"在很多情况下,这里的界定需要考虑到社会文化习俗和具体的场景。即使在西方国家中,欧美对于隐私的理解也具有重大差异。例如,欧盟更多以人格尊严的立场理解隐私,而在美国则更多以个人自由的立场理解隐私。类似地,个人信息以及相关概念的内涵与外延也是不确定的,这与个人信息权益和其他权利的冲突以及个人信息高度依赖场景有关。就权利冲突而言,我们常常一方面希望合理保护个人信息,但另一方面又希望为个人与公众了解他人信息提供空间,确保社会和经济的正常和有效运转。就场景依赖而言,个人信息保护的边界常常因为场景的变化而变化,在不同的场景下,个人会对此产生不同的合理预期。这就好比把握个人空间的边界:在拥挤的地铁里,所能期望的个人空间必然非常狭小;但是在一个空旷的操场上,即使陌生人才刚刚靠近就会让人觉得个人空间受到威胁。脱离场景来界定个人信息的边界,就像脱离物理空间场景来确定个人空间权利。

其次,数字科技的快速发展和新的个人信息利用方式层出不穷,使得客观上也无法对个人信息的"合理利用"给出一个不变的、确定的评判依据和规制流程。新的个人信息处理活动、新的处理方式、处理者使用的新的科技手段、处理者所处的新的场景都会给个人信息权益带来新的风险,这不是简单的"可以做什么、不可以做什么"的行为规制清单所能解决的。

与之对应的是,法律的规制也有不确定性。由于"宜粗不宜细"的立法传统和人大审议方式的制约,中国的《个人信息保护法》属于原则性规定而非具体规则占据主要内容的法律,大量关键性的规范都是相对宽泛的。例如,"处理个人信息需要与处理目的直接相关、限于实现处理目的的最小范围""自动化决策应当保证决策的透明度和结果公平、公正"等等。这意味着,个人信息保护规范很多是愿景性的条款,如何执行往往不是黑白分明的问题,而是一个范围和程度的问题。实际上,不单中国如此,欧盟的GDPR也被认为是一种基于原则(principle-based)的规制架构。这并非立法技术落后所导致的,而在相当程度上是由个人信息本身的不确定性所决定的。一方面,我国个人信息保护立法与欧盟一样,采取了综合性立法的模式,而非针对不同行业、领域制定具体规范。这就要求其规范相对抽象,为各个领域的特殊性留下足够空间。另一方面,为了应对快速革新的数字技术和应用模式,采取原则框架式立法,相对来说容易避免法律条文很快就僵化过时的现象。

个人信息所具有的双重属性(个人属性和社会属性),仍然是这些问题的根源。保护个人信息权益(包括隐私权益)并不意味着要隔断个人信息的流通,个人信息天然具有社会属性,并非一种具有固定边界的私人权利。现代社会之所以强化个人信息保护,原因在于个人不易对个人信息流通中的风险进行有效管理。面对越来越复杂的信息收集方式和不断创新的信息利用方式,个人也很难对相关风险加以判断和防范。个人通过"告知-同意"规则将个人信息委托给企业进行处理,只是将这些不确定性转移给了企业。企业就要承担起相应的义务,包括对各种不确定场景下个人信息权益面临的风险进行评估和风险管理。

企业隐私治理的一大核心任务就是落实基于风险的规制,从而有效地应对这种不确定性。中国的《个人信息保护法》第55条规定了企业作为信息处理者需要履行的"个人信息保护影响评估"义务,就是隐私风险规制的一个具体实例。与之类似的是欧盟GDPR第35条规定的"数据保护影响评估"(Data Protection Impact Assessment,简称DPIA)。该条对于需要进行数据保护影响评估的情形以及评估的程序和具体内容作出了详细的规定。欧盟第29条工作组在其发布的DPIA指南中认为,DPIA旨在描述个人数据处理的过程,评估其必要性和比例性,并通过评估因处理个人数据而对自然人的权利和自由所造成的风险以及提出相应的解决措施,有助于对此等风险加以有效管理。DPIA是问责制的重要工具,不仅有助于企业遵守GDPR的要求,也有助于证明企业已经采取了适当的措施来确保合规,因而DPIA就是一个建立并证明合规性的流程。与之类似的还有美国和国际标准中经常提到的隐私风险评估（Privacy Risk Assessment，PRA），又被称为隐私影响评估（Privacy Impact Assessment，PIA）。

无论是我国的个人信息保护影响评估，还是国外的隐私风险评估或者DPIA，都是要求企业作为个人信息处理者自行开展的。法律只是规定了这一流程"以某种目标为指导、符合一定的特征、履行一定的步骤"；但由于风险评估的不确定性，这里还是留给了企业很大的自由裁量的空间。这种制度设计的好处是，类似于生物医学研究机构中设立的伦理委员会开展的伦理审查，将如何实现法律的原则要求留给企业的隐私治理机构并根据自身情况作出裁量，从而更好地作出专业性的决策。但另一方面，也要防止法律适用的恣意性，这就要求有一套干预措施来客观衡量和监督企业隐私风险评估和管理的水平与合规性。常见的措施包括：参考过往的司法案例，由企业法务部门进行类比与实质性判断；所在的行业或者部门在专业共同体内针对具体的应用方式、技术方案所需的风险评估与管理细节达成共识，制定出一套相对统一、操作性强的实施标准来供企业执行；由权威的第三方机构对企业进行相关的审计和认证等。当然，这些制度设计都不可避免地加大了企业隐私治理的复杂性、挑战性和实施代价。

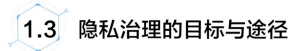

1.3 隐私治理的目标与途径

在了解了企业隐私治理的需求、现状和挑战后，我们需要明确企业隐私治理的目标和实现途径。

1.3.1 企业隐私治理的目标

什么是隐私治理？企业隐私治理所应达到的理想状态是什么样的？

1. 什么是企业的隐私治理？

简单地说，隐私治理就是指依照法律、法规、国家标准、行业标准规范等的规定，基于隐私设计和隐私工程的方法，建立、健全企业全流程的个人数据安全管理制度和隐私风险管理制度，采取相应的组织和技术，来保障个人信息的安全与合理应用。

这里的重点是在"管理"的基础上进一步强调"治理"。虽然"隐私管理"和"隐私治理"分别是来自英语文献中的"Privacy Management"和"Privacy Governance"，但是中文语境中的治理与英文中的"governance"还是有重大的差别。美国国家标准与技术研究院(National Institute of Standards and Technology, NIST)和国际电信联盟电信标准化部门(International Telecommunication Union Telecommunication Standardization Sector, ITU-T)文件中的"Privacy Governance"都是指宏观性的、指导性的、高层次的管理行为(例如制定企业的隐私政策、指导文件等);"Privacy Management"则相对应地指微观的、操作层级的管理行为(例如控制个人信息流动的具体行为)。因而,广义的"Privacy Management"包含"Privacy Governance"。本书的"隐私治理",或者说大部分中文文献中的"隐私治理"要表达的显然不是这个意思。

在中文语境里,治理和管理不光是管理行为侧重点的差别,在内涵上还有更深层次的差异。管理强调的是"管",管的行为来源于赋权,有组织机构或人赋予权力就能实施管理,侧重于权威,是从上至下的一种行为;而治理强调的是"治",治的依据来源于法律和规则,来源于共同遵守的协定或契约,侧重于各种机制相互作用,是一种多维度、多角度的融合行为过程。治理是基于共同的目标,多种利益相关方共同参与,责任权利对等与平衡的制度安排,体现的是系统性、合法性和综合施策的过程和目的及主体的不同。

因此,中文语境中的隐私治理反过来包含了隐私管理,并进而提出了更高的要求:强调企业内部各部门的广泛参与;强调在个人信息处理过程中企业和用户形成信任关系;强调激励机制的设计,使得参与方是激励兼容的,对于个人信息的保护与合理利用有共同的目标。

2. 为什么合规不是企业隐私治理的终极目标?

企业隐私治理的目标可以从不同的角度来表述,也可以是多元的目标。例如,从企业的业务需求来说,隐私治理的目标有三个:一是确保对用户的个人数据的使用不侵权;二是确保自己留存的处理后的个人数据的安全(履行对客户数据的保护义务并且不让别人侵犯自己的权利);三是实现数据确权[①],将个人数据真正转化为企业可用的、有价值的数据资产,实现数据增值。从企业治理的角度讲,隐私治理的目标包括两个层面:一是满足法律法规要求,实现隐私合规;二是与用户构建信任关系,实现个人信息保护与合理利用的平衡关系,形成企业的竞争优势。

为什么隐私合规不是隐私治理的终极目标?因为各种"以满足合规性检查"为目标的合规建设,往往以"墙上的合规证书、资质证书"取代了实质性的企业隐私治理能力建设,变成"纸面上的隐私合规"[②]。以隐私合规为最终目标,最容易出现三类问题:

一是只关注去满足"清单式"的、具体的措施性要求。法律和标准中明确列出的

---

① 数据确权(Data Right Confirmation)是指从法律制度层面明确个人数据处理者对处理后的个人数据所具有的权利内容和控制手段,从而为数据流通和数据交易提供合法性依据。

② 洪延青.以管理为基础的规制:对网络运营者安全保护义务的重构[J].环球法律评论,2016,38(4):20-40.

具体动作性、措施性、技术性规定，容易在企业中执行和检查。毫无疑问，这些都应该成为合规建设的要点，但不能变成合规建设的全部。因为还有很多法律/标准的要求是以"合理的""必要的""成比例的"方式描述的原则性规定，这些不容易变成检查清单，也就容易被企业所忽视。

二是缺乏对隐私风险的动态考量。企业往往只在初始设计阶段进行隐私风险评估，而忽视了外部技术发展、用户数目的增加、新的业务需求加入等因素造成的隐私风险的变化。而且，法律/标准的规定不可避免地落后于现实情况。如果仅仅是按表操课，不少做但也不多做，即使合规，也无法确保个人信息权益的实际保护效果。

三是只关注对个人信息权益的底线保护。法律和标准中的规定需要为不同的场景、不同的企业提供一个统一的"标尺"。因而，这个"标尺"往往反映的是"达标线"，是隐私合规的通用要求、底线要求，与社会主流观念对个人信息权益保护水准的"合理预期"，或者个人用户在特定场景下的权益要求往往有很大的差距。

3. 如何确定企业隐私治理的终极目标？

那么，企业隐私治理所应达到的理想状态是什么样的？为什么需要构建企业与用户之间的信任关系？这就涉及对隐私治理深层次的理解。

企业获得个人信息处理合法性依据的主要途径是"告知-同意"规则。企业在收集个人信息前，需要在其网站首页或产品说明书上说明企业的隐私政策，向用户告知企业收集和处理的个人信息的目的、方式、种类和保存期限等相关信息，并取得用户的同意。中国的《个人信息保护法》第13条、欧盟的GDPR第6条以及美国在20世纪70年代就制定的"公平信息实践准则"都将此列为个人信息处理中最重要的合法性依据。

在"告知-同意"规则下，"隐私政策"实际上成为了企业与用户之间订立的一种合同，企业发布隐私政策、公布个人信息处理的方式为要约，用户的同意为承诺，双方达成一致从而构建起了合同关系[①]。虽然隐私政策是围绕个人信息处理来展开的，但其订立的目的是确立用户与企业间的服务关系，即企业承担提供特定业务服务和保障个人信息权益的义务，用户承担允许企业收集、处理一定范围内个人信息的义务。从合同的角度来看，个人自愿签订合同并受其约束的前提是个人需要清楚地知晓与该合同相关的所有信息。如前所述，个人在个人信息权益保护中实际上是处于信息的弱势方。当企业利用自身的信息优势隐瞒某些信息，就可能造成对用户的欺诈。为此，监管部门需要对企业的告知内容、告知形式进行规制，要求企业如实披露相关信息，达到促进公平合理的目的。类似的制度设计被普遍应用到消费者权益保护上，例如，要求食品企业在食品包装上标示各类营养成分及其含量，要求药品企业在药品说明书上说明药品的副作用等。

---

① 王叶刚.论网络隐私政策的效力：以个人信息保护为中心[J].比较法研究，2020，1.

虽然各国的立法和监管部门都在不断细化和改进对企业隐私政策披露内容和方式的规制，但实践效果并不好，实务界普遍认为隐私政策是陷入"形式化合规泥淖的重灾区"。其实法学界对于"告知-同意"规则的理论缺陷和实践困境早就有深刻的认识。我们在1.2.2小节已经论述了，由于个人时间、精力、专业、能力等方面的限制，普通用户很难真正理解"隐私政策"的实质内容。用户虽然"签署"了合同，但不见得这个合同就反映了用户的真实愿望和对个人信息权益保护的"合理期望"。而且，个人信息处理是一个过程性的、持续性的活动，用户在尚未开始使用企业服务之时便需要依据隐私政策的披露内容对未来的风险作出判断并对信息共享与否进行抉择，这实际上是在强迫用户在当下作出对未来风险的判断。在合同订立时就要求用户作出的一次性允诺，在个人信息处理的场景下并不公平。因此，隐私政策只能满足形式化的、底线式的合规要求，并不一定能够真正确保个人信息权益的实际保护效果。

显然，上述合同关系并不足以刻画企业与用户在个人信息保护中的复杂情况。那么，现实当中是否有类似的法律关系可供借鉴，从而有助于构建新型的企业与用户关系？类似的例子是有的，就是医生与患者、律师与客户之间基于信任（trust）的信义关系（fiduciary relationships）。信义关系有四个特点：第一，所涉双方信息不对称和能力不对等。医生、律师相对于患者、客户处于知识、技能和信息等方面的优势地位。第二，委托人一方需要信赖受托人一方。健康或法律事务越来越具有专业性和复杂性，患者或客户作为委托人需要将这些事务委托于医生、律师，并信赖其专业技能和契约精神。第三，委托关系持续一段时间，在此期间受托人对受托事务有不同程度的裁量权和控制权。这样才能发挥医生、律师的专业优势，解决患者、客户的专业问题。第四，为了限制受托人滥用裁量权，法律需要向受托人施加法定的信义义务。

从信义关系的四个特点来看，企业与用户的关系非常符合这一设定。用户是委托人，将自己的个人数据委托给企业进行处理从而获得其想得到的服务；企业是受托人，受到用户的信任，对用户负有信义义务。在1.2节我们已经论述了企业与用户之间的不平衡关系，个人信息处理的连续性所带来的不确定性，以及由此产生的企业的裁量权。

信义关系的核心是信任。目前学术界也广泛认可，信任是用户和企业处理个人信息的基础：当我们搜索查询、访问网站、网上购物以及提供个人数据时，这代表着一种特殊的信任——"数字信任，它蕴含着我们对数字产品与服务提供商利用个人数据是使我们受益而非损害我们利益的基本信念"。"信任在数字社会无处不在，正如我们相信建造者搭建的桥梁足以确保我们安全通行，相信飞机将安全飞行并到达正确的目的地，相信专业人士在提供服务时以我们的最佳利益为重。没有信任，现代数字社会和经济的基础就会崩溃。"

对于企业来说，信义义务既给企业施加了目标更高、范围更广的责任，也给了企业足够弹性的裁量空间。法律上的信义义务一般包含两类基本义务：一是忠诚义务（duty of loyalty），即在处理个人信息时，不仅要符合用户的"合理预期"和利益，还要将用户的利益放在首位，避免潜在或实际的利益冲突。二是谨慎义务（duty of care），企业需勤勉谨慎、尽职尽责地处理个人信息，避免伤害用户的利益。可见，在合同义务中，合同中的一方只需要按照合同的要求完成任务即可；但在信义义务中，受托人还需要促进合同规定之外的委托人利益。企业的义务范围便不再局限于隐私政策中的条款，而是扩大到了个人信息处理的全过程。同时，受托人对保障和促进委托人的个人信息利益也有了更大的裁量权。这个裁量权并非来自于合同中具体的"应为"或"禁止"条款，而是来自于委托人的信任。在履行忠诚义务和谨慎义务的前提下，企业可以选择更好的制度、流程和技术，从而有更大的空间去创造一个正和共赢的局面。

对于用户来说，信义关系对用户也更为友好。与合同义务中以满足合同要求为目标不同，信义义务是以确保个人信息权益的实际保护效果、用户的"合理预期"为导向，更有利于实现个人信息权益的最大化保护。不同于合同关系下的"谁主张、谁举证"，在信义关系下举证责任倒置，用户仅需要证明损害结果的存在，由企业承担已履行忠实义务和谨慎义务的证明责任，这大大降低了用户的维权难度。

仔细观察中国的《个人信息保护法》和欧盟的GDPR的结构，就会发现这两部法律一方面都设立了以"告知-同意"规则为首的"个人信息处理规则"专门章节，并结合"个人信息处理者的义务"，对企业进行个人信息处理活动的各个方面作出了详细的规范；同时也基于立法的基本原则及精神理念，明确了个人信息处理活动应当遵循的基本原则，这些原则的描述较为类似于这里的忠诚义务、谨慎义务。也就是说，这些法律一方面为"清单式"的形式合规提供了便利，但另一方面也在引导企业通过内部隐私治理能力的建设确保个人信息权益的实际保护效果。

因此，企业隐私治理的终极目标应当是构建企业与用户之间的信任关系，有效履行企业对用户个人信息权益的信义义务。这不但是实现主动合规、实质性合规的必由之路，也关系到企业的商业利益和竞争优势。一旦认识到隐私治理的核心是用户的信任，就会发现它对商业的重要性：一方面，企业作为个人信息处理者，每次要求用户提供个人信息时须借助这种信任；另一方面，若企业对用户的信任滥用，或者用户一旦认为与企业共享个人信息将有损自身利益，那么他们势必会大幅减少或者干脆拒绝共享其个人信息，这意味着企业商业模式赖以生存的基础——数字信任行将崩溃，最终将损及企业自身的商业利益。个人信息处理和企业的商业行为一样，都是一个过程性的、持续性的过程。从短期的、单次博弈（single-shot game）的角度来看，隐私治理只是负担和成本，企业自身的利益和个人信息权益可能是完全对立的；但从长期的、重复博弈（repeated game）的角度来看，有效的隐私治理会促进企业自身的商业利益，并且可能通过管理和技术创新实现竞争优势。

1.3.2 企业隐私治理的三个阶段

实践经验表明,企业的隐私治理一般会经历"冲突解决—融合发展—互信共赢"这三个发展阶段。把握每个阶段的内在要求和治理难点,是实现企业内部隐私治理换代升级,推动企业实现隐私治理最终目标的前提条件。

1. 第一阶段:冲突解决阶段

冲突解决阶段是企业隐私治理的起点,它标志着企业开始意识到个人信息合规底线要求与企业业务发展之间的冲突,受到内部或者外部的推动,开始着手予以系统性的解决。在这个阶段隐私治理的重点工作包括:

(1) 全面盘点企业收集的个人数据资产,梳理个人数据处理流程。这是隐私治理的基础,只有全面了解企业的数据资产现状,才能有针对性地制定治理方案。

(2) 评估现有数据处理行为的合规性风险,找出与法律法规要求不符的地方。这需要企业熟悉相关的隐私保护法律,如中国的《个人信息保护法》、欧盟的GDPR、美国的CCPA等。

(3) 制定切实可行的隐私治理制度和实施框架,这需要在全面了解企业业务和数据处理现状的基础上,兼顾合规性要求和业务发展需求,设计切实可行的制度和流程。

这个阶段隐私治理的难点在于:首先,企业各部门对个人数据资产的认知可能不一致,数据盘点工作难度大。需要企业高层重视、跨部门协调和沟通,推动企业内部达成共识。其次,合规性要求和企业既有业务流程之间存在冲突,调整难度大,需要找到两者的平衡点。需要企业内部达成一致,可能对业务运营造成一定影响。最后,企业在这一阶段缺乏隐私治理经验,制度和实施框架难以设计。可以借鉴行业最佳实践,但需要根据企业自身特点做调整,构建切实可行的隐私治理制度和实施框架,避免流于形式。

总的来说,企业在第一阶段可以全面了解自身的个人数据处理现状,识别合规风险,并为后续的隐私治理工作奠定基础。这个阶段虽然面临诸多挑战,但对于企业建立有效的隐私治理体系至关重要。

2. 第二阶段:融合发展阶段

在融合发展阶段,企业的隐私治理框架开始付诸实施。数据合规管理不再是一项独立的工作,而是与企业的其他管理体系和业务流程进行更好的融合。企业开始将隐私保护要求嵌入产品设计、开发和运营的各个环节,实现"嵌入式"的合规管理。这意味着隐私保护不再是事后补救,而是从一开始就融入业务流程中。在这个阶段隐私治理的重点工作包括:

（1）实施隐私治理框架。企业需要将制定的隐私治理框架付诸实施，包括建立相应的组织结构和流程，完成与企业其他管理体系的融合，确保数据合规管理的有效运作。这可能涉及指定数据保护官员、设立隐私委员会、制定数据处理政策和流程等。

（2）实现"嵌入式"合规管理。企业需要将合规管理嵌入产品开发和业务流程中。这意味着在设计和实施新产品、服务或业务流程时，必须考虑数据合规的要求，并确保合规控制措施在整个生命周期内得到有效应用。

（3）建立和完善隐私监测与报告制度。企业需要建立对个人隐私泄露有效的监测和报告机制，以确保个人数据合规管理的有效性和持续性。这包括监测数据处理活动、检测潜在的隐私问题，以及及时报告数据泄露事件和合规违规情况。

（4）被动合规向主动合规的转变。融合阶段可以进一步细分为被动合规和主动合规两个子阶段。在被动合规阶段，企业主要关注法规的最低要求，力求在"纸面上"达到合规。而在主动合规阶段，企业更加重视维护用户的信任，并超越法规的底线要求，积极采取主动措施来保护个人信息。

这个阶段隐私治理的难点在于：在企业内部，需要协调不同部门之间的利益冲突，平衡业务发展与合规管理的关系，需要处理好遗留系统和数据，实现合规性改造和数据清理；对外则需要应对不断变化的法律法规要求，及时调整隐私治理策略；与第三方合作伙伴进行合规管理协同，确保共享数据的合规性。

总的来说，企业在第二阶段通过形成常态化的隐私治理工作机制，将合规管理融入企业日常运营，实现隐私治理措施的落地实施，逐步完成从"纸上合规"到"主动合规"的转变，为下一个阶段与用户的互信共赢奠定基础。

3. 第三阶段：互信共赢阶段

这个阶段才达到了企业隐私治理的终极目标：企业的隐私治理已经进入良性循环，用户和企业对个人信息的处理形成了牢固的互信，这一方面更加有效地保障了用户的个人信息权益，另一方面也大大减少了政府监管执法和企业合规治理的成本。同时，成熟完善的隐私治理体系和技术也成为了企业的一种竞争优势。在这个阶段隐私治理的重点工作包括：

（1）构建高效、可信的个人信息权利响应机制。通过这样的机制，确保个人信息处理过程对用户是透明的，用户能够了解企业如何处理其个人信息，并信任企业会负责任地处理个人数据。

（2）建立以用户为中心的数据合规文化。企业需要以用户为中心，建立起以用户为导向的数据伦理文化。这包括尊重用户的隐私权、合理利用用户的个人信息，隐私保护应成为企业文化和价值观的一部分。

（3）前瞻性地调整隐私治理框架和业务流程。企业需要面向技术和业务的快速发展，制定前瞻性的隐私处理流程，并及时修改隐私治理框架，以适应技术的快速变化。这样可以确保企业的隐私治理体系始终与最新的技术和业务需求保持一致。

(4) 引入管理创新和技术创新。企业可以通过采用更高效的隐私管理平台和先进的隐私科技,将隐私保护与数据效用权衡的边界外推。这样,在满足隐私保护要求的前提下,企业能够从数据资产中获得更大的收益、创造更大的价值。

这个阶段隐私治理的难点包括:企业除了需要具备隐私治理的能力,还需要能够有效地向用户展现治理能力,以赢得用户的信任,而且在展现能力的过程中,企业还需要注意不泄露用户的隐私信息和自己的商业秘密。此外,企业还需要建立激励机制,以维系隐私保护文化和价值观的长期发展。一方面,对于整个企业要有激励机制,使企业有足够的动机去尊重和保护用户个人数据的隐私权益;另一方面,对于企业各部门、各员工也需要有激励机制,使他们有动力就像完成自身业务一样去开展隐私治理工作。

总的来说,在互信共赢阶段,"取之有道、用之有度、建之有方"的企业隐私治理体系趋于完善。企业不仅履行了法律义务,还建立起了以用户为中心的数据伦理文化。通过透明、负责任的个人信息处理实践,企业与用户构建了互信。用户相信企业会尊重其隐私和权益,合理利用其个人信息,并提供安全的产品和服务。企业则将数据真正转化为数据资产,通过数据驱动的创新和个性化服务持续创造价值,实现了企业与用户的双赢。

1.4 本书的主题和内容安排

1.4.1 本书的编写目的

本书立足于企业隐私治理的实际需求,通过系统、全面地分析隐私治理所依据的法律法规、标准规范,前瞻性地介绍前沿隐私科技(包括隐私合规技术和隐私增强技术),并以华为公司为案例,详细描述隐私治理在企业实践中的方法和难点,为实现企业隐私治理的互信共赢提供理论基础、组织管理路径和技术储备。

隐私治理是一项综合工程,涉及企业中的各类部门,因而本书的目标读者包括企业管理层、隐私合规部门、网络安全部门、信息技术部门、法务部门、研发部门、审计部门等对隐私治理感兴趣的从业人员。隐私治理也是一门交叉学科,本书的目标读者也包括高等院校信息安全、计算机科学与技术、管理学、法学等相关专业希望系统学习隐私治理、数据合规方面知识的高等院校本科生和研究生。

总的来说，本书适合作为企业内部对员工开展隐私治理培训的教材，也适合作为高等院校相关专业开展隐私治理教学的教材或者参考书。通过对本书的学习，读者可以系统掌握企业隐私治理的相关知识，深入理解和有效应对个人信息保护方面的挑战。

1.4.2 本书的特点

基于本书的主题和目标读者的需求，我们在编写的时候力图体现以下三个特点。

1. 始终聚焦隐私治理的企业视角

讨论隐私治理，可以有不同的视角，例如监管部门的视角、个人用户的视角、第三方研究者的视角等等。本书始终秉持企业视角，主要是考虑到：企业才是处理个人信息的主力，隐私治理的核心在于企业能否有效地建立内部隐私规制的有效机制，与用户形成互信共赢。前述隐私治理的难点问题，即如何兼顾用户的个人信息保护与合理应用、如何解决企业和用户在个人信息处理上的不平衡性、如何应对隐私治理外部环境和要求的不确定性，也只有在企业的数据治理实践中才能予以有效解决。隐私治理的成败很大程度上取决于企业能否将外部的隐私保护要求有效地内化为自身的数据治理实践，从企业的视角思考隐私治理问题，才能更好地理解企业面临的挑战和难题，从而提供有效的解决方案。

因此，本书始终秉持企业视角，尤其是结合华为公司十余年隐私治理的经验，充分把握企业隐私治理的要点与难点，帮助各种类型的企业理解和应对隐私治理的挑战，推动企业在个人信息保护和隐私治理领域取得可持续发展与成功。

2. 完整覆盖构成隐私治理的法规、管理、技术三大板块

目前市面上已有的隐私治理的书籍，或是站在企业法务的视角，聚焦如何满足法律的规制要求；或是站在技术研发的视角，聚焦隐私计算技术如何助力企业突破隐私治理的困局，但缺乏一本完整覆盖隐私治理知识体系中法规、管理、技术三大板块的综合性图书，而这正是本书要填补的空缺。

首先，必须明确认识到，企业的隐私治理是一项综合性的工程。从企业管理层确定企业的隐私治理政策，到法务部门提供隐私治理的法规依据和合规要求，到数据合规部门制定完整的隐私治理框架，监督业务、研发部门落地执行，再到网络安全和信息技术部门提供隐私科技的解决方案，所有的环节缺一不可。即使是企业某一部门的成员，要完成自己在隐私治理中的工作职责，也需要与其他相关部门进行沟通、协调。因此，企业隐私治理的实践告诉我们，除了企业管理层、数据合规部门需要了解隐私治理的全貌，企业其他部门的员工也需要对隐私治理有完整的理解。

就隐私治理这门学科的发展而言，在知识体系的构建中，我们也必须实现法规、管理、技术这三大板块的贯通。从本书的论述中可以看出,在企业隐私治理的过程中,法规、管理、技术问题是相互交织在一起的。从反面讲,它们互相制约,某一个板块的难题,可能很多时候其根源在另外两个板块,因此是不可能相对独立地来解决的;从正面讲,它们也互相促进,某一个板块的进步,往往也会为其他板块提供新的改进机会或途径。

本书强调对法规、管理、技术三大知识板块的完整覆盖,不仅仅是把这三部分的内容都放到了书里,更重要的是讨论清楚这三大板块之间的联系,从而帮助读者构建起一个完整的、有机的知识体系和思考框架。例如,在本书第二部分,我们单列一章(第4章)来讨论隐私治理相关的标准和行业文件,将其置于与隐私法规(第3章)同等重要的地位。这主要是因为,在企业实践中往往无法直接依据法律法规来进行隐私治理,而更多的是依赖于标准中的隐私治理参考框架,可以说这些构成了从法规到隐私治理实践之间的桥梁。又例如在论述隐私科技的第四部分,我们单列一章讨论隐私合规技术(第7章),通过数字化、自动化降低合规成本,构建统一的平台,直接为前一部分的隐私管理提供技术支撑。在第8章讨论隐私增强技术时,我们列举出每项技术支撑的法律合规要求条款或者标准要求条款,突出了法规与技术板块的对应关系。

3. 实务与理论并重,落地与前瞻同行

从企业的视角出发,我们必须注重隐私治理的实务性知识、隐私管理方法以及隐私科技的落地。为此,本书整个第三部分都是采用案例教学,基于华为公司先进、完备的隐私治理经验来详细解说隐私实务和落地方法。与此同时,只要我们的隐私治理目标不局限于纸上合规、形式合规,而是追求与用户实现互信共赢,我们就要同等重视隐私治理中的理论问题与前瞻性治理方法和技术。因为,隐私治理的冲突性、不平衡性、不确定性(见1.2节)决定了仅仅依靠禁止做什么、允许做什么的行为规制无法实现有效的隐私治理,而提出进一步的治理举措必须要具有理论的、前瞻性的眼光。

所以在本书的编写中,我们不回避有争议性的、开放性的、还没有定论的理论问题。因为这些问题必然会反映到隐私治理的实务中,而且恰恰是实务当中最让人困惑的地方。这些问题的根源也都是因为我们对隐私治理的理解还有待深化,在理论上还有待探索,例如,个人信息、敏感个人信息界定的不确定性,个人信息流动合理性的场景依赖,立法和司法如何处理不确定性以及如何影响隐私治理的实践等等。在本书的编写中,我们也关注前瞻性的管理或技术解决方案,即使这些方案目前还不成熟,还没有被业界所实践验证其成效。因为只有这些前瞻思路才能激发我们进一步探索的欲望,才是隐私治理实践的未来。

由于书的篇幅有限,不可能面面俱到,为了最大限度达成本书的目标,我们必须

在内容安排上有所取舍。在编写过程中,我们遵循以下原则来进行内容的选择:① 从聚焦隐私治理的企业视角出发,与之无关的隐私治理内容本书不再提及。例如,在法律法规部分,无论是我国的《个人信息保护法》还是欧盟的GDPR,除了规制企业处理个人信息的行为,也对政府等公权力机构处理个人信息的行为进行了规制。虽然这些内容也是《个人信息保护法》、GDPR的重要组成部分,但在本书中都不再提及。② 全面覆盖的同时突出重点。例如,已经有150多个国家对信息隐私进行了立法。每个国家的立法都有自己的特色,但在书中逐一讨论每个国家的立法是不现实的。本书的处理方法就是先用一节概述各国立法情况,然后重点分析中国、欧盟、美国的隐私立法,因为它们的适用范围、影响力最大,从立法思想的角度也最具代表性。同样地,在各类标准和行业最佳实践中提出的有影响力的隐私治理参考框架有十余个,本书第4章则重点讨论了其中最有代表性的三个。至于其他的隐私治理参考框架,本书在扩展阅读部分提供进一步探索的资源。③ 面向跨行业的、共通性的隐私治理实践。一个企业必然有其所处的行业,不同行业的隐私治理有其特殊性问题、有自己的行业标准和针对行业的法律法规。面向特定行业的隐私治理分析肯定是有价值的,但由于篇幅的限制,我们无法针对每个行业详细讨论其隐私治理问题,而"蜻蜓点水"式的行业解读对读者并无多少参考价值。故本书聚焦于跨行业的、共通性的隐私治理问题,而将行业性的隐私治理问题放到扩展阅读中。

扩展阅读是本书的一个重要组成部分。在每一章的扩展阅读中,我们给出由于篇幅限制而在正文中没有涉及的隐私治理知识内容的相关参考书目或材料来源;或者虽然有些材料讨论的内容与本书相似,但由于采用了不同的视角或者论述思路,我们认为对读者是有帮助的,也会在这一部分予以说明。扩展阅读不但给出了可以进一步探讨的参考书目,还逐一解释了从这些书中可以获得什么样的新知,这些书的内容是如何扩展了本章的内容,从而有助于读者构建完善的隐私治理知识体系。

1.4.3 本书的内容安排

本书由四个部分组成,每一部分均包含两章。

第一部分是概述。第1章概述了企业隐私治理的需求和挑战。第2章则介绍了与个人信息/信息隐私、个人信息处理相关的基本概念以及隐私治理的核心观念。本章不仅讨论了这些概念在法律文本中的含义,也分析了这些概念在隐私管理、隐私科技中的作用,因而我们将这一章放在概述部分。另外,中国、美国、欧盟的法律法规、技术文献在讨论隐私治理中的同一概念时,往往使用不同的术语。由于本书的一个目标就是支持企业出海合规,在部分章节必须直接引用不同国家、地区的法律、法规和标准文本,因而无法在书中完全统一这些术语的使用。所以,第2章的另一个作用就是预先说明这些术语之间的对应关系以及在某些场景下术语的内涵所呈现的差异。

本书剩下的三个部分依次针对企业隐私治理的三个主要板块（法规标准、管理落地、隐私科技）来展开。

第二部分讨论公司隐私治理所依据的法律法规、国际或国家信息隐私标准、相关行业组织制定的最佳实践文件或实施指南。第3章首先概述了世界各国隐私立法的情况，然后重点讨论了中国、欧盟、美国这三个国家/地区的隐私立法和执法情况。第4章首先概述了国际/国家信息隐私标准、相关行业组织制定的最佳实践文件或实施指南中提出的各种隐私治理参考框架，然后重点讨论了中国国家标准、国际标准化组织（ISO）和美国国家标准与技术协会（NIST）中提出的隐私治理参考框架。

第三部分描述了隐私治理在企业的实践和落地方法。这一部分采取案例教学法，通过系统总结和分析华为公司隐私合规17/27框架及其治理实践，来说明企业落地中的重点与难点。之所以选择华为的隐私治理作为案例，是因为华为在2011年就建立了隐私保护治理体系，每年5%的研发资金投入保障安全与隐私，开展隐私合规的地域范围覆盖全球170多个国家和地区，获得了较多的国际隐私合规认证。第5章以华为的隐私合规17/27框架为案例，解说企业的隐私治理团队如何制定和实施隐私框架。第6章以华为的隐私管理流程为例，围绕个人信息的全生命周期，解说了企业业务部门如何实施个人信息保护措施。

第四部分分析隐私科技。技术本身是中立的。技术既造就了如今的信息隐私问题，但问题的解决也需要技术的突破与创新。支撑隐私治理的隐私科技大致可以分为三类：数据安全技术、隐私合规技术、隐私增强技术。数据安全无论是在学科上还是在企业实践中（一般由网络安全或信息技术部门保障）都较为独立，而且相关的安全治理书籍在市面上也有很多，本书就不再涉及。第7章讨论隐私合规技术，即通过数字化、自动化来提升合规管理效能，降低合规成本的技术；第8章介绍隐私增强技术，即通过密码学方法、系统安全方法来提升隐私保护的效能，提升个人数据的可用性，更多地释放数据价值。

扩 展 阅 读

我们推荐一些隐私治理方面的导论类书籍，作为本章的补充读物。第一本书是孟洁、薛颖、朱玲凤合编的《数据合规：入门、实战与进阶》（机械工业出版社2022年版)。这本书从一位刚入职的互联网公司法务部门职员或律师的视角,以其职业成长之路为脉络,分别从入门篇、进阶篇、高阶篇逐步介绍隐私合规法律专业人士一路成长过程中会遇到的各类业务场景和风险点,探讨梳理各场景下的隐私合规治理解决方案,提供隐私合规治理的门径与指引,并展望这一专业领域的职业前景和蓝图规划。这本书最大的特点就是像讲故事一样,从一个入门新手最大的困惑开始,分轻重缓急,循序渐进地介绍隐私治理的相关知识。这样安排内容的好处是读者的代入感强、容易上手。本书在内容编排的先后次序上虽然也考虑到读者接受的难易程度,进行了合理调整,但受限于教材的体例,整体上还是更强调知识体系的完整性、结构性和逻辑性。所以,对于一位完全没有相关实践经验的读者,不妨先拿这本书作为"开胃菜",对隐私治理形成一个大致的了解,然后再来细品本书这道"主菜",就会觉得更加容易消化吸收了。

在这本书中故事的结尾部分,主人公从刚入职的数据合规律师最终成长为数据保护官(隐私合规工作的负责人)。我们介绍的下一本书,是潘永建编著的《数据保护官(DPO)法律实务指南》(法律出版社2023年版),刚好"接住"了这一"角色设定",从一个数据保护官的角度,系统讨论了DPO任职资格、主要职责、风险责任,不同场景下数据保护官履职应对之合规要点等。相较于前一本书,该书内容体系更加完整、有条理性。裴炜和陈鹏编著的《数据合规实务全指引:关键场景与典型行业》(法律出版社2023年版),内容则更加完整和系统,也更像一本实务参考手册。该书分为上、下两篇:上篇从宏观视角,集中分析个人数据合规的重点领域和关键场景,形成数据合规的纵向"切片";下篇从具体行业入手,基于特定行业独特的数据处理活动,有针对性地搭建起适应行业特性的个人数据合规体系,从而形成数据合规的横向"切片"。该书共选取了十一个具体行业,既有互联网平台、物联网、电子商务、云计算、电子游戏等新型数字行业,同时也对金融、医疗、房地产、汽车、酒店、广告、人力资源等传统行业的数字化转型需求予以关注。正如1.4节所述,限于篇幅,本书完全不涉及各行业的特殊性隐私治理问题,因而这些内容对于本书是一个很好的补充。

与市面上大多数隐私治理、数据治理主题的书籍相同,上述三本书的作者不是资深律师就是法学院教授,面向的目标读者都是法务从业人员。虽然书中也会偶尔涉及一些隐私管理、隐私科技相关的内容,但都还是从单一的法律视角来看待这些问题。这带有明显的"时代印记",因为在企业隐私治理的早期阶段,主要都是法务部门承担着隐私治理的职责。但是从近年来ISACA发布的年度《隐私实践研究报告》中的统计数据来看,随着企业隐私治理走上正轨,越来越多的企业或是设置法务部门以外的独立的隐私治理部门,或是由网络安全(或者数据安全)部门来统筹管理个人信息保护的工作。报告中甚至明确建议不要由法务部门来负责企业的隐私治理工作。虽然法务部门对隐私立法精神、法规条款、执法案例的解读更加专业,但这仅仅是隐私治理的起点,从企业治理的角度来说更重要的是落地实施,这就不可避免地要更加强调管理和技术的视角,避免陷入"纸上合规"的形式主义。而正如1.4节所述,本书的一大特点就是完全覆盖隐私治理所涉及的法规、管理、技术三大知识板块,更加符合当前和未来隐私治理人才培养的需要。

当然,在导论类书籍中,我们也看到了非常少数的例外,例如William Stallings教授编著的 *Information Privacy Engineering and Privacy by Design*(Addison Wesley 2020年版,中译本名为《信息隐私工程与设计》,机械工业出版社2021年版)。作者在计算机科学和信息安全领域出版了很多经典的大学或研究生教材,曾13次获得美国教材和学术专著作者协会颁发的最佳计算机科学教材奖。这本书和本书一样,同时从法规、管理、技术三个视角来描述隐私治理,再结合作者编著的其他相关教材(比如他编著的 *Effective Cybersecurity: A Guide to Using Best Practices and Standards*,也有中文版),已经能够非常全面地反映隐私治理知识体系的全貌了。而且这本书设定的目标读者也和本书相同,可以是隐私治理从业人员(管理人员或者工程师),也可以是想系统学习隐私治理知识的大学生或研究生。但是这本书有两个问题:一是该书完全基于欧美的法律和治理实践,而本书则是从中国的法律和实践出发,同时兼顾欧美;二是受限于出版时间,该书在隐私科技的介绍部分更倾向于较为基础的数据安全技术。本书的隐私科技部分则完全忽略了数据安全技术,从而腾出空间来更为系统地介绍隐私合规技术和隐私增强技术。因而,Stallings的这本书和本书在内容上也恰好形成了互补。

如果读者要了解国内外企业在隐私治理方面的实际发展状况,可以参考一些专业研究机构、协会定期发表的白皮书,从而获得最新的数据和信息。本章1.1节引用的白皮书(或研究报告)中,安永、赛博研究院合编的《全球数据合规与隐私科技发展报告》、国际信息系统审计协会(ISACA)编写的《隐私实践研究报告》每年都有更新的版本可供参考。

2 隐私治理的基本概念

- ◆ 2.1 个人信息与个人信息处理
- ◆ 2.2 个人信息处理活动所涉及的相关方
- ◆ 2.3 从隐私设计到隐私工程
- ◆ 2.4 从行为规制到隐私风险规制
- ◆ 2.5 信息隐私、安全与数据效用

本章介绍关键的个人信息和隐私治理的概念,并分析它们之间的相互关系。首先定义和辨析与个人信息相关的关键术语,其次描述个人信息处理所涉及的相关方。隐私治理的核心理念可以概括为两条主线,分别是"从隐私设计到隐私工程""从行为规制到隐私风险规制"并在2.3节和2.4节分别介绍。最后则是讨论了信息隐私与信息安全、信息隐私与数据效用之间的权衡关系。

2.1 个人信息与个人信息处理

2.1.1 个人信息与隐私

1. 个人信息的界定

个人信息的概念内涵与外延是隐私治理的基础性问题。目前,各国都采取了个人信息/非个人信息的二元法律保护机制。如果某一类信息被划入个人信息的范围,此类信息就将受到个人信息保护法律的管辖与约束;相反,如果某一类信息被认定为非个人信息,则企业对此类信息的收集与处理就不必承担相关义务。中国的《民法典》第1034条第2款规定,"个人信息是以电子或者其他方式记录的能够单独或者与其他信息结合识别特定自然人的各种信息。"中国的《个人信息保护法》第4条定义,"个人信息是以电子或者其他方式记录的与已识别或者可识别的自然人有关的各种信息,不包括匿名化处理后的信息。"欧盟的GDPR第4条将个人数据(其实就是个人信息,参见2.1.5小节的术语说明)界定为"任何已识别或可识别的自然人(数据主体)相关的信息"。一般认为GDPR的定义和《个人信息保护法》是差不多的,都比《民法典》的定义范围要广一些。美国的法律、标准中常用的类似概念是个人可识别信息(Personally Identifiable Information,PII),以 NIST SP 800-122 为例,PII 定义为"可用于区分或追踪个人的信息"。一般来说,PII 在美国不同的法律文本中都根据相关章节的语境和目的给予特别的定义,而且范围都限定得很窄,仅覆盖尤为敏感的个人信息(如信用卡号、社会保障号等)。较为例外的是美国加州的CCPA,其中将个人信息界定为"直接或间接地识别、关联、描述、能够合理地与某一特定消费者或家庭相关联或可以合理地与之相关联的信息",它甚至比欧盟GDPR的规定还要宽泛,并涵盖了家庭和设备的信息。

虽然有所差异,但上述各种个人信息的定义都不外乎使用"识别说"与"关联说"这两种界定方式。

依据识别说,凡是能够单独识别或者与其他信息结合后识别出特定自然人的信息,就是个人信息。中国的《民法典》采取的是识别说。识别说的特点是从信息本身出发,看是否能够从信息本身直接识别出特定自然人或者与其他信息结合后识别出特定自然人。

依据关联说,只要是与已识别或可识别的自然人有关的各种信息都属于个人信息。中国的《个人信息保护法》、欧盟的GDPR采取的都是关联说。关联说的特点是从信息主体出发,强调的是任何与已识别或可识别的自然人相关的信息都属于个人信息。一般认为关联说的界定扩张了识别说对个人信息界定的范围。

关联说与识别说的另一个差异是:关联说更强调个人信息的相对性,即某些信息是否属于个人信息要看对谁而言,对于处理者A是个人信息的信息,对于处理者B可能就不是个人信息了。例如,个人信息处理者A公司已经知道了特定的自然人张三,此时,对A公司而言,关于张三的所有信息(例如其手机号码)都是个人信息。但是对于其他不知道张三存在的公司B,该手机号码就不是个人信息。个人信息定义中的识别说更强调的是从信息本身出发,而是否可以直接或者间接识别特定自然人同样是具有相对性的[①]。这也就是第1章提及的个人信息的不确定性或者场景依赖性。

2. 个人信息与信息隐私

中国的《民法典》第1032条第2款将隐私定义为"自然人的私人生活安宁和不愿为他人知晓的私密空间、私密活动、私密信息"。按照通常理解,隐私权(right to privacy)是自然人就其隐私所享有的不受侵害的权利,是一种具体的人格权,既包含在物理域的私人空间"独处而不受他人干涉(观察或打扰)"的权利,也包含在信息域"保持个人私密信息不被公开"的权利,而后者才构成了信息隐私(information privacy)或数据隐私(data privacy)。在信息行业的语境下,一般所说的隐私保护其实就是保护信息隐私。所保护的私密信息或者隐私信息的特点,一是"私",即私人的信息,与他人、公共利益等无关;二是"隐",即没有公开的状态,如果已经被自然人自行公开或者合法公开的信息,就不是隐私信息。

由于个人信息除了未公开的私密信息,还包括与个人相关的公开信息,因此严格来说个人信息保护的范围要比信息隐私保护的范围大。而且由于个人私密信息和非私密信息的性质不同,在法律适用上也存在差异。例如,中国的《民法典》第1034条第3款规定,"个人信息中的私密信息,适用有关隐私权的规定;没有规定的,适用有关个人信息保护的规定。"这就是说,在处理私密信息时,先要适用的是《民法典》关于隐私权的规定,隐私权没有规定的,才适用《民法典》《个人信息保护法》等法律中关于个人信息保护的规定。

因此,在概念上,(信息)隐私和个人信息是有差异的。本书的主题严格来说应该称为"个人信息治理"而不仅仅是"隐私治理"。在美国,由于个人信息保护是从隐私权发展而来的,而且美国法律中的隐私概念本来就具有开放性,在历史发展的过程中,就将个人信息纳入隐私的范畴加以保护,称为"大隐私"或"第二代隐私"。所以美国法律中的隐私权所保护的范围极为广泛,相当于中国法律中的全部人格权,不太区分个人信息权益与隐私权。由于美国拥有与个人信息保护相关的法律、相关诉讼及

[①] 程啸.个人信息保护法理解与适用[M].中国法制出版社,2021.

行政程序的时间最久,以及在立法思想、社会经济运行等各方面的巨大影响力,使得国际上的大部分相关文献一般也不刻意区分个人信息和信息隐私。同样,企业实践中也经常将隐私和个人信息混用。例如,国内外很多企业网站上公布的"个人信息保护政策",企业一般都将其称为"隐私政策"。本书遵循业界的这一惯例,也未过多区分隐私和个人信息。

2.1.2 个人信息的分类

个人信息可以按照不同的标准,划分为敏感个人信息与一般个人信息、私密个人信息与非私密个人信息。

1. 敏感个人信息与一般个人信息

中国的《个人信息保护法》第28条将个人信息划分为敏感个人信息和一般(非敏感)个人信息。敏感个人信息是指,"一旦泄露或者被非法使用,容易导致自然人的人格尊严受到侵害或者人身、财产安全受到危害的个人信息。"敏感个人信息之外的个人信息,属于一般个人信息。这里的"敏感"实际上强调的是在引发侵害或危害的后果上的难易程度。越是容易使人格尊严受到侵害或者人身、财产安全受到危害的个人信息,风险越高,就越敏感。

《个人信息保护法》第二章第二节以定性加开放性列举的方式,将敏感个人信息分为三类:一是一旦泄露或者非法使用,容易导致自然人的人格尊严受到侵害的个人信息,例如生物识别、宗教信仰、特定身份和医疗健康等信息;二是一旦泄露或者非法使用,容易导致自然人人身财产安全受到危害的个人信息,例如,生物识别、行踪轨迹、金融账户等信息;三是不满14周岁的未成年人的个人信息。

与处理一般个人信息相比,《个人信息保护法》对于处理敏感个人信息提出了更多的限制和要求,具体表现在以下五点:① 处理目的和必要性的要求不同。只有在具有特定的目的和充分的必要性,并采取严格保护措施的情形下,个人信息处理者方可处理敏感的个人信息。但是,对于非敏感的个人信息的处理只要求具有明确、合理的目的即可。② 同意的要求不同。处理敏感个人信息应当取得个人的单独同意;法律、行政法规规定处理敏感个人信息应当取得书面同意的,从其规定。对于非敏感的个人信息,只有在某些情形下,如个人信息的提供、公开个人信息、个人信息出境等情形下才需要取得个人的单独同意。③ 告知的事项不同,处理非敏感的个人信息之前,处理者应当向个人告知的事项包括:个人信息处理者的名称或者姓名和联系方式;个人信息的处理目的、处理方式,处理的个人信息种类、保存期限;个人行使本法规定权利的方式和程序;法律、行政法规规定应当告知的其他事项。然而,处理敏感的个人信息,除要告知前述事项外,还必须向个人告知处理敏感个人信息的必要性以及对个人权益的影响。④ 行政许可不同。处理非敏感的个人信息不涉及行政许可的问题,但是处理某些敏感的个人信息,则需要取得行政许可或者存在法律、行政法规作出的其他限制。⑤ 进行个人信息保护影响评估的要求不同。处理任何敏感个人信息之前,都必须进行个人信息保护影响评估并对处理情况进行记录。但是如果处理的是一般个人信息,则当此等处理活动对个人权益有重大影响时,例如,利用个人信息进行自动化决策、委托处理个人信息、向其他个人信息处理者提供个人信息、公开个人信息以及向境外提供个人信息等,才需要进行个人信息保护影响评估。

欧盟的 GDPR 第 9 条通过列举的方式定义了"特殊类型个人数据(special categories of personal data)",被有的文献类比为 GDPR 版的"敏感个人信息"。但仔细分析 GDPR 中所列出的特殊类型个人数据,会发现其主要指那些会带来身份性歧视的个人数据,例如种族、民族、性取向等个人数据。在历史上,这些类型的身份数据曾在欧洲造成了大规模歧视,在当代也仍然可能带来歧视风险。而对于其他可能给个人带来风险但与身份不相关的个人数据都未列入,例如金融账户、行踪轨迹类的个人数据。反观中国的法律,对敏感个人信息的界定带有较为明显的实用主义与风险防范导向,其防范的不仅包括人格尊严,而且包括人身、财产安全,并将金融账户、行踪轨迹明确纳入列举的类型中。而且 GDPR 规定除非有法定例外情形,否则原则上不得处理特殊种类的个人数据。虽然列出的法定例外情形还是不少的,但使用的限制力度高于敏感个人信息,因而不宜将两者简单类比。

2. 私密个人信息与非私密个人信息

中国的《民法典》第 1032 条第 2 款将个人信息划分为私密信息("凡是自然人不愿意为他人知晓且旨在维护自然人的私生活安宁或私生活秘密的信息",也就是常说的隐私信息)和非私密信息(不涉及隐私的其他个人信息)。非私密的个人信息也属于个人信息,但这些个人信息常常必须为他人所知或公开,否则对于信息主体参与社会交往活动也是不利的。例如,姓名、人脸属于个人信息,但如果姓名和人脸无法为他人所知,则信息主体几乎无法参与社会活动,因此它们不属于私密信息。

敏感个人信息与私密个人信息存在重合之处,例如,有些个人信息既是私密的也是敏感的,如罹患疾病的信息,但二者并不完全重合。例如,喜欢裸睡是私密个人信息,但并不是敏感个人信息。反过来,敏感个人信息也未必是私密个人信息,如人脸信息等(图 2-1)。

另外,私密个人信息与非私密个人信息的处理规则也存在差异。具体表现为以下两点:① 处理私密信息必须取得本人的"明确同意",处理非私密的个人信息可以取得本人或者其监护人的同意;② 在未经本人同意的情形下,处理私密信息只能依据法律的规定,而处理非私密的个人信息可以依据法律和行政法规的规定。

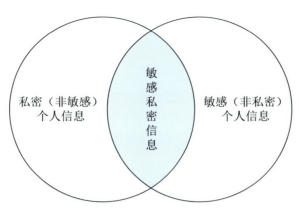

图2-1　私密与敏感个人信息的关系

2.1.3 个人信息的去标识化(假名化)和匿名化

企业处理的个人信息一般以三种形态存在:原始的、去标识化(假名化)的以及匿名化的个人信息。去标识化,是指对原始的个人信息进行处理,使其在不借助额外信息的情况下无法识别特定自然人的过程。去标识化的个人信息虽然经过处理者的特殊处理但依然保留了一定程度的可识别性、关联性,还是属于个人信息。匿名化,是指对个人信息进行处理,使其无法识别特定自然人且不能复原的过程。匿名化的个人信息不再属于个人信息。

1. 个人信息的去标识化(假名化)

中国的《个人信息保护法》第73条第3款定义"去标识化(de-identification)"为"个人信息经过处理,使其在不借助额外信息的情况下无法识别特定自然人的过程"。也就是说,去标识化只是使得被采取该等方法处理后的信息本身无法直接识别特定的自然人,但是与其他信息结合后仍然可以识别。该法第51条第3款要求"个人信息处理者应当采取相应的加密、去标识化等安全技术措施,从而确保个人信息处理活动符合法律、行政法规的规定,并防止未经授权的访问以及个人信息泄露、篡改、删除"。这里明确将去标识化视为与加密类似的一种"安全技术措施"。去标识化的个人信息仍然是个人信息,受到法律的保护。

中国国家标准GB/T 37964—2019《信息安全技术 个人信息去标识化指南》指出,去标识化的目标包括:① 对直接标识符和准标识符进行删除或变换,避免攻击者根据这些属性直接识别或结合其他信息识别出原始个人信息主体;② 控制重标识的风险,根据可获得的数据情况和应用场景选择合适的模型和技术,将重标识的风险控制在可接受范围内,确保重标识风险不会随着新数据发布而增加,确保数据接收方之间的潜在串通不会增加重标识风险;③ 在控制重标识风险的前提下,结合业务目标和数据特性,选择合适的去标识化模型和技术,确保去标识化的数据集尽量满足其预期目的(有用)。因此,去标识化是以企业的数据"开发利用"为价值取向,同时兼顾个人信息的安全保护,使得企业能够更好地发掘数据要素的潜能。

与去标识化类似的概念是假名化(Pseudonymization)。在中国的法律中还没有出现过假名化这个概念,欧盟的GDPR第4条第5款定义假名化为"一种使得个人数据在不参照其他数据的情况下无法指向特定数据主体的个人数据处理方式。该处理方式将个人数据与其他数据分别存储,并且会采取相应的技术和组织措施而使得个人数据无法指向一个已识别到的或可被识别的自然人"。但是假名化数据结合其他数据还是可以重新指向特定数据主体,因而还是属于GDPR定义的个人数据。可以看到,这里的假名化与中国法律中的去标识化没有本质差别。因此,本书不区分假名化与去标识化这两个概念。

2. 个人信息的匿名化

中国的《个人信息保护法》第73条第3款定义"匿名化(anonymization)"为"个人信息经过处理无法识别特定自然人且不能复原的过程"。该法第4条第1款明确规定,匿名化处理后的信息就不再是个人信息,不再适用《个人信息保护法》。欧盟的GDPR鉴于条款第26条定义"匿名化信息(anonymous information)"为"无法或不再可能识别数据主体的个人数据",并且规定匿名化信息"不属于本条例管辖范围"。

综合上述法律条文,可以看到,匿名化不同于去标识化(或假名化),二者的区别在于:首先,匿名化处理后的信息已经无法识别特定的自然人且不能复原,故此匿名化信息不再属于个人信息;去标识化后的信息借助额外信息,仍然存在复原的可能性,还是属于个人信息;匿名化可以视为"彻底的"去标识化,以至于借助额外信息,也无法复原、无法重新识别特定的自然人。其次,匿名化的价值取向在于"安全与保护",几乎无视了个人信息本身的利用价值,所以匿名化信息主要是用在统计或研究领域,可用性较小;而去标识化更符合企业对于数据开发利用的需求。

匿名化的概念无论是在理论上还是实务上都非常关键,因为它参与了对个人信息的界定,决定了企业是否需要承担对个人信息保护的义务和责任。这里的难点在于,匿名化不是绝对的,这也呼应了我们在前面反复强调的观点:个人信息的概念有不确定性,是场景依赖的。在有关信息隐私的技术文献中,我们常常会看到"去匿名化(de-anonymization)"这个术语,也就是说,在可获得的数据来源越来越丰富以及算法越来越强大的大数据时代,匿名化处理的信息也可以被复原,从而重新具有可识别特定个人的可能。美国乔治城大学Paul Ohm教授在2010年就曾发表过一篇著名论文[1],通过多个案例来说明匿名化的信息如何被用来重新识别个人,以及在原理上为何匿名化不可能完全实现。现在学术界基本达成共识,从技术层面来看,个人信息的

---

[1] Paul Ohm. Broken Promises of Privacy[J]. UCLA Law Review, 2010, 57(6).

绝对匿名化是做不到的。

中国的《个人信息保护法》对于匿名化的表述非常有限,只说到"无法识别特定自然人且不能复原",那么如何在实践中判定"不能复原"就是一个兼具技术性和法律性的难题。欧盟的GDPR鉴于条款第26条在说明"匿名化信息"时明确指出,"在确定某一方式是否可能被合理用于识别该自然人时,应考虑所有客观因素,例如,识别所需的成本和时间与处理数据时可以采用的技术及技术发展。"因此,GDPR对于匿名化的判定标准不是绝对的,而是说在个人信息处理的当下,基于对处理者的可用技术、成本、时间的"合理预期",来判定是否做到"不能复原"。我们认为,这样的解释是比较合理的、切合实际的。由参与《个人信息保护法》立法的全国人大宪法和法律委员会、最高人民法院研究室的专家为该法撰写的条文理解与适用也是这样来解释匿名化的。

另外,需要注意的是美国加州的CCPA第1798.145(a)条第5款规定,本标题下对企业施加的义务不应限制企业的如下能力:"收集、使用、保留、出售或披露已去标识化的或综合消费者信息中的消费者信息"。也就是说,与《个人信息保护法》和GDPR不同,在CCPA中,企业只要对个人信息做到去标识化,就已经可以按照非个人信息来处理了。

2.1.4 个人信息处理

1. 个人信息处理的概念

个人信息处理(processing of personal information)指任何一项或多项针对单一或多个个人信息进行的任意操作。中国的《个人信息保护法》第4条第2款对个人信息的处理方式进行了不完全列举:"包括个人信息的收集、存储、使用、加工、传输、提供、公开、删除等"。欧盟的GDPR第4条第2款将个人信息处理定义为"针对个人数据或个人数据集合的任何一个或一系列操作,如收集、记录、组织、建构、存储、修改、检索、咨询、使用、披露、传播或其他方式利用、排列或组合限制、删除或销毁,无论该操作是否采用自动化方式"。其他国家的立法对个人信息处理的界定基本类似。所以,个人信息处理可以理解为围绕着个人信息展开的各种行为/活动的统称。

2. 个人信息处理行为的类型

个人信息处理行为的类型很多,中国的《个人信息保护法》列举了8类典型的个人信息处理行为作为代表。

(1)收集(collection)是指个人信息处理者获取个人信息的行为。收集的方式既包括直接收集,即信息处理者向个人索取或个人主动将其信息提供给信息处理者,或者计算机系统自动记录个人的使用痕迹,也包括间接收集,即从其他信息处理者处或者从公开渠道获取个人信息。中国的《个人信息保护法》第23条规定,如果个人信息处理者是从其他个人信息处理者处获取个人信息,此时应当由提供方而非接收方来告知并取得个人的单独同意。

(2) 存储(storage)是个人信息被后续利用的前提。个人信息可以通过纸质方式或者电子方式被长期或短期存储。被存储的信息不限于所收集的原始信息,还包括经过加工处理的信息。个人信息处理者应当对个人信息分类管理存储。

(3) 使用(use)是指通过自动或非自动方式对个人信息进行操作,例如,记录、组织、排列、存储、改编或变更、检索、咨询、披露、传播或以其他方式提供、调整或组合、限制、删除等。对于作为营利法人的企业而言,主要是为了商业目的使用个人信息,例如,通过对收集的用户的交易信息(如订购的商品、下单的时间、支付的方式等)进行分析,了解该用户的购物偏好、支付能力、信用状况等,从而进行精准广告推送,以便推销商品或服务。

(4) 加工(process)是指对所收集、存储的个人信息进行筛选、分类、整理、融合、分析、计算等的活动。加工可以释放信息中的潜在价值。此外,个人信息的去标识化、匿名化等也需要通过对信息的加工来实现。

(5) 传输(transmission)是指单一信息处理者在其内部进行自我传送的活动,例如企业内部不同部门之间的个人信息传送,它与将个人信息提供给其他企业的情形不同。

(6) 提供(provision)是指个人信息处理者将个人信息提供给自身和信息主体之外的组织或个人。提供可以发生在境内的不同的个人信息处理者之间,也可以发生在境内与境外的个人信息处理者之间,即个人信息的跨境提供。中国的《个人信息保护法》第23条规定,提供个人信息时需告知信息主体且取得其单独同意。该法第3章对个人信息跨境提供的规则作出了详细的规定。

(7) 公开(public disclosure)是指向社会公众或不特定主体披露个人信息。由于公开个人信息是一种对于信息主体的个人信息权益影响很大的信息处理方式,因此中国的《个人信息保护法》对之作出了更为严格的规范,除了信息主体自愿主动公开其个人信息或国家机关为公共利益合法公开个人信息的情形,个人信息处理者原则上不得公开其处理的个人信息。

(8) 删除(erase)个人信息的根本目的就是要使得个人信息不可用,即个人信息处理者或者其他人除非花费巨额的成本,否则不可能取得、读取与使用个人信息。信息主体享有向个人信息处理者主张的删除权。除了物理毁坏存储的硬盘等直接删除方式,在难以删除时,个人信息处理者还可以通过停止存储和采取必要的安全保护措施之外的处理方式来替代删除,例如采取匿名化处理方式。

3. 个人信息处理行为的特点

基于上述对个人信息处理行为的分类讨论,并结合在1.2节介绍的个人信息的双重属性(个人属性和社会属性),可以看到个人信息处理行为有如下的显著特点。

首先,大部分个人信息处理行为都依赖于个人信息的流通性。个人信息需要从用户流通到企业,在企业内部流通,跨企业甚至跨境流通,这是由个人信息的社会属性所决定的。除了少数私密的、敏感的个人信息,大部分的个人信息需要流通才能帮助用户完成社交、经济活动,同时为社会、为企业创造价值。流通是实现个人信息价值的前提,个人信息保护并不排斥个人信息的合理流动和利用。但是流通也给个人信息保护带来了前所未有的挑战。传统的信息安全措施(如加密、认证)只适用于静止的私密信息,相当于将数字资产锁在"保险柜"里,但保护不了动态的、流通中的个人信息。在真实的个人信息泄露事故中,攻击者通常不需要复杂的黑客技术,不需要利用零日漏洞来攻入企业系统内部,而只是潜伏在企业业务系统的上下游,利用业务流程的缺陷批量窃取流通中的个人信息。

其次,用户和企业对个人信息处理行为的感知与控制能力是完全不对等的。现代数字社会,企业处理个人信息的系统、流程和操作都会变得异常复杂。企业作为处理者,对于这些信息有第一手的掌握,而用户对于企业的个人信息处理行为的了解是被动的,主要依赖于企业的披露。因此,二者对个人信息处理行为所掌握的信息量存在巨大的差异。这些行为可能会给用户造成什么样的影响,其中存在哪些方面有哪种程度的风险,企业和个人处理这些专业性问题的能力也天差地别。所以,大多数国家的个人信息保护法律都是通过各种制度设计去刻意纠正这种不对等、不平衡关系(参见1.2.2小节)。其中最有效的方式就是要求企业内部构建合规的隐私治理体系,包括组织机构、管理制度、操作规程和技术保障手段等,实现企业的自我规制,然后再由监管机构对企业隐私治理的效果进行问责。

最后,个人信息处理行为往往是过程性的、持续性的。在用户与企业之间,二者的互动往往不是一次性的单次博弈,而是持续性的重复博弈,只有在二者之间构建了信任关系,才能实现互利共赢。所以,法律除了矫正企业与用户之间在个人信息处理上的不对等关系外,另一个目的就是促进个人信息处理者与用户之间良性互动,而企业隐私治理的最终目标也是有效构建和维护企业与用户之间的信任关系(参见1.3.1小节)。

2.1.5 本书的术语说明

隐私治理的文献受到不同国家/地区文化背景的影响,十分繁杂且不统一。往往有几个术语都在表达同一个或相近的概念,并且这些术语的使用明显带有地域性。

由于本书的大部分章节都需要直接引用不同国家、地区的法律、法规和标准文本,因而无法在书中统一这些术语的使用,因而本小节专门对这些术语予以集中的说明,便于读者理解本书和相关的文献。

1. 个人数据=个人信息=PII

本书基本上不区分数据(data)与信息(information),尤其是个人数据(personal data)与个人信息(personal information)。数据和信息是不同的概念:信息是数据的内容,数据是信息的载体或形式,数据与信息之间是记录与被记录的关系。但是在数据时代,很少有必要将数据与信息加以分离来讨论,尤其是个人数据,只能依据其承载的个人信息来判定和区分。在中国,为了与《个人信息保护法》保持一致,比较常用的是个人信息这个术语,欧洲的立法往往是"以数据保护为名,行个人信息保护之实",比较常用个人数据这个术语。中国台湾地区常用个人资讯或者个人资料这样的术语。在美国和受美国影响的国际标准文献中,意思相近的术语是个人可识别信息(PII),参见2.1.1小节。并且在隐私治理文献中,这些术语还经常省略"个人"二字,如数据治理,其实就是指个人数据治理,按照上下文很容易正确判断。这种术语的混用十分普遍,以至于出现在同一篇文献甚至同一句话中。例如,欧盟GDPR第4条将"个人数据"定义为"与已识别或者可识别之自然人(数据主体)有关的信息"。

基于此,还衍生出了很多可视为等同的术语,例如"个人信息主体=个人数据主体""个人信息保护=个人数据保护""个人信息治理=个人数据治理"等。

2. 个人信息=信息隐私=隐私

本书基本上也不区分个人信息与信息隐私(或者个人数据与数据隐私),除非是讨论隐私权与个人信息权益的差别(参见2.1.1小节),并且在数字社会,讨论隐私大都是讨论信息隐私,因而信息隐私往往略称为隐私。基本上美国和受美国影响的国际标准文献中常用隐私这个术语来表示个人信息,例如隐私治理,严格来说应该是个人信息治理。因为更加简短,企业尤其是跨国企业也偏向于使用隐私这一术语来表达个人信息的概念,例如很多企业网站上公布的"个人信息保护政策"都称为"隐私政策"。

基于此,还衍生出了很多可视为等同的术语,例如"隐私保护=个人信息保护""隐私工程=个人信息安全工程=个人数据保护工程""隐私风险=个人信息权益风险"等。

3. 个人信息主体=个人数据主体=用户/顾客

个人信息所涉及、所关联的自然人,正式的术语是个人信息主体(其中"个人"二字常被省略),本书为行文方便也常称为用户/顾客,或者个人,以便于读者理解(参见2.2.1小节)。信息主体常见于中国的文献,欧洲常用的对等术语是数据主体。

4. 个人信息处理者=个人数据控制者=企业

严格来说,处理个人信息的个人信息处理者(或者个人数据处理者)不一定是企业,也有可能是学校、政府部门等。本书讨论的个人信息处理者只限于企业/公司,因而在书中不区分这两类概念。本书一般也不区分企业作为欧盟GDPR中的个人数据控制者、个人数据处理者的情形,而是按照中国《个人信息保护法》中的术语统一称为个人信息处理者(参见2.2.1小节)。在中国的《个人信息保护法》颁布之前,有一些中国的标准文献中出现了个人信息控制者、个人信息处理者的术语,分别等价于欧盟GDPR中的个人数据控制者、个人数据处理者;但在《个人信息保护法》颁布之后,这样的术语已经很少用到了。

本书在附录2《术语等价表》中对这些术语进行了汇总。

2.2 个人信息处理活动所涉及的相关方

个人信息处理活动的参与方

本节描述个人信息处理活动的参与方及其角色。总的来说,个人信息处理活动涉及两方:个人信息主体(即用户)与个人信息处理者(即公司)。

中国的《个人信息保护法》第73条第1款定义个人信息处理者为在"个人信息处理活动中自主决定处理目的、处理方式的组织、个人"。在欧盟的GDPR中,个人数据的控制者(Data Controller)是指"能单独或联合决定个人数据的处理目的和方式的自然人、法人、公共机构、代理机构或其他组织"。个人数据的处理者(Data Processor)则是"为控制者处理个人数据的自然人、法人、公共机构、代理机构或其他组织"。GDPR区分控制者和处理者的理由是:控制者是个人数据处理活动中的关键行为者,是GDPR所设定的个人数据保护义务的首要承担者,确定控制者对于判定GDPR的适用至关重要。中国法律中的个人信息处理者与欧盟GDPR中定义的个人数据控制者相同。至于GDPR中的个人数据处理者,即按照他人决定的处理目的和处理方式处理个人信息的主体,就是中国《个人信息保护法》中"接受委托处理个人信息的受托人",其与个人信息处理者之间是委托合同关系。具体而言:一方面,个人信息处理者与受托处理个人信息的主体(受托人)之间应当通过委托合同约定委托处理的目的、期限、处理方式、个人信息的种类、保护措施以及双方之间的权利和义务等,并按照《个人信息保护法》第21条的要求对受托人的个人信息处理活动进行监督。另一方面,按照该法第59条的规定,受委托处理个人信息的主体不是个人信息处理者,无须承担个人信息处理者的全部义务而只是需要依法"采取必要措施保障所处理的个人信息的安全,并协助个人信息处理者履行《个人信息保护法》规定的义务"。

2.2.2 个人信息保护负责人及其机构

中国的《个人信息保护法》第52条要求"处理个人信息达到国家网信部门规定数量的个人信息处理者应当指定个人信息保护负责人"。个人信息保护负责人对外披露的要求仅限于联系方式,但需报送履行个人信息保护职责的部门的信息则包括姓名和联系方式。就职责来看,个人信息保护负责人的职责明确为"对个人信息处理活动以及采取的保护措施等进行监督",而非承担主要责任。

相对于《个人信息保护法》仅对个人信息保护负责人的设置提出了框架性的要求,中国国家标准《信息安全技术 个人信息安全规范》(GB/T 35273—2020)的相关内容则详尽很多。该标准要求个人信息控制者应明确其法定代表人或主要负责人对个人信息安全负全面领导责任,包括为个人信息安全工作提供人力、财力、物力保障等;应任命个人信息保护负责人和个人信息保护工作机构,个人信息保护负责人应由具有相关管理工作经历和个人信息保护专业知识的人员担任,参与有关个人信息处理活动的重要决策直接向组织主要负责人报告工作。满足以下条件之一的组织,就应该设立专职的个人信息保护负责人和个人信息保护工作机构:① 主要业务涉及个人信息处理,且从业人员规模大于200人;② 处理超过100万人的个人信息,或预计在12个月内处理超过100万人的个人信息;③ 处理超过10万人的个人敏感信息的。之所以没有强制所有的企业都必须设立专职的个人信息保护负责人和机构,主要是考虑到广大中小企业的个人信息处理活动的类型可能很少,且处理的个人信息数量也小。对于不同的企业而言,在确保个人信息处理行为合法合规的难易程度、便利用户行使权利的迫切性等方面,都是不同的。如果不作区分,强制所有的企业都这么做,既没有必要,也无端增加了企业的负担与成本。

该标准第11.1条对个人信息保护负责人和机构应履行的职责作出了较为具体的规定,包括:① 全面统筹实施组织内部的个人信息安全工作,对个人信息安全负直接责任;② 组织制定个人信息保护工作计划并督促落实;③ 制定、签发、实施、定期更新隐私政策和相关规程;④ 建立、维护和更新组织所持有的个人信息清单和授权访问策略;⑤ 开展个人信息安全影响评估,提出个人信息保护的对策建议,督促整改安全隐患;⑥ 组织开展个人信息安全培训;⑦ 在产品或服务上线发布前进行检测,避免未知的个人信息收集、使用、共享等处理行为;⑧ 公布投诉、举报方式等信息并及时受理投诉举报;⑨ 进行安全审计;⑩ 与监督、管理部门保持沟通,通报或报告个人信息保护和事件处置等情况。

与之类似的是欧盟的 GDPR 中第 37 条至第 39 条规定的数据保护官（Data Protection Officer，DPO）制度，要求欧盟的所有处理大规模特殊类别数据的私营组织，必须任命 DPO 以确保 GDPR 合规。第 29 条工作组（Article 29 Working Party，WP29）也在其《数据保护官指引》（Guidelines on Data Protection Officers，WP243）中建议，无论是否有法律要求，最好都要任命 DPO。简言之，DPO 制度是 GDPR 基于问责制合规框架的重要基石。除了确保组织 GDPR 合规之外，DPO 也充当了各个利益相关方（包括监管机构、数据主体和企业内部的业务部门等）之间的中间人角色。

GDPR 所设立的 DPO 在企业内部独立履行个人数据合规与治理责任。根据规定，DPO "不能因为完成其任务而被控制者或处理者解雇。其可以直接向控制者或处理者的最高管理层进行报告"。而中国的《个人信息保护法》并未赋予个人信息保护负责人独立的法律地位，个人信息保护负责人只是企业内部的专业负责人员，而非独立于企业的独立人员。欧盟将个人数据保护视为一种特殊的，甚至是具有优先性的基本权利。欧盟仅在个人数据领域要求企业设置独立人员，而在其他安全生产、环境保护、文化保护等领域，并未作此类强制性要求。而中国不仅在《个人信息保护法》中创设了"个人信息保护负责人"，也在安全生产、食品安全等法律法规中创设了负责安全的专门人员。中国虽然也很重视个人信息保护，但就权利性质而言，并未将个人信息保护上升到一个比环境保护或食品安全更优先的领域。

在美国，除了对美国健康保险流通与责任法案（Health Insurance Portability and Accountability Act，HIPPA）所规制的实体以外，美国法律并没有强制要求企业任命 DPO。但是美国的大型 IT 企业一般都会任命首席隐私官（Chief Privacy Officer）和 IT 安全官，并且已成为公认的行业内的最佳实践。DPO 在欧洲企业中仍是中低阶层的管理岗位，这与美国企业的首席隐私官的中心战略地位大有不同。

2.3 从隐私设计到隐私工程

在过去的半个多世纪，世界各国的政府机构、企业等都是以美国于 20 世纪 70 年代提出的"公平信息实践原则"（Fair Information Practice Principles，FIPPs）作为隐私治理的核心理念。在此基础上，以 1980 年经济合作与发展组织的"OECD 指南"、1995 年欧盟《数据保护指令》为代表，构成了全球第一代隐私治理的基本框架。进入 21 世纪以来，人类社会的文明演化呈现出加速发展的态势。面对新时代新问题，传统的隐私治理理念和框架显得捉襟见肘。新一代隐私治理的核心理念，我们概括为两条主线："从隐私设计到隐私工程"和"从行为规制到隐私风险规制"，分别在本节和下一节介绍。隐私设计或者隐私工程都是从系统思维出发，为隐私治理提供组织的、管理的、技术上的基础和工具；而行为规制或者隐私风险管理则是从目标导向出发，为隐私治理确定目标以及目标间的优先级。可以说，这两条主线虽然各有侧重，但也互相辅助，构成了当前隐私治理的核心理念。

2.3.1 隐私设计

1. 隐私设计的来源与发展

隐私设计（Privacy by Design，PbD）的概念最早由加拿大渥太华信息与隐私委员会前主席 Ann Cavoukian 博士于20世纪90年代提出，主张在系统设计的最初阶段将个人信息保护的需求"嵌入其中"，成为系统运行的默认规则，而不是事后简单地"附加其上"。2010年左右，又正式提出隐私设计7原则，系统阐述了隐私设计理论的精神与内容。2016年4月，欧盟正式通过GDPR，其中第25条明确规定了"基于设计的和默认的数据保护（Data Protection by Design and by Default）"。由于默认的保护包含在隐私设计之中，这标志着隐私设计原则的法律化。EDPS在2018年进一步发布了《隐私设计的初步意见》（Preliminary Opinion on Privacy by Design）来进一步阐释GDPR所规定的隐私设计原则的具体实施要求。

而在国际层面，隐私设计理论也受到极大的关注与重视。2009年，在马德里召开的第31届数据保护和隐私委员会国际会议上，大会专门成立了一个有关隐私设计理论的工作小组。2010年10月，第32届数据保护和隐私委员会国际会议在耶路撒冷召开，大会一致通过《隐私设计方案》（Resolution on Privacy by Design），也被称为《耶路撒冷宣言》（Jerusalem Declaration），明确将隐私设计理论作为未来个人信息保护至关重要的部分，鼓励各国数据保护机构和隐私委员会去践行该理论。2023年国际标准化组织发布ISO/IEC 31700:2023系列标准《消费者保护 产品及服务中的隐私设计》，成为首个隐私设计国际标准。

2. 隐私设计的7+1原则

隐私设计思想的核心内容就是隐私设计7原则，从系统工程的角度给企业隐私治理提供了较好的指导；但是对于企业，还需要形成自我完善改进的机制。管理学大师彼得·德鲁克曾经说过："没有度量，就没有管理"，所有的改进都是基于可靠度量来开展的。因此企业还需要考虑一个额外的原则：度量与改进（Measurable and Improvement）。以下从企业隐私治理的视角来阐述这7+1个原则的核心要素。

（1）原则1：主动而非被动，预防而非补救（Proactive not Reactive，Preventative

not Remedial)。隐私治理工作的首要的目标是合法合规,防止隐私违规事件的发生,因此需要提前建设有效的风险管控机制和治理体系,而不只是等到隐私问题出现后再去解决,提供补救措施。

① 隐私政策:从企业视角来看,此原则最重要是有明确的纲领性的隐私政策,清晰表达企业管理层在隐私保护上达成的共识,体现鲜明的隐私保护观点、明确的政策要求、完备的责任体系。管理层需要认识到主动采用有效的隐私保护实践可以带来切实的商业价值和企业社会价值,因此制定的隐私政策需要比法律法规有更高要求和更明确的行为准则,让企业所有员工明确知道隐私保护的重要性,从而指导日常行为。

② 雇员隐私保护:隐私政策的要求不能够停留在字面,而是要将隐私保护融入企业文化建设中。建设保护隐私的企业文化,首先要落实雇员的隐私保护机制,从保护企业自有员工的隐私开始,让全体员工切实认识到采用优秀隐私保护实践带来的价值,从而自发地将政策要求和行为准则转化为实际行动,更全面地去落实保护用户的隐私,有效地预防侵犯隐私事件的发生。

③ 例行隐私洞察:企业需要建立主动识别隐私治理不完善和隐私设计不好的机制。定期洞察所服务国家法律法规的变化、行业先进隐私增强技术的发展、领先企业发表的优秀实践,会是一个有效的方法。通过洞察外部的信息,看清要求与方向,同步审视企业已有隐私治理政策制度与设计实践的不足,制定系统化改进隐私治理要求和产品与服务隐私方案的计划,从而支撑隐私政策的落地与企业文化的建设。

(2) 原则2:隐私作为默认设置(Privacy as the Default Setting)。产品与服务的默认设置要能为用户提供最大程度的隐私保护,用户在获取到产品和服务时,不需要采取任何措施,就能够得到完整的隐私保护方案。在具体产品与服务设计时,常用的三个要素是目的限制性、个人信息最小化、披露和留存的最小化。

① 目的限制性:收集和处理的个人信息应当具有正当、明确和合理的目的,处理的方式要限定于这个目的,并和这个目的直接相关。默认收集的个人信息仅限于满足基本功能所必需,不能超范围收集个人信息。

② 个人信息最小化:被收集和处理的个人信息是最小范围,不应过度或者"提前"收集个人信息。随着大数据的发展,为了更有效地保护个人隐私,所收集的个人信息的可识别性、可观察性和可链接性应最小化。除了个人信息内容最小化外,收集信息的频度也需最小化。

③ 披露和留存的最小化:个人信息处理仅限于特定目的,不能超出用户授权的目的对个人信息作披露[①]。在个人信息处理目的履行完后,个人信息要得到有效的销

[①] 各国法律通常情况会规定无须用户同意的例外场景,例如公权力机构基于公共安全等需要或者个人数据;在处理法律规定的例外场景时,除了审视例外场景的真实性,还需要做好相应的评估和披露记录,做好例外管理。

毁,不再留存,可采用彻底删除和有效匿名化的方式。随着数字技术的发展,匿名化的技术也会变得不再"匿名",例如,Hash MD5 的算法在当前技术下已经不能作为有效匿名手段,企业需要定期审视技术的有效性,履行"主动而非被动,预防而非补救"的原则。

(3) 原则3:隐私嵌入设计(Privacy Embedded into Design)。隐私保护思想需要嵌入产品与服务的设计、架构、流程中,让隐私保护成为所提供产品与服务的必备组成部分,进一步履行"隐私作为默认设置"原则的。嵌入设计要求将隐私以一种系统性、内生性和创造性的方式嵌入设计、架构、流程中。

① 功能系统性:隐私特性是产品与服务整体系统的组成部分,需要有机地融入产品与服务中,成为所交付核心功能的一个重要组成,而不是通过附加功能或者削弱基本功能的方式提供。这也是进一步履行"隐私作为默认设置"原则的要求。例如,敏感个人信息需要做加密存储和处理,在系统设计时就需要考虑这部分性能的开销,采用更有效和完整的方案,保证在满足隐私要求的同时,系统能够稳定运行。

② 技术创新性:如果在将隐私特性融入产品与服务过程中遇到困难,会需要寻找创新性的解决方案,而不是简单地放弃或者妥协,隐私增强技术的应用会是一种有效的解决方案。隐私设计7原则起源于隐私增强技术的讨论,同时也因为隐私增强技术的发展,使得隐私设计的原则能够更有效地在企业提供的产品与服务中得到实施,落实对隐私影响最小化的要求,降低疏漏产生的影响。①

③ 流程内生性:隐私保护要求要融入企业治理架构中,成为治理架构的有机组成。参考业界标准来建设治理架构是一个有效的方法(如 ISO/IEC 31700)。参考行业领先企业的优秀实践也是有效的参考方式,例如华为的17/27框架。在隐私保护融入企业治理架构过程中,最重要的是有效融入企业日常业务流程中。

(4) 原则4:正和的功能设计(Full Functionality-Positive-Sum, not Zero-Sum)。随着人民生活水平的提高和数字化、智能化的发展,用户会更愿意选择具备隐私保护属性的产品与服务,企业也会更愿意选择具备隐私治理架构的合作伙伴。从发展的视角和商业价值来看,隐私保护和商业价值是一种正和共赢的关系,而不再是过时的零和逻辑。企业管理者需要更多从战略视角去看隐私保护和商业价值的双赢,而不是所谓的"权衡"。当觉得隐私特性会影响商业利益时,不妨将商业目标进一步分解,将功能与商业价值进行对应,找到一种能够实现多功能的解决方案,而不是简单地"拒绝"隐私特性。

① 加持产品商业价值:具有隐私属性的产品会得到更多消费者认可,从调研机构反馈的信息来看,越来越多的消费者在选择产品时会考虑是否具备隐私保护功能。以华为为例,HarmonyOS 提供的隐私中心对位置信息、摄像头、麦克风等敏感功能权

---

① 本书的7.2节对隐私增强技术做了进一步的介绍。

限进行可视化的呈现,在2022年2 400个中国消费者隐私安全满意度调研中排到前列。以云端数据加密为例,云端数据加密会增加系统的开销,因为云服务提供商需要更多的资源来为用户提供同样的服务,但是云服务的客户会愿意花更多的钱选择更安全的云服务,在云服务市场,标准的隐私和安全服务逐渐成为了必备属性,无法提供隐私安全特性的云服务将被主流市场淘汰。这也是"隐私嵌入设计"原则给企业带来的最直接的商业价值。

② 提升企业商誉:中国和世界主流国家的法律都要求企业对其供应商明确提出隐私保护的要求,因此,不具备隐私治理能力的企业,商业市场空间会被限制,甚至在部分提供民生基础服务的关键基础行业(如电信、金融、大型互联网服务),隐私保护成为行业准入要求,例如ISO 27001/ISO 27701。换一个角度,企业如果发生了数据泄露事件,对企业的商誉会造成直接的冲击,不但影响已有客户的利益,也会使潜在客户出现担忧,甚至拒绝合作。

(5) 原则5:全生命周期的安全保障(End-to-End Security—Lifecycle Protection)。网络安全(Cybersecurity)技术是隐私保护的基础,从本质上讲,没有强大的安全性,就不可能有隐私。采用有效的技术手段和管理措施,从数据采集、使用、转移、披露、删除等个人信息处理全生命周期,最大化地保障个人信息的安全,是隐私保护的基本要求。

① 数据安全技术:通过行业领先的安全技术,确保个人信息的机密性、完整性和可用性;从全生命周期去实施安全技术,除了数据传输、存储之外,处理、销毁和披露同样需要使用有效的安全技术,例如彻底不可逆地删除算法、有权限控制防篡改的日志记录、带有数字水印数据包等。

② 数据安全操作规范:据调查研究,内部员工的恶意行为是造成数据泄露的主要原因之一。企业要重视运维和运营流程的有效性,在操作流程中明确安全要求和所承担的职责,以"零信任"视角去建设企业的操作规范和要求,从而构建充分信任的团队氛围。企业在指定运维、运营流程时,除了恶意破坏行为,也要考虑误操作和疏忽的场景,进行鲁棒性(Robustness)①设计,给予个人信息操作人员足够的培训和指导,提升个人信息操作人员的专业性。

③ 数据分享协议:企业不仅自身要采用安全技术和管理措施,在数据分享(披露)给合作伙伴时,除了需要审视个人信息分享(披露)的合理法律基础,也要对接收方的隐私治理能力和资质进行评估。通过签署含数据分享内容的数据处理协议或者专有的数据分享协议,从法律层面明确个人信息接收方的法律责任义务,促进个人信息接收方落实完备的隐私保护措施,为个人信息分享(披露)后的安全保障提供有效支撑与法律约束。

---

① 容错性、坚韧性、稳健性,指系统可以抵御外部影响,维持原有系统的正常运行。

（6）原则6：保持开放透明（Visibility and Transparency-Keep it Open）。企业完成原则1到原则5隐私治理架构建设，接下来要将所做的努力转化为用户对企业的信任，信任的提升会进一步加持企业的商誉和产品与服务的商业价值。开放透明是取得信任最有效的原则，和餐饮业的透明厨房异曲同工，所有的食材加工摆在消费者眼前，吃得放心和安心。从可知、可控、可验证三个方面，能更有效地落实开放透明的信任感。

① 可知：隐私声明是落实可知最常用的方法。通过隐私声明，让用户在使用产品与服务前，知道企业将基于什么目的，收集哪些数据，做怎样的处理，存储在哪里，留存多久。详细的隐私声明介绍，可参见本书5.3节。

② 可控：相比可知，透明性同时涵盖了可控的要求，可以让用户能够直接操作属于自己的个人信息，例如直接修改姓名、电话、地址，删除购物记录，注销账号等。除了这些显性可操作的个人信息外，企业对原始个人信息后加工的数据，也要提供给用户操作的能力，例如互联网企业常使用的"个性化标签"和"广告标识"数据。通常隐私保护法律会要求企业提供给个人信息主体行使修改、删除、撤销等个人信息的权利，例如中国的《个人信息保护法》第4章所规定的"个人在个人信息处理活动中的权利"。

③ 可验证：包含自验证和三方验证。自验证，能够让用户直观看到或者感受到操作带的结果，例如历史数据删除后不可再被查阅。三方验证，企业通常还可以通过获取行业权威的三方隐私认证来进一步取得用户的信任，例如ISO 27701、欧洲的EuroPrise认证，详见本书5.4.4小节的介绍。企业可以将获取的行业认证在其官方网站上发布，便于用户查阅。

（7）原则7：以用户为中心（Respect for User Privacy-Keep it User-Centric）。以终为始，最后的原则要回到用户的权利本身，将用户权益摆在最高的位置，保持以用户为中心最好的隐私特性和方案通常是围绕个人用户需求设计的，个人用户对自己的个人信息有着最直接的感受和最大的既得利益。这点在越来越多人机界面设计中得以考虑，提供以人为中心、以用户为中心和用户友好的操作与交互；就如"保持开放透明"原则的可知可控要求，让用户管理自己的数据，能够发挥积极作用，也是防止隐私和个人信息滥用和误用有效的方法。同样，当个人信息泄露事件发生时，企业需要围绕保护个人信息主体的利益开展应急响应机制，而不是围绕企业自身的利益，只有这样企业才能够有效处理意外事件，得到用户的理解和支持；这也是法律所要求的，例如中国的《个人信息保护法》第57条规定的个人信息泄露时的补救措施与通知义务。

① 明确有效的同意：通常情况下企业只简单提供隐私声明是不够的，因为大多数用户不会去阅读长篇的隐私声明，更何况有很多企业提供的隐私声明晦涩难懂，因此企业在设计时，需要更多考虑如何有效地告知用户，并且明确获取其有效的同意。个

人信息的敏感性越高,所需隐私声明的质量就需要越清晰和具体。企业也需要为同意提供撤销和撤回的机制。在中国,明确有效的同意是企业在收集、使用或披露个人信息时最常用的法律基础,法律另有允许的除外。

② 个人信息主体权利:如在"保持开放透明"原则介绍的,通常隐私保护法律会要求企业提供给个人信息主体行使修改、删除、撤销等个人信息的权利。在中国的《个人信息保护法》中,规定了个人信息主体享有知情权、决定权、限制权、拒绝权、查阅、复制、可携带权、修改权、删除权,以及不同于欧洲GDPR的"逝者主体权利"。企业要结合自身业务特点,去落实支撑个人信息主体权利的行使,为消费者提供可操作的入口和在法律规定时效内完成处理,详见本书6.3.5小节的介绍。

③ 应急响应机制:企业需要建立投诉和补救机制,确保侵害隐私事件发生时,能够快速响应采取补救措施,消减对个人信息主体的影响。如果相关事件对个人信息主体有较大的影响,应该在法律规定的时间内通知到个人信息主体和政府监管机构。企业需要对所发生的事件建立详细的记录档案,便于改进和后续查阅,详见本书5.4.5小节。

(8) 原则8:度量与改进(Measurable and improvement)。作为企业,能够落实原则1到原则7,已经达到良好水准,要走向优秀,企业需要有稳定的改进机制。对用户和利益相关者提供明确的隐私承诺,响应其请求和投诉,满足其合法利益的同时,审视已有机制需要改进和完善的地方,持续改进。

① 责任机制:企业建立完善的责任体系是取得用户信息的重要措施。与隐私相关的政策和程序的责任应以文档形式记录并结合企业的治理架构进行传递和落实,所有的环节要明确具体的责任人。在向第三方转移个人信息时,同样应当通过合同或其他方式传递责任要求。

② 稽查与审计:稽查与审计是完善企业架构必不可少的部分,通过稽查和审计发现执行过程中存在缺失、不规范的问题;通过有针对性的改进措施的执行落地,提升企业隐私治理的成熟度。

3. 隐私设计的完善

隐私设计理论在很多方面都扩展了公平信息实践原则。首先,隐私设计理论主张采用积极预防的方式来保护个人信息,而公平信息实践原则更倾向于事后消极救济;其次,隐私设计理论倡导通过法律、管理、技术等综合手段来保护个人信息,而公平信息实践原则主要依赖单一的法律保护;最后,隐私设计理论还特别强调系统的设计者和开发者在个人信息保护中的作用和责任,这不同于以系统使用者(个人信息处理者)为中心的公平信息实践原则。企业不一定是系统的设计者和开发者,这些技术工作有可能外包给第三方机构来完成。

隐私设计理论本身也在不断地进一步发展和完善。主要的进展包括两个方面,一方面是隐私设计思想的实施落地,从理论概念发展成为可操作的具体机制,最后都汇入了隐私工程,这些内容在2.3.2小节中介绍;另一方面是隐私设计概念本身的扩展,这里介绍两个代表性的概念:隐私再设计和隐私设计模式。

隐私设计理论强调在系统初期开发阶段就主动融入个人信息保护需求。然而现实企业中往往存在许多已稳定运行多年的系统,缺乏从设计初期嵌入个人信息保护要求的机会。而完全替换系统、重新设计又不太现实。为解决这一现实问题,Ann Cavoukian又提出了"隐私再设计(privacy by redesign)"的概念[①],旨在将隐私设计理念适用于已运行的系统。考虑到这些系统的设计已完成,不可能完全从头开始,因此需要通过隐私再设计来实现隐私保护目标。与隐私设计理论相比,隐私再设计理论同样要求落实隐私设计7原则,但在实现流程方式上有所不同,主要分为三个步骤:一是反思,重新确定系统的商业和个人信息保护需求,评估现有系统与需求之间的落差;二是再设计,设计和开发新的控制系统,填补反思阶段中识别出来的系统落差;三是再运行,将重新设计的增强型个人信息保护系统整合到企业的业务流程之中。

企业在产品和系统开发中经常会遇到很多共性的隐私问题,企业或所在的行业也在实践中逐渐摸索出解决这些问题的有效方案。借鉴软件开发中的设计模式(design pattern)思想,针对这些共性的隐私问题开发可复用的解决方案,称为隐私设计模式(privacy design patterns),其目的是使得企业在后续的产品和系统开发中减少重复的研发。基于这一理念,欧美的隐私学者在美国国土安全部、美国国家标准与技术研究院、欧盟第七框架计划资助下,开发了一个网上社区[②],专门收集、整理已知的常用隐私设计模式,并统一在开发过程中使用隐私技术术语。在社区网站上已经列出大量的隐私设计模式,例如防止追踪、降低地理位置精确度、最小化信息不对称、分层隐私设计、隐私标签与图标、隐私面板、数据匿名化、信息收集异步提醒等,并提供了对应的模式解释、存在问题、解决方案和案例,供企业在践行隐私设计时参考。

2.3.2 隐私工程

隐私设计思想在提出后,获得了广泛认可。但是隐私设计的核心内容(即上述7项基本原则)较为抽象,监管机构和产业界都致力于将这些原则具体化,形成一套可以直接指导企业隐私治理或者产品/系统隐私合规研发的方法论或者落地实施规范,这就自然形成了隐私工程(Privacy Engineering)。

---

① A Cavoukian, M Prosch. Privacy by ReDesign: Building a better legacy[J]. Information Privacy Commissioner Ontario, 2011: 1-8.

② https://privacypatterns.org/.

1. 隐私工程的来源与定义

隐私工程的产生是隐私监管机构和企业隐私治理实践共同需求下的产物。一方面，法律的更新速度与技术的发展速度差距越来越大，引发了隐私监管机构对自身监管能力的担忧。欧盟网络和信息安全局（European Union Agency for Cybersecurity，ENISA）就曾指出"欧盟各国数据监管机构缺乏有效和系统的能力去监管数据处理活动或者处罚违规行为。"另一方面，隐私保护立法日趋严格但又概括模糊，使得企业对于"如何保证企业业务、研发实践和法律要求保持一致，如何证明其个人信息处理活动遵守法律要求"多有困惑。无论是政府监管还是企业的隐私治理，主要都是关注三个层面的合规：制度文件的合规、管理流程的合规、实务操作的合规。这里的矛盾主要集中在最后一个层面：法律条文很难对充满细节、不断迭代的业务实践和研发工程进行精准的规范。隐私工程通过梳理和总结隐私保护法律要求，将其转化为系统工程中的目标、策略、风险管理框架、组织管理和运营方法，为隐私保护要求提供了具象化的实践指引，从而为实务操作的合规管理提供了有效的工具。

虽然总体需求一致，但各国对隐私工程的探索各有侧重，也就造成对隐私工程的定义各不相同。由于欧盟的GDPR已经直接将隐私设计的原则通过第25条"基于设计的和默认的数据保护"纳入立法，因此欧盟对于隐私工程的探索主要围绕如何将GDPR的原则性要求落地于实践来展开。欧洲数据保护监督机构（European Data Protection Supervisor，EDPS）在2018年发布的、解释GDPR第25条的《隐私设计的初步意见》（Preliminary Opinion on Privacy by Design）中首次将隐私设计与隐私工程这两个概念联系起来，指出"隐私设计的原则必须转化为隐私工程中的方法"。ENISA在2022年发布了《数据保护工程：从理论到实践》（Data Protection Engineering: from Theory to Practice），2024年又发布了《欧盟数据空间中的个人数据保护工程》（Engineering Personal Data Protection in EU Data Spaces），按照GDPR中的术语，将隐私工程改称为个人数据保护工程，并将其定义为"选择、运用和配置恰当的技术和组织措施，从而具体实现数据保护原则（也就是隐私设计原则）"。美国对于隐私工程的探索，其核心目的与欧盟一致，都是针对如何将隐私保护的概括性原则和相关法律规定转化为系统工程的隐私要求并融入系统开发流程中。美国NIST在2017年发布了内部报告（NIST IR 8062）《联邦系统中的隐私工程和风险管理介绍》（An Introduction to Privacy Engineering and Risk Management in Federal Systems），将隐私工程定义为"一种系统工程的特殊方法，旨在让个人免于承受系统处理个人识别信息过程中所产生的不可接受的后果"。NIST发起和维护了隐私工程项目（Privacy Engineering Program，PEP），我们较为熟悉的NIST隐私框架就被包含在PEP之下[①]。ISO和IEC在2019年发布了国际标准ISO/IEC TR 27550:2019《信息技

[①] www.nist.gov/privacy-engineering.

术 安全技术 系统生命周期流程中的隐私工程》(Information Technology-Security Techniques-Privacy Engineering for System Life Cycle Processes),将隐私工程定义为"将隐私问题纳入系统和软件工程生命周期过程的工程实践"。中国的国家标准化管理委员会在2022年发布了国家标准GB/T 41817—2022《信息安全技术 个人信息安全工程指南》,基于中国《个人信息保护法》中的术语,将隐私工程改称为个人信息安全工程,并将其定义为"将个人信息安全原则和要求融入产品服务规划、建设的每个阶段,使个人信息安全要求在产品服务中有效落实的工程化过程"。

从上面的介绍中可以看到,大致来说隐私工程有狭义与广义之分。狭义的隐私工程主要是针对处理个人信息的系统和产品而言,将隐私设计的理念落实到系统和产品开发的整个生命周期。国家标准GB/T 41817—2022和国际标准ISO/IEC TR 27550:2019基本上都是针对狭义的隐私工程。广义的隐私工程,是将隐私保护要求嵌入系统工程乃至企业管理全流程的一种工程实践。欧盟和美国的定义都是针对广义的隐私工程,并未限定在系统和产品开发流程中,而是描述了通过隐私工程要达到"实现数据保护原则"和"保护个人隐私权利"的目的。要实现这样的目的,除了将隐私嵌入系统和产品开发流程之外,还要在组织架构保障、技术措施选择、合规基线确定、风险评估流程以及隐私风险管理等方面注意隐私保护,通过一种体系化、制度化、流程化、平台化的方式来提升企业的隐私保护能力。

以下对隐私工程的介绍主要是基于上述的标准文献,介绍隐私工程的核心理念。至于不同的标准对于隐私工程实施的具体规定,将在第3章的对应标准部分中介绍。

2. 隐私工程的目标

各国对于隐私工程目标的设定基本上以其倡导的隐私保护原则或立法要求为基础。我国的《个人信息安全工程指南》提出了五项目标:合法正当、最小必要、公开透明、不可关联、可管理性。其中,公开透明、不可关联、可管理性这三项目标基本与欧盟ENISA和美国NIST提出的隐私工程目标相一致(参见表2-1),而合法正当和最小必要这两项目标则主要是基于《个人信息保护法》的顶层架构进行了调整,使其更好地承接中国的《个人信息保护法》的要求并在研发工程侧进行落地(参见表2-2)。

表2-1 国内外隐私工程目标对比

中　　国	欧　盟　ENISA	美　国　NIST
合法正当	/	/
遵循个人信息安全相关法律法规要求,处理个人信息具有明确、合理的目的,不通过误导、欺诈、胁迫等方式处理个人信息	/	/

续表

中　国	欧盟 ENISA	美国 NIST
最小必要	/	/
处理个人信息与处理目的直接相关，采取对个人权益影响最小的方式，收集个人信息限于实现处理目的的最小范围	/	/
公开透明	透明(Transparency)	可预测(Predictability)
公开个人信息处理规则，明示处理的目的、方式和范围，提高产品服务个人信息处理的透明性	是指所有与隐私相关的数据处理，包括法律、技术和组织设置，在任何时刻都是公开透明并且可以被重建的。数据的实际处理、计划处理以及处理后的具体情况都应当保证透明性	是指使个人、所有者和操作人员能够对个人信息及其信息系统的处理有可靠的预期
不可关联	不可关联(Unlinkability)	不可关联(Disassociability)
采用去标识化、匿名化等手段，减少个人信息关联到个人信息主体引起的安全风险	是指隐私相关数据与域外的任何其他隐私相关数据集不可关联	是指对个人信息或事件的处理，不与超出系统运行需求的个人或设备相关联
可管理	可干预(Intervenability)	可管理(Manageability)
提供个人信息处理的管理机制，使用户和组织能够适当干预产品服务处理个人信息的过程	是指确保对所有正在进行或计划进行的隐私数据处理进行干预，并在必要时能够纠正和制衡	是指提供对个人信息细粒度的管理的能力，包括选择、删除和选择性披露

表2-2　个人信息安全工程目标和中国《个人信息保护法》的基本原则之间的对应

《个人信息安全工程指南》个人信息安全工程目标			《个人信息保护法》基本原则
5.2 a) 遵循个人信息安全相关法律法规要求，处理个人信息具有明确、合理的目的，不通过误导、欺诈、胁迫等方式处理个人信息	合法正当 ⇔	合法、正当、必要、诚信原则	第五条 处理个人信息应当遵循合法、正当、必要和诚信原则，不得通过误导、欺诈、胁迫等方式处理个人信息
5.2 b) 处理个人信息与处理目的直接相关，采取对个人权益影响最小的方式，收集个人信息限于实现处理目的的最小范围	最小必要 ⇔	最小必要原则	第六条 处理个人信息应当具有明确、合理的目的，并应当与处理目的直接相关，采取对个人权益影响最小的方式。 收集个人信息，应当限于实现处理目的的最小范围不得过度收集个人信息

续表

《个人信息安全工程指南》个人信息安全工程目标		《个人信息保护法》基本原则
5.2 c) 公开个人信息处理规则,明示处理的目的、方式和范围,提高产品服务个人信息处理的透明性	公开透明 ⇔ 公开透明原则	第七条 处理个人信息应当遵循公开、透明原则,公开个人信息处理规则,明示处理的目的、方式和范围
5.2 d) 采用去标识化、匿名化等手段,减少个人信息关联到个人信息主体引起的安全风险	不可关联 ⇔ 最小必要原则	第六条 处理个人信息应当具有明确、合理的目的,并应当与处理目的直接相关,采取对个人权益影响最小的方式。收集个人信息,应当限于实现处理目的的最小范围不得过度收集个人信息。第九条 个人信息处理者应当对其个人信息处理活动负责,并采取必要措施保障所处理的个人信息的安全
5.2 e) 提供个人信息处理的管理机制,使用户和组织能够适当干预产品服务处理个人信息的过程	可管理性 ⇔ 数据质量原则 可归责原则	第八条 处理个人信息应当保证个人信息的质量,避免因个人信息不准确、不完整对个人权益造成不利影响。第九条 个人信息处理者应当对其个人信息处理活动负责,并采取必要措施保障所处理的个人信息的安全

在表2-1中,似乎欧盟ENISA和美国NIST提出的隐私工程目标不包含合法正当和最小必要原则,其实不然。以欧盟ENISA的文档为例,其对透明的解释包含了合法正当的要求,对不可关联的解释包含了最小必要的要求。根据西班牙数据保护局(Spanish Data Protection Authority,AEPD)在2019年发布的《隐私设计指引》(A Guide to Privacy by Design)的分析,ENISA版本的隐私工程3个目标完全覆盖了欧盟GDPR第5条规定的个人数据处理原则,如表2-3所示。因此,该监管机构认为可以将隐私工程的目标作为承接GDPR个人数据处理原则到隐私工程实践的支柱。从上述对隐私工程目标的分析中也可看出,隐私工程并未给作为个人信息处理者的企业增加了更多的义务,而是提供了一种履行义务的实践路径,即通过工程化的过程来将个人信息安全原则和要求融入系统和产品的规划、建设的每个阶段,甚至是企业管理的全流程。

表2-3　ENISA隐私工程目标与GDPR个人数据处理原则的对应

ENISA隐私工程目标	不可关联	透明	可干预
GDPR个人数据处理原则	数据最小化 存储限制 目的限制 完整性和保密性	合法性、公平性、透明性 目的限制	目的限制 准确性 完整性和保密性 可问责

另外，在企业的工程实践中，因为数据/信息安全是整个信息系统安全的前提，首先必须要保证处理个人信息的系统或产品保障数据安全的能力。中国的《个人信息保护法》第9条就规定"个人信息处理者应当对其个人信息处理活动负责，并采取必要措施保障所处理的个人信息的安全"，欧盟的GDPR也有类似的条款。所以，企业在工程实践中一般还需要将数据安全目标与隐私工程目标列在一起通盘考虑。数据安全目标一般包括机密性、完整性、和可用性。

（1）机密性（confidentiality）指数据不能被未授权的个人、实体或过程获得或披露。机密性缺失是指数据在未经授权的情况下被泄露。

（2）完整性（integrity）主要包括以下两个概念：数据完整性（data integrity）指确保数据（包括存储的及传输过程中的）和程序只有在指定且获得授权的情况下才能被更改。数据完整性缺失是指信息在未经授权的情况下被修改或销毁。系统完整性（system integrity）指确保系统在执行其预期功能时，不受有意或无意的未授权操作的影响。

（3）可用性（availability）指确保系统能够及时响应，并且不会拒绝对已授权用户的服务。可用性缺失是指对信息或信息系统的访问或使用被中断。

这也就是常说的数据安全CIA三元组目标。基本上，传统的数据安全保障个人数据作为企业资产的安全；隐私保护则在个人数据处理的过程中，管控个人数据的泄露和滥用对个人信息权益可能造成的损害。大部分的指导文件（如前述的AEPD《隐私设计指引》）均认为，隐私工程目标和数据安全目标合在一起才构成了企业在工程实践中的个人数据保护的完整目标。

3. 隐私工程的主要内容

狭义的隐私工程对具有处理个人信息功能的系统和产品在规划和建设阶段落实个人信息安全要求提供工程化的指引，主要是围绕系统和产品开发周期中的需求、设计、开发、测试和发布各阶段展开。以《个人信息安全工程指南》为例，如图2-2所示，在系统和产品开发各阶段嵌入隐私工程活动。

（1）在需求阶段，根据系统或产品的功能需求、所适用的法律法规、标准、行业最佳实践、企业制度文件，对系统或产品的个人信息需求（含个人信息处理需求、个人信息安全需求）进行分析，制定隐私合规要求清单，并据此制定产品的个人信息保护设计指南。

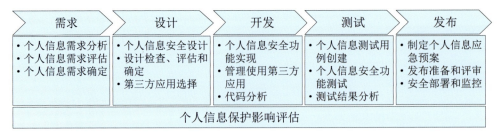

图2-2　《个人信息安全工程指南》中的个人信息安全工程各阶段内容

(2) 在设计阶段,针对系统或产品的个人信息需求,设计对应的个人信息安全功能实现方案;制定隐私合规检查项,对照进行检查和评估,确定个人信息安全设计;识别第三方应用的个人信息处理情况,按照合法、正当、必要的原则选择第三方应用。

(3) 在开发阶段,根据系统或产品个人信息安全设计,参考业界认可的安全编码规范,对个人信息安全功能进行代码实现;在每个开发的迭代周期,检查个人信息保护功能实现的效果;管理使用第三方应用可能带来的隐私风险。

(4) 在测试阶段,根据系统或产品的个人信息需求,创建并维护个人信息安全测试用例;按照测试用例进行个人信息需求符合性测试、个人信息安全合规性测试;分析测试结果,对测试不通过项进行整改,输出个人信息安全测试报告。

(5) 在发布阶段,制定系统或产品的个人信息安全事件应急预案,在系统或产品发布前进行个人信息安全发布评审;按照个人信息安全需求制定配置规则、部署方案及验收标准,遵从配置规则完成配置,依据部署方案完成部署,根据验收标准进行验收;发布部署后,对个人信息安全风险进行监测。

(6) 隐私影响评估通常会贯穿各阶段。在需求阶段,启动隐私影响评估,确定评估对象和范围,对需求进行评估;在设计和开发阶段,对个人信息安全设计进行评估,输出设计的评估结果,并按照评估确定后的设计进行开发;在测试阶段,对实际个人信息保护功能进行验证和测试;在发布阶段,对隐私影响评估相关文档进行评审、签发及归档。

广义的隐私工程除了在系统和产品的开发过程中嵌入个人信息保护要求,还要求企业从运营和管理的角度提供一系列的隐私保护支撑。以美国的NIST报告为例,广义的隐私工程包含五个部分(图2-3):① 基于相关的法律、法规和FIPPs,结合企业的实际业务,确定企业的隐私要求,明确企业需要提供的个人信息保护能力以及证明隐私需求得到满足需要提供的证据;② 隐私影响评估,包括隐私风险评估(评估企业的个人信息处理活动对用户的个人信息权益造成的影响),以及降低隐私风险的隐私和安全控制选择;③ 隐私工程和安全目标,包括明确隐私工程的可预测、不可关联、可管理目标和数据安全的机密性、完整性、可用性目标,以指导企业的隐私治理能力建设;④ 风险模型,用于进行风险评估,对每一个威胁,根据威胁的强度、实际发生概率和系统漏洞,确定威胁成功实施的可能性;在假设威胁成功实施的情况下,对威胁造成的影响或成本进行建模;⑤ 风险管理框架,用于提供选择和评估控制措施的流程以管理已识别的风险并满足相关要求。

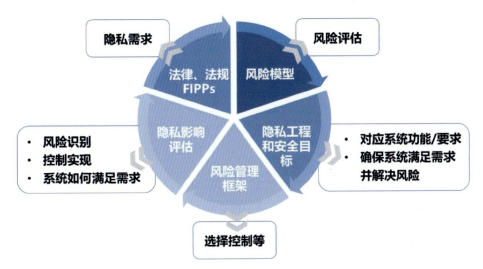

图 2-3　NIST 隐私工程中的内容构成

结合美国 NIST 和欧盟 ENISA 对于隐私工程内容的描述,可以归纳出广义的隐私工程主要包含以下内容:

(1) 组织人员:从组织架构、工作职责、意识技能等方面,进行人才资源管理、沟通机制建立、隐私工程技能提升,以此构建让隐私工程顺利推行的组织根基。

(2) 技术工具:以技术工具的方式在产品/服务的数据处理活动中落地个人信息保护要求,或在内部管理中使用技术工具识别、管理个人信息保护风险。

(3) 文档管理:隐私工程落地实施的规划、执行方案、运行记录、改进跟踪均以文档方式进行记录并体系化管理。知识管理识别隐私工程知识库的组成元素,形成可用的隐私工程知识库并跟踪分析其使用情况。

(4) 系统和产品开发生命周期的隐私管理:需求、设计、开发、测试和发布过程中嵌入个人信息保护要求,即上述狭义隐私工程的内容。

(5) 第三方合作管理:在第三方的准入筛选、合同签订、跟踪监测、风险评估和退出等方面考虑隐私保护问题,并形成全流程的管理机制。

(6) 个人权利保障:针对用户个人信息权利的授权、个性化、权利请求响应和处理等方面,形成体系化的控制策略和流程。

(7) 隐私安全事件管理:制定隐私安全应急预案并定期演练,建立事件的监测、处置、报告和通知流程。

(8) 隐私风险管理:建立隐私风险管理体系,对隐私风险的识别、分析、评价、处置和监测形成标准化管理机制和运营系统。

2.4 从行为规制到隐私风险规制

隐私治理的另外一条主线"从行为规制到隐私风险规制"主要是解决如何合理地确定隐私治理的具体目标以及目标间的优先级。隐私设计或者隐私工程则是为这些目标的实现提供组织的、管理的、技术上的系统性措施和工具。

总体来说,法律对个人信息处理的规制有两种路径:一种是对个人信息处理的具体行为进行规制的路径(以下简称"行为规制"),另一种是对个人信息处理的风险进行规制的路径(以下简称"隐私风险规制")。行为规制是一种传统的法律方法,通过赋予个人信息主体各种控制性权利以及预先设定的个人信息处理规则,对企业进行的信息处理活动作出合法或者非法的二分判断,通过相关活动的合法性来最终确定个人信息保护的边界。与之不同,隐私风险规制路径要求企业首先评估个人信息处理活动预期所带来的风险,然后在此基础上决定是否进行该处理活动,并在特定的处理活动中采取和风险相称的保护措施,将对个人信息主体合法权益不利影响的风险降低到可接受的程度[①]。个人信息保护中行为规制路径和隐私风险规制路径的不同被概括为"静态的底线保护"与"动态的灵活保护"的不同。前者是以一种普遍性的、预先确定的规则来规范和约束个人信息处理行为,后者则是基于个案中特定的隐私风险来确定充分的保护措施以降低风险。

2.4.1 个人信息处理行为规制

1. 行为规制的含义和特点

首先,行为规制一般是一种基于权利的规制方法。其核心就是通过法律赋予个体在个人信息处理中的一些控制性权利,如知情同意、查阅权、请求更正权、删除权等,来对信息处理者(企业)形成制衡。个人信息主体可以根据其自由意志自主作出禁止或者允许他人收集、存储、分享和使用与之相关的个人信息的决定,并在随后通过上述权利来参与监督和规范相关的个人信息处理活动。监管机构则明确要求企业在处理过程中采用特定的管理和技术措施;这些措施都是在过往的个人信息保护中被证明为行之有效的做法,以具体的规定为主,一般包括保护类、控制点、要求项。这些类、具体的控制点和要求项的总和,就构成了企业应当履行的个人信息保护义务的

---

① 江海洋.论数字时代个人信息的刑法保护路径选择[J].当代法学,2023,5:88-99.

主要内容。行为规制遵循法律的二元逻辑：个人信息处理行为要么符合规则因而合法，要么不符合因而非法，边界是刚性的。

行为规制的特点包括：第一，个人信息保护倚重个体行使控制性权利和监管机构制定完善的保护措施要求清单。表面上，用户获得了对自己的个人信息的控制权，但这也要求用户能够准确预估企业在处理个人信息时可能对自己的权益造成伤害的风险，权衡利弊作出决策，并对自己的决策完全负责。然而事实证明用户缺乏足够的能力、条件和意愿来做好这些决策。同样，监管机构也很难代替企业决定最佳的保护措施应该是什么。第二，行为规制以具体的措施性规定为主。监管机构需要明确要求被监管对象采用特定的管理或技术手段、完成指定的规定动作，这样企业才能"有规可循"，用户也能依据这些具体的规定来行使自己的控制性权利。第三，这些规定关注的是个人信息保护的底线。法律和监管机构面向的是社会各行业。不同行业之间高度异质，而且即使在同一行业内部，不同企业由于规模、资源、存储个人信息种类等差异，也存在统一的具体性措施或标准适用程度不一的问题。在这种情况下，能够普遍适用的措施或者标准只能关注于最基本的底线要求，并不能真正满足个人信息保护的实质需求。在行为规制下，用户个人和监管机构只能在个人信息权益受到侵犯后，通过问责机制来获得损害补偿。

2. 行为规制存在的问题

在信息技术快速发展、个人信息安全态势瞬息万变的今天，关注底线的、静态的、具体的措施性规定实际上难以为用户的个人信息提供实质性的保护[①]。

首先，这种一刀切式的措施要求缺乏对企业外部和内部风险变化的综合考量。就用户个人而言，由于企业提供的安全保障措施无法锚定所处环境的各种变化，因而这种保护或者"过犹不及"或者"力有未逮"，无法基于实际风险"相机而动"。就企业而言，只要不少做但也不用多做，即算合规。至于实际保护效果如何，不是评判是否履行安全保护义务的主要考量。这样一来，企业就会止步于合规，而缺乏动力去采用要求之外的保护措施，哪怕是这些措施确实能提高个人信息的保护水平。这会助长企业"纸面上合规"的倾向，用各种类型的合规认证来取代实质性的保护能力建设。

其次，具体的、静态的规定难以跟上现实的变化。监管机构的措施性规定是以过去的实践经验为基础，往往需要等待实践经过一定时间的发展和积累，然后"向后看"，再总结和扬弃。本质上来说，这些规定必然滞后于个人信息泄露与反泄露斗争的实际现状。已有的措施性规定面临迅速更新、时时更新的压力，甚至还可能出现制定出的规范要求还未发布就已经过时的局面。同时还存在信息不对称的问题，被监管对象具有对自身所处环境、所面临的风险，以及运营各个环节等方面的一手信息和

---

① 洪延青.以管理为基础的规制：对网络运营者安全保护义务的重构[J].环球法律评论，2016，4：20-40.

知识,监管机构如果强行施加统一的、具体的措施性的保护义务很可能造成事倍功半甚至力道用错了地方的局面。

最后,企业缺乏在个人信息保护领域进行创新的动力。以措施性要求为主来规定企业的个人信息保护义务,还会导致企业没有动力去采用规定之外的保护措施,造成市场对此类保护技术、产品和服务的需求不足。需求一旦不足,就会造成企业创新动力不足,整个市场的发展被限定在已有规定的条条框框内停滞不前,从而压缩个人信息保护行业的发展空间和活力。

2.4.2 隐私风险规制

1. 隐私风险规制的含义和特点

隐私风险规制要求作为个人信息处理者的企业首先要能够合理预期到个人信息处理过程中的内部和外部风险,根据具体场景中的预期风险采取充分的、差异化的保护措施,定期评估保护措施是否足以控制风险,并根据评估结果调整保护措施,从而将信息处理前的"静态合规遵循"转变为信息使用中的"动态风险控制",在提升个人信息保护时效性的同时大幅减轻企业负担,助力个人信息保护与数据价值开发的双赢。

隐私风险规制相对于行为规制,是一种规制范式的变化,让企业而不是用户个人来承担相对较多的风险。之所以要让企业来承担更多的风险,主要理由包括以下几点:第一,个人信息的安全风险主要源于个人信息处理活动,企业作为个人信息处理者是风险的根源;第二,相比于个人信息主体,企业拥有更多的资源、技术、手段来控制风险;第三,按照风险利益对等原则,企业从个人信息处理活动中获益,理应承担更多的风险;第四,让企业承担较多的风险,可以刺激企业完善自身的个人信息保护体系、加强保护能力的建设[①]。除了承担风险的主体发生转移,隐私风险规制还具有如下特点:

第一,在目标上,隐私风险规制承认了个人信息主体存在的能力限制,放弃了"零风险"和"绝对控制"这一不切实际的幻想,转而追求风险与收益的最佳组合。同时,隐私风险规制强调风险预防,而不是损害填补。风险是一个评价潜在损害可能性与严重性的概念,它不同于损害本身,因此它与预防的观念有密切联系。以风险预防作为个人信息保护的基本目标,就意味着相关法律制度不以损害发生后再行填补、制裁为限。如中国《个人信息保护法》所要求的,"国家建立健全个人信息保护制度,预防和惩治侵害个人信息权益的行为"。

第二,在方法上,隐私风险规制从强化企业的责任性而非信息主体的控制性权利入手,要求企业合理地设计程序和规则,采取有效的措施来控制风险。这实际上是将

---

① 张涛.探寻个人信息保护的风险控制路径之维[J].法学,2022,487(6):57-71.

法律确立的很多原则和规范理解为一个程序而非确定的规则。法律文本并非包含了所有的答案,也不可能通过监管机构给出一个清单式的合规要求来保证完美的执行。相反,在这些原则性的规定面前,企业需要将相关义务理解为持续的风险评价过程,并根据这种评价来采取对应的措施。在评价某一企业是否履行了保护义务时,主要是在审视其内部的处理流程和风险管理是否规范合理,而不在于是否采取了特定的措施或者完成了某一动作。

第三,在效果上,隐私风险规制有利于指导抽象的法律原则根据具体场景中的风险水平而可伸缩、合比例地适用。也就是说,企业需要衡量在个人信息处理活动中产生的风险程度,从而判断需承担的法律义务的正确范围。一个本地面包店所涉及的处理个人信息的风险,显然和在全国范围内开展征信业务的公司所涉及的风险截然不同,法律并不要求前者承担和后者相同的个人信息保护义务。中国的《个人信息保护法》第51条、欧盟GDPR第24条和25条都明确要求,需要根据个人信息的处理目的、处理方式、个人信息的种类以及对个人权益的影响、可能存在的安全风险等,来设计企业内部的管理制度和操作规程、采取相应的安全技术等。

2. 隐私风险规制的优点

隐私风险规制的优点基本上都针对行为规制的缺陷,因而两者有很强的互补性。

首先,隐私风险规制直接作用于企业内部的个人信息处理流程,这样就有利于让企业在内部决策环节就足够重视风险管理,使保护义务从外部"自上而下"地施加转变为"内化于心"。同时,将决策的责任赋予拥有大多数风险信息和潜在控制方法的企业,让企业有更大的空间去兼顾和平衡相互竞争的利益需求,避免个人信息保护规则的僵化适用,使得企业有足够的动力去遵守自己制定的具体规则。企业的自律行为将比政府施加监管成本更低也更有效率。

其次,隐私风险规制特别适用于监管对象高度异质、监管绩效很难衡量的领域。个人信息保护方案需建立于业务模式之上,而各行各业的业务模式千差万别,同一行业上下游企业的业务模式、规模、资源也非常不同,统一的、措施性的强制规定很难制定,强行划线很可能在客观上鼓励监管对象"上有政策、下有对策"。而且个人信息保护措施所取得的效果还很难量化。个人信息安全事故没有发生,并不表示保护措施就非常有效,很可能只是没有被攻击者盯上;同样,事故发生了,也不能说保护措施就一点用没有,有可能是不幸被有国家背景或资金雄厚的黑客组织发动了进攻。因此,没有哪个企业敢绝对保证一年以内个人信息安全事故能控制在几起以内,监管部门也很难作出类似的要求。

最后,隐私风险规制也给了监管机构相应的灵活性,使其能够合理地设定监管的议程,选择重点和优先关注的问题。监管机构可以根据对企业处理活动所创造的风险来确定执法的对象,从而将有限的监管资源聚焦于最有风险的活动,确保监管资源得到更有效地分配。

3. 两种规制之间的关系

需要注意的是,"风险"与"权利"在概念上是有冲突的。权利的本质是不可妥协,边界是刚性的,应当遵循法律的二元逻辑,要么合法,要么非法。风险则代表了一种负面的可能性,直接取决于特定的个人信息处理活动的风险水平,这就挑战了权利保护的刚性界定标准。基于权利的个人信息保护的核心原则是要求为所有个人提供"最低且不可协商的保护水平"。而隐私风险则导致了一种"可伸缩的、合比例的"的保护义务,所要求的保护水平明显是因应不同的场景而有所不同的。这就引申出一个问题:两种规制方法之间是什么关系?

这里要强调的是,虽然隐私风险规制是新提出的规制路径,甚至提出这一路径的初衷就是针对传统行为规制的缺陷而来的,但是隐私风险规制并不是对行为规制的替代,而是补充。行为规制提供"关注安全底线的、静态的、具体措施性的"规制,虽然有很多缺陷,但也是不可或缺的,因为它提供了"最低且不可协商的保护"。而隐私风险规制作为一种补充,以减少隐私风险为目标导向,面向具体场景提供"动态、差异化的、可伸缩的、相称的"隐私保护,以达到用户的实际隐私保护需求。隐私风险规制在行为规制的基础上向企业施加了一种更高级别的隐私治理义务。如果某种个人信息处理活动清晰地侵犯了个人信息权益,就应当基于行为规制而被禁止。与此对应,隐私风险规制主要用于评价那些处于模糊地带的活动,例如,当一些处理活动是以一些前所未有的新型方式来影响信息个体权利时。

从现行的隐私保护法律来看,无论是中国的《个人信息保护法》还是欧盟的GDPR,都规定了个人信息主体的权利,都明确了个人信息处理的原则和规范,非常明显地体现了行为规制的基本特征。但也有很多法律条文(如前所列)体现的是隐私风险规制的思想,两者并行而不悖。用户行使信息主体的权利,通过"告知-同意"规则使得企业的个人信息处理行为合法化。如果不存在合法性基础,企业对个人信息处理行为的风险分析就无从谈起。风险方法与权利方法的强制性在底线上是统一的。隐私风险规制所设定的弹性化合规义务是为了更好地保护个人信息权利,而非破坏权利保护的刚性。

2.5 信息隐私、安全与数据效用

与信息隐私经常一起出现的相关概念还有信息/数据安全、数据效用、隐私机制的可用性等,以下逐一辨析,并讨论隐私与安全的关系、隐私与效用之间的权衡。

2.5.1 信息隐私与安全

信息隐私和数据信息安全这两个概念密切相关。在企业实践当中,当企业规模不大时,数据安全部门与个人信息保护部门也往往是合并在一起的,数据安全负责人兼任个人信息保护负责人的情况并不少见。这主要是因为数据安全是个人信息安全的前提。中国的《个人信息保护法》第9条明确规定"个人信息处理者应当对其个人信息处理活动负责,并采取必要措施保障所处理的个人信息的安全",欧盟的GDPR第5条将确保数据安全(如完整性、机密性)列入"个人数据处理的原则",将数据安全保障能力视为个人数据安全保护能力的重要组成部分。虽然企业存储和使用的数据并不都是个人数据,但几乎所有数据都有价值,都是重要的数字资产,所以企业也有保护它们的内在动力。从相关标准来看,都属于信息系统安全与隐私这个大类,而且与信息隐私相关的标准都是作为信息安全标准的扩展来制定的。例如,国际标准ISO/IEC 27701中的隐私信息管理体系就是ISO/IEC 27001中的信息安全管理体系的扩展;美国NIST发布的隐私框架(Privacy Framework)则是其制定的网络安全框架(Cybersecurity Framework)的扩展。相关管理要求或框架的体系架构基本上都是一致的,只是具体内容不同。在对标准的实施中,也强调隐私管理与安全管理的无缝衔接和配合。

1. 安全和隐私的交叉部分

虽然信息隐私与安全是密切相关的,但它们并不等同。图2-4来自美国NIST的NIST IR 8062《联邦系统中的隐私工程和风险管理介绍》,以文氏图的形式展示了隐私与安全之间的关系。承载了个人信息的数据安全,是两者的重叠部分。但是隐私和安全都有各自其他的内容。

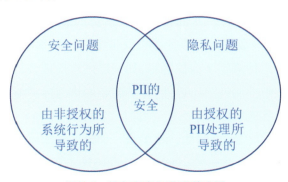

图2-4 信息安全和隐私的交叉

隐私与安全的不同表现在以下几个方面:一是目标不同,信息安全更关注机密性、完整性、可用性这些目标,而隐私关注的是公开透明、不可关联、可管理性这些目标(参见本书2.3.2小节);二是技术支撑手段不同,确保信息安全需要加密、访问控制等技术手段,而信息隐私则更多依赖于隐私增强技术(参见本书第8章);三是要解决的核心问题不同,信息安全主要是防范来自企业外部的、未授权的活动,隐私保护则需要应对来自企业内部、虽然经过授权但仍然可能危害用户的个人信息权益的行为。

2. 安全和隐私之间的权衡

在大多数情况下,信息安全与隐私保护是互相促进的。例如,信息安全中的访问控制措施如果能有效应对内部攻击者,那么入侵者在企业系统中收集个人隐私信息(如个人电子邮件或住址信息、商务活动记录等)的行为就会被有效阻止。同样,利用隐私工程对企业处理个人信息的业务流程进行提升,也可以保护个人信息的完整性并支持个人信息的可用性。

但是有研究指出,在一些特殊的情况下,信息安全与隐私保护之间也会产生冲突,需要予以注意,如为加强网络安全而采取的某些措施可能会侵犯个人隐私。例如,一些防火墙使用高级的技术手段对网络流量的内容进行检测,从而能更有效地识别并阻断恶意流量。但是,内容接收者以外的第三方对网络流量的内容进行检查就有可能侵犯了终端用户的隐私。

2.5.2 隐私与效用

在保障个人信息权益的过程中,一个重要问题是个人信息保护与数据价值释放之间的冲突。在这种情况下,经常用术语效用(utility)或者有用性(usefulness)来表示对各种形态的个人信息(包括原始的、去标识化的、匿名化的)的挖掘和利用所能获得的可量化的利益。具体如何量化信息的效用取决于信息的性质和具体的应用环境。

效用和隐私通常是相互竞争的需求。任何对包含个人信息或源自个人信息的数据的访问都有可能泄露个人信息主体希望保密的信息。对信息隐私的保护,会增加对个人信息利用和流动的限制,从而抑制个人信息的潜在价值的释放,降低信息效用。例如,个人数据记录数据库可以促进公共卫生、医学、刑事司法和经济等领域的有益研究。可以使用几种策略来保护隐私,如只提供数据聚合,或在发布数据之前删除关键标识符或更改敏感属性值。显然,保护隐私的措施越严格,处理后的信息对研究人员或企业的效用就越小。

图2-5说明了效用和隐私之间的权衡关系。如果不采取特别的措施,效用增加就会导致明显的隐私损失,反之亦然。隐私设计和隐私工程的目标之一就是为隐私提供技术和管理上的保障,同时实现更大的信息效用。图2-5中的实线表示很少或根本没有使用隐私设计和隐私工程技术,虚线则表示经济高效地使用了隐私设计和隐私工程技术。虽然我们无法从根本上消除隐私与效用的权衡曲线(在图2-5中,无论实

线还是虚线都是向右递减的曲线),但是通过管理和技术的改进与创新,我们可以将隐私与效用的权衡曲线往外推(在图2-5中从实线外推到虚线),从而使得企业与用户在进行隐私与效用的权衡时,可以有更多对双方都有利的可能性,从而实现双赢。例如,在图2-5中,虚线和实线相比,在给定的隐私保护水平下,就能获得更大的效用。企业与用户之间就不再是一个零和博弈,而是一个正和博弈。此时,隐私可以与效用共存,企业在保护用户隐私的同时,也在为自己创造竞争优势。

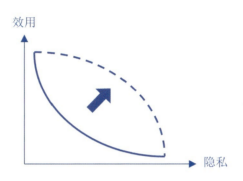

图2-5　效用与隐私的权衡关系

另外,需要注意可用性和效用是截然不同的两个概念。可用性(usability)是指隐私机制的易用性。效用指的是包含有隐私保护的个人数据的可用性。这两个概念都需要在包含个人信息的IT系统的设计、实现和操作中加以考虑。

扩 展 阅 读

如果想对信息隐私和个人信息保护中的基本概念进行更深入的探讨,我们推荐中国人民大学法学院丁晓东教授编著的《个人信息保护:原理与实践》(法律出版社2021年版)。该书明确指出"个人信息保护不但是我国学术研究与制度实践的热点与难点,而且也是全球公认的热点与难点问题",因而专门针对个人信息保护的基本概念和规制理念中有争议性的问题进行深入探讨,然后"按个人信息保护的历史、现状、未来进行写作",将相关概念的来龙去脉、演进发展阐述得非常清楚。如果说这本书更倾向于学理的探讨,那么由中国信息通信研究院互联网法律研究中心编写的《个人信息保护立法研究》(中国法制出版社2021年版)则倾向于联系企业隐私治理的实践来阐述个人信息保护立法中的基本概念与原理。这两本书各有侧重,可以互相作为补充。

我们在编写这一章时有一个遗憾,就是限于教材的体例,在讲述隐私治理的基本观念和原理时,主要还是在"讲道理",这样就比较枯燥。我们也曾尝试在正文中增加一些"案例述评",通过"讲故事"使得枯燥的概念能够鲜活生动起来。由于篇幅限制,我们必须对现实案例进行大幅的简化,才能放入书中。但是,我们在尝试的过程中发现,现实案例中的大量细节和复杂性,恰恰是这些案例最有价值的地方,它们充分展示了隐私治理中的不同观念、视角在现实中是如何自然地纠结在一起的。过度简化的案例其实对读者是一种误导,因而本书最后还是忍痛割爱,放弃了"案例述评"的尝试。为此,我们推荐何渊主编的《大数据战争:人工智能时代不能不说的事》(北京大学出版社2019年版)作为补充。这本"讲故事"的书细致描述了国内外十余个与信息隐私相关的重大案例,并通过对判决的评析、立法本意的探寻,揭示了这些案例背后的理论问题,很容易让人将其与本章论述的隐私治理中的基本观念和原理联系起来思考。

个人信息保护中的场景导向观念(即隐私场景理论),源自美国康奈尔大学信息科学教授 Helen Nissenbaum 编著的 *Privacy in Context: Technology, Policy, and the Integrity of Social Life*(Stanford University Press 2009年版,中译本名为《场景中的隐私:技术、政治和社会生活中的和谐》,法律出版社2022年版)。这本书打破了个人信息控制理论的长期主导地位,系统地构建了信息隐私中的"场景一致性(the theory of contextual integrity)"理论,认为隐私治理保护的是合理的个人信息流通,而非个人信息本身;要从信息流通的具体场景出发,来判断对个人信息的处理与使用是否符合用户的"合理预期",这才是个人信息处理的合法性基础。这本书不光在学术界影响巨大,使得"场景导向"成为国际上隐私保护相关学术讨论中的核心观念,而且还直接影响了诸如《消费者隐私权利法案》(Consumer Bill of Privacy Rights)等美国隐私法的制定,代表了当前美国隐私立法的主要思想潮流。

隐私治理所处理的是信任关系,最终目标是促使个人信息处理者与用户之间形成信任,即用户信任企业在具体场景下会按照用户的"合理预期"来处理其个人信息。这种"隐私即信任"的理念已经在学术界和实务界被广泛接受。如果希望对这一主题有更加系统和深入的理解,我们推荐参考美国东北大学法学院法学和计算机科学教授 Ari Ezra Waldman 编著的 *Privacy as Trust: Information Privacy for an Information Age*(Cambridge University Press 2018年版,中译本名为《隐私即信任:大数据时代的信息隐私》法律出版社2022年版)。该书系统地阐述了信任为何是隐私理论的核心,以及如何运用"隐私即信任"的理念来解决隐私治理中的棘手问题,从而构建更好的法律制度。

基于风险的路径是有效实施隐私治理的不二途径。如果希望对这一主题有更加系统和深入的理解,推荐参考荷兰拉德堡德大学法学教授 Raphaël Gellert 编著的 *The Risk-Based Approach to Data Protection*(Oxford University Press 2020年版)。该书首先通过与一系列监管模式进行比较,说明了隐私风险管理的特色和在隐私治理解决方案中的核心地位,理应成为企业必须承担的一种高级的合规义务。其次分别从监管理论和风险理论的角度,考察了隐私风险管理的发展历程。讨论了各种隐私风险管理方法的基本理念、适用范围和在法规中的应用,包括关键条款如问责和数据保护影响评估,以及这些方法的潜力和局限性。最后还说明了如何在实践中实施隐私风险管理。

随着GDPR的大力倡导,隐私设计和隐私工程已经成为公认的隐私治理的基本方法。在William Stallings教授编著的 *Information Privacy Engineering and Privacy by Design*(Addison Wesley 2020年版,中译本名为《信息隐私工程与设计》,机械工业出版社2021年版)的第2章中,较为全面地介绍了隐私设计和隐私工程的概念。本章2.3.2小节提到的各国官方或行业组织编写的报告或发布的标准,可以从不同的侧面补充隐私设计和隐私工程的实施情况。例如,欧盟的ENISA在2015年发布了《隐私与基于设计的数据保护》(*Privacy and Data Protection by Design: from Policy to Engineering*),2022年发布了《数据保护工程:从理论到实践》(*Data Protection Engineering: from Theory to Practice*),2024年发布了《欧盟数据空间中的个人数据保护工程》(*Engineering Personal Data Protection in EU Data Spaces*)。这3份报告较为全面地介绍了隐私设计和隐私工程(欧洲一般称为数据保护工程)在欧盟的实践和落地情况。美国NIST在2017年发布了内部报告(NIST IR 8062)《联邦系统中的隐私工程和风险管理介绍》,并发起和维护了隐私工程项目(www.nist.gov/privacy-engineering),这些材料大致能反映美国的隐私设计和隐私工程实施现状。中国大数据技术标准推进委员会在2023年发布的《隐私工程白皮书》则较为全面地介绍了隐私设计和隐私工程在中国大陆的实践和落地情况。由国家标准化管理委员会在2022年发布的国家标准GB/T 41817—2022《信息安全技术 个人信息安全工程指南》,则是在国内实施隐私设计和隐私工程(国内一般称为个人信息安全工程)的权威依据。与此对应的国际标准是ISO和IEC在2019年发布的国际标准ISO/IEC TR 27550:2019《信息技术-安全技术-系统生命周期流程中的隐私工程》(*Information Technology-Security Techniques-Privacy Engineering for System Life Cycle Processes*)。ISO在2023年还发布了ISO 31700-1:2023《消费者保护-产品及服务中的隐私设计-第一部分:高级要求》(*Consumer Protection-Privacy by Design for Consumer Goods and Services-Part 1: High-level Requirements*)和ISO/TR 31700-2:2023《消费者保护-产品及服务中的隐私设计-第二部分:实践案例》(*Consumer Protection-Privacy by Design for Consumer Goods and Services-Part 2: Use Cases*),从基本原则和应用实践两个层面推动消费者在产品和服务的购买、使用等整个生命周期中的隐私设计。

3 隐私保护相关的法律法规

- ◆ 3.1 相关法律法规概述
- ◆ 3.2 中国相关法律法规
- ◆ 3.3 欧盟相关法律法规
- ◆ 3.4 美国相关法律法规

与隐私保护相关的法律法规,是公司隐私治理的权威依据。本章首先概述了世界各国隐私立法的基本情况,包括立法思想和比较,其次重点讨论了中国、欧盟、美国这三个国家/地区的隐私立法和执法情况。在中国大陆部分重点介绍了《个人信息保护法》;在欧盟部分则重点分析了GDPR。

3.1 相关法律法规概述

随着数字化转型的加速,个人信息保护越来越受到世界各国或地区立法机构的高度重视。自1970年德国黑森州颁布全世界第一部《数据保护法》以来,截至2023年,在53年的时间里,全世界232个国家或地区中,共有150多个国家或地区颁布了信息隐私保护方面的法律,占比约为65%。①

如前所述,无论是信息隐私还是个人信息,这些概念都不可避免地受到本地社会文化和历史的深刻影响,因而这些隐私立法从使用的术语开始,在几乎所有的细节上都有差异;但这些立法所要解决的根本问题却非常一致,就是在承认个人隐私保护的必要性和数据要素经济战略价值的基础上,谋求个人信息保护与利用之间的平衡。抛开具体细节的差异,各国/地区的隐私立法的根本差别就在于,基于本地数字经济的发展水平和社会文化因素,选取了不同的平衡点作为立法的目标。

因而,隐私法的设计空间可以视为由个人信息的严格保护与个人信息的全面利用这两个极点所拉开的光谱;现实世界中的所有隐私法,都是在这个光谱上分布的点。其中,欧盟和美国的隐私法,既是对全世界隐私法影响最大的两个立法模式,也恰好处于光谱的两个极端。欧盟的隐私法是以基本人权为价值取向的综合性立法模式,表现为一部综合性立法(如GDPR),涵盖个人信息使用的各个方面,同时适用于公共机关和私营部门;以人格保护为重点,对个人信息的使用严格控制。美国的隐私法是以市场自律为价值取向的行业性分散立法模式,更关注个人信息的经济特性和社会价值,只对高风险的个人数据处理活动进行规制;在现实亟须和时机成熟时才对私营部门的特定行业或领域进行专门性立法(如美国对健康保险、在线隐私等领域的联邦立法)。把握好这两个极端,对于我们掌握整个隐私法的设计光谱、理解不同国家/地区的隐私法在立法思想和整体框架上的根本差异,有很大的帮助。

1. 欧盟的隐私法范式

欧盟对个人数据的保护比较保守,在价值取向上,更注重个人数据隐私的人权特性与社会价值,以人格保护为重点,采取的是一种全方位的综合性立法模式。从横向上看,其范围包括一般性个人数据处理和特殊性处理,基本上涵盖了所有数据主体,包括公务机关和非公务机关的使用行为都纳入了监管范围内;从纵向看,其行为包括

---

① Greenleaf, Graham. Global Data Privacy Laws 2023: 162 National Laws and 20 Bills [EB/OL]. https://ssrn.com/abstract=4426146.

个人数据的收集、使用、储存和删除等各个环节,从主体到行为的纵横结合保证了对个人数据的全方位保护。在执行体制上,欧盟采取了以国家公权力监督为主导的自上而下的模式,设立国家一级的数据保护机构和欧盟一级的欧盟数据保护委员会(European Data Protection Board,EDPB)负责对企业或组织的数据处理进行监督,对违法数据收集行为进行审计、调查、处罚和制裁。要求处理个人数据的企业或组织配备专门的数据保护官(Data Protection Officer,DPO)。DPO需接受欧盟数据保护委员会的管理,在企业或组织发生个人数据操作违规时其需承担相应的责任。在跨境数据传输问题上,欧盟强调"No privacy,No trade",在国际贸易中特别强调隐私权保护[1]。

GDPR对个人数据的严格保护是基于一种意识形态,即个人数据被保护的权利是宪法上的基本权利,GDPR开篇援引《欧盟基本权利宪章(Charter of Fundamental Rights of the European Union)》第8条规定"每个人都有权保护与其有关的个人数据",并反复重申"在处理个人信息时保护自然人是一项基本权利"。这样的观念有其自身的政治和历史背景。

首先,这是欧盟维持身份认同所必需的。二战以后,欧盟出现了严重的身份认同危机——欧洲存在的意义是什么?对于这一问题,欧洲给出的答案是保护人权与基本权利。为了保护人权与基本权利,欧盟在其成员国、欧盟与欧盟之外分别建立了复杂的人权保护体系。对于欧洲而言,离开了人权与基本权利的话语体系,欧洲各国公民对于其欧洲的共同身份认同就难以维持,欧盟超国家的制度体系就不具备正当性。因此,GDPR中个人数据被保护权被构建成一种一般性和普适性的权利,这反映了欧盟意识形态的需求。

其次,欧盟认为个人数据处理本身会带来侵害人格的风险。欧盟的GDPR以风险预防为原则,而且是一种基于人格尊严为核心的风险预防。个人数据保护虽然可能关乎多种权益,但欧盟对此问题的探讨仍以人格尊严为基础。欧盟之所以采取这种视角,与欧盟在二战期间的"纳粹"历史密切相关。二战期间德国等国对犹太人等群体的迫害,就是利用个人信息来对特定群体进行大规模区分和识别。因此在二战后,欧盟对于基于个人信息的自动化、半自动化与大规模个人信息存档的行为尤其警惕。

2. 美国的隐私法范式

美国对个人信息采取了积极利用的态势,无论是学术界还是实务界都有市场化的取向。美国更关注个人数据的经济特性和个人价值,采取分散立法模式,按照行业进行联邦立法(如通信、金融、教育、保险和儿童上网隐私等),没有专门的法典就该问题进行规制。在监管上采取行业自律的模式,这种做法更符合高效、便捷、与时俱进

---

[1] 张平.大数据时代个人信息保护的立法选择[J].北京大学学报,2017,54(3):143-151.

的市场需求。美国是信息技术最为发达的国家,其电子商务的发展居世界首位,在数据收集、信息处理上具有强大的优势,其在数据跨国流通中获益最大,是全球最大的数据进口国与数据出口国,故而从产业利益出发采取较为宽松的立法保护。在执行机制上,美国奉行数据使用者自律与个人自力救济相结合原则,以市场为主导、以行业自治为中心的数据隐私政策,尽量减少政府的干预。

就法律性质而言,美国个人信息保护主要采取消费者保护的立场,具有市场调节法的特征。一方面,在没有进行个人信息保护立法的领域,美国的个人信息保护采取一般消费者保护的模式,由企业自愿制定隐私政策,并向其顾客作出承诺,接受顾客的选择。随后由美国联邦贸易委员会(FTC)确认企业的隐私政策中是否存在欺诈或不合理的情形,以及企业是否严格执行了其对顾客隐私保护的承诺。美国州层面的若干统一立法也具有类似性质,例如《加利福尼亚州消费者隐私权利法案》《弗吉尼亚州消费者数据保护法》等,也都被冠以消费者保护法之名。相比欧洲来说,美国的消费者法更少规定规制方面的内容,而是更接近民事法律,特别是合同法制度。在一般消费者保护方面,FTC进行的市场监管较少,只要不存在明显的不公平对待,尤其是不存在欺骗性对待,用户的同意就可以被视为或被拟制为一种合同或是用户授权。同时,即使在已经进行个人信息保护立法的领域,美国所进行的监管也远不如欧盟严厉。如果说欧盟在整体上不信任个人信息保护的市场化机制,则美国整体上仍然肯定市场在个人信息保护中的重要作用,其立法目标更多是为了矫正市场的信息不对称与不公平问题。在这个意义上,可以说美国的大多数个人信息保护立法本质上仍然是一种市场监管法或市场调节法[①]。

另一方面,就立法目的与风险预防而言,美国并没有采取本质主义的立场,认为个人信息处理本身就会带来风险。美国通过立法的方式预防个人信息风险,主要集中在少数处理个人信息行业风险较高或社会关注度较高的领域。例如,在金融、电信、医疗、儿童保护等领域中不当处理个人信息被认为会带来较高风险,因此需要单独进行立法。总体而言,美国并不像欧洲那样,认为个人信息处理本身就存在侵害个人人格尊严的风险。对美国而言,个人信息处理更像是放大相关风险的过程,而且会因为不同领域和不同场景的差异而不同。在一些风险较小的领域,个人信息处理所带来的风险扩张可能微不足道,因此不需要立法上的风险事前预防。在风险较高的领域,才需要立法与事前规制。就此而言,美国个人信息立法的风险观更为务实,更接近个人信息使用不当或泄露所带来的实际风险。

3. 中国的第三种选择

中国的《个人信息保护法》虽然在法律结构上和欧盟的GDPR很类似,但两部法

---

① 丁晓东.《个人信息保护法》的比较法重思:中国道路与解释原理[J].华东政法大学学报,2022,25(2):73-86.

律的立法思想存在众多的差异;同样,中国的综合性立法模式虽然和美国的行业立法模式迥异,但两者在立法思路上又有很多相通之处。可以说,中国的隐私法,在吸收世界先进经验的同时也全面回应了中国的实践需求,走出了一条和欧美都不相同的中国道路,这具体体现在以下几个方面。

第一,中国的法律虽然高度重视个人信息权利,但没有将其绝对化、意识形态化。欧盟的GDPR将个人数据被保护的权利视为一种宪法上的基本权利。与之类似,中国的《个人信息保护法》第1条有"根据宪法,制定本法"的表述,也将保护个人信息的依据上升到宪法的高度。而美国的个人信息保护立法从未上升到宪法层面。无论是美国联邦层面的行业性立法,还是州一级的立法,更多是出于实用主义的个人信息保护考虑,尤其是基于保护消费者知情权的目的,但从未将其视为一种宪法上的义务。但是从实质法律内容来看,我国则更多将保护个人信息权益视为一种朴素的国家保护义务。《个人信息保护法》并未将个人信息权利视为一种绝对权利,而是类似于美国的做法,依据实际情况的需要对个人信息权利进行克减,以促进个人信息的合理利用。

第二,中国虽然采取了统一立法模式,但仍然强调对不同类型的个人信息区别对待。《个人信息保护法》在立法模式上与欧盟GDPR很类似:对不同行业、不同主体、不同目的的个人信息处理活动进行统一的规制。只要存在专业化或商业化的个人信息处理活动,这些活动就被两部法律所管辖和适用,这在表面上与美国行业性、分散式的立法模式完全不同。但是美国立法中的核心思想,即对不同类型的个人信息及其处理活动区别对待,从而提供更精细、有效的监管,也体现在中国《个人信息保护法》的具体条文之中。例如,《个人信息保护法》主要是聚焦于消费者的个人信息保护,很多条文背后都有假想的"消费者-企业"的影子,这和美国从保护消费者的角度进行立法有相似性。《个人信息保护法》虽然采取了统一立法的模式,但将国家机关作为特殊情况单列一节进行规定的处理手法,明显有别于欧盟不加区分的模式。这说明中国的《个人信息保护法》更像是消费者隐私法与国家机关处理个人信息法的叠加,而非像GDPR那样,是一部高度融合与统一化的个人信息立法。

第三,中国的法律对个人信息处理行为的规范既重视合法性根据,也重视其他辅助手段。《个人信息保护法》与GDPR在个人信息处理的合法性根据方面高度相似。首先,两部法律都规定处理个人信息需要有合法性根据。《个人信息保护法》以"告知-同意"为核心,辅以六种法定许可;而欧盟GDPR也规定了类似的合法性条件。这与美国的隐私法有较大差别。在美国,相关立法主要是为了保障公民在个人信息处理中受到公平对待,在个人信息保护中虽然也用到"告知-同意"等机制,但主要是为了保障公民知情权,是矫正市场信息不对称的一种手段,而非提供合法性根据的途径。其次,在没有立法的行业,美国对收集与处理个人信息采取了更加市场化的管制,国家并不设置任何处理个人信息的合法性基础。在这些领域,主要采取消费者保护的方式,即监管企业在收集与处理个人信息时是否存在"不公平与欺诈"的行为。中国的法律借鉴了美国模式中利用市场机制降低合规成本的思路,重视通过行业自治、企业自我规制、风险管理等机制增进个人信息保护的实际效果。

第四,中国的法律既重视通过权利与义务来规范个人信息处理行为,也重视信息处理中的风险防范。《个人信息保护法》与GDPR在权利与义务的设置上高度相似。虽然两部法律的具体表述有所不同,但都对信息主体的权利和个人信息处理者的义务做了较为完备的规范。相较而言,美国的隐私立法没有规定这么宽泛的个人信息权利与信息处理者义务。在个人信息权利方面,绝大多数联邦法律都未规定被遗忘权、携带权及与自动化处理相关的权利。同时,在义务方面,大多数法律未强制要求信息处理者遵循最小必要原则。但是在重视个人信息处理的风险防范方面,中国法律的实用主义特征更加类似于美国。中国的法律强调保护个人数据本身不是目的,控制对个人信息处理所带来的对个人权益损害的风险才是目的,并以此作为在个人信息合理利用与个人权益保护之间进行权衡判断的依据。

总体来说,中国的隐私立法,尤其是《个人信息保护法》,深度借鉴了欧美的立法思想和实践经验,同时从中国的实际国情出发,切实保护人民群众的个人信息权益,兼顾经济发展、国家安全、社会稳定的需求,在两个极端之间作出了具有中国智慧的权衡,为个人信息保护和隐私治理提供了有本土特色的中国方案。

3.2 中国相关法律法规

3.2.1 中国的个人信息保护立法及规范现状

1. 个人信息保护法律体系

中国的个人信息保护法律体系以《中华人民共和国宪法》为指导,以《个人信息保护法》为核心,配合其他相关法律、行政法规、司法解释、部门规章、规范性文件和标准,组成了一个有机体系。具体列表参见本书附录。

(1) 法律。《个人信息保护法》是中国第一部个人信息保护领域的专门的、基本的、综合性法律。与之关联最紧密的有《民法典》《网络安全法》《数据安全法》三部法律。《民法典》第111条和第1034条中规定"自然人的个人信息受法律保护",人格权编设专章对"隐私权和个人信息保护"作出规定,明确个人信息受到民法保护,为个人信保护专门立法提供了正当性基础及法律依据。《个人信息保护法》与《网络安全法》《数据安全法》同为网络法律领域的法律，《网络安全法》中的网络运营者、《数据安全法》中的数据处理者，在互联网空间中也可以是《个人信息保护法》中的个人信息处理者，这些法律均可适用于个人信息保护领域。因而，《网络安全法》《数据安全法》与《个人信息保护法》的诸多条文均可参考适用。

其他一些中国法律也会涉及对个人信息处理活动的规范，例如《电子商务法》第31条规定，"电子商务平台经营者应当记录、保存平台上发布的商品和服务信息、交易信息"，"保存时间自交易完成之日起不少于三年"。那么企业在履行《个人信息保护法》第47条的个人信息删除义务时就需要考虑保存时间的要求。

（2）行政法规。在《个人信息保护法》出台前，为应对保护个人信息的需求，已有相当数量的行政法规涉及对个人信息处理活动的规范，例如《互联网信息服务管理办法》《计算机信息系统安全保护条例》《征信业管理条例》等。《个人信息保护法》通过授权立法的方式，将部分职责在法律保留的原则下授予行政法规。

（3）司法解释。由于法律的滞后性与立法技术的局限性，最高人民法院、最高人民检察院往往会作出针对具体法律条文的属于审判、检察工作中具体应用法律问题的解释。在《个人信息保护法》出台前，基于相关的司法实践，与个人信息保护相关的司法解释就已存在，且集中在民事与刑事领域。这些司法解释在与《个人信息保护法》不冲突的前提下，依旧有效。

（4）部门规章、规范性文件。《个人信息保护法》作为原则性立法，有赖于个人信息保护主管部门等国家监管机构的执行，相应地，为执行法律事项而制定的部门规章及规范性文件也成为《个人信息保护法》落地的依托。个人信息保护方面的部门规章及规范性文件主要是由工业和信息化部、国家互联网信息办公室、公安部等国家部委颁布，部门规章如《儿童个人信息网络保护规定》《电信和互联网用户个人信息保护规定》《数据出境安全评估办法》等，规范性文件包括《常见类型移动互联网应用程序必要个人信息范围规定》《App违法违规收集使用个人信息行为认定方法》《个人信息保护认证实施规则》《寄递服务用户个人信息安全管理规定》等。

（5）标准。个人信息保护领域的标准主要是由国家市场监督管理总局、工业和信息化部、公安部、中国人民银行等部委发布的国家标准和行业标准，尤其以推荐性国家标准（GB/T）居多。这些标准近年来不断增加，其中比较重要的有《信息安全技术 个人信息安全规范》《信息安全技术 移动智能终端个人信息保护技术要求》等。

2. 监管部门

按照《个人信息保护法》第六章的规定，我国实行以国家网信部门为核心的个人信息保护监管机制，由国家网信部门负责统筹协调个人信息保护工作和相关监督管理工作，而国务院有关部门、县级以上地方人民政府有关部门等其他监管部门在各自职责范围内负责个人信息保护和监督管理工作。

这一监管机制立足于我国的个人信息保护实践经验,具有鲜明的中国特色。一方面,统筹协调和分工协调相结合,延续了我国网络治理的顶层设计方案,授权国家网信部门行使个人信息保护工作的统筹协调和监督管理两方面职责,同时考虑到个人信息保护所涉及的领域较广、影响较大,明确由各行业主管部门各司其职,在各自职责范围内负责个人信息保护和监督管理工作。另一方面,中央和地方纵向合力。除了有中央层面的国家网信部门、国务院有关部门的协调,在地方层面明确县级以上地方人民政府有关部门负有个人信息保护和监督管理职责。这样的安排便于在更大范围内动员和利用个人信息保护监管执法力量,实现全方位的个人信息保护。

3.2.2 《个人信息保护法》简介

《个人信息保护法》由第十三届全国人民代表大会常务委员会第三十次会议于2021年8月20日通过,自2021年11月1日起施行。作为保护个人信息的基本法律,该法共分为八章:第一章"总则"明确立法目的、适用范围、个人信息等概念以及个人信息保护的基本原则;第二章"个人信息处理规则"规定以"告知-同意"为核心规则,并对敏感个人信息的处理规则作出更为严格的限制,此外还对作为特殊主体的国家机关应如何处理个人信息作出特别规定;第三章"个人信息跨境提供的规则"明确向境外提供个人信息的前提条件,对"告知-同意"规则作出更为严格的要求并规定境外的组织、个人损害我国个人信息权益或者采取歧视性禁止或限制等不合理措施的,我国也可以采取相应的措施;第四至六章分别明确个人在个人信息处理活动中的权利、个人信息处理者的义务以及履行个人信息保护职责的部门的具体职责;第七章"法律责任",明确违法处理个人信息应承担的民事、行政乃至刑事责任,且对国家机关不履行个人信息保护义务所应承担的行政系统内部的责任加以明确;第八章"附则"进一步明确该法的适用范围以及相关用语的含义。

《个人信息保护法》第1条明确立法目的为"保护个人信息权益、规范个人信息处理活动,以及促进个人信息合理利用"。可见,该法的首要目的是保护个人信息权益;在此基础上,为个人信息的合理利用确定了范围、方法等,进而促进个人信息的合理利用。规范个人信息处理活动是实现保护个人信息权益和促进个人信息合理利用双重目的的手段和方法。

只要是在中国境内开展处理自然人个人信息的活动,无论开展处理自然人个人信息活动的主体是境内的主体还是境外的主体,也无论处理的是境内自然人的个人信息还是境外自然人的个人信息,均适用该法。对于在中国境外开展处理自然人个人信息活动的组织和个人,如果其处理的是中国境内自然人的个人信息,在特定情形下也适用该法。

《个人信息保护法》在第一章"总则"中以五个条文(第5~9条)对个人信息保护法的11项基本原则作出了规定,这些基本原则也是个人信息处理活动应当遵循的基本原则。该法对基本原则的明确规定,既有利于构建科学合理的个人信息处理法律规范体系,也有助于在实践中准确地阐释、适用以及补充《个人信息保护法》的具体规定。因此,基本原则具有核心的功能和意义。基本原则中合法、正当、必要和诚信原则为总体原则,发挥统领作用;目的原则以个人信息处理的目的为核心,对于处理个人信息的限度提出了全面要求;公开透明原则以处理者告知义务的履行来维护个人主体的知情利益与公共利益的平衡;质量原则旨在保证个人信息的准确性、完整性和时效性,是在个人信息处理活动中保护个人信息权益、实现个人信息经济价值和社会管理价值的基本前提;责任原则在综合考量负责与安全的基础上,进一步加强了我国个人信息处理活动的规范化。具体的基本原则、内涵和要求如表3-1所示。

表3-1　个人信息处理的基本原则

基本原则	内涵	对应要求
合法原则	处理者处理个人信息应严格遵循法律法规的规定,采取合法的方式,不得违法处理个人信息	1. 只有符合法律、行政法规规定的情形时,处理者才能处理个人信息; 2. 处理者处理个人信息的目的和处理方式应当是合法的(即追求合法的利益),不能侵害自然人的人格尊严、人身自由和人身财产权益,也不能损害社会公共利益或国家利益; 3. 禁止从事任何非法的个人信息处理活动
正当原则	处理者处理个人信息的目的及手段均符合正向价值判断标准	1. 包含目的正当要求和手段正当要求; 2. 是否有利于增进个人利益或社会公共利益,是否会损害他人权益、破坏公共秩序是正当与否的评价标准
必要原则	处理者处理个人信息时不应当超过可以实现处理目的的最低限度及最小范围	1. 收集个人信息应当遵循必要的原则,限制在实现处理目的所需要的最小范围,不得过度收集个人信息; 2. 处理敏感的个人信息应当具有充分的必要性,否则不得处理; 3. 个人信息保存期限应当为实现处理目的所必要的最短的时间,除非法律、行政法规另有规定
诚信原则	处理者在处理个人信息时应当体现出对个人及公众合理信赖得尊重	1. 处理者在处理个人信息时,应当始终秉持诚实、恪守承诺,不通过任何欺诈、误导、胁迫等方式处理个人信息; 2. 在取得个人同意或符合法律法规规定的其他情形而可以处理个人信息时,也应当讲求诚信,严格按照法律规定和约定处理信息,不从事任何违反处理目的和处理方式的处理活动

续表

基本原则	内　　涵	对　应　要　求
目的原则	处理者处理个人信息应当具有明确、合理的目的	1. 处理个人信息应当具有明确目的； 2. 处理个人信息应当具有合理目的； 3. 处理个人信息应当与处理目的直接相关； 4. 处理个人信息应当采取对个人权益影响最小的方式，并限于实现处理目的的最小范围，不得过度收集个人信息
公开透明原则	处理者在处理个人信息时应当采取公开、透明的方式，公开个人信息处理的规则，向信息主体明示个人信息处理的目的、处理的方式和处理的范围	1. 处理者需真实、完整、准确地对个人信息处理活动相关的重要事项予以全面披露； 2. 处理者的告知义务应当随着处理活动的变化而不断更新
质量原则	处理者应当保证其所处理的个人信息的质量，避免因为个人信息的不准确、不完整对个人权益造成不利影响	1. 信息处理者应当积极采取各种技术措施和组织措施来检查所处理的个人信息的质量，确保信息的准确和完整； 2. 信息处理者应当最大限度地减少错误的风险，避免因个人信息不准确、不完整对个人权益造成不利影响
责任原则	处理者应当对其个人信息处理活动负责，并采取必要措施保障所处理的个人信息的安全	1. 处理者应当对其个人信息处理活动的规范化负责； 2. 保障个人信息的安全是处理者在个人信息处理活动中应当重点负责的内容； 3. 处理者应当对其违法处理个人信息的行为承担相应的法律责任

在上述基本原则的指导下，《个人信息保护法》主要是通过制定个人信息处理的具体规则（包括个人信息跨境流动规则）、明确个人信息主体的权利和个人信息处理者的义务和法律责任来规范个人信息处理活动，这些内容与企业的隐私治理密切相关，以下分节予以介绍说明。

3.2.3　个人信息的处理规则

《个人信息保护法》中规定的个人信息的处理规则是对个人信息处理基本原则的细化，是对个人信息处理活动全方位的规范，对于企业隐私治理具有重要的指导作用。该法明确规定了一般个人信息的处理规则（对应该法第二章第一节）、敏感个人信息的处理规则（对应该法第二章第二节）、个人信息跨境提供的规则（对应该法第三章）。该法还规范了国家机关处理个人信息的行为，因为与本书主旨无关，这里不再介绍。

1. 一般个人信息的处理规则

个人信息处理的合法性根据,是指个人信息处理活动所必须满足的法律规定的合法性条件;如不具备则该处理活动就是非法的,应当被禁止。个人信息处理的合法性基础既是《个人信息保护法》第5条规定的合法原则的具体化,也是处理个人信息需要遵守的基本规则。《个人信息保护法》第13条规定,个人信息处理的合法性根据可以分为两类:① 取得个人的同意,即符合"告知-同意"规则;② 获得法定许可,即在具备法律规定的理由或情形时,个人信息处理者无须取得个人的同意即可实施个人信息处理活动。该法第13条规定的法定许可包括以下六项:其一,"为订立、履行个人作为一方当事人的合同所必需,或者按照依法制定的劳动规章制度和依法签订的集体合同实施人力资源管理所必需";其二,"为履行法定职责或者法定义务所必需";其三,"为应对突发公共卫生事件,或者紧急情况下为保护自然人的生命健康和财产安全所必需";其四,"为公共利益实施新闻报道、舆论监督等行为,在合理的范围内处理个人信息";其五,"依照本法规定在合理的范围内处理个人自行公开或者其他已经合法公开的个人信息";其六,"法律、行政法规规定的其他情形"。

个人信息处理的合法性根据以"告知-同意"规则为原则,以法定许可为例外,因而"告知-同意"规则是个人信息处理的基本规则、核心规则,《个人信息保护法》第14~18条对此作了详细规定。"告知-同意"规则明确要求个人信息处理者在处理个人信息前,必须以显著方式、清晰易懂的语言真实、准确、完整地向个人告知法律规定的事项,除非法律、行政法规规定应当保密或者不需要告知,或者告知将妨碍国家机关履行法定职责。如果个人信息处理者是基于个人同意而处理个人信息的,那么个人的同意必须是个人在充分知情的前提下自愿、明确地作出的,个人信息处理者不得以个人不同意处理其个人信息或者撤回同意为由,拒绝提供产品或者服务。"告知-同意"规则可以分为两部分:告知与同意,二者紧密联系,不可分割。没有充分、清晰、完整的告知,自然人无法就其个人信息被处理作出真实有效的同意与否的表示;虽然处理者进行了充分、清晰、完整的告知,但未取得自然人的同意,其对个人信息的处理也是非法的,侵害了个人信息权益。

"告知-同意"规则并不意味着发生侵害个人信息权益的违法行为时,个人信息处理者可以据此免于承担任何法律责任,处理者也不能以其遵循了"告知-同意"规则来排除其他个人信息保护规则的使用。首先,即便处理者充分适当地履行了"告知-同意"规则,也只是使得处理行为本身不具有非法性而已,可能无须承担行政责任或刑事责任。但是,在处理的过程中,不合理的处理行为如处理者的故意或过失等造成自然人的人身财产权益受到侵害的,依然要承担民事责任。

《个人信息保护法》还规定了特殊情形下处理一般个人信息的规则,包括:共同处理个人信息(第20条)、委托处理个人信息(第21条)、个人信息的转移与提供(第22、

23条)、自动化决策方式处理个人信息(第24条)、个人信息的公开和处理公开的个人信息(第25、27条)。

2. 敏感个人信息的处理规则

《个人信息保护法》将个人信息划分为一般个人信息和敏感个人信息(参见本书2.1.2小节)。由于敏感个人信息"一旦泄露或者非法使用,容易导致自然人的人格尊严受到侵害或者人身、财产安全受到危害",因而该法在以下几个方面加强了对敏感个人信息处理的规范。

第一,明确处理前提。该法第28条第2款规定:"只有在具有特定的目的和充分的必要性,并采取严格保护措施的情形下,个人信息处理者方可处理敏感个人信息。"该款以"特定的目的""充分的必要性""严格保护措施"为处理敏感个人信息的前提,为审查敏感个人信息处理行为的合法性提供了具体指引。

第二,强化同意方式。该法第29条规定:"处理敏感个人信息应当取得个人的单独同意;法律、行政法规规定处理敏感个人信息应当取得书面同意的,从其规定。"这里的"单独同意",是指信息处理者在处理敏感个人信息中,必须就特定敏感个人信息的处理行为,单独取得信息主体的同意。这与处理一般个人信息时,要求"个人信息处理者取得个人同意方可处理"相比,"单独同意"主要强调同意的独立性,信息主体对于敏感个人信息的同意可以独立于其他个人信息,"概括同意"是无效的。"书面同意",是指信息处理者在处理特定敏感个人信息时,根据其处理的行为和目的,征求信息主体"纸质"或"电子"形式的同意。

第三,提升告知义务。该法第30条规定:"个人信息处理者处理敏感个人信息的,除本法第17条第一款规定的事项外,还应当向个人告知处理敏感个人信息的必要性以及对个人权益的影响;依照本法规定可以不向个人告知的除外。"与一般个人信息处理的告知规则(第17条)相比,处理敏感个人信息的告知义务增加了"必要性"和"对个人权益影响"事项。

第四,对未成年人信息保护。该法第31条规定:"个人信息处理者处理不满十四周岁未成年人信息的,应当取得未成年人的父母或者其他监护人的同意。个人信息处理者处理不满十四周岁未成年人信息的,应该制定专门的个人信息处理规则。"

第五,进行个人信息保护影响评估。对处理敏感个人信息等几种特定情形,《个人信息保护法》规定应在事前进行个人信息保护影响评估,并对处理情况进行记录。个人信息保护影响评估本质上是风险评估。由于处理敏感个人信息可能对自然人的权利和自由带来高度风险,对此类处理进行事前风险评估可以防患于未然。

3. 个人信息跨境提供的规则

个人信息处理者在业务执行过程中需要向境外传输个人信息时,按照《个人信息保护法》第38条的规定,应当具备下列四个法定条件之一始能进行:"(一)通过国家网信部门组织的安全评估;(二)按照国家网信部门的规定经专业机构进行个人信息保护认证;(三)按照国家网信部门制定的标准合同与境外接收方订立合同,约定双方的权利和义务;(四)法律、行政法规或者国家网信部门规定的其他条件。"

需特别注意的是,在某种特定条件下,对于某些信息的跨境传输只能先通过国家网信部门组织的安全评估。如《个人信息保护法》第40条规定"关键信息基础设施运营者和处理个人信息达到国家网信部门规定数量的个人信息处理者,原则上应当将在中华人民共和国境内收集和产生的个人信息存储在境内,确需向境外提供信息的,应当通过国家网信部门组织的安全评估;法律、行政法规和国家网信部门规定可不进行安全评估的除外"。

除了符合上述法定条件要求外,《个人信息保护法》第39条针对个人信息的出境程序也有明确的规定。个人信息处理者向中国境外提供个人信息的,"应当向个人告知境外接收方的名称或者姓名、联系方式、处理目的、处理方式、个人信息的种类以及个人向境外接收方行使本法规定权利的方式和程序等事项,并取得个人的单独同意"。

个人信息的跨境传输涉及境内信息提供方和境外信息接收方,由于针对境外的接收方较难规制其信息保护的义务,《个人信息保护法》通过对境内的信息处理者进行约束以间接达到规制境外接收方的目的。该法第38条第3款要求"个人信息处理者应当采取必要措施,保障境外接收方处理个人信息的活动达到本法规定的个人信息保护标准"。对境外信息接收方的监管还体现在该法第42条,该条规定境外主体从事侵害中国公民的个人信息权益,或者危害中国国家安全、公共利益的个人信息处理活动的,国家网信部门可以将其列入限制或者禁止个人信息提供清单,予以公告,并采取限制或者禁止向其提供个人信息等措施。如此在一定程度上可以弥补对境外信息接收方的监管缺失,也提示了境外信息接收方的注意义务。

3.2.4 个人信息主体的权利

个人与个人信息处理者存在技术、信息、经济地位等方面的不平衡。《个人信息保护法》纠正这种不平衡关系的具体手段有:一方面,赋予个人在个人信息处理活动中相应的权利,用于平衡个人信息处理者,帮助个人有效地自我保护包括个人信息权益在内的个人权益;另一方面,对于个人信息处理者施加大量的义务,加强对其个人信息处理活动的监管(参见3.2.5小节)。

法律赋予个人的权利可以从两个方面看待,从积极的角度看就是自主权利,即个人对其个人信息处理享有的基于自由意思而予以决定的空间;从消极的角度看就是防护权利,即人身财产权益乃至人格尊严等免于受到非法个人信息处理活动的侵害或威胁的利益。因此,个人信息主体的权利可分为两类:处于核心地位的是个人对其个人信息处理享有的知情权与决定权,它们并非请求权,而是对个人信息主体权利内核的描述;至于查阅权、复制权、可携带权、补充权、更正权、删除权、解释说明权等权利,属于工具性权利,即为了实现知情权与决定权而配置由法律规定的权利。

1. 个人信息主体的核心自主权利

《个人信息保护法》第44条规定"个人对其个人信息的处理享有知情权、决定权,有权限制或者拒绝他人对其个人信息进行处理;法律、行政法规另有规定的除外"。个人对其个人信息享有知情权,意味着个人在其个人信息处理活动中享有知悉相关情况的权利,具体而言,包括知道其个人信息被何人处理即处理者是谁,该处理者基于何种目的处理其个人信息,以何种方式处理个人信息,处理的是哪些个人信息等相关信息。决定权,也称自主决定权,是指在法律、行政法规没有作出特别规定的情形下,个人对其个人信息的处理享有自主决定的权利,个人有权同意他人对其个人信息进行处理,在同意之后也可以随时撤回同意,个人也有权拒绝或者限制他人对其个人信息进行处理。

个人对其个人信息处理享有的知情权与决定权,是个人信息权益的核心性或基础性内容。知情权和决定权并非请求权,不需要个人具体行使,而是通过个人信息处理规则、其他个人在个人信息处理活动中的权利以及个人信息处理者的义务来保障实现的。作为概括性权利,当既有法定权利的列举无法回应技术快速迭代、社会迅猛变迁和利用场景日新月异的现实,知情权和决定权还具有补充、兜底的作用。

个人对其个人信息的处理享有知情权与决定权不等于个人对其个人信息有绝对的、排他的支配权。《个人信息保护法》第18条对个人知情权,第13条、第26条、第40条对个人决定权均有克减的规定。其他法律、行政法规亦有对个人知情权、决定权的限制。必须指出,对个人知情权和决定权的克减只能通过法律、行政法规进行,地方性法规、部门规章、规范性文件均无权予以限制。

2. 个人信息主体的工具性权益

《个人信息保护法》第四章列举的个人在个人信息处理活动中享有查阅、复制、转移、更正、补充、删除以及请求解释说明的权利,都是请求权(即个人向个人信息处理者提出请求以保护其个人利益的权利)。不论处理者是否基于个人同意而处理个人信息,个人在个人信息处理活动中均可行使此等权利。这些权利具体而言又可分为三类:

第一类是查阅和请求解释说明的权利。为了保障个人知情权的实现,《个人信息保护法》第45条、第48条以及第50条分别规定了个人查阅其个人信息的权利、个人请求处理者对其个人信息处理规则进行解释说明的权利以及处理者建立个人行使权利的申请受理和处理机制的义务。但是,依照《个人信息保护法》第18条第1款的规定,个人信息处理者处理个人信息,有法律、行政法规规定应当保密或者不需要告知的情形的,个人知情权等权利的行使应当受到限制。

第二类是复制和转移的权利。依照《个人信息保护法》第45条的规定,个人有权向处理者复制其个人信息,且在符合国家网信部门规定条件的情况下,个人可以请求将个人信息转移至其指定的处理者,处理者应当提供转移的途径。此等权利有利于强化个人对其个人信息的控制,打破数据锁定,促进企业竞争,推动科技创新,从而增进消费者福利。

第三类是更正、补充以及删除的权利。依照《个人信息保护法》第46条和第47条的规定,个人发现其个人信息不准确或者不完整的,有权请求处理者更正、补充;在个人信息与处理目的无关、个人撤回同意等特定情形下,个人还有权请求处理者删除其个人信息。此等权利使得个人可以直接参与到个人信息处理活动中,与处理者共同决定其个人信息是否以及以何种方式被处理。通过更正权、补充权的行使,个人可以纠正被处理的个人信息中存在的错误,避免个人信息处理活动得出侵害其个人信息权益的处理结果。而个人行使删除权将导致相应个人信息处理活动的停止,对处理者的利益可能产生较大影响,因此《个人信息保护法》第47条对个人行使删除权的情形作出了明文规定。此外,更正权、补充权以及删除权的行使,也可起到与民法上停止侵害、排除妨害、消除危险等请求权相似的作用。

除了上述权利外,个人还享有向国家机关投诉、举报的权利。《个人信息保护法》第65条规定:"任何组织、个人有权对违法个人信息处理活动向履行个人信息保护职责的部门进行投诉、举报。收到投诉、举报的部门应当依法及时处理,并将处理结果告知投诉、举报人。履行个人信息保护职责的部门应当公布接受投诉、举报的联系方式。"该权利不限于在个人信息处理活动中行使,有利于促进个人信息处理活动社会监督合力的形成,具有维护社会公共利益的功能。

3.2.5 个人信息处理者的义务和责任

科学合理地设定个人信息处理者的义务,对于有效平衡个人信息保护和流通利用至关重要。《个人信息保护法》集中、详细地规定了个人信息处理者的义务,构建了完整的义务体系。根据个人信息处理者义务的指向对象不同,可以将个人信息处理者的义务分为个人信息处理者的指向性义务和非指向性义务。

1. 个人信息处理者的指向性义务

所谓的指向性义务,指的是有相应的权利所对应的义务,针对的是权利人,表现为《个人信息保护法》第四章"个人在个人信息处理活动中的权利"所规定的个人信息处理者义务,具体内容如表3-2所示。

表3-2 个人信息处理者的指向性义务

指向性义务	对应的信息主体权利	义 务 的 内 容
告知义务	知情权、决定权（第44条）	个人信息处理者在处理个人信息之前，应当按照法律要求的方式，向其个人信息将要被处理的个人告知相关事项的义务
提供查阅、复制的义务	查阅权、复制权（第45条）	个人请求查阅、复制其个人信息的，个人信息处理者有在合理的时间内，提供个人查阅、复制的个人信息的义务
提供转移途径的义务	可转移权（第45条）	个人请求将个人信息转移至其指定的个人信息处理者，个人信息处理者有在符合国家网信部门规定的条件下，提供转移途径的义务
核实、更正、补充义务	更正权（第46条）	个人信息处理者在收到个人对个人信息的更正、补充请求后，有对其个人信息予以核实，并及时更正或补充的义务
删除义务	删除权（第47条）	个人信息处理者在法定要求下，主动删除或基于信息主体请求而删除个人信息的义务
解释说明义务	请求解释权（第48条）	当个人提出请求时，个人信息处理者对其个人信息处理规则进行解释说明的义务
建立申请受理和处理机制的义务	要求处理者配合行使个人权利之权（第50条）	个人信息处理者建立便捷的个人行使权利的申请受理和处理机制的义务

2. 个人信息处理者的非指向性义务

非指向性义务，是指并不针对具体权利人的义务，表现为《个人信息保护法》第五章"个人信息处理者的义务"中所规定的处理者义务。规定非指向性义务是为了贯彻落实个人信息保护法中两项基本原则——合法原则与责任原则。根据合法原则，处理个人信息必须采取合法的方式，不得违反法律法规的规定，不得侵害自然人的个人信息权益，不得危害国家安全、公共利益。依据责任原则，个人信息处理者应当对其个人信息处理活动负责，确保个人信息处理活动的合法性，并且应当采取必要措施保障所处理的个人信息的安全。这个部分主要包括七个义务：合规保障义务、指定个人信息保护负责人义务、合规审计义务、个人信息保护影响评估义务、补救和通知义务、"守门人"义务、受托人义务。

（1）合规保障义务。该法第51条明确了个人信息处理者的安全保障义务，要求个人信息处理者应当根据个人信息的处理目的、处理方式、个人信息的种类以及对个人权益的影响、可能存在的安全风险等，采取相应的措施确保个人信息处理活动符合法律法规的要求，并防止未经授权的访问以及个人信息泄露、篡改、丢失。

（2）指定个人信息保护负责人义务。该法第52、53条规定了指定个人信息保护负责人义务。处理个人信息达到国家网信部门规定数量的个人信息处理者应当指定个人信息保护负责人，监督个人信息处理活动以及采取的保护措施，进一步确保个人信息处理活动的合法性与个人信息的安全性。第53条要求适用该法的境外的个人信息处理者应当在中国境内设立专门机构或者指定代表,负责处理个人信息保护相关事务。

(3) 合规审计义务。该法第54条规定了个人信息保护合规审计义务。要求个人信息处理者定期对其处理个人信息遵守法律、行政法规的情况进行合规审计,有助于识别个人信息处理风险,可以弥补数字时代政府监管的不足,促进信息科技创新。

(4) 个人信息保护影响评估义务。该法第55、56条规定了个人信息保护影响评估义务。要求在"处理敏感个人信息,利用个人信息进行自动化决策,委托处理个人信息、向其他个人信息处理者提供个人信息,公开个人信息,向境外提供个人信息"等情形时应当进行个人信息保护影响评估。规定了个人信息保护影响评估的内容包括:评估个人信息处理是否合法、正当、必要,对个人权益的影响及安全风险,所采取的保护措施是否合法、有效并与风险程度相适应等方面。个人信息保护影响评估是一种具有事前性的合规评估和风险评估程序,可以检验个人信息处理是否合规,有助于识别并降低个人信息安全风险。

(5) 补救和通知义务。该法第57条规定了个人信息处理者采取补救措施、通知监管部门和个人的义务。发生或者可能发生个人信息泄露、篡改、丢失的,个人信息处理者应当立即采取补救措施,并通知履行个人信息保护职责的部门和个人。

(6) "守门人"义务。该法第58条规定了大型平台"守门人"特别义务,要求提供重要互联网平台服务、用户数量巨大、业务类型复杂的个人信息处理者,应当履行与平台能力相适应的特别个人信息保护义务。这一"守门人"义务区别于一般个人信息处理者的个人信息保护义务,既具有法理基础和经济上的合理性,也符合互联网治理的世界潮流,能够更有效地保护自然人的个人信息。

(7) 受托人的义务。该法第59条规定了个人信息处理受托人的义务,要求接受委托处理个人信息的受托人,应当依法采取必要措施保障所处理的个人信息的安全,并协助个人信息处理者履行该法规定的义务。

3. 违法责任

《个人信息保护法》第54条规定,个人信息处理者应当定期对其个人信息处理活动遵守法律、行政法规的情况进行合规审计。这表明在未来对企业的合规审计将会成为常态,不仅是事后对违法的个人信息处理活动进行调查处理,更重要的是事前的预防机制,从源头阻止个人信息被侵害的情形发生。

而一旦发生侵害个人信息的行为,在行政责任方面,个人信息保护法设置了全面的行政处罚手段,包括警告、没收违法所得、罚款(包括对单位和责任人员)、责令暂停相关业务或者停业整顿、吊销许可或者营业执照。其中,对于违法处理个人信息的应用程序,可以责令暂停或终止提供服务。罚款的最高数额可达五千万元人民币或者上一年度营业额的百分之五。此外还规定了信用惩戒以及对担任企业董事、监事、高级管理人员和个人信息保护负责人的从业禁止等(第66条)。在民事责任方面,规定了过错推定原则,处理个人信息侵害个人信息权益造成损害,个人信息处理者不能证明自己没有过错的,应当承担损害赔偿等侵权责任(第69条)。这在很大程度上减轻了个人维权的难度,也给个人信息处理者的合规审计带来了压力和动力。如果侵害众多个人权益的,人民检察院、法律规定的消费者组织和由国家网信部门确定的组织还可以依法向人民法院提起公益诉讼(第70条)。

3.3 欧盟相关法律法规

3.3.1 欧盟个人数据保护立法及规范现状

1. 个人数据保护法律体系

欧洲最重要的个人数据保护立法是2016年欧洲议会和欧盟理事会通过的《通用数据保护条例》(General Data Protection Regulation,GDPR)。GDPR的历史根源可以追溯到1950年的《欧洲人权公约》。该公约规定,隐私权作为人权的重要组成部分应当受到保护。计算机科技的不断发展促使欧洲于1995年颁布了《个人数据保护指令》,这对欧洲的个人数据保护产生了深远的影响。但随着世界进入信息化时代,网络和信息化的高速发展给个人数据保护带来了新的挑战,该指令并没有解决碎片化的数据保护现状,也没有消除公众对个人数据滥用的担忧,且各国数据保护水平的差异产成了巨大的经济成本、阻碍了经济的发展。GDPR取代了《个人数据保护指令》并作为欧盟所有成员国的法律强制执行之后,基本解决了欧盟各成员国之间的数据保护法律制度差异问题,确保了在欧盟范围内所有个人数据处理活动中为每个自然人的权利和自由提供同等保护。

欧盟依据GDPR的规定还设立了一个专门服务于GDPR的独立机构——欧盟数据保护委员会(EDPB)。该委员会负责对GDPR中的关键主题发布相应指引并进行具体阐释。EDPB虽然取代了根据《1995年数据保护指令》第29条所成立的工作组(Article 29 Working Party),但在GDPR正式生效之时表明在不影响日后任何适当修订的前提下认可第29条工作组发布的各类指引性文件。截至目前,第29条工作组及欧盟数据保护委员会共发布31部指引性文件,逐步形成以法律为原则要求、指南为具体指引的GDPR规则体系。

为推动数字化转型并打造单一数据市场,欧盟于2020年2月19日发布了《欧洲数据战略》(A European Strategy for Data),概述了欧盟未来十年为提升数字经济竞争力将采取的政策方案,表示欧盟将通过"开放更多数据"和"增强数据可用性"为欧盟数字化转型提供发展和创新动力。欧盟委员会随后发布的《数字服务法》(Digital Services Act)和《数字市场法》(Digital Markets Act)等一系列法规,也对打破科技巨头垄断、促进欧盟数字创新及经济发展等问题予以回应。

为落实《欧洲数据战略》提出的战略目标,实现欧盟境内数据流通共享,2022年5月16日欧盟通过了《数据治理法》(Data Governance Act)、2023年11月又通过了《数据法》(Data Act)。这两项法律提出了数据要素流通利用的欧洲方案,旨在促进欧盟境内数据共享,从而与GDPR共同构成欧盟数据治理的两大支柱。

2. 监管机构

按照GDPR的规定(第51条),欧盟每个成员国都应至少规定一个独立的公共机构作为监管机构监督GDPR的实施,保障权利主体的合法权益。促进数据的自由流动,同时要求各监管机构应当积极合作,尤其是与GDPR新设立的EDPB合作。EDPB为欧盟的机构,具有法人资格,其由监管机构和欧盟数据保护监督组织的首长以及相应代表组成。EDPB的职权范围包括发布指南和建议,解释以及细化落实GDPR,就欧洲经济区个人数据保护相关事宜向欧盟委员会提供建议,并听取相应意见以确保国家监管机构适用GDPR,特别是在具有跨境影响的决策方面的一致性。此外,EDPB的任务是在国家当局之间在跨境案件中合作执法时充当争议解决机构,鼓励制定行为准则并建立数据保护领域的认证机制,促进国家监管机构之间的合作和友好信息交流等。

对于向欧盟不同国家提供业务的企业或者在不同国家都有设立地的企业来说,GDPR会有效减轻合规成本。企业不再需要与多个不同成员国的数据监管机构打交道。根据第56条规定的一站式监管机制,企业主要或唯一营业机构所在地的监管机构将作为主导监管机构,对企业的所有数据活动负有监管权力,其效力辐射整个欧盟。当然,为了保证监管的协调统一性,GDPR设计了一套完整的咨询机制,确保主导监管机构的监管决定最大程度上反映其他成员国监管机构的意见。如果不能达成一致意见,则交由EDPB处理。

3.3.2 《通用数据保护条例》(GDPR)简介

GDPR由欧洲议会和欧盟理事会于2016年4月通过,自2018年5月25日起于欧盟各会员国直接施行。作为欧盟的一部全面性、体系性的信息隐私与个人数据保护法律,该法共分为十一章:第一章"一般规定"明确了GDPR的主题与目标、适用范围、地域管辖范围以及相关概念的定义;第二章"原则"规定了个人数据处理的一般原则和个人数据处理的合法性根据;第三章"数据主体的权利"明确了个人数据主体所拥有的权利;第四章"控制者和处理者"规定了个人数据控制者和处理者的义务,包括一般义务、安全保障义务、进行数据保护影响评估与事先咨询、设立数据保护官、行为准则和认证;第五章"将个人数据转移到第三国或国际组织"规定了个人数据跨境传输的规则;第六章"独立监管机构"规定了各成员国设立独立的监管机构;第七章"合作与一致性"要求各成员国的监管机构相互配合、相互协作,并对欧盟数据委员会的设立、目标和责任等进行了规定;第八章"救济、责任与惩罚"规定了与侵犯个人数据权利相关的法律救济、损害赔偿与惩罚;第九章"关于特定处理情形的规定"明确了个人表达自由、医疗、学术研究、宗教等特殊情形下的个人数据处理规范;第十章"授权法案与执行法案"和第十一章"终章"规定了对GDPR进行细化和解释的问题。

GDPR第1条明确列举了其主要目标是"制定关于处理个人数据中对自然人进行保护的规则,以及个人数据自由流动的规则"。具体包括:① 保护自然人的基本权利和自由,特别是自然人的个人数据保护权(这项权利是对隐私权的具体表述,是人权和基本自由之一,并在《欧洲联盟基本权利宪章》生效后被欧盟视为一项基本权利);② 个人数据在欧盟内部的自由流动,即不得以保护自然人为由,限制或禁止个人数据的处理,但同时确保尊重成员国公民保护其个人数据的权利。

GDPR规定了非常广泛的适用范围。该条例第3条规定:"1. 本条例适用于在欧盟境内设有经营场所的控制者或处理者所开展的活动场景中的个人数据处理行为,无论该处理行为是否发生在欧盟境内。2. 本条例适用于虽然并未在欧盟境内设立经营场所的控制者或处理者对欧盟数据主体的个人数据处理,只要其处理行为涉及以下方面:(a)向欧盟境内的数据主体提供商品或服务,无论该商品或服务是否需要数据主体支付对价;或(b)对上述数据主体发生在欧盟的行为进行监控的。"这一规定通过"经营场所标准"与"目标指向标准"极大扩张了GDPR的域外效力。依据"经营场所标准",只要数据的控制者或处理者在欧盟境内设有经营场所,且该经营场所从事的活动场景中只要有个人数据处理活动,那么无论个人数据的处理行为发生在何处,也无论个人数据的控制者或处理者是否属于欧盟成员国的公民、法人或非法人组织,均适用条例的规定。依据"目标指向标准",即使某些数据控制者或处理者在欧盟境内没有建立经营场所,只要该数据处理行为对欧盟境内的数据主体产生了实际上的"效果"或"影响",条例仍然适用。

GDPR主要是通过规定个人数据处理的原则、明确个人数据主体的权利和个人数据控制者和处理者的义务,制定个人数据跨境转移的规则等方式来全方位规范个人数据的处理活动,以下分节予以介绍说明。

3.3.3 个人数据处理的原则

1. 个人数据处理的一般原则

GDPR第二章第5条第1款规定了以下六项个人数据处理的一般原则。

（1）合法性、合理性和透明性原则。要求对涉及数据主体的个人数据，应当以合法的、公平的和透明的方式来进行处理。

（2）目的限制原则。要求个人数据的收集应当遵循具体的、清晰的和正当的目的，对个人数据的处理不应当和此类目的不相容。

（3）数据最小化原则。要求个人数据对于为了实现数据处理目的来说应当是适当的、相关的和必要的。

（4）准确性原则。要求个人数据应当是准确的，如有必要，必须及时更新；必须采取所有步骤，保证为了实现某项目的而处理的不准确的个人数据被擦除或及时更正。

（5）限期储存原则。要求对于能够识别数据主体的个人数据，其保存方式应当不长于为了实现个人数据处理目的所必要的期限；超过此期限的数据处理只有在如下情况下才能被允许：为了实现公共利益、科学或历史研究目的或统计目的，为了保障数据主体的权利和自由，并采取了GDPR第89条第1款所规定的合理技术与组织措施。

（6）诚实与保密原则。要求个人数据的处理应当通过合理的技术或组织手段，保障个人数据的合理安全，包括防御未授权或非法的处理，防御意外损失、销毁或损害。

同时，GDPR第5条第2款还规定了可问责性原则，要求控制者除了必须遵守以上六项处理原则，而且应当有责任对此提供证明。

2. 个人数据处理的合法性条件

GDPR第二章还对处理个人数据的合法性所需满足的条件作出了明确规定。第6条要求，处理的合法性必须满足某项条件，例如"数据主体已经同意基于一项或多项目的而对其个人数据进行处理"。而在数据主体未表示同意的情形下，处理的合法性必须是为了：① 实现数据主体利益：处理对于完成某项数据主体是一方的契约是必要的，或者在签订契约前为了完成数据主体的请求而进行的处理；② 履行公共职责：控制者是某项法律职责的主体，而处理对于履行此项法律职责是必要的；③ 保护第三人核心利益：处理是为了保护数据主体或另一个自然人的核心利益所必要的；④ 实现公共利益：数据控制者为了公共利益或基于官方权威履行某项任务而进行的处理；⑤ 实现控制者或第三人的正当利益：处理对于控制者或第三方所追求的正当利益是必要的。

而对于何为数据主体的同意，GDPR第7条作出了标准很高的规定。首先，控制者负有举证责任,其有责任证明"数据主体已经同意对其个人数据进行处理"。其次,"如果数据主体的同意是在涉及其他事项的书面声明的情形下作出的,请求获得同意应当完全区别于其他事项,并且应当以一种容易理解的形式,使用清晰和平白的语言",任何控制者所发表的免责声明都不具有效力。再次,"数据主体应当有权随时撤回其同意"。最后,GDPR还规定,"分析同意是否是自由作出的,应当最大限度地考虑的一点是:对契约的履行——包括履行条款所规定的服务——是否要求同意履行契约所不必要的个人数据处理"。

3. 对特别类型个人数据处理的限制

GDPR对处理儿童的个人数据和特殊类型个人数据(special categories of personal data)制定了更加严格的限制。

GDPR为不满16周岁的儿童①提供了更强的保护。与成年人相比,儿童可能不太了解相关风险和后果,以及在个人数据处理方面拥有的权利。GDPR第8条规定:在处理儿童个人数据时,必须获得其父母或者其他监护人的同意或授权。并且该举证责任在于数据控制者,数据控制者必须能够证明其从监护人那里获得了同意或授权。

GDPR原则上禁止处理特殊类型个人数据。GDPR第9条以列举的方式定义特殊类型个人数据为"那些显示种族或民族背景、政治观念、宗教或哲学信仰或工会成员的个人数据、基因数据、为了特定识别自然人的生物性识别数据,以及和自然人健康、个人性生活或性取向相关的数据"。处理这些特殊类型个人数据可能会对个人的基本权利和自由造成重大风险,因此必须予以最严密的保护。GDPR第9条明确禁止处理这些个人数据,但也给出了十个可处理的例外情形。首先,数据主体明确同意的情形下,数据控制者可以对特殊类型个人数据进行相关必要的处理。因为利益受到侵犯的主体仍是数据主体,若数据主体在明确知晓该处理操作及其后果,仍然授权操作时,GDPR尊重数据主体的自主意愿。其次,若基于侦查犯罪的需要,在必须使用的情形下,为了公共利益及国家利益的维护,该特殊类型的个人数据同样需要在未经数据主体同意的情形下被使用。当然,由于该类数据信息极为敏感,必须处于必不可少的情形下才能够被强制处理,同时需要将知晓该信息的人控制在最小范围内,对该数据的使用程度也控制在数据最少、频率最低的范围内。因此,该个人数据即使被强制使用,也必须保证对数据主体最低程度的损害。

3.3.4 个人数据主体的权利

GDPR第三章规定了数据主体所拥有的权利,包括作为核心的数据主体的知情权,数据主体对个人数据的访问权、更正权、删除权(包括被遗忘权)、限制处理权、数

---

① GDPR允许各国自行立法规定适用的儿童年龄,但不得低于13周岁。

据携带权、一般反对权和反对自动化处理的权利。

对于知情权,GDPR第12~14条规定数据控制者必须以清楚、简单、明了的方式向个人告知其个人数据是如何被收集处理的。应当告知用户的信息包括以下内容:① 数据控制者的身份和联系方式、数据控制者指定的代表信息、DPO的相关信息、数据的接收者或数据接收者的类型;② 数据处理的目的和合法基础,如果合法基础是用户的"同意",则要告知用户享有撤回"同意"的权利,并且该撤回不得影响先前的数据处理中用户的合法利益;③ 如果涉及自动化的数据处理,包括数据画像活动,则需要提供基本的算法逻辑以及针对个人的运算结果;④ 个人数据的保留周期以及采取该周期的理由;⑤ 依据法律,数据主体享有权利、投诉权以及相关的监管机构;⑥ 如果数据传输到第三国,则需要告知用户该第三国是否通过欧盟的充分性决定,如果没有通过,则需要告知数据控制者采取了何种保障措施;⑦ 如果数据不是从数据主体处直接收集而来,则需要告知其数据的来源和类型。

对于访问权,GDPR第15条规定,"数据主体应当有权从控制者处得知,关于其个人数据是否正在被处理",而如果正在被处理,数据主体"有权访问个人数据"和获知一系列信息,包括处理的目的、相关个人数据的类型、个人数据已经被或将被披露给接收者或接收者的类型、个人数据将被储存的预期期限、数据主体所拥有的相关权利。

对于更正权,GDPR第16条规定,"数据主体应当有权从控制者那里及时得知对与其相关的不正确信息的更正。在考虑处理目的的前提下,数据主体应当有权完善不充分的个人数据,包括通过提供额外声明的方式来进行完善"。

对于删除权(被遗忘权),GDPR第17条规定,"在某些情形下,数据主体有权要求控制者删除关于其个人数据的权利"。例如,个人数据对于实现其被收集或处理的相关目的不再必要,或者数据主体撤回同意,或者已经存在非法的个人数据处理。但是,GDPR也同样规定了删除权行使的例外,例如控制者行使言论和信息自由权、为了履行法定义务或为了维护公共卫生领域的公共利益等情形。虽然GDPR将被遗忘权以括号说明的方式标注在删除权后,但应当对二者加以区分。被遗忘权更加侧重于已经公开的个人数据。数据主体有权基于被遗忘权要求控制者删除已经公开的个人数据,包括链接和复制件等。

对于限制处理权,GDPR第18条规定,"在特定情形下,数据主体有权要求控制者对处理进行限制"。这些情形包括:数据主体对个人数据的准确性有异议,而控制者正在核实个人数据准确性时;数据处理是非法的,但数据主体不要求删除个人数据,而是要求对个人数据限制使用时;控制者不再需要个人数据以实现其处理的目的,但数据主体为了提起、行使或辩护法律性主张而需要该个人数据;数据主体根据第21条第1款行使反对权,而控制者提出正当理由抗辩,审查何者更为优先的期间。

对于数据携带权,GDPR第20条规定,"数据主体有权获得其提供给控制者的相关个人数据,而且其获得个人数据应当是经过整理的、普遍使用的和机器可读的,数据主体有权无障碍地将此类数据从其提供给的控制者那里传输给另一个控制者"。

对于反对权,GDPR第21条规定,"数据主体在与其有关的特定情形下,可以拒绝数据控制者依据GDPR第6条第1款(e)和(f)对其有关的数据进行处理及画像,除非数据控制者可以证明其处理理由显著优先于数据主体的利益、权利和自由,抑或是为了确立、实施或抗辩法律要求"。第22条规定,"除了某些特殊情形,数据主体有权不被仅仅靠自动化处理,来对其作出对数据主体产生法律影响或类似严重影响的决策"。

3.3.5 个人数据控制者和处理者的义务和责任

在GDPR的术语下(参见GDPR第4条或者本书第2章),企业通常会落入"数据控制者"和/或"数据处理者"的范畴,对应用户会落入"数据主体"的范畴。GDPR第24条依据可问责原则要求个人数据控制者(企业)应当采取适当的技术和组织措施,在企业内部建立完善的问责机制,并要求企业能够证明个人数据处理活动符合GDPR的相关规定。

1. 个人数据控制者与处理者的一般义务

GDPR第四章第一节规定了控制者与处理者的一般责任,包括实施适当的数据保护政策,遵守规范的认证以及记录其负责的处理活动等。

首先,按照GDPR第25条规定,企业必须承担"基于设计的和默认的数据保护(Data protection by design and by default)"义务,也就是实行本书2.3节介绍的隐私设计与隐私工程的义务。

其次,GDPR第27条要求设立在欧盟之外、符合GDPR第3条第2款规定的数据处理者和控制者应当以书面形式在欧盟中指定一位代表,且该代表应当获得授权,以解决与数据处理,特别是与监管机构和数据主体相关的问题。

除上述义务外,一般义务还包括记录数据处理活动(第30条)、加强与监管部门的合作(第31条)等。数据主体所拥有的权利也对应了数据控制者或数据处理者的义务。例如,数据主体所拥有的知情权对应了数据控制者的告知义务。在数据控制者从数据主体处收集个人数据时,应当根据GDPR的第13条和第14条明确是直接收集还是间接收集。

2. 个人数据控制者与处理者的特别义务

GDPR第四章第二节规定了控制者与处理者对于个人数据安全所应承担的责任和采取的措施。第32条规定,在考虑了"最新水平、实施成本、处理的性质、处理的范围、处理的语境与目的之后,以及处理给自然人权利与自由带来的伤害可能性与严重性之后",控制者和处理者应当采取"适当技术与组织措施,以便保证和风险相称的安全水平",包括但不限于个人数据的匿名化和加密,确保处理系统和服务的持续保密性、完整性、可用性,在发生物理或技术性事件时及时恢复个人数据的可用性和访问性能力。除此之外,还应当定期测试、评估上述措施,以确保其能符合数据处理安全性的要求。

个人数据安全方面还包括数据泄露时的通知义务。GDPR第33条规定了对监管机构的通知义务。原则上数据控制者在得知个人数据泄露时应在72小时内立即通知相关监管机构;未在72小时内通知的,应当说明迟延通知的原因。当个人数据泄露不太可能对自然人的权利和自由造成风险的,可以不通知相应监管机构。数据控制者还应当如实记录所有与个人数据泄露相关的信息,如事实、影响和采取的补救措施。GDPR第34条规定了对数据主体的通知义务。若个人数据泄露事件可能给自然人的权利和自由带来高风险时,数据控制者应当以清晰明了的方式告知数据主体该数据泄事件的性质,还应当向其告知DPO等相关人员的姓名和联系方式、个人数据泄露的可能后果以及将采取的应对措施等。GDPR也规定了数据控制者对个人数据主体通知义务的豁免事由,例如,控制者已经对泄露的个人数据采取了合适的技术措施如加密,使得未被授权访问的第三方无法辨识其中的个人数据等。

3. 进行数据保护影响评估与事先咨询

GDPR第四章第三节规定了个人数据保护影响评估与个人数据处理之前的事先咨询要求。第35条规定,当个人数据处理活动"可能会对自然人的权利和自由造成高风险"时,数据控制者需要对处理活动进行数据保护影响评估。GDPR列举的必须进行数据保护影响评估的情形包括:对与自然人相关的个人因素进行系统性与全面性的评价,此类评价建立在自动化处理——包括用户画像——基础上的,并且其决策对自然人产生法律影响或类似重大影响;处理特定类型的个人数据或与定罪、违法相关的个人数据时;以大规模的方式系统性地监控某个公众可以访问的空间时。

GDPR第36条规定了事先协商要求:如果数据保护影响评估的结果显示是高风险,且数据控制者没有有效降低风险的措施,数据控制者应当就数据处理活动向相关的数据保护监管机构进行事先协商(prior consultation)。监管机构应当在收到协商申请的特定期限内提出处理意见,并可以采取纠正措施。

4. 设立数据保护官

GDPR第四章第四节规定数据控制者或数据处理者应当在特定情形下设立数据保护官。例如,控制者或处理者的业务天然性地需要大规模地对数据主体进行常规和系统性的监控,或者控制者或处理者的业务需要对GDPR第9条规定的特殊类型的个人数据进行大规模处理。控制者或处理者应当发布数据保护官的详细联系方式,并向监管机构进行报告。

在特定情形下,企业只需任命一名数据保护官。数据保护官可以是数据控制者或处理者的内部工作人员,也可以由控制者或处理者通过委托合同从外部聘请。数据保护官直接向最高管理层汇报工作,同时数据处理者或控制者不能仅因数据保护官履行正当职责而将其解雇或给予处罚,以保持其自身的独立性。

数据保护官应当是具有数据保护法律和实践专业知识的人员,且其应当完成GDPR 第39条所规定的任务,包括但不限于配合监管部门、监督数据控制者或数据处理者对个人数据的保护状况等。

5. 行为准则和认证

GDPR 第四章第五节规定了行业协会等实体自行起草的数据保护的行为准则与欧盟内部的合规认证机制。为了更好地保护个人数据,同时促进经济的发展,GDPR 第40条鼓励一些数据处理者或数据控制者的行业协会在充分考虑行业特点以及行业内企业发展的情况下,制定、补充或修改相应的行为准则以进行自我约束,更好地落实GDPR 的要求。GDPR 第42条进一步规定,为了监督各数据处理者或数据控制者遵守行为准则以及GDPR 的情况,还可以由有权监督机构对符合条件的数据控制者和数据处理者予以认证,以便第三方可以更加迅速地评估企业的数据合规水平。认证机制作为一种行业激励机制,将有效地推动数据控制者和数据处理者进行数据合规工作,经过认证的数据处理者和数据控制者意味着更高的数据合规水平,相对来说也意味着会带来更多的交易机会等。

6. 违法责任

GDPR 首先增强了监管机构的执法权(第58条),包括通知数据控制者、处理者相关违法行为;要求违法者提供相关信息,或者向监管机构提供访问此类信息的接口;现场调查、审计;命令修改、删除或者销毁个人数据;可以采取临时性的或者限定性的数据处理禁令;处以行政罚款等。

GDPR 第83条对违反GDPR 所应承担的行政罚款作了规定:如果违反GDPR 的某些非核心条款(例如没有实施充分的IT安全保障措施,或者没有提供全面的、透明的隐私政策,没有签订书面的数据处理协议等),可以"施加最高1 000万欧元或者前一年全球总营业额2%的罚款(以两者中较高者为准);如果违反GDPR 所规定的某些核心条款(无法说明如何获得用户的同意,违反数据处理的一般性原则,侵害数据主体的合法权利以及拒绝服从监管机构的执法命令等),则可以"施加最高2 000万欧元或者前一年全球总营业额4%的罚款(以两者中较高者为准)"。

对于不服监管机构作出的决定或者针对监管机构的不作为,GDPR 规定当事主体可寻求司法救济。其中,数据主体可以通过司法途径向数据控制者、数据处理者主张因其违反GDPR 而致使数据主体遭受物质上或者非物质上的损害。如果一个以上的数据控制者、处理者涉及侵权,则共同承担连带责任,除非其能证明对损害的产生没有责任。上述司法救济的权利可以由消费者机构代表数据主体行使(第26、80、82条)。

3.3.6 个人数据跨境转移的规则

在个人数据跨境转移方面,GDPR的鉴于条款第101条承认了允许将个人数据从欧盟转移到第三国或者国际组织对国际贸易和国际合作的重要意义,但是强调只有在严格遵守了GDPR的相关规定后,才允许个人数据的跨境转移。

GDPR设置了"具有充分保护的认定"的跨境转移条件:第45条规定当欧盟委员会认为第三国、第三国的区域或特定部门、国际组织的数据保护水平足够高时,可以对其予以具有充分保护的认定;而获得认定后,受GDPR约束的主体不需要经过额外特别授权便可以和上述地区或组织进行数据的跨境传输。欧盟委员会进行认定时会考虑的因素,包括但不限于法治水平、尊重人权和基本自由的水平、是否具有国际承诺或签署某些国际条约等等。

对于没有经过欧盟委员会认定的国家,也并不意味着完全禁止与其进行个人数据的跨境传输。GDPR第46条明确规定:如果没有上述认定,数据处理者和数据控制者在向第三国或国际组织传输个人数据前应当确保其有适当的数据保护措施,为数据主体行使权利提供保障,并在权利受到侵犯时能够提供有效的法律救济。这里要求的适当的数据保障措施,依据是否需要监管机构的具体授权而有所不同。境外企业不一定会得到欧盟委员会的认定,所以在与受GDPR约束的主体进行业务往来时要特别注意这一要求。

对于母公司或子公司设立在欧盟境内的跨国集团、公司来说,第47条规定中"具有约束力的公司治理规则(Binding Corporate Rules,BCR)"相较于无须监管机构授权即可以数据跨境转移的其他适当保障措施更具优势。欧盟委员会在其官网发布与BCR相关的文件和链接,指导跨国集团、公司制定企业内部BCR,以及其制定的BCR如何获批,以提高跨国集团、公司内部跨境转移个人数据的效率。跨国集团、公司应当向欧盟主管数据保护机构提交BCR以供批准。

在不具有GDPR第五章规定的其他传输事由时,当数据处理者或数据控制者涉及跨国行政案件或者司法案件时,GDPR第48条规定,司法判决或第三方行政当局要求其转移或披露个人数据的,必须具有国际协议才允许传输。

以上GDPR数据跨境转移的原则性要求也有例外。当域外接收个人数据的主体既没有获得具有充分保护的认定、也没有采取适当保护措施的,为了不过度限制个人数据传输,GDPR在特定情形下放宽了限制,如在数据主体对上述保护条件知情后仍明确同意转移的、出于公共利益的重要原因需要转移的、传输为履行数据主体与数据控制者之间的合同义务所必需的。

当既不符合上述原则性要求、也不符合放宽限制后的情形的,GDPR第49条规定跨境数据转移需要同时满足以下情形:转移是非重复性的;关乎很小一部分数据主体的权利;对于实现控制者压倒性的正当利益是必要的,并且不会违反数据主体的有限性的利益或权利与自由;控制者已经对围绕数据传输的情形进行评估,而且基于这种评估对个人数据保护采取了合适的安全保障。控制者除了提供GDPR第13条和第14条所规定的信息之外,应当将转移和追求的压倒性正当利益告知数据主体。

3.4 美国相关法律法规

3.4.1 美国隐私法概要

美国作为联邦制国家,其对个人信息保护的相关立法是通过联邦和各州两个层级的立法来实现的。

1. 美国联邦隐私法

历史上,美国宪法和普通法的相关条文都主要是针对个人隐私的侵犯行为,少数对个人信息的保护条文的规制对象还主要是政府部门,缺少对商业活动中个人信息如何被收集、保护和利用进行规范的立法。即使是进入了21世纪,与欧盟统一立法的模式(如GDPR)不同,美国联邦层面也并没有统一的个人信息保护法,而是采取了分行业式分散立法模式,在金融、健康、教育、电信以及儿童在线隐私等领域都有专门的个人信息保护立法,如表3-3所示。表中列举的12部联邦法律是负责给美国会参众两院提供政策和法律建议的国会研究服务局(The Congressional Research Service)发布的《数据保护法概况》[①]中列举出来与GDPR进行比较的代表性美国联邦隐私法。其中包括:卫生健康领域的《健康保险可携性和责任法》(Health Insurance Portability and Accountability Act, HIPAA);金融领域的《金融服务现代化法》(Gramm-Leach-Bliley Act, GLBA)《联邦证券法》(Federal Securities Laws, FSL)《金融消费者保护法》(Consumer Financial Protection Act, CFPA);商业领域的《联邦贸易委员会法》(Federal Trade Commission Act, FTC Act)《公平信用报告法》(Fair Credit Reporting Act, FCRA);教育领域的《家庭教育权和隐私权法》(Family Educational

---

① https://crsreports.congress.gov/product/pdf/R/R45631.

Rights and Privacy Act, FERPA); 信息与通信领域的《通信法》(The Communications Act, CA)《视频隐私保护法》(Video Privacy Protection Act, VPPA)《电子通信隐私法》(Electronic Communications Privacy Act, ECPA)《计算机欺诈和滥用法》(Computer Fraud and Abuse Act, CFAA); 儿童保护方面的《儿童在线隐私保护法》(Children's Online Privacy Protection Act, COPPA)。

表 3-3 美国联邦的隐私法

法律名称	概要	监管数据	规制对象	监管机构	生效时间
健康保险可携性和责任法（HIPAA）	建立健康信息的电子交换、隐私和安全标准，以保护病人敏感健康信息在未经同意或知情的情况下不被披露	健康信息	医疗服务提供者	卫生与公共服务部（HHS）	1996年8月21日
金融服务现代化法（GLBA）	规定了非公开个人金融信息的收集、使用和披露规则，同时赋予数据主体有选择不共享其信息的自由	非公开个人可识别金融信息	金融机构	CFPB、FTC、联邦银行	1999年11月12日
联邦证券法（FSL）	规定证券商需要采取措施防止数据泄露、在证券法规定的信息披露中说明发生的数据泄露	无	公开上市交易的公司以及须定期提交报告的公司	证监会（SEC）	1933年
金融消费者保护法（CFPA）	规定在金融活动中禁止欺骗性、误导性或不公平的商业行为，并授权CFPB采取行动制止	无	提供消费者金融产品或服务的主体	消费者金融保护局（CFPB）	2010年修正
联邦贸易委员会法（FTC Act）	规定禁止欺骗性或不公平的商业行为，并授权FTC采取行动制止	无	除公共运营商、特定金融机构和非营利组织以外的个人或商业机构	FTC	1914年
公平信用报告法（FCRA）	明确规定了消费者信用信息的用途和消费者个人对信用调查报告的权利	消费者报告	信用报告机构	CFPB、FTC	1970年10月26日
家庭教育权和隐私权法（FERPA）	通过确保学生教育记录的私密性，并确保父母有权访问他或她的孩子的教育记录，知道谁请求或获得过这些记录，来保护学生及其家人	教育信息	教育机构或接受联邦资助的机构	教育部（DOE）	1974年

续表

法律名称	概要	监管数据	规制对象	监管机构	生效时间
通信法（CA）	规定了有线网络和卫星通信运营商需要对通信数据所提供的保护	用户私有网络信息、个人可识别信息	有线网络和卫星通信运营商	联邦通信委员会（FCC）	1934年
视频隐私保护法（VPPA）	规定了录像带服务提供商需要保护租用和购买录像带的客户的隐私信息	个人可识别信息	录像带服务提供商	无	1988年
电子通信隐私法（ECPA）	修改了联邦窃听法，以扩大防止未经授权截取特定类型的电子通信的保护范围	利用电线、口头方式进行的窃听、电子信息存储等	所有个人和主体	无	1986年
计算机欺诈和滥用法(CFAA)	规定了禁止对计算机中的数据进行未经授权或超出授权的访问	计算机中的信息	所有个人和主体	无	1986年修订
儿童在线隐私保护法（COPPA）	发布并执行有关儿童在线隐私的规则，以保护13岁以下儿童，规制各种网站在父母不知情或未经父母同意的情况下收集儿童个人数据	在线收集的13岁以下儿童的个人信息	网站或者在线服务运营者	FTC	1998年

从表3-3中可见，不同的联邦法律要保护的个人信息类型完全不同。例如，GLBA针对的是"非公开的个人可识别的金融信息"，HIPAA针对的则是"个人健康信息"。这样做的好处是对不同类型的个人信息，可以基于其在处理中的风险，制定不同的处理规范，进行精细化的监管。但是与GDPR或CCPA统一定义"个人信息"的保护方式不同，很多类型的个人信息就不在联邦法律的保护范围以内。

虽然美国国会近年来公布了多项统一的综合性隐私法草案，例如，2024年4月公布的《美国隐私权法案》（American Privacy Rights Act，APRA）草案、2022年6月公布的《美国数据隐私和保护法案》（American Data Privacy and Protection Act，ADPPA）草案，但目前这些法案在美国国内缺乏共识，通过的前景尚不明朗，分行业分散立法的整体局面不会很快改变。

美国联邦立法的另一个特点是积极谋求全球数据资源向美国自由流动。长期以来，美国积极参与全球数据跨境流动规则制定，通过一系列的举措旨在实现对数据的全面掌控，谋求全球数据资源向美国自由流动。自2000年美欧签订的《信息安全港框架协议》(Safe Harbor Framework)开启了美国驻欧公司将欧洲用户数据送往美国的绿色通道,在该协议和《隐私盾协议》(Privacy Shield)被欧盟废除后,2023年又与欧盟达成了《欧美数据隐私框架协议》(EU-US Data Privacy Framework);美国为争夺数据资源,还积极参与和推广亚太经合组织的《跨境隐私规则》,FTC成为《跨境隐私规则》的隐私执法机构;2018年美国国会通过并生效的《澄清境外合法使用数据法案》(Clarify Lawful Overseas Use of Data,简称《云法案》)则建立了以美国为中心的跨境数据获取体系。

2. 美国各州隐私法

在美国州一级的层面,2018年6月,加州通过了美国目前最全面和严格的隐私法——《加州消费者隐私法》(California Consumer Privacy Act, CCPA)。CCPA为消费者提供了很多信息隐私权,与欧盟GDPR中规定的访问权、限制权和删除权相当。CCPA所涵盖的个人信息广泛性和行业适用性超出了美国隐私法通常涵盖的范围。CCPA对消费者的信息收集和使用提出新的合规义务,不遵守CCPA的企业可能会受到罚款、法规执行和私人诉讼的处罚。2020年11月,加州又通过了《加州隐私权法案》(California Privacy Rights Act, CPRA)CPRA并非一部替代现行CCPA的全新立法,而是在CCPA的基础上进行补充及完善,两者共同构成了加州隐私保护法律制度的基础性框架。

此后,美国其他各州立法机构也纷纷效仿加州,先后通过了地方的隐私法规。表3-4列出了截至2024年1月美国各州通过的综合性隐私法案(不包括行业性的隐私立法,例如佛罗里达州的《数字权利法案》和华盛顿州的《健康数据法案》,虽然这两部法律同样对隐私权利作出规定,但它们针对的是特定类型的个人信息)。整体来看,美国各州的综合性隐私立法存在共通性,但在具体的制度安排上各有不同。IAPP于2024年1月发布的《美国各州综合性隐私立法报告》(US State Comprehensive Privacy Laws Report)对这些异同有详细的说明与分析[①]。

表3-4 美国各州的隐私法

州 名	法 律 名 称	生 效 时 间
加利福尼亚州	加州消费者隐私法(California Consumer Privacy Act, CCPA)	2020年1月1日
加利福尼亚州	加州隐私权法案(California Privacy Rights Act, CPRA)	2023年1月1日
弗吉尼亚州	弗吉尼亚州消费者数据保护法案(Virginia Consumer Data Protection Act, VCDPA)	2023年1月1日
科罗拉多州	科罗拉多州隐私法(Colorado Privacy Act, CPA)	2023年7月1日

---

① https://iapp.org/resources/article/us-state-privacy-laws-overview/.

续表

州　　名	法　律　名　称	生　效　时　间
康涅狄格州	康涅狄格州个人数据隐私和在线监控法案(Connecticut Personal Data Privacy and Online Monitoring Act, CTDPA)	2023年7月1日
特拉华州	特拉华州个人数据隐私法(Delaware Personal Data Privacy Act, DPDPA)	2025年1月1日
印第安纳州	印第安纳州消费者数据保护法(Indiana Consumer Data Protection Act, ICDPA)	2026年1月1日
爱荷华州	爱荷华州消费者数据保护法(Iowa Consumer Data Protection Act, ICDPA)	2025年1月1日
蒙大拿州	蒙大拿州消费者数据隐私法(Montana Consumer Data Privacy Act, MCDPA)	2024年10月1日
新泽西州	SB 332法案	2025年1月15日
俄勒冈州	俄勒冈州消费者隐私法案(Oregon Consumer Privacy Act, OCPA)	2024年7月1日
田纳西州	田纳西州信息保护法(Tennessee Information Protection Act, TIPA)	2025年1月1日
得克萨斯州	得克萨斯州数据隐私与安全法(Texas Data Privacy and Security Act, TDPSA)	2024年7月1日
犹他州	犹他州消费者隐私法案(Utah Consumer Privacy Act, UCPA)	2023年12月31日

3. 监管机构

在美国并没有联邦一级的专门负责个人信息保护的监管机构。联邦贸易委员会(Federal Trade Commission, FTC)通过《联邦贸易委员会法》(Federal Trade Commission Act)第5条"禁止欺骗性或不公平的商业行为"的授权,来采取行动保护消费者免受个人信息泄露和滥用造成的侵害。FTC还为企业的合规提供指导,如发布关于数据透明度的指导方针,建议企业向消费者告知其收集、使用或共享个人信息的方式,告知收集敏感个人信息的原因及目的等。另外,如表3-3所示,消费者金融保护局(Consumer Financial Protection Bureau, CFPB)、联邦通信委员会(Federal Communications Commission, FCC)和卫生与公共服务部(Department of Health & Human Services, HHS)等在相应的领域也都有法定执法权,但FTC无疑是最为核心的。

州一级的执法工作将由各州法律规定该州具体的执行机构。以加州的CCPA为例,加州总检察长(Attorney General)负责CCPA的执法工作。但是,州总检察长并不是为了CCPA而单独设立的,以州总检察长的名义基于CCPA提起诉讼仅仅是其职责之一。与其说这是个监管机构,不如说这是个司法机关,只有当企业或其他主体侵害了消费者的权利时,总检察长才会显示其作用,并且提供的解决方式只有单一且终局的司法救济方式。后来生效的加州CPRA则设置了专门的监管机构——加州隐私保护署(California Privacy Protection Agency),该机构被授予实施、执行CCPA和CPRA的权力。

本章接下来的章节则要介绍与企业经营关系最紧密的三部美国联邦隐私法,即健康领域的HIPAA(及其升级版HITECH)、金融领域的GLBA、保护儿童在线隐私的COPPA和最重要也是影响最大的州一级隐私法CCPA(及其升级版CPRA)。

《健康保险可携性和责任法》(HIPAA)和《健康信息技术促进经济和临床健康法案》(HITECH)简介

1996年通过并生效的《健康保险可携性和责任法》(Health Insurance Portability and Accountability Act,HIPAA),旨在改善医疗保险的可携带性和连续性,简化医疗保险的管理,规制医疗健康服务活动对个人健康信息的非法收集和滥用。2000年美国卫生与公共服务部(HHS)按照HIPAA的规定发布了HIPAA的隐私规则,针对个人健康医疗数据缺乏隐私保护的情况,设定了健康数据的隐私保护标准。2009年《健康信息技术促进经济和临床健康法案》(Health Information Technology for Economic and Clinical Health Act,HITECH)作为《美国复苏与再投资法案》(American Recovery and Reinvestment Act,ARRA)的一部分通过并生效。HITECH顺应了电子时代个人健康医疗数据逐步电子化的趋势,加强了HIPAA中的隐私规则并扩展了其适用范围。HIPAA和HITECH是目前最重要的美国联邦隐私法,因为它几乎影响到所有的美国居民。

1. HIPAA/HITECH的保护对象、适用主体和保护原则

HIPAA要保护的健康信息包括:个人过去、现在及未来身体和精神方面的健康情况;个人接受治疗、卫生保健服务的情况;个人过去、现在及未来为获得诊疗保健而进行的财务支付活动情况;其他能够识别个人身份或者以此为基础识别个人身份的信息。这些统称为受保护的健康信息(Protected Health Information,PHI)。通过这些健康信息能够识别个人身份,所以也叫作个人可识别的健康信息。

HIPAA的适用主体,就是处理PHI的主体,主要包含以下三类:

(1)健康计划,指提供医疗保健服务或支付医疗保健费用的个人或团体,包括健康保险公司、医疗保健组织及各类美国公费医疗保险。

(2)健康保健服务提供者,指无论规模大小,在特定交易中对健康信息进行电子传输的健康保健服务提供者,既包括医院等医疗服务机构,也包括医生及其他医务工作者。

(3)健康保健信息处理机构,指将从另一实体收集来的信息进行标准与非标准格式的转化并进行数据传输的机构。

此外,HITECH扩大了HIPAA中的隐私和安全保护的范围,规定HIPAA隐私规则还适用于以上适用主体的商业关联方,包括:① 代理以上适用主体从事活动或履行职能的单位或个人;② 为以上适用主体提供服务的单位或个人,此类服务涉及HIPAA隐私规则所保护的个人健康信息的产生、接收、存储和传输,例如法律服务、会计服务等。

HIPAA对健康信息保护的基本原则包括:可识别健康信息(PHI)保护原则、健康信息之本人主权原则、最低必要限度原则、管理简化原则、健康信息安全保障原则、健康信息安全隐私保护与公共利益平衡的原则。这里的管理简化原则要求统一标准与标识,使健康信息的收集、储存、交换、使用简单化。

2. PHI的合法披露方式

HIPAA规定能够披露PHI而不侵权的方式有以下几种:

(1)健康信息之本人使用自己的信息,健康信息当事人(或当事人委托的代表)要求访问、获取或出于审计目的检查个人隐私信息使用情况。

(2)为当事人提供治疗服务、保健服务及相应财务活动的其他当事人可以使用。

(3)健康信息经本人或者其委托代理人亲自授权,被授权的第三方可以使用。

(4)在紧急情况下,健康信息当事人无法作出回应,但使用隐私信息对当事人最有利。

(5)在采取必要的信息安全措施的前提下,对隐私信息进行偶然性的使用或披露。

(6)为国家安全或社会公众利益而进行的使用。

(7)对PHI去标识化后,进行研究、诊疗、提供公共卫生服务活动。

(8)国家卫生主管部门执行合理性检查、审查或开展执法行为。

HIPAA规定对PHI的去识别化,包括去掉18个必要的标识符,这18个标识符是:姓名、住址、个人相关的日期(出生日期、入院日期、死亡日期)、电话号码、传真号码、电子邮件、社会保险号码、病历号码、健康医疗保险号码、账户号、资格/驾照编号、车辆识别编号及序列号、证书识别信息及序列号码、URLs、网络IP地址、含有指纹和声音的生物识别信息、面部的正面照片或影像、其他固有的识别码/特征/符号。

3. PHI的安全保障措施

HIPAA要求为PHI提供三方面的系统化安全保障措施来保障处理PHI的信息系统的机密性、一致性和可用性以及患者的个人隐私。

(1)管理保障措施。指导处理PHI的人员培训和员工管理,并要求对信息和电子系统组织合理地保护。在行政管理方面:落实安全策略,建设风险评估机制,设立安全管理流程,确定安全责任,促进安全知识的培训,完善安全事故处理等。

(2) 物理保障措施。实施物理保障措施保护计算机系统运行环境和周围设备的安全。保护计算机服务器、系统和连接。包括对建筑物的物理访问、对工作站的访问、数据备份、存储和过时的数据销毁相关的安全问题;还包括工作站的使用和安全、设备及媒体控制、设施出入控制。

(3) 技术保障措施。包括数据访问控制,即用户身份验证;审计控制即审计日志;数据完整性和确保数据传输安全性等。

4. 违反法案的罚则

HIPAA 规定了适用主体(组织)必须遵守隐私规则,也规定了侵犯隐私权应承担的责任以及具体的惩罚措施。HITECH 加强了《HIPAA 法案》的执行,对侵犯隐私和安全的行为给予更严厉的惩罚,包括要求 HHS 人员强制年度审计以确保合规、遵守;明确罚款(每年因披露受保护健康信息的罚款高达 150 万美元);对明知故犯或故意泄密者,罚金 5 万美元并判 1 年监禁等。强制要求供应商和合作伙伴签署遵守隐私规则的业务伙伴协议,以及要求向 DHHS 和媒体报告那些未经授权披露受保护健康信息的情况。

3.4.3 《金融服务现代化法案》(GLBA)简介

1999 年通过并生效的《金融服务现代化法案》(Gramm-Leach-Bliley Act,GLBA)。该法案除了排除银行跨业经营的限制、重整金融监理体制之外,在第五章专门设立了保护消费者个人信息隐私的条款,成为金融行业个人信息保护的关键联邦法律。依照 GLBA,美国联邦贸易委员会、消费者金融保护局(CFPB)制定并颁布隐私规则和数据安全保障规则来保护消费者的非公开个人信息(Nonpublic Personal Information,NPI),并具有执法权。

GLBA 保护的 NPI 具体指可识别性的个人金融信息,且这些信息一是由消费者向金融机构提供;二是来源于消费者参与的交易或服务;三是由金融机构获得的其他信息。NPI 不包括公开可取得的个人信息。

GLBA 要求金融机构在处理消费者及客户的 NPI 时,应遵守联邦执法机构制定的隐私规则和数据安全保障规则。

1. 隐私规则

金融机构的消费者是指为个人、家庭目的而获得金融产品或服务的个人;而客户是与金融机构有持续关系的消费者。金融机构在隐私规则下对消费者和客户的义务有所不同,客户比消费者获得更强的隐私保护。对客户和消费者,金融机构对他们的信息披露有以下通知义务。

（1）隐私政策说明义务。隐私规则要求金融机构向消费者和客户提供关于金融机构隐私政策的通知。在金融机构与客户建立商业关系之前以及建立关系后的每年，金融机构需向客户提供隐私政策通知。而对消费者，只有在其向非关联第三方提供消费者的非公开个人信息时，金融机构才需提供隐私政策通知。

（2）为消费者提供终止这些信息披露的选择。金融机构向非关联第三方披露非公开个人信息时，金融机构应当给消费者有权终止披露这些信息给第三方的机会，消费者应当得到金融机构关于如何行使此项退出权的说明。隐私保护规则规定了退出权说明的形式和内容要求。退出权说明应当清楚明确，并且说明，一是非公开个人信息已经或者可能向非关联第三方披露；二是消费者有权终止这项披露；三是消费者行使这种选择的方式。

按照隐私规则的规定，金融机构必须以一种使消费者能确实地获得隐私政策和退出权说明的方式传送以上说明，这些方式包括亲手交付纸质版，或者向消费者的最新邮箱邮寄等。

金融机构的隐私政策说明和退出权说明义务也有例外，在这些情况下，金融机构披露消费者非公开个人信息时不需进行相应通知，但这些例外不适用于以下情况：一是必要的效果或管理、提出交易请求、用户授权；二是关于提供或处理金融产品、服务请求或用户授权；三是和金融机构或其他做信用卡项目或其他拓展信贷的机构处理用户的账户；四是提出资产证券化或实际资产证券化、二级销售市场（包括销售服务权）或者与用户相关的类似交易事项；五是用户同意并遵从用户的要求；六是为保护金融机构持有的用户账户记录信息、提供的服务或产品的信息、相关事务信息的安全性与保密性；七是为防止或阻止现实或潜在的诈骗行为、未经授权的交易、权利要求或其他不利因素；八是为要求机构控制风险，解决用户的纠纷和问询；九是获得与用户相关的法定利息或受益权；十是由受托人代理或代表用户资格；十一是向保险费率咨询组织提供关于保险金、代理、适用的金融机构的评级机构、评估机构的人员符合行业标准和机构的律师、会计师、审计师的信息；十二是根据1978年《金融隐私法案》和其他法律规定中的条款，要求执法机构、国家保险机构、联邦贸易委员会等监管机构调查与公共安全相关的问题；十三是消费者信用报告机构发布《公平信用报告法案》；十四是从消费者征信机构获得消费者报告；十五是如果个人隐私信息的披露与用户将来的或正在进行的销售、企业合并或转让、全部或部分交易业务或其经营机构相关；十六是遵守联邦、州或当地的法律法规或其他法律要求，遵守联邦、州和当地政府授权的有关民法、刑法、监管调查和传票传唤的相关规定响应法律授权的金融机构的审查或其他事项的司法程序或政府监管机构的管辖权。

2. 数据安全保障规则

安全保障规则要求金融机构开发、实施并维护一个全面的信息安全程序。这个程序必须依据以下因素设立：一是机构的规模和复杂程度；二是机构行为的性质和范围；三是机构客户非公开个人信息的敏感程度。安全保障规则明确指出以下三个领域对于促进信息安全极为关键，金融机构应予以重视：一是雇员的管理和培训；二是信息系统；三是检测及发现系统漏洞。除此之外，金融机构还要考虑它们自身交易特点导致的特殊风险。

按照安全保障规则，金融机构可以通过以下措施保护信息的安全：指定一名或以上雇员协调其信息安全项目；识别与评估关于消费者个人信息安全、保密与完整性方面可预见的内部与外部风险；设计并执行信息安全机制以控制风险；定期测试与检测关键控制系统和安全保障程序的有效性；选择有合适安全保障措施的服务提供商，要求它们签署书面合同维持这些安全保障措施，并监督它们对消费者信息的处理；根据对安全保障措施的测试与检测结果评估与调整信息安全系统；对员工的训练和管理等。

3.4.4 《儿童在线隐私保护法》（COPPA）简介

1998年通过，2000年生效的《儿童在线隐私保护法》（Children's Online Privacy Protection Act，COPPA）禁止网站运营商故意收集未满13周岁儿童的信息，除非该运营商获得了父母的同意，并允许父母对其子女的信息进行审查并限制其进一步使用。COPPA的主要目标是让父母能够掌握从其子女那里在线收集、使用和披露了哪些信息。COPPA是第一部关于儿童在线隐私保护的法律，在这一领域有较大的影响力。

1. 适用范围

COPPA适用于商业网站的经营者以及专门面向未满13周岁儿童的网上服务。商业网站主要指以营业为目的的网站，在确定一个网站是否是针对未满13周岁儿童时，不仅要根据网站经营者的意图，而且要考虑网站的语言、画面和整体设计。对于那些并不专门针对儿童的网站或网上服务，如果它们向儿童收集个人信息并实际知道其是在收集儿童在线隐私，也要遵守COPPA的规定。需要特别注意的是，FTC明确指出，如果外国网站和在线服务针对美国儿童，或者它们知情地收集美国儿童的个人信息，则必须遵守COPPA。

此外，COPPA只适用于收集和处理儿童个人信息的网络运营商。COPPA中个人信息被定义为可以单独识别个人的信息，包括：姓名；家庭住址或其他地址；电子邮箱地址；电话号码；社会安全号码；FTC确定的能够与线上或者线下的个人相对应的其他标识符，包括但不限于保存在Cookies、IP中的客户号码；能够与本段描述的标识符对应的被收集信息的儿童本人或父母的信息。

2. 监护人权利

COPPA明确规定了儿童监护人可行使的儿童个人信息的权利。

（1）审查权。父母或其他监护人有权审查儿童向网络运营商提供的个人信息的权利，并且随时可以拒绝经营者进一步使用或者以后继续在线收集儿童的个人信息。

（2）删除权。父母或其他监护人有权要求网络运营商删除其从儿童处收集的个人信息。

（3）拒绝收集、使用权。父母或其他监护人有权随时拒绝网络运营商对儿童个人数据的继续收集或进一步使用。

3. 网络运营商的义务

COPPA规定了处理儿童个人信息的网络运营商需承担的义务。

（1）制定隐私政策：网络运营商必须制定清晰的隐私政策，解释其收集儿童个人信息的行为，包括明确提示正在收集有关儿童的信息，并说明将如何使用这些信息。

（2）通知并取得可验证的父母或其他监护人的同意。网络运营商在收集、使用或披露儿童个人信息之前必须通知其父母并且取得可验证的父母的同意。其必须在网站上设有显著链接以告知其收集、使用及披露儿童个人信息的方式，说明文字必须语意清晰。除特殊情况外，网络运营商必须事先取得可验证的父母的同意，即其通过合理的努力使父母能够收到授权申请的申明并作出的授权决定。并且，即使先前已经征得家长同意，但若收集、使用、披露的方式有重大改变时，须再次征得家长的同意。

（3）禁止故意使儿童暴露过多信息。禁止网络运营商在儿童参加活动的时候，通过有奖或其他方式使儿童暴露超过合理必要范围内的信息。

（4）确保个人数据的安全。网络运营商应当建立和维持合理的程序，确保被收集的儿童个人数据的安全性、保密性与完整性。

（5）应父母要求终止向儿童提供服务。如果家长在收到相关通知后，拒绝同意网络运营商进一步使用或用可辨认的方式保存信息，网络运营商应当终止向儿童提供服务。

（6）应当审查父母的身份。网络运营商在收到父母行使其权利的请求时，应当在不给父母带来不合理负担的情况下审查父母的身份，在验证之后采取相应措施行动。

3.4.5 《加州消费者隐私法》（CCPA）和《加州隐私权法案》（CPRA）简介

2018年通过，并于2020年生效的《加州消费者隐私法》（CCPA）是目前美国最重要的州一级隐私法。其特殊性在于：首先，CCPA是美国第一部按照欧盟GDPR的综合性立法范式制定的隐私法，具有历史性的指标意义；其次，加州是硅谷所在地，是全球科技、互联网及相关新兴产业发展的引领者。因此，加州的CCPA与一般的州级立法不同,具有事实上的全球影响力。

1. 适用范围

CCPA规定,在加州开展业务收集加州消费者个人信息的主体(包括独资企业、合伙、有限责任公司、组织或其他为营利而组建的法律实体),其本身及其母公司或者子公司在满足下列情形之一的,都需要遵守CCPA所规定的各项要求:① 年总收入超过2 500万美元;② 单独或合计,基于商业目的,年均购买、接收、出售或分享超过5万份消费者、家庭或设备的个人信息;③ 年收入中不低于50%来自出售消费者个人信息。

这里的"消费者"指属于加州居民的自然人。此外,在收集和使用某个消费者个人信息的时候,如果商业行为的所有环节均完全是在加州境外进行的,那么本法所对企业施加的限制和义务将不适用。但是GDPR也明确规定,不允许企业在消费者位于加州时存储(包括在设备上)有关消费者的个人信息,然后在消费者和存储的个人信息处于加州境外时收集该个人信息,借以规避CCPA的适用。

CCPA定义的个人信息为直接或间接识别、涉及、描述特定消费者或家庭或者能够合理地与特定消费者或家庭相关联的信息。CCPA以列举的方式指出,个人信息包括但不限于下列内容:① 可识别符号,例如真实的姓名,或是邮寄地址、唯一个人识别码、IP地址、邮箱地址、账户名、社保号码、驾驶证号码、护照号或其他类似的识别符号;② 《加州规制法典》1798.80节第(e)部分所描述的所有类别的个人信息;③ 加州法律或联邦法律规定受保护类别的特征;④ 商业信息,包括个人财产、产品或所购买、获取或考虑的服务,或者其他购买或消费的历史或倾向;⑤ 生物识别信息;⑥ 互联网或其他电子网络的活动信息,包括但不限于浏览历史、检索历史以及有关消费者和网站、应用程序或广告的交互所产生的信息;⑦ 地理位置信息;⑧ 语音、电子、视觉、嗅觉或类似的信息;⑨ 职业信息或相关雇佣信息;⑩ 教育信息,即FERPA定义的不可公开获取的个人可识别信息;⑪ 从本小节确定的任何信息中得到的,通过创建关于消费者的画像,以反映消费者的偏好、性格、心理倾向、犯罪倾向、行为、态度、智力、能力和天赋。CCAP将个人信息的相关主体扩大到消费者家庭,也明确将生物识别信息、网络浏览记录等纳入个人信息的范畴,还对消费者画像作出了规定。与此同时,CCPA也明确规定,个人信息不包括可公开、合法获取的信息。

2. 消费者的隐私权利

与一般美国法律相比,CCPA赋予消费者更多的对其个人信息的控制权,包括信息披露请求权、数据删除权请求权、选择退出权、公平服务权以及民事诉讼权等。

(1) 信息披露请求权。CCPA规定,消费者有权请求收集消费者个人信息的企业向该消费者披露企业所收集个人信息的情况。收集消费者个人信息的企业应当在收集信息的时候或之前,告知消费者即将被收集的个人信息的种类以及该种类的个人信息将被用于何种目的。在没有依据本法规定告知消费者的情况下,企业不得收集其他种类的个人信息,也不得将所收集的个人信息用于其他目的。收集消费者个人信息的企业应当依据规定披露已收集的有关消费者的个人信息的种类,收集个人信息的来源的种类,收集或出售个人信息的企业或商业目的,同企业分享个人信息的第三方的种类,以及已收集的有关消费者的个人信息的具体内容。

(2) 数据删除请求权。CCPA规定,消费者有权要求企业删除企业从消费者处收集的消费者个人信息。当企业收到可验证的消费者删除消费者个人信息的请求时,应当从其记录中删除消费者的个人信息,并指示所有服务提供者从其记录中删除消费者的个人信息。当然,CCPA中的删除权并非是一项绝对的权利,其行使也存在例外情况,例如,提供消费者要求的商品或服务,或履行企业消费者之间的合同;检测安全事件,防止恶意、欺骗、欺诈或非法的活动;行使言论自由,确保其他消费者行使言论自由的权利;以及为遵守法律规定履行法律义务等。

(3) 退出选择权。CCPA规定,任何时候,消费者均有权要求向第三方出售消费者个人信息的企业不得再出售该消费者的个人信息。向第三方出售消费者个人信息的企业应当根据CCPA的规定,告知消费者此种信息可能被出售,以及消费者有免于个人信息被出售的选择退出权。企业在收到消费者不出售其个人信息的指示后,依据CCPA的规定,自收到消费者指示时起即不得再出售消费者的个人信息,除非随后得到消费者就其个人信息出售的明确授权。

(4) 公平服务权,也即禁止歧视。CCPA明确禁止企业歧视要求访问、删除或选择停止销售其个人信息的消费者,包括但不限于:① 拒绝向消费者提供商品或服务;② 对商品或服务收取不同的价格或费率,包括通过使用折扣或其他福利或处罚;③ 向消费者提供不同级别或质量的商品或服务;④ 向消费者暗示其将接受不同的商品或服务价格或费率,或不同级别或质量的商品或服务。但是,CCPA并不完全禁止企业向消费者收取不同的价格或费率,或向消费者提供不同级别或质量的商品或服务,如果这种"差别服务"与通过消费者数据提供给消费者的价值合理相关。

(5) 民事诉讼权。如果消费者个人信息受到未经授权的访问和泄露、盗窃或披露,且是由于企业违反CCPA规定的保护个人信息的义务造成的,那么消费者可以提起民事诉讼,请求予以赔偿。

3. 对未成年人的特殊保护

美国的COPPA中就对未满13周岁儿童的线上隐私权保护作了规定,要求收集或使用其任何个人信息,必须征得父母同意。CCPA在此基础上,规定在消费者是未成年的情况下,若没有得到关于出售该未成年消费者个人信息的同意,则出售行为被禁止。如果企业确实知晓消费者未满16周岁的,则企业不得出售该消费者的个人信息,除非该消费者在13到16周岁之间,且对出售消费者个人信息的行为进行了肯定性授权;或者该消费者虽不满13周岁,但其父或母或监护人进行了此类肯定性授权。

企业故意忽视消费者年龄的,应被视为确实知晓该消费者年龄。

4. CPRA对CCPA的强化与补充

2020年通过,2023年生效的《加州隐私权法案》(CPRA),则在CCPA的基础上,进一步强化了加州消费者对其个人信息的控制权,个人隐私的保护范围更广泛、保护内容更多样、惩罚措施也更加严格。

(1) 调整适用范围。CCPA适用于收集5万名以上消费者个人信息的组织,而CPRA适用于收集10万名以上消费者数据的组织。CPRA将更多的中小企业排除出其规制对象。客观来说,CPRA谨慎衡量了大企业及中小企业在隐私权保护上所需承担的不同责任水平,进一步降低了中小企业的隐私合规压力。

(2) 增加对敏感个人信息的规定。CPRA新增敏感个人信息,与GDPR规定的特殊类型个人数据类似。CPRA在其敏感个人信息规定中没有包括工会成员资格,但它包括了GDPR特殊类型个人数据涵盖的所有其他类型,以及额外的类别,如政府颁发的标识符、财务账户信息、消费者通信和精确地理位置信息。敏感个人信息包括消费者的社会保障、驾照、身份证、护照号码、登录账户、财务账户和凭证、精确地理位置、与出身和信仰相关的数据等。而在CCPA中,这些数据被归类为个人信息。

(3) 增加监管机构规定。CPRA设立了一个新的监管机构,即加州隐私保护署,该机构被赋予充分的行政权力、特权和管辖权来实施CPRA。该机构将调查并举行听证会,以确定企业、服务提供商或承包商是否符合CPRA的要求,对违规行为处以罚款,并承担相应的法律责任。

(4) 加重违规处罚。CPRA与CCPA的处罚标准是相同的,如果企业故意违规将罚款7 500美元,非故意违规只处罚2 500美元。不同之处在于,CPRA增加了对于未成年人(16岁以下)个人信息的违规行为处罚,罚金增加三倍。

(5) 支持更多消费者请求。CPRA扩大了消费者可以向企业请求的信息范围,其中包括个人信息类别、收集来源类别、收集目的、第三方访问以及收集的具体信息。

(6) 扩大消费者权利。CPRA增加了四项新的消费者权利,例如,更正权、限制敏感个人信息的权利、访问和选择退出的权利以及数据可移植的权利。CPRA授权加州居民要求企业更正其保管和控制的任何"不准确"个人信息的权利。企业被要求向加州人提供这项权利的通知,并尽商业上合理的努力遵守数据更正请求。然而,企业只有在数据不准确的情况下才有义务进行更正。

(7) 增加删除权。在保留CCPA建立的基本框架不变的情况下,CPRA为消费者提供了要求企业删除从消费者那里收集的有关消费者的任何个人信息的权利。另外,收到消费者删除请求的企业必须通知并指示已购买或收到消费者个人信息的第三方删除该信息,而某些服务提供商和承包商也必须将删除请求传达给下游部门。

扩 展 阅 读

对于各国隐私立法概况部分，Lothar Determann 编写的 *Determann's Field Guide to Data Privacy Law: International Corporate Compliance*（Edward Elgar Publishing 2022 年第 5 版，中译本名为《数据隐私法实务指南：以跨国公司合规为视角（第 5 版）》，法律出版社 2023 年版）是跨国公司法务常用的参考书，内容较为权威。国内金融行业个人信息保护课题组编写的《个人信息保护国际比较研究》（中国金融出版社 2021 年第 2 版）也较为全面地概述了各国的隐私立法情况。

关于国内法律部分，我们推荐程啸等编写的《个人信息保护法教程》（中国人民大学出版社 2023 年版），这是国内第一本讲解《个人信息保护法》的法学院教材，与之配套的研究性书籍是程啸教授本人编写的《个人信息保护法理解与适用》（中国法制出版社 2021 年版）。由全国人大常委会法制工作委员会组织编写的，对《个人信息保护法》进行权威释读的书籍包括：江必新、郭锋主编的《中华人民共和国个人信息保护法条文理解与适用》（人民法院出版社 2021 年版）和杨合庆主编的《中华人民共和国个人信息保护法释义》（法律出版社 2022 年版）。

欧盟 GDPR 的中译本有瑞柏律师事务所翻译的《欧盟一般数据保护条例 GDPR 汉英对照》（法律出版社 2018 年版）。澳门特别行政区政府个人资料保护局则在其官方网站上（www.dspdp.gov.mo）提供了欧洲联盟第 29 条资料保护工作组所颁布的所有配套文件的中文译本，可供参考。对于 GDPR 内容的解读，可参考京东法律研究院编写的《欧盟数据宪章：一般数据保护条例 GDPR 评述及实务指引》（法律出版社 2018 年版）。Mariusz Krzysztofek 编著的 GDPR: Personal Data Protection in the European Union（Kluwer Law International BV 2021 年版，中译本名为《欧盟个人数据保护制度：一般数据保护条例》）则是国际上较为权威的对 GDPR 内容的解读。英国 IT 隐私治理小组（IT Governance Privacy Team）编写的 EU General Data Protection Regulation (GDPR): An Implementation and Compliance Guide（IT Governance Publishing 2019 年版，中译本名为《欧盟通用数据保护——GDPR 合规实践》）则从公司隐私合规的角度，对 GDPR 进行了解读。

对于美国的相关隐私立法，美国国会研究服务局（The Congressional Research Service）于 2019 年 3 月发布的报告《数据保护法概况》（Data Protection Law: An Overview）系统介绍了美国针对个人数据保护立法的现状以及下一步立法中美国国会需要考虑的问题。另外,前面提到的《数据隐私法实务指南:以跨国公司合规为视角》和《个人信息保护国际比较研究》也都有专章讨论美国的隐私立法。

深圳市律师协会按照地域,系统总结了欧洲、美国、亚洲和境内的相关数据合规法律,编写了四大册的《数据合规法律汇编》,可作为地域性的隐私法律参考。北源律师事务所则针对金融、医疗、汽车、广告、游戏、教育这六大行业,编写了六册的《行业数据合规法规与案例选编》,可供各个行业隐私合规参考。

4 隐私保护相关的标准和规范

- 4.1 相关标准和规范概述
- 4.2 相关的中国国家标准
- 4.3 国际标准化组织(ISO)的相关标准和规范
- 4.4 美国国家标准与技术协会(NIST)的相关标准和规范

相关的个人信息保护标准和行业规范在隐私治理中具有重要地位。这主要是因为,对于企业的隐私治理实践,很多法律法规要求都过于原则化,需要标准和规范来补充、细化和明确企业在个人信息处理中的义务与责任,可以说相关标准和规范构建了从法律法规到隐私治理实践之间的桥梁。本章首先概述了国家和国际个人信息保护标准、相关行业组织制定的最佳实践文件或实施指南,其次重点讨论了中国国家标准和具有国际影响力的ISO标准、NIST标准中提出的隐私治理参考框架。

4.1 相关标准和规范概述

国内和国际一系列关于个人信息保护的标准,为企业提供了做好隐私合规和信息安全保障工作的工具。理解国内和国际相关标准的不同侧重,兼顾考虑国内、国际标准的兼容性,能够为企业做好隐私保护和合规工作提供方向,为企业全球化布局提供思路。

4.1.1 标准和规范的作用

1. 对法律实施的支撑作用

大多数国家/地区都将标准规范作为对企业的个人信息处理行为进行规制的重要环节,作为法律法规的重要细化和补充。这主要是因为,首先无论是中国的《个人信息保护法》还是欧盟的GDPR,都是原则性规定而非具体规则占据主要内容的法律,因为综合性立法必须兼顾到不同行业、领域、类型的个人信息处理行为,法律条文往往只能概括言之。《个人信息保护法》第62条明确要求国家网信部门统筹协调有关部门依据该法推进"制定个人信息保护具体规则、标准",就是希望利用标准来细化、明确不同行业、不同领域的个人信息保护要求。另外,对于尚缺乏明确立法规制的相关行业、领域,通过发布国家标准对企业的隐私合规行为进行指引,可以对此提供国家层面的指导和要求,也能更加快速、灵活地应对不断变化的企业隐私治理的需要。例如,《个人信息保护法》第62条就要求"针对小型个人信息处理者、处理敏感个人信息以及人脸识别、人工智能等新技术、新应用,制定专门的个人信息保护规则、标准",作为法律的重要补充。

按照中国的《标准化法》,标准是有实际约束效力的行为规则;根据约束力的强弱,依次为强制性国家标准、推荐性国家标准、团体性标准和完全自愿性标准。中国在个人信息保护方面的标准都是推荐性国家标准,在实际效力上居于"强制"和"自愿"之间。一方面,推荐性国家标准可因企业自愿遵守而产生约束力。根据原国家技术监督局《企业标准化管理办法》第17条规定,"推荐性标准,企业一经采用,应严格执行",一旦企业通过用户合同、隐私协议或其他类型的文件对推荐性国家标准作出承诺,则必须受其约束。另一方面,若法律、法规、规章、强制性标准,或者行政决定、法院判决援引了推荐性国家标准,那么也将产生与援引文件同等的约束力。国家和地方监管部门在个人信息保护的监管执法过程中,下发的各类通知、意见、公告中就多次引用了相关的推荐性国家标准。

根据《最高人民法院关于裁判文书引用法律、法规等规范性法律文件的规定》第2条和第6条的规定,法院不能直接依据推荐性国家标准作出判决,但是法院可以援引推荐性国家标准作为裁判说理的依据。在司法实践中,裁判文书援引推荐性国家标准的案件屡见不鲜。因此,是否遵守推荐性国家标准可以构成审判时判断当事人是否履行法定义务以及是否存在过错的重要判断标准[1]。

2. 对企业隐私治理的助力

总的说来,相关标准与行业规范对企业的隐私治理具有以下方面的促进作用:

第一,相关标准与行业规范能够帮助企业迅速规划和搭建隐私治理框架。相当多的标准与规范都提供了面向不同行业、不同领域的参考隐私框架,帮助企业按照自己的实际情况了解隐私治理所涉及的主要内容和相关要求,对隐私治理形成一个整体上的把握。

第二,相关标准与行业规范能帮助企业充实、细化各个隐私治理环节的具体实施方案。针对法律法规的特别要求或者隐私治理实践中的难点问题,都会有专门的标准与规范提供实施指南,帮助企业制定详细的实施方案。

第三,相关标准与行业规范可为企业开展个人信息保护方面的第三方审计、认证提供依据(具体参见本书5.4.3和5.4.4小节)。

第四,相关标准与行业规范能够促进企业和用户间的沟通与互信。企业承诺遵守相关标准或行业规范,对于产品或服务的品牌建设、获得市场竞争优势有很大帮助。

4.1.2 相关标准的制定情况

1. 相关国家标准的制定情况

中国开展个人信息保护领域标准化工作的主要组织是全国网络安全标准化技术委员会(SAC/TC 260,简称"网安标委")[2]。网安标委于2002年由国家标准化管理委员会(简称"国标委")批复成立,业务上受中央网信办指导,主要工作范围包括网络安全技术、安全机制、安全服务、安全管理、安全评估等领域的标准化技术工作;工作职责是对网络安全国家标准进行统一技术归口,统一组织申报、送审和报批;对口国际组织ISO/IEC JTC 1/SC 27和WG 13。网安标委目前下设9个工作组,包括:WG 1网络安全标准体系与协调工作组,WG 2保密标准工作组,WG 3密码技术标准工作

---

[1] 许可.《个人信息安全规范》的效力与功能[J]. 中国信息安全,2019(3): 44-47.
[2] https://www.tc260.org.cn/.

组，WG 4 鉴别与授权标准工作组，WG 5 网络安全评估标准工作组，WG 6 通信安全标准工作组，WG 7 网络安全管理标准工作组，WG 8 数据安全标准工作组和 SWG-ETS 新技术安全标准特别工作组。

其中，WG 8 数据安全标准工作组具体负责调研数据安全和个人信息保护标准现状与发展趋势，研究提出数据安全和个人信息保护标准体系，开展数据安全和个人信息保护标准研究和制定。

目前该机构已发布的和正在研制或修订的与个人信息保护相关的推荐性国家标准、指引文件近 40 项，涵盖了保护要求、实施指南、测试评估这三类国家标准和技术指引文件，初步实现了我国个人信息保护标准的体系化。相关标准的介绍参见 4.2 节。

2. 相关国际标准的制定情况

ISO/IEC JTC 1/SC 27 信息安全、网络安全和隐私保护分技术委员会（Information security, cybersecurity and privacy protection，以下简称 SC 27）是国际标准化组织（International Organization for Standardization，ISO）和国际电工委员会（International Electrotechnical Commission，IEC）第一联合技术委员会（JTC 1）下属的专门负责信息和网络安全领域标准化研究与制定工作的分技术委员会。SC 27 秘书处设在德国标准化协会（Deutsches Institut für Normung，DIN）。SC 27 目前下设 5 个工作组，WG 1 信息安全管理体系（Information security management systems）、WG 2 密码与安全机制（Cryptography and security mechanisms）、WG 3 安全评估、测试和规范（Security evaluation, testing and specification）、WG 4 安全控制与服务（Security controls and services）、WG 5 身份管理和隐私保护技术（Identity management and privacy technologies）和 7 个咨询组。SC 27 还会与 JTC 1 内部（例如 JTC 1/WG 13 可信工作组）或者外部的工作机构在标准化方面开展协作。

SC 27 下属的 WG 5 具体负责与信息隐私相关标准的研制和维护工作。最具代表性的成果当属 ISO/IEC 27701 标准和 ISO/IEC 29100 系列标准，从隐私保护的规范要求、实施原则、架构、要求、风险管理、能力评估等多个层次及数据主体、控制者、处理者多个角度对隐私保护过程进行全方位阐述，形成了较成熟的标准体系，具有重要的指导和参考意义。相关标准的介绍参见 4.3 节。

美国国家标准与技术研究院（National Institute of Standards and Technology，NIST）直属美国商务部，负责为美国建立国家计量基准与标准，成为了计量和标准技术方面的全球领导者，在国际上享有很高的声誉。虽然 NIST 是一个国家组织，但其制定的标准和指导文件具有全球影响力，往往成为事实上的国际标准。

NIST 下属的信息技术实验室（ITL）和通信技术实验（CTL）负责具体制定信息与通信技术领域（包括信息安全、个人信息保护）的标准、指南和最佳实践。NIST 主要是以联邦信息处理标准（Federal Information Processing Standard，FIPS）、特别出版物(Special Publication,SP)和内部报告(NIST Internal Report,NIST IR)的形式发布相关的标准、指南和最佳实践,目前已发布近10件与隐私保护相关的标准文件,参见4.4节。

4.1.3 相关行业规范的制定情况

除了标准文件外,一些专业团体和行业团体编制的最佳实践文件和规范指南对企业的隐私治理也非常有用。这类文件中最重要的是信息安全论坛(Information Security Forum,ISF)发布的《信息安全良好实践标准》(Standard of Good Practice for Information Security,SoGP),这份详实的一站式指南提供了很多在行业和政府组织之间达成了广泛共识的信息安全最佳实践,在业界享有很高的声誉,国际和中国的重要标准都引用了这份文件。SoGP中有专门的一部分是讨论隐私保护的。另一个重要的来源是云安全联盟(Cloud Security Alliance,CSA),该机构致力于使用最佳实践为云计算提供安全保证。但是,云计算中的许多最佳实践也适用于其他计算环境中的企业。本节主要概述与隐私相关的ISF和CSA文件。

1. 信息安全论坛发布的SoGP

信息安全论坛(ISF)是信息安全和风险管理领域中最有影响力的全球性协会之一,一直致力于帮助全球企业和非营利组织、政府机构更好地应对广泛的安全挑战,并通过开发最佳实践、方法和管理流程等形式,满足其会员的安全业务需求。ISF从1989年开始,就在几乎所有的信息安全主题上为会员提供实用且可信赖的实施指南、以业务为导向的解决方案或工具。ISF最重要的活动就是制定和发布SoGP,这是一个以业务为中心的,用于识别和管理企业或组织及其供应链中信息安全风险的综合性指南。SoGP的制定基于全球研究者和行业实践者最广泛的共识,对企业有很强的适用性。自1996年首次发布以来,ISF几乎每2年就发布一次更新的SoGP,目前最新版本是2024年版。

针对信息隐私,SoGP为企业提供了如下指引和建议:

(1)高级别工作组(high-level working group)。建议企业建立一个高级别工作组,负责管理信息隐私问题,并监督信息隐私计划的制定与执行。该组应当任命一个首席隐私官或数据保护经理来协调与信息隐私相关的活动;委派相关人士就隐私相关事宜进行监督、提供意见,并管理隐私相关的实施;了解与隐私相关的法律法规;掌握所有个人可识别信息(PII)在企业中的位置以及所有PII的使用目的。

(2)信息隐私计划(information privacy program)。建议企业制定的信息隐私计划覆盖PII在企业的整个生命周期(收集、存储、处理、传输、销毁);制定一个提升员工隐私保护意识的培训计划;根据需要开展隐私影响评估;根据需要开展隐私审计。

(3) 信息隐私政策(information privacy policy)。建议企业发布内容完备的隐私政策,应说明的内容包括:企业对PII的使用情况;对不同类型PII承诺的保护要求;PII的信息主体享有的权利;开展的隐私影响评估、员工隐私保护意识培训和合规认证;与隐私相关的技术控制的部署情况;适用于PII整个生命周期的特别管理策略和流程。

(4) 个人参与(individual participation)。建议企业根据FIPP的原则[①],向用户透明化对其PII的存留和使用情况,促进用户的参与。

(5) 技术控制(technical control)。建议企业选择和实施合适的技术控制机制保护隐私,包括但不限于:加密和加密密钥管理;对存储或传输时的数据进行屏蔽,例如,通过假名化、数据混淆、数据去标识化或数据打乱,来隐藏其中的部分可识别信息;令牌化,用随机比特串来替换可识别信息,并使用令牌来提供对这些信息的授权访问;保护与隐私相关的元数据,例如文档属性或者可能包含个人信息的文件描述。

(6) 隐私数据泄露(data privacy breach)。建议企业建立处理隐私数据泄露的机制,包括识别数据泄露、作出及时响应、通知相关各方等。

SoGP还将隐私保护整合到SoGP倡导的三大类信息安全实践活动中,包括网络空间安全规划(Planning for Cybersecurity)、网络空间安全功能的管理(Managing the Cybersecurity Function)和安全评估(Security Assessment)。

2. 云安全联盟发布的文件

云安全联盟(CSA)是中立的非营利世界性行业组织,致力于定义、提高和普及对云计算安全最佳实践的认识,以帮助实现安全的云计算环境。CSA于2009年成立后,迅速获得了业界的广泛认可。CSA一直致力于为云环境制定隐私和数据保护指南和最佳实践,其中两份文件值得特别关注。

《隐私级别协议》(Privacy Level Agreement,PLA)(第2版),是CSA制定的,为在欧盟境内提供符合GDPR要求的云服务给出具体的实施指南。隐私级别协议被设计为服务水平协议(Service Level Agreements,SLA)的附件。在用户购买云服务时,云服务提供商(Cloud Service Provider,CSP)一般通过SLA与用户就所需提供的云服务的服务质量(QoS)和违约之后的问责机制等信息达成一致。SLA是一份正式且具有法律约束力的合同。隐私级别协议作为SLA的一部分,就是CSP用来对用户承诺云服务中必须达到的个人数据保护级别,类似于网站服务中的"隐私政策"。用户也可以据此来判断不同的CSP所提供的云服务的隐私保护水平的高低。隐私级别协议不仅基于欧盟GDPR的强制性法律要求,而且还基于云安全行业的最佳实践和建议。隐私级别协议被多个欧盟国家的个人数据保护监管机构认可,并被欧盟用来制定与云计算相关的个人数据保护指引。

---

① 即"公平信息实践原则",参见2.3节。

CSA要求CSP在隐私级别协议中向云计算的用户(云客户)提供如下信息:

(1) CSP的合规和职责声明。CSP向云客户声明,它们不仅能够遵守,而且能够证明它们遵守了GDPR和其他在隐私级别协议中的承诺。

(2) CSP的身份和详细联系方式、CSP本地代表(如欧盟的)的身份和联系方式、CSP的数据保护角色、CSP的DPO和信息安全官(ISO)的详细联系信息。

(3) 个人数据处理方式。云客户可以向CSP发出具有约束力指令的范围和方式、CSP通知服务变更的方式、个人数据位置、参与个人数据处理的子处理者的相关信息、在云客户系统上安装的软件信息、拟定的数据处理协议、CSP遵循隐私设计/隐私工程的情况、记录保存方式、数据传输方式、数据安全措施。

(4) 监督。允许云客户进行监督和审计的选项。

(5) 个人数据违规。CSP和/或其子处理者出现个人数据违规,告知云客户的方式。

(6) 数据转移、迁移和回传。CSP确保数据转移的规则或流程。

(7) 对处理的限制。CSP在必要时限制处理个人数据的规则或流程。

(8) 数据留存、归还和删除。CSP和/或其子处理者的数据留存策略、时限和服务终止后归还个人数据或删除数据的条件;云客户要求CSP遵守特定部门法律法规的规程,要求个人数据的特定留存期限。

(9) 与云客户的合作。与云客户合作的规则或流程,向云客户和主管监管机构披露的必要的信息,以证明其遵守规定。

(10) 法律要求的披露。管理和回应执法机构关于披露个人数据请求的规程,包括在回应任何此类请求之前核实其法律依据、向有关云客户发出通知的规程,除非另有禁止。

(11) 云客户的补救措施。在CSP和/或子处理者出现违规行为,云客户可采取的补救措施,云客户可以针对这类违规行为向CSP提出投诉的可能性和方式。

(12) CSP保险策略。如数据安全合规保险、个人数据保护合规保险等。

CSA发布的《GDPR合规行为准则》(Code of Conduct for GDPR Compliance, CoC),则在隐私级别协议的基础上,就CSP如何通过内部治理达到GDPR合规要求提出了具体的行为要求。对于企业内部的隐私治理组织,CoC明确了需要建立的治理机构及它们的角色和职责;对于企业隐私治理过程,CoC明确了对隐私级别协议进行评审和更新、对CoC遵守机制的评审和认证,以及投诉管理过程、持续监督过程等。尽管这两份文件都主要面向的是欧盟GDPR合规,但它们也可通过合理调整去适用于世界范围内的其他监管要求。

3. 其他规范

在国外,有影响力的规范还有美国注册会计师协会(American Institute of

Certified Public Accountants,AICPA)和加拿大特许会计师协会(Canadian Institute of Accountants,CICA)在2003年发布的《AICPA/CICA隐私框架》(Privacy Framework),2009年更新为《公认的隐私准则》(Generally Accepted Privacy Principles,GAPP),2020年进一步更新为《隐私管理框架》(Privacy Management Framework,PMF),主要是从隐私保护组织架构和保障、隐私保护制度体系、基于隐私工程的隐私标准落地三个方面明确企业隐私治理的要求。由于AICPA负责制定美国的审计标准,因而PMF/GAPP和后面介绍的NIST隐私框架成为美国大部分企业开展隐私合规治理工作的主要参考。

在国内,类似的指南一般以白皮书的形式发布。例如,中国大数据技术标准推进委员会在2023年发布的《隐私工程白皮书》、中国信通院在2023年发表的《数据安全治理与实践白皮书》、隐私计算联盟在2022年发布的《隐私计算白皮书》等。

由于篇幅限制,本章后继章节只重点介绍相关的国家标准和最具有国际影响力的ISO标准、NIST标准。其他的标准和行业规范参见本章的扩展阅读部分。

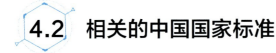

4.2　相关的中国国家标准

4.2.1　相关的国家标准和文件概览

早在中国的《个人信息保护法》颁布前,全国网络安全标准化技术委员会(以下简称网安标委)就已经在相关部委的指导下开始制定和发布个人信息保护方面的具体标准、专门标准,推动与其他国家、地区、国际组织之间的个人信息保护标准互认。《个人信息保护法》颁布后,依据该法第62条的要求,网安标委加快了支撑法律法规落地实施的标准制定,细化法律法规相关要求,为违法违规行为判定提供标准支撑。表4-1展示了网安标委已经制定的29项国家标准(含草案)和8项技术文件、实践指南与《个人信息保护法》中各个章节的法律条文对应关系和起到的支撑作用[①]。

---

① 国家标准支撑《个人信息保护法》落地实施一周年[EB/OL]. https://www.tc260.org.cn/front/postDetail.html? id=20221102165349.

表 4-1 相关国家标准和《个人信息保护法》的对应

要点及相关法律条款	标准需求	国家标准(含草案)和指导文件
第一章 总则		
1. 个人信息处理原则（第5、6、7、8、9条）	给出处理个人信息遵循合法、正当、必要和诚信，目的明确和最小化处理，公开、透明，个人信息质量，责任和安全保障等原则的具体要求	• GB/T 35273—2020 个人信息安全规范 • GB/T 41391—2022 移动互联网应用程序(App)收集个人信息基本要求
第二章 个人信息处理规则		
2. 个人信息处理活动要求（第10、19、20、21、22、23、25、27、59条）	给出个人信息收集、存储、使用、加工、传输、提供、公开、删除等个人信息处理活动的通用要求	• GB/T 35273—2020 个人信息安全规范
3. 个人信息"告知-同意"规则（第13、14、15、16、17、18、22、23、25、26、27、29、30、31、39条）	规定个人信息处理规则制定、公开要求，明确个人信息处理告知内容、告知方式等内容；针对个人信息处理合法性基础和个人同意规则，明确同意的作出、重新取得同意、撤回同意、禁止强制获取用户同意等内容	• GB/T 35273—2020 个人信息安全规范 • GB/T 41391—2022 移动互联网应用程序(App)收集个人信息基本要求 • 个人信息处理中告知同意的实施指南 • 互联网平台及产品服务隐私协议要求
4. 敏感个人信息处理（第28、29、30、31、32条）	针对医疗健康、金融账户、行踪轨迹等敏感个人信息，明确数据处理者进行收集、存储、使用、加工、传输、提供、公开、删除等处理活动的安全要求，重点针对采集必要性、安全保护、脱敏规则、告知同意等方面提出要求	• 敏感个人信息处理安全要求
5. 个人信息自动化决策（第24条）	明确数据处理者在进行自动化决策及相关应用过程中的数据安全和个人信息保护要求	• 基于个人信息的自动化决策安全要求 • 机器学习算法安全评估规范
第三章 个人信息跨境提供的规则		
6. 个人信息跨境流动（第38、39条）	明确个人信息跨境提供的安全原则、安全要求和认证规则等，支撑个人信息跨境流动相关工作	• 个人信息跨境传输认证要求 • 网络安全标准实践指南—个人信息跨境处理活动安全认证规范
第四章 个人在个人信息处理活动中的权利		
7. 个人权利的保障（第44、45、46、47、48、49、50条）	给出保障个人在个人信息处理活动中权利的要求或指南，如查阅、复制权和可携带权，更正、补充权，删除权，解释说明权等	• GB/T 35273—2020 个人信息安全规范

续表

要点及相关法律条款	标 准 需 求	国家标准(含草案)和指导文件
第五章 个人信息处理者的义务		
8. 个人信息保护技术(第51条)	给出个人信息去标识化等技术要求或应用指南,包括目标、原则、实施过程、方法等,以及实施效果的评估方法。	• GB/T 37964—2019 个人信息去标识化指南 • GB/T 41817—2022 个人信息安全工程指南 • 个人信息去标识化效果评估指南
9. 个人信息安全管理(第51、52条)	给出个人信息分类管理、个人信息保护负责人等管理要求或指南	• GB/T 35273—2020 个人信息安全规范 • 网络数据分类分级要求 • 敏感个人信息处理安全要求
10. 个人信息保护影响评估(第55、56条)	给出个人信息安全影响评估的基本原理、实施流程等,为个人信息处理者开展个人信息保护影响评估提供指引	• GB/T 39335—2020 个人信息安全影响评估指南
11. 个人信息安全应急处置(第51、57条)	给出个人信息安全事件应急预案制定和实施要求,明确个人信息安全事件补救、通知等内容	• GB/T 35273—2020 个人信息安全规范 • GB/Z 20986 信息安全事件分类分级指南 • GB/T 38645—2020 网络安全事件应急演练指南 • GB/T 20985.2—2020 信息安全事件管理 第2部分:事件响应规划和准备指南 • 网络安全应急能力评估准则
12. 互联网平台个人信息保护(第58条)	明确提供重要互联网平台服务、用户数量巨大、业务类型复杂的个人信息处理者的范围,大型互联网企业内设监督机构人员选择、人员结构、人员资质、人员约束、运行机制等要求;针对典型互联网平台提出数据安全和个人信息保护要求	• GB/T 42012—2022 即时通信服务数据安全要求 • GB/T 42013—2022 快递物流服务数据安全要求 • GB/T 42014—2022 网上购物服务数据安全要求 • GB/T 42015—2022 网络支付服务数据安全要求 • GB/T 42016—2022 网络音视频服务数据安全要求 • GB/T 42017—2022 网络预约汽车服务数据安全要求 • 大型互联网企业内设个人信息保护监督机构要求

续表

要点及相关法律条款	标 准 需 求	国家标准(含草案)和指导文件
13. 受托人个人信息保护(第59、21条)	针对接受委托处理个人信息的典型场景,给出受托人个人信息保护的要求或指南	• GB/T 41574—2022 公有云中个人信息保护实践指南
第六章 履行个人信息保护职责的部门		
14. 应用程序个人信息保护(第61、6、16条)	支撑应用程序个人信息保护情况测评工作,促进移动应用生态落实个人信息保护要求	• GB/T 41391—2022 移动互联网应用程序(App)收集个人信息基本要求 • 移动互联网应用程序(App)个人信息安全测评规范 • 移动互联网应用程序(App)SDK安全指南 • 应用商店的App个人信息处理规范性审核与管理指南 • 移动智能终端的App个人信息处理活动管理指南 • 智能手机预装应用程序基本安全要求
15. 生物识别信息保护(第62、26条)	给出人脸等各类生物识别信息收集、存储、使用、提供、公开、删除等处理活动的安全要求	• GB/T 40660—2021 生物特征识别信息保护基本要求 • GB/T 41819—2022 人脸识别数据安全要求 • GB/T 41806—2022 基因识别数据安全要求 • GB/T 41773—2022 步态识别数据安全要求 • GB/T 41807—2022 声纹识别数据安全要求
16. 其他新技术、新应用个人信息保护(第62条)	针对汽车数据处理等新技术、新应用,制定专门的个人信息保护标准	• GB/T 41871—2022 汽车数据处理安全要求

续表

要点及相关法律条款	标 准 需 求	国家标准(含草案)和指导文件
17. 个人信息保护评估认证(第62、38条)	给出个人信息保护评估、认证的相关依据、规则,支持有关机构开展个人信息保护评估、认证服务	• 移动互联网应用程序(App)个人信息安全测评规范 • GB/T 35273—2020 个人信息安全规范 • GB/T 41391—2022 移动互联网应用程序(App)收集个人信息基本要求 • 个人信息跨境传输认证要求 • 网络安全标准实践指南—个人信息跨境处理活动安全认证规范

国家标准的另一个制定目标,是用标准来固化经过实践检验、科学合理的管理制度、实施方法、通用技术,丰富和细化法律法规要求,让企业提升隐私治理能力有标可循、有标可依,提高整体行业个人信息保护基线。从这个角度,我们可以将已有的国家标准分为保护要求类、实施指南类、测试评估类三类,如图4-1所示。

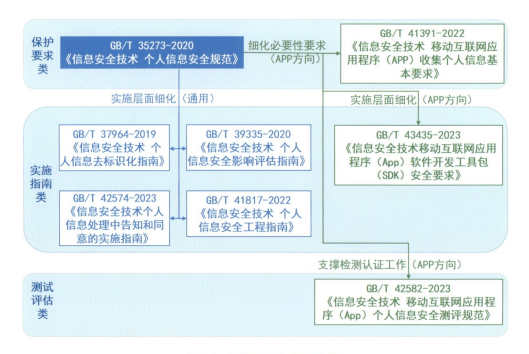

图4-1 国家标准之间的关系

1. 保护要求类

这类标准主要是对法律法规进行细化和明确,提出具体的个人信息保护要求,帮助企业明确隐私合规的主要目标和任务清单。此类中有代表性的国家标准有:

(1) GB/T 35273—2020《信息安全技术 个人信息安全规范》规范了开展收集、存储、使用、共享、转让、公开披露、删除等个人信息处理活动应遵循的原则和安全要求，旨在遏制个人信息非法收集、滥用、泄漏等乱象，最大程度地保障个人的合法权益和社会公共利益。

（2）GB/T 41391—2022《信息安全技术 移动互联网应用程序（App）收集个人信息基本要求》：该标准给出了 App 收集个人信息应满足的基本要求，以及常见服务类型 App 必要个人信息的使用要求，旨在规范 App 个人信息收集行为，最大程度地保障个人信息权益。

2. 实施指南类

这类标准主要是围绕个人信息保护要求的落实，基于最佳实践，对企业隐私治理实践的每个环节给出具体的实施指导。此类中有代表性的国家标准有：

（1）GB/T 41817—2022《信息安全技术 个人信息安全工程指南》描述了个人信息安全工程目标，给出了在需求分析、产品设计、产品开发、测试审核、发布部署、运行维护等系统工程阶段的个人信息保护实施指南。

（2）GB/T 37964—2019《信息安全技术 个人信息去标识化指南》描述了个人信息去标识化的目标、原则、技术、模型、过程和组织措施，提出能科学有效地抵御安全风险、符合信息化发展需要的个人信息去标识化指南。

（3）GB/T 39335—2020《信息安全技术 个人信息安全影响评估指南》规定了个人信息安全影响评估的基本概念、框架、方法和流程，适用于各类组织自行开展个人信息安全影响评估工作。

（4）GB/T 42574—2023《信息安全技术 个人信息处理中告知和同意的实施指南》为网络运营者个人信息处理告知的内容、结构及征得个人信息主体同意收集、使用、对外提供个人信息的方式提供指导，适用于规范网络运营者在网络环境中进行个人信息告知同意的情形。

（5）GB/T 43435—2023《移动互联网应用程序（App）软件开发工具包（SDK）安全要求》规定了 SDK 提供者在 SDK 的开发、运营、个人信息处理、数据安全管理等活动中应遵循的安全要求，适用于 SDK 提供者进行 SDK 的开发和运营。

3. 测试评估类

这类标准主要是围绕具体的实施是否满足个人信息保护要求展开，为测试和评估确定标准流程和内容，为企业开展内部测试、评估以及第三方开展审计、认证提供依据。此类中有代表性的国家标准有：

GB/T 42582—2023《信息安全技术 移动互联网应用程序（App）个人信息安全测评规范》，规定了依据 GB/T 35273—2020 开展移动互联网应用程序个人信息安全测评的测评流程以及对各项安全要求进行测评的方法，适用于指导第三方测评机构对移动互联网应用程序个人信息安全进行测评，以及主管监管部门对移动互联网应用程序个人信息安全进行监督管理,移动互联网应用程序运营者开展个人信息安全自评时参照执行。

4. 技术指引类

为进一步推广相关标准,应对个人信息保护的特殊情况,网安标委还开发了一系列技术文件,这些文件不属于国家标准,是支撑国家标准实施的技术指引,可作为第四类。代表性文件有:

（1）《网络安全实践指南—欧盟GDPR关注点》建议相关组织重点关注适用GDPR的场景、适用的数据范围、数据处理的基本原则、数据处理的合法正当性事由、对儿童的特别保护规定、数据主体权利、对用户画像的规定、对数据处理者的规定等14个关注点。

（2）《移动互联网应用个人信息收集指引》给出了地图导航、网络约车、即时通信、社区社交、网络支付、新闻资讯、网上购物、短视频、快递配送、餐饮外卖、交通票务等多类移动互联网应用基本业务功能正常运行所需收集的必要个人信息,适用于移动应用提供者规范个人信息收集行为,也适用于主管监管部门、第三方评估机构等对个人信息收集行为进行监督、管理和评估,还可为移动应用开发者、移动应用商店经营者和移动智能终端厂商提供参考。

以下重点介绍《个人信息安全规范》这个国家标准。

4.2.2 《个人信息安全规范》介绍

最新修订的GB/T 35273—2020《信息安全技术 个人信息安全规范》（以下简称GB/T 35273）于2020年3月6日发布,2020年10月1日正式实行,取代2017年发布的第一个版本。该标准是中国最核心、最重要的个人信息安全标准。

1. 阅读GB/T 35273的注意事项

GB/T 35273的特殊性在于,即使是最新修订的2020年版本,也是在中国的《个人信息保护法》颁布之前发布的。这使得GB/T 35273具有特殊的意义,它在国家还没有个人信息保护的综合性法律的时候,起到了在国家层面规范个人信息处理活动的主导作用。但这也带来一些问题,例如GB/T 35273在一些表述上并没有完全依从《个人信息保护法》。例如,还在使用个人信息控制者、处理者这样对标GDPR的术语,而不是《个人信息保护法》中等价的个人信息处理者。但这些技术性问题并不影响GB/T 35273的实质内容与《个人信息保护法》的一致性。一方面,在制定GB/T 35273的过程中,是以当时已经颁布的《网络安全法》中与个人信息保护相关的条文为依据,而且制定者严守分际,不对原则性问题自作主张;另一方面,据参与制定《个人信息保护法》的专家介绍,在制定该法的过程中,也重点参考了已经颁布的相关法律和GB/T 35273,注意确保该法和已有法律、标准的一致性。这就使得GB/T 35273虽然于法"先行一步",但仍然唯"法"是瞻。

GB/T 35273的另一个特点是其条款大多为强制性的规范要求(shall),而不是建议性的指南(should)。该标准第1条明确指出:"本标准适用于规范各类组织的个人信息处理活动,也适用于主管监管部门、第三方评估机构等组织对个人信息处理活动进行监督、管理和评估。"标准的定位是"规范",而且具有"认证"作用,是"主管监管部门、第三方评估机构等"用来"进行监督、管理和评估"的依据,因而规范要求的属性更加明显。但是GB/T 35273的附录是资料性的(informative),仅提供信息参考,不是强制要求。

2. GB/T 35273的结构和主要内容

GB/T 35273的内容如表4-2所示。

表4-2 GB/T 35273的结构

章		标　题
正文	1	范围
	2	规范性引用文件
	3	术语和定义
	4	个人信息安全基本原则
	5	个人信息的收集
	6	个人信息的存储
	7	个人信息的使用
	8	个人信息主体的权利
	9	个人信息的委托处理、共享、转让、公开披露
	10	个人信息安全事件处置
	11	组织的个人信息安全管理要求
资料性附录	附录A	个人信息示例
	附录B	个人敏感信息判定
	附录C	实现个人信息主体自主意愿的方法
	附录D	个人信息保护政策模板

正文前3章说明了标准的范围、规范性引用文件、术语和定义。正文主体可分为3部分:

第一部分(第4章)提出了个人信息安全的7项基本原则,将开展个人信息处理活动应遵循的"合法、正当、必要"的原则细化为权责一致、目的明确、选择同意、最少必要、公开透明、确保安全和主体参与原则。

第二部分(第5至9章)是个人信息收集、存储、使用、委托处理、共享、转让和公开披露全生命周期的具体规范要求,以及对响应个人信息主体权利的规范要求。

第三部分(第10至11章)从个人信息安全事件处置和组织的个人信息安全管理

要求两个角度,描述了对个人信息处理者(例如企业)内部治理的具体规范要求。

其中,第一部分提出的个人信息安全的7项基本原则,属于原则性的、兜底的规范要求。GB/T 35273毕竟是一份通用性规范,面向各行业在个人信息处理过程中的相关行为,在现实使用过程中一定会遇到没有覆盖到的情况,这时就需要基本原则来补充GB/T 35273的具体要求。另外,与《个人信息保护法》列出的个人信息处理活动8项基本原则(合法、正当、必要、诚信、目的、公开透明、质量、责任原则)相比(参见表4-3),两者总体要求一致,但具体原则在名称及其表述上有差异。除了质量原则,GB/T 35273的表述完全覆盖了《个人信息保护法》中的基本原则。《个人信息保护法》中基本原则的表述用的是法律语言,既严密也更抽象;而GB/T 35273中基本原则的表述面向实际应用,更加具象化、细化和有操作性。两者有很强的互补性。

表4-3 GB/T 35273中的基本原则

GB/T 35273中的基本原则名称	内 涵	对应的《个人信息保护法》基本原则
权责一致原则	对其个人信息处理活动对个人信息主体合法权益造成的损害承担责任	责任原则
目的明确原则	具有合法、正当、必要、明确的个人信息处理目的	合法、正当、必要目的原则
选择同意原则	向个人信息主体明示个人信息处理目的、方式、范围、规则等,征求其授权同意	合法原则
最少够用原则	除与个人信息主体另有约定外,只处理满足个人信息主体授权同意的目的所需的最少个人信息类型和数量。目的达成后,应及时根据约定删除个人信息	必要原则
公开透明原则	以明确、易懂和合理的方式公开处理个人信息的范围、目的、规则等,并接受外部监督	公开透明原则
确保安全原则	具备与所面临的安全风险相匹配的安全能力,并采取足够的管理措施和技术手段,保护个人信息的保密性、完整性、可用性	责任原则
主体参与原则	向个人信息主体提供能够访问、更正、删除其个人信息,以及撤回同意、注销账户等方法	公开透明原则
—	保证其所处理的个人信息的质量,避免因为个人信息的不准确、不完整对个人权益造成不利影响	质量原则

从该标准主体的第二部分和第三部分可以看到,GB/T 35273将对企业的个人信息保护要求整理为两条主线:对"个人信息全生命周期保护"的要求和对企业"内部隐私合规治理体系建设"的要求。

在个人信息全生命周期保护方面,GB/T 35273针对个人信息收集、存储、使用、委托处理、共享、转让和公开披露,给出了明确的保护要求和具体操作规范。第8章明确了个人信息主体所享有的查询、更正、删除、撤回授权同意、注销账户、获取个人信息副本、投诉的权利,但都是从规范企业履行个人信息处理者的义务,即如何响应个人信息主体行使权利的请求这一角度来要求的,还是为了按照个人意愿来对个人信息全生命周期提供全方位的保护。

在内部隐私合规治理体系建设方面,GB/T 35273从明确责任部门与人员、个人信息安全工程(也就是常说的隐私设计和隐私工程)建设、个人信息处理活动记录、开展个人信息安全影响评估、数据安全能力建设、人员管理与培训、开展安全审计、个人信息安全事件应急处置和报告(包括安全事件告知)8个方面对隐私治理的关键环节都给出了具体要求。这一部分既细化了法律法规的相关要求,也总结了行业的最佳实践经验,对企业的针对性强。

GB/T 35273的附录A和附录B给出了个人信息、个人敏感信息的定义、分类,并通过详细列表的方式给出了每一类个人(敏感)信息中包括的内容,这使得企业在确定和定位企业内部存储和处理的个人(敏感)信息时有"表"可循。需注意的是,附录A将之前业界存在争议的网络身份标识信息、个人上网记录、个人常用设备信息均列入到个人信息的控制范围内。附录C和附录D则提供了获得个人信息主体同意的交互式功能界面模板和个人信息保护政策(即日常说的隐私政策)模板,有助于企业按照示例来构建自己的系统和政策文件。

3. GB/T 35273的细化规则

GB/T 35273提出了超过140项具体的个人信息保护措施,篇幅近40页,覆盖面广、规定详细、指导性强,给企业提供了一个可以参考、指导、遵照执行的规范性质标准。GB/T 35273对各类个人信息处理活动规范的细化主要体现在以下方面。

(1) 细化征得用户同意的收集规则。GB/T 35273规定不应通过捆绑产品或服务各项业务功能的方式,要求个人信息主体一次性接受并授权同意其未申请或使用的业务功能收集个人信息的请求。针对当下App集合多个服务类型的现状,GB/T 35273提出"区分业务功能",不得捆绑个人信息来强迫用户接受的要求,并要求同时提供关闭或退出特定业务功能的方式。

(2) 明确企业停止运营后的个人信息保存规则。除了对个人信息的留存条件和时间作了详细规定,GB/T 35273更加明确地指出个人控制者停止运营,是个人信息不得留存的场景之一,并把这种场景单独列出,以防止个人信息倒卖、黑灰产运作等不良个人信息用途的发生。

(3) 细化个人信息的汇聚融合使用规则。GB/T 35273规定应根据汇聚融合后个人信息所用于的目的,开展个人信息安全影响评估,采取有效的个人信息保护措施。大数据时代下,各个大平台厂商可能会收购、并购一些小的不同业务类型的企业,它们收集的个人信息类型也不完全相同;有些还可能会涉及线上平台与线下门店个人信息的汇聚融合。这些汇聚融合后的个人信息如何使用,是否会做大数据分析,相比于单个已经征得用户同意的个人信息对个人信息主体的影响是不一样的。GB/T 35273对于基于不同业务目的所收集个人信息的汇聚融合作出了规定。

(4) 细化对个性化展示的要求。很多电子商务服务基于根据消费者的兴趣爱好、消费习惯向个人信息主体提供商品或服务搜索结果的个性化展示，消费者群体对个性化展示也更加易于接受。针对此，GB/T 35273提出了"提供不针对其个人特征选项"的要求。对于推送新闻信息服务，个人信息主体的需求小，主观更加不希望自己的阅读偏好被知晓，因此GB/T 35273提出了"简单直观退出或关闭个性化展示模式的选项"以及"向个人信息主体提供删除或匿名化定向推送活动所基于的个人信息的选项"。对于标签、画像维度等的自主控制机制，考虑到当下的行业发展水平、技术能力，以及实现的成本情况，GB/T 35273采用鼓励引导的方式，提倡企业"宜"保障个人信息主体调控个性化展示相关性程度的能力。

(5) 细化对个人敏感信息的保护方式。GB/T 35273对个人敏感信息在传输和存储方面特别提出对个人信息控制者的要求。在传输和存储个人敏感信息时，应采用加密等安全措施。对于个人生物识别信息，提出了应与个人身份信息分开存储、原则上不应存储原始个人生物识别信息(如样本、图像等)的明确要求，把个人生物识别信息提高到了更加突出的保护地位。

4. 对企业隐私治理的指导作用

企业开展合规工作的第一步，就是对现行法规的梳理。这里有两个难点，一是确保对所有相关法规的覆盖，形成完整的规则体系；二是确保对法规的理解准确，能够与监管部门意见保持一致。GB/T 35273实际上替企业完成了梳理法规及咨询监管的工作，将相关法律法规梳理成体系，并在此基础征求和吸纳了各主要监管部门的意见和建议。按照网安标委的标准制定流程，GB/T 35273的制定和修订工作一直是在国家网信部门的指导下进行的，并获得认可才会颁布，能够准确、全面地反映监管部门的意愿和要求。因此，GB/T 35273作为法律与实践之间可以信赖的桥梁，对于中国企业隐私治理的现实价值和必要性是不言而喻的。

GB/T 35273旨在规范各行业在个人信息处理过程中的相关行为，给出了原则和方向性的规范。还需要两方面的指南性质的国家标准对GB/T 35273做进一步细化：第一，针对某一具体个人信息处理行为的专门标准，如个人信息安全影响评估、数据出境等；第二，针对具体类型或行业的个人信息的专门标准，如健康医疗、金融服务等。网安标委也正是在这个两个方向上制定了或正在制定一系列的配套标准。企业可以根据各自业务的实际情况有选择地将其纳入自己的规则体系中。总之，"以《个人信息保护法》为根，以《个人信息安全规范》为干，以更加具体的相关国家标准为枝叶",是企业完成隐私治理的第一步(法规梳理和规则体系建立)的捷径①。

4.3 国际标准化组织(ISO)的相关标准和规范

4.3.1 ISO 相关标准概览

ISO 制定的隐私保护标准主要出现在两个系列中:ISO/IEC 29100 系列标准是专门为实施隐私保护提供具体指导而开发的;另外,在 ISO/IEC 27000 信息安全管理系列标准中,也有隐私保护标准,一般是作为信息安全标准的扩展来制定的。目前已有的 ISO 隐私保护标准大致可以分为以下几类:

(1) 在隐私保护的总体要求方面,ISO/IEC 27701:2019《安全技术－对 ISO/IEC 27001 和 ISO/IEC 27002 的隐私信息管理扩展－要求和指南》为在组织环境下建立、实施、维护和持续改进隐私信息管理体系(PIMS)提出了规范要求并提供实施指南。这也是 ISO 在隐私保护领域最重要、最核心的标准。

(2) 在通用框架方面,ISO/IEC 29100:2024《信息技术－安全技术－隐私框架》为 PII 保护提供一个框架。确定了常见的隐私保护术语,定义 PII 保护中的参与者及处理 PII 的不同角色,提供隐私保护的原则。

(3) 在管理方面,ISO/IEC 29134:2023《信息技术 安全技术 隐私影响评估指南》用于评估隐私信息面临的风险,包含隐私影响评估的流程、评估报告内容及结构。ISO/IEC 29151:2017《信息技术－安全技术－个人可识别信息保护的实施准则》为机构的 PII 保护提供了控制目标、控制措施和控制措施实施的指南,基于 ISO/IEC 27002 的指南,增加 PII 处理要求。ISO/IEC 27018:2019《信息技术－安全技术－个人可识别信息(PII)公有云上数据处理者的行为准则》基于 ISO/IEC 27002 的要求,对公有云服务提供商,提出 PII 的监管要求。ISO/IEC 27555:2021《信息安全,网络安全和隐私保护－人可识别信息删除指南》为组织机构提供 PII 删除方面的指导,包括选择 PII 删除的时间、删除的方法、删除影响的评估等。

(4) 在实施方面,ISO/IEC TR 27550:2019《信息技术－安全技术－系统生命周期流程中的隐私工程》指导系统设计开发者开展良好的隐私工程实践,指出隐私工程不仅需要考虑隐私保护的原则和概念,同时需要考虑隐私、安全和软件工程相关的标

---

① 浅议以《个人信息安全规范》为主干梳理企业的个人信息保护合规规则体系[EB/OL].[2018-02-01]. https://www.tc260.org.cn/front/postDetail.html? id=20180201201332.

准和实践。ISO/IEC 29184:2020《信息技术－在线隐私声明和同意指南》提供实施 ISO/IEC 29100 中隐私原则的详细指南，机构能够通过该指南构建清晰易懂的隐私通知和准许框架。ISO/IEC 29190:2015《信息技术－安全技术－隐私保护能力评估模型》为组织提供隐私相关流程管理能力评估的指导，明确了隐私能力评估的具体步骤，定义了一套用于隐私能力评估的级别。在可评估隐私能力的关键过程域、执行过程评估的人员以及将隐私能力评估纳入组织运营等方面提供指导。

（5）在具体技术方面，ISO/IEC 29101:2018《信息技术－安全技术－隐私保护体系结构框架》对于关注个人隐私保护的信息通信技术系统设计提供技术框架。通过控制 PII 的处理、访问和转移，该标准指导使用者规划、设计和建立信息通信技术系统架构，保障 PII 主体的隐私安全。同时，介绍隐私增强技术如何用于隐私控制。ISO/IEC 20889:2018《隐私增强数据去标识化技术和技术分类》对已有的去标识化技术进行分类，描述去标识化技术的特征，包括底层技术以及每种技术在降低重识别风险方面的适用性。ISO/IEC 29191:2012《信息技术－安全技术－部分匿名、部分不可链接鉴别要求》提供了一个框架，明确半匿名和部分不相关身份认证的要求，给出两个应用半匿名和部分不相关的例子。

（6）在应用方面，ISO/IEC 27570:2021《隐私保护－智慧城市隐私指南》指出智慧城市作为一个复杂系统，其隐私保护需要考虑物联网、大数据等不同领域的隐私保护需求。该标准基于智慧城市中的不同角色提供了隐私标准使用的指南。

4.3.2 ISO/IEC 27701 介绍

ISO/IEC 27701 是 ISO/IEC 27001:2022《信息安全，网络安全和隐私保护－信息安全管理体系－要求》与 ISO/IEC 27002:2022《信息安全，网络安全和隐私保护－信息安全控制指南》在隐私信息管理方面的扩展，其目标是通过新增的要求将隐私保护的原则、理念和方法融入信息安全管理体系（ISMS，也就是标准 ISO/IEC 27001、27002 所规范的对象），以便建立、实施、维护和不断改进隐私信息管理体系（PIMS）。该标准概述了适用于个人可识别信息（PII）控制者和 PII 处理者的框架，用于隐私控制管理，以降低对个人隐私的各种风险。为了更好地理解和使用，ISO/IEC 27701 标准还包括了实施指南和其他要求。

1. ISO/IEC 27701的定位

在 ISO/IEC 27000 信息安全管理系列标准中，不同的标准有不同的定位，如图 4-2 所示。ISO/IEC 27000《概述与术语》就属于第一层的术语类标准（Terminology），ISO/IEC 27001 属于第二层的通用类要求标准（General requirements），ISO/IEC 27002 属于第三层的通用类指南标准（General guidelines）、ISO/IEC 27018《公有云上个人可识别信息保护的实践准则》属于第四层的专业类指南（Sector-specific guidelines）。

术语类标准	ISO/IEC27000（概述与术语）	
通用类要求标准	ISO/IEC 27001（安全：要求）	ISO/IEC 27701（隐私：要求＋指南）
通用类指南标准	ISO/IEC 27002（安全：指南）	
行业特定类指南标准	ISO/IEC 27018（公有云：隐私：指南）	

图 4-2　ISO/IEC 27000 信息安全管理系列标准

而 ISO/IEC 27701 则较为特别，同时包含了对隐私保护的要求和指南，跨越第二层和第三层。不同于 ISO/IEC 27002 或者 ISO/IEC 27018 的控制措施全都属于"指南（should）"性质，ISO/IEC 27701 同时扩展了 ISO/IEC 27001 和 ISO/IEC 27002 中有关信息安全的控制要求，变成了"要求（shall）＋ 指南（should）"模式，成为第一部扩充了信息安全管理体系（ISMS）的隐私保护"认证"性质的标准，而同时又整合了"指南"性质的条款，让其具有"双重身份"。

2. ISO/IEC 27701 的结构

ISO/IEC 27701 的结构如表 4-4 所示。

表 4-4　ISO/IEC　27701 的结构

章	节	标　题
正文	1	范围
	2	规范性引用文件
	3	术语和定义
	4	概述
	5	ISO/IEC 27001 相关的 PIMS 特定要求
	6	ISO/IEC 27002 相关的 PIMS 特定指南
	7	PII 控制者的 ISO/IEC 27002 补充指南
	8	PII 处理者的 ISO/IEC 27002 补充指南
规范性附录	附录 A	PIMS 特定参考控制目标和控制（PII 控制者）
	附录 B	PIMS 特定参考控制目标和控制（PII 处理者）
资料性附录	附录 C	与 ISO/IEC 29100 的对应关系
	附录 D	与 GDPR 的对应关系
	附录 E	与 ISO/IEC 27018 和 ISO/IEC 29151 的对应关系
	附录 F	ISO/IEC 27701 如何应用于 ISO/IEC 27001 和 ISO/IEC 27002 的参考文献

该标准可以分为四个部分：

第一部分（第 1 至 4 章）介绍了 ISO 27701 标准的范围，参考的国际标准文件，使用的术语、定义和缩略词,以及本标准的行文结构。

第二部分(第5章和附录A、B)是对ISO/IEC 27001的扩展,介绍了ISO/IEC 27001中关于PIMS的规定以及本标准对PIMS的附加规定,从"组织的背景、领导、风险处置的预先计划、支持手段、操作方法、绩效评估、改进措施"7个方面对PII控制者和PII处理者进行规范和指导。对应的,附件A和B分别列出了PII控制者和PII处理者在实现PIMS时所需采取的控制目标和控制措施。

第三部分(第6至8章)是对ISO/IEC 27002的扩展,介绍了ISO 27002中关于PIMS的规定以及ISO 27701对PIMS的附加规定,该部分从"信息安全政策、信息安全负责组织、人力资源安全、资产管理、访问控制、加密措施、物理与环境安全、操作安全、通信安全、系统获取、开发与维护、供应商关系、信息安全事故管理、信息安全方面业务的连续性管理和合规要求"14个方面对个人可识别信息控制者和个人可识别信息处理者进行规范和指导,然后分别介绍了ISO 27002中对PII控制者和PII处理者的相关规定以及该标准的附加规定。

第四部分(附录C至F)则是标准的资料性附录。

3. ISO/IEC 27001 相关的 PIMS 特定要求

ISO/IEC 27701:2019第5章给出了适用于作为PII控制者或PII处理者的组织的PIMS特定要求和ISO/IEC 27001中其他相关的信息安全要求,第5章包含了ISO/IEC 27001每项条款的子条款的要求,在ISO/IEC 27701实践中,针对ISO/IEC 27001中使用的"信息安全"一词均可替换为"信息安全和隐私",ISO/IEC 27001要求条款与ISO/IEC 27701要求条款对比如表4-5所示。

表4-5 实现ISO/IEC 27001控制的PIMS特定要求和其他信息的对应关系

ISO/IEC 27001中的条款	标题	对应ISO/IEC 27701中的条款	说明
4	组织环境	5.2	附加要求
5	领导	5.3	无PIMS特定要求
6	规划	5.4	附加要求
7	支持	5.5	无PIMS特定要求
8	运行	5.6	无PIMS特定要求
9	绩效评价	5.7	无PIMS特定要求
10	改进	5.8	无PIMS特定要求

ISO/IEC 27701针对组织环境提出了附加要求,要求组织应确定组织作为PII控制者(包括PII共同控制者)和PII处理者的角色。组织应确定与其环境有关,以及可能影响其PIMS既定目标的内部和外部因素。当组织既是PII控制者,也是PII处理者时,应确定两种不同角色,并分别建立控制。ISO/IEC 27701中对于组织角色的识别是PIMS区别于ISMS的重要特点。

在组织规划PIMS时,ISO/IEC 27701的附加要求包括组织应采用信息安全风险评估流程,以便在PIMS范围内识别保密性、完整性和可用性受到损害的风险,以及组织应采用隐私风险评估流程,以便在PIMS范围内识别与PII处理相关的风险。组织应确保在风险评估过程中,协调好信息安全与PII保护的关系。针对PII处理的信息安全和风险,组织可以同时进行信息安全风险评估和隐私风险评估,也可以分开进行。针对信息安全的控制,组织不仅要考虑ISO/IEC 27001附录A的控制,还要依据组织的角色,考虑ISO/IEC 27701附录A和/或附录B的控制,在评估其适用性时,应同时考虑信息安全风险和PII处理(包括PII主体)的相关风险。组织的适用性声明中需包括必要的控制、采用这些措施的理由、是否实施了必要的控制以及根据组织对其角色的确定,以及对ISO/IEC 27701附录A和/或附录B和ISO/IEC 27001附录A中任何控制删减的合理性说明。

4. ISO/IEC 27002 相关的 PIMS 特定指南

ISO/IEC 27701第6章给出了适用于作为PII控制者或PII处理者的组织对ISO/IEC 27002中某些条款进行补充的指南。除了特定条款给出说明或者组织根据适用法规作出决定外,第6章的指南适用于所有PII控制者和PII处理者。与ISO/IEC 27002:2013相关的PIMS特定指南位置关系如表4-6所示。

表4-6 实现ISO/IEC 27002控制的PIMS特定指南和其他信息的位置

ISO/IEC 27002 中的条款	标 题	对应 ISO/IEC 27701 中的条款	ISO/IEC 27701对27002 条款的补充指南
5	信息安全策略	6.2	有补充指南
6	信息安全组织	6.3	有补充指南
7	人力资源安全	6.4	有补充指南
8	资产管理	6.5	有补充指南
9	访问控制	6.6	有补充指南
10	密码	6.7	有补充指南
11	物理和环境安全	6.8	有补充指南
12	运行安全	6.9	有补充指南
13	通信安全	6.10	有补充指南
14	系统获取、开发和维护	6.11	有补充指南
15	供应商关系	6.12	有补充指南
16	信息安全事件管理	6.13	有补充指南
17	业务连续性管理的信息安全方面	6.14	无补充指南
18	符合性	6.15	有补充指南

ISO/IEC 27002使用"信息安全",ISO/IEC 27701使用"信息安全和隐私"进行替代,所有控制目的和控制同时要考虑PII处理相关信息安全风险和隐私风险。除了在

业务连续性管理的信息安全方面ISO/IEC 27701没有补充指南以外,其他的控制ISO/IEC 27701或多或少都有PIMS特定的补充指南。

5. PII 控制者和PII 处理者的ISO/IEC 27002补充指南

ISO/IEC 27701第7章和第8章分别给出了PII控制者和PII处理者的PIMS特定控制指南,这两章指南对应的PIMS特定参考控制目标和控制在ISO/IEC 27701附录A和附录B中列出。ISO/IEC 27701:2019附录A和附录B是规范性附录,用于信息安全和隐私风险处置过程,是对ISO/IEC 27001附录A的扩展,关于PII控制者和PII处理者的补充的PIMS特定参考控制的指南章节如表4-7所示。

表4-7 PII控制者和PII处理者的PIMS特定控制说明

ISO/IEC 27001中的条款	标 题	PII 控制者的控制内容	PII 处理者的控制内容
7.2/8.2	收集与处理条件	识别和文件化目的、识别法律依据、明确同意获取时间和方式、获取和记录同意、隐私影响评估、与PII处理者签订合同、PII共同控制者、PII处理相关记录等8项控制	客户协议、组织的目的、市场营销和广告用途、侵权说明、客户义务、PII处理的相关记录等6项控制
7.3/8.3	对PII主体的义务	确定和履行对PII主体的义务、确定向PII主体提供的信息、向PII主体提供信息、提供修改和撤回同意的机制、提供反对PII处理的机制、获取、更正和/或删除、PII控制者通知第三方的义务、提供已处理PII的副本、处理请求、自动决策等10项控制	对PII主体的义务1项控制
7.4/8.4	设计隐私和默认隐私	限制收集、限制处理、准确性和质量、PII最小化目的、处理后PII的去标识化和删除、临时文件、留存、废弃、PII传输控制等9项控制	临时文件、PII返还、转移或废弃、PII传输控制等3项控制
7.5/8.5	PII 共享、转移和披露	识别PII在不同地区转移的基础、PII能够进行转移的国家和国际组织、转移记录、向第三方披露PII的记录等4项控制	识别PII在不同地区转移的基础、PII能够进行转移的国家和国际组织、PII向第三方披露的记录、PII披露要求的告知、受法律约束的PII披露、PII处理分包商的披露、PII处理分包商的委托、PII处理分包商的变更等8项控制

在实践中,必须基于组织的角色,确定采用附录A和/或附录B的相关控制。如果组织既是控制者也是处理者,在采用附录A和附录B的相关控制时,即使控制项的名

称相同,也需要参考各自不同指南来进行控制。

4.3.3 ISO/IEC 27701 相关标准介绍

本节首先介绍经常需要与ISO/IEC 27701配合起来使用的两个重要隐私保护标准,分别是关于隐私框架的ISO/IEC 29100和关于隐私工程的ISO/IEC 27550。然后简要介绍两个与ISO/IEC 27701很类似的隐私保护标准,辨析ISO/IEC 27701与它们的不同之处。

1. ISO/IEC 29100 隐私框架

ISO/IEC 29100:2024《信息技术－安全技术－隐私框架》(Information technology Security techniques Privacy framework)给出了一个通用的隐私保护框架,旨在通过定义常用的隐私保护术语、界定处理PII的行动者及其角色以及参考已知的隐私原则,帮助组织在ICT环境中确立他们的隐私保护要求。但是这里所说的"隐私框架"和我们一般理解的(如NIST的隐私框架)有很大差异。ISO/IEC 29100中的隐私框架主要是统一了ISO标准中与隐私保护相关的术语,并给出了一系列的隐私原则。其中所定义的术语、所确定的原则也都被ISO/IEC 27701和其他标准直接引用。同时,由于隐私保护和信息安全存在较多的交叉,在ISO/IEC 29100中也没有太多展开对隐私控制项的讨论。

该标准的主要内容,一是介绍了隐私框架的基本要素(见标准第4章),但并没有构成一个流程性框架,而只是一个基本要素的集合;二是给出了隐私处理应该普遍遵循的11条基本原则(见标准第5章)。

表4-8是ISO/IEC 29100中给出的隐私框架基本要素,以及相关描述在标准中对应的章节。参与者及其角色(4.2节)是对PII主体、PII控制者、PII处理者以及第三方的解释说明;交互(4.3节)则描述了可能的8种场景,以及4种参与者之间在各种场景中的与PII相关的交互行为;识别PII(4.4节)是对个人可识别信息(PII)及相关概念的详细解释,并给出了详细的示例表;隐私保护要求(4.5节)将主要的影响因素分为4类,分别为:法律法规因素、合同因素、业务因素、其他因素;隐私策略(4.6节)包括内部和外部隐私策略;内部隐私策略记录组织为满足与PII处理相关的隐私保护要求而确定的目标、规则、义务、限制和/或控制,外部隐私策略是向组织的外部人员提供组织隐私实践的通知以及其他相关信息(在 ISO/IEC 29100中,术语"隐私策略"用于指组织的内部隐私策略,外部隐私策略称为通知);隐私控制(4.7节)与ISO/IEC 27701中的基本是一致的。

表4-8 ISO/IEC 29100中的隐私框架基本要素

基 本 要 素	对 应 章 节
参与者及其角色(Actors and roles)	4.2

续表

基 本 要 素	对 应 章 节
交互(Interactions)	4.3
识别PII(Recognizing PII)	4.4
隐私保护要求(Privacy safeguarding requirements)	4.5
隐私策略(Privacy policies)	4.6
隐私控制(Privacy controls)	4.7

表4-9列出了ISO/IEC 29100中给出的隐私原则,以及相关描述在标准中对应的章节。该标准认为,隐私原则的应用可能会受到社会、文化、经济等因素的限制,尤其是不同的文化对于"什么是隐私"的理解存在较大的差异。即便如此,组织也应该遵循表中列出的所有隐私原则,并对例外情况对外加以说明。ISO/IEC 29100中给出的隐私原则和一般国内外文献中出现的个人信息保护基本原则没有本质上的差别,只是在表述上操作性更强、对企业实践更有针对性。

表4-9 ISO/IEC 29100中的隐私原则

隐 私 原 则	对 应 章 节
同意与选择(Consent and choice)	5.2
目的合法性与规范(Purpose legitimacy and specification)	5.3
收集限制(Collection limitation)	5.4
数据最小化(Data minimization)	5.5
使用、保留和披露限制(Use, retention and disclosure limitation)	5.6
准确性与质量(Accuracy and quality)	5.7
公开、透明与通知(Openness, transparency and notice)	5.8
个体参与和访问(Individual participation and access)	5.9
可问责(Accountability)	5.10
信息安全(Information security)	5.11
隐私合规性(Privacy compliance)	5.12

2. ISO/IEC 27550 隐私工程

ISO/IEC 27550是在考虑了各国有关机构关于隐私工程的原则、概念以及ISO关于隐私、安全以及系统软件工程的标准后所制定的,指导企业在系统工程实践中引入隐私工程。该标准首先解读了隐私工程与其他理论体系(包括系统工程、软件工程、安全工程、风险管理)之间的关系,然后结合ISO/IEC/IEEE 15288《系统和软件工程:系统软件生命周期》标准中定义的系统生命周期过程,描述了如何在系统生命周期过程中嵌入隐私工程活动,以应对并解决隐私工程方面的问题,具体内容包括:

(1) 在采购过程和供应过程中,强调个人数据处理的供应链关系。制定供应链相关方之间关系的准则,以确保相关的隐私要求被传达,包括控制者与处理者之间的关系,以及控制者/处理者与供应商之间的关系。

(2) 在人力资源管理过程中,强调针对人员的隐私工程能力与意识管理。制定隐私工程人力资源管理准则,以确保人员具备相关能力,并成为一个组织的文化和核心价值观的组成部分。

(3)在知识管理过程中,强调隐私工程的知识管理。制定如何在隐私工程中持续改进的准则,以确保最佳实践得到更新。

(4)在风险管理过程中,强调隐私风险管理。制定如何开展风险管理的准则,以确保隐私风险得到适当评估。风险应当源于数据处理,也可能是系统的威胁和漏洞,而风险的本质在于可能影响自然人的隐私权和组织自身的业务运营。

(5)通过相关方需求管理过程,管理来自相关方的隐私诉求,制定如何满足利益相关者隐私期望的指南。

(6)通过系统需求定义过程,确保隐私原则的实现。制定将隐私原则转化为操作要求的指南,以确保从系统生命周期开始就考虑这些原则。

(7)在架构定义过程中,强调隐私对架构的影响。制定系统架构定义的指南,以确保架构设计考虑到隐私原则的要求。

(8)在设计定义过程中,强调隐私对设计的影响。制定系统设计指南,以确保集成了适当的隐私控制措施。

此外,ISO/IEC 27550还通过附录部分,将一系列隐私设计的核心概念进行了串接,分别从技术和实操视角描述了隐私工程目标、数据处理风险、隐私威胁、隐私策略、隐私控制措施、隐私风险模型、隐私风险分析方法。总体而言,这样一份标准既适用于负责涉及隐私保护要求的信息系统开发、实施、运行的工程师,也适用于负责隐私合规、产品管理、营销和运营管理人员。隐私工程涉及的具体细节很多,ISO/IEC 27550还提供了知识索引的功能,将这些细节内容指向了其他框架、标准、书籍和论文。

3. 与ISO/IEC 27701类似的国际标准

ISO还有两个应用较为广泛的隐私管理方面的指南性标准,与ISO/IEC 27701的指南部分较为类似,这里一并予以说明。

ISO/IEC 29151:2017《信息技术－安全技术－个人可识别信息保护的实施准则》(Information technology－Security techniques-Code of practice for personally identifiable information protection)是各行业通用的实践指南类标准,描述了被普遍接受的个人可识别信息(PII)安全控制措施和风险处理方法,该标准在ISO/IEC 27002的各个域中加入了保护个人信息的36项附加控制要求,并与ISO/IEC 29100中的隐私原则予以对应,形成实用且针对性强的PII保护措施供企业使用。因而ISO/IEC 29151可以视为ISO/IEC 27002在隐私保护方面的通用扩展。

ISO/IEC 27018:2019《信息技术－安全技术－个人可识别信息(PII)公有云上数据处理者的行为准则》(Information technology－Security techniques-Code of practice for protection of personally identifiable information (PII) in public clouds acting as PII processors)则是 ISO/IEC 27002 在公有云环境下的隐私保护扩展,增加了与云相关的 15 项 ISO/IEC 27002 附加控制要求;11 个额外的基于云的个人信息要求;适用于企业作为 PII 处理者通过与其他组织签订的 SLA 提供信息处理服务;也适用于一般作为 PII 控制者的企业。

ISO/IEC 27018 和 ISO/IEC 29151 都是在 ISO/IEC 27701 之前制定的,也是 ISO/IEC 27701 制定时的重点参考对象。可以看到,ISO/IEC 27701 的指南部分和 ISO/IEC 27018 与 ISO/IEC 29151 是有很大的重叠。ISO/IEC 27701 的特点在于"集大成",该标准直接沿用或优化了 ISO/IEC 27018、ISO/IEC 29151 中的大量条款,又融入了欧盟 GDPR 中的规范要求,因此在 ISO/IEC 27701 的附录中还专门将该标准与 GDPR、ISO/IEC 29100、ISO/IEC 27018 以及 ISO/IEC 29151 进行了映射。但是 ISO/IEC 27701 并没有尝试去完全覆盖任何一件已有的标准,ISO/IEC 27018、ISO/IEC 29151 作为隐私管理方面的指南性标准,各有侧重,在某些条款上,与 ISO/IEC 27701 标准的指南部分形成了互补,所以这些标准都还是有独立存在的必要。企业可以根据自身的实际情况去选择,例如,提供公有云业务的企业可以考虑参照 ISO/IEC 27018 开展内部的隐私治理,而另外一些期望获得更多实施指南的企业则可以参照 ISO/IEC 29151 以及 ISO/IEC 27701 来进行。

4.4 美国国家标准与技术协会(NIST)的相关标准和规范

4.4.1 NIST 的相关文件概览

在 NIST 的 SP 800 的标准体系和内部报告(IR)中,涉及隐私保护相关的标准主要包括:

(1) NIST SP 800-53《信息系统和组织的安全与隐私控制》(Security and Privacy Controls for Information Systems and Organizations)目前为第 5 修订版本。该版本澄清安全和隐私之间的关系,以改善安全控制措施的选择,解决安全和隐私风险。该版本同时为隐私相关控制措施提供概要和映射表格,将隐私控制措施和安全控制措施充分集成在一起。

(2) NIST SP 800-122《保护个人可识别信息机密性指南》(Guide to Protecting the Confidentiality of Personally Identifiable Information)主要描述了针对 PII 处理过

程采取管理、技术、物理等措施对其保护和有效控制的措施,并提出为妥善保护个人可标识信息的保密性,组织应使用基于风险管理的方法。此标准提供了基于风险管理方法保护PII的保密性的指南,是对SP 800-53附录中提出的"隐私控制"的细化。

(3) NIST IR 8062《隐私工程与风险管理指引》(An Introduction to Privacy Engineering and Risk Management in Federal Systems)提出了信息系统可参考的隐私工程实施方案及隐私风险模型。其中,隐私风险模型中提出了隐私风险评估的具体步骤和风险计算方法,对组织和第三方实施完善的隐私影响和风险评估具有很高的参考价值。

(4) NIST SP 800-144《公有云计算安全和隐私保护指南》(Guidelines on Security and Privacy in Public Cloud Computing)是公有云安全和隐私保护的有效结合,描述了在公共云环境下,需要在设计云计算解决方案时,充分考虑隐私安全问题,使其符合相关法律法规、政策和组织策略要求。同时,需要持续监控、评估和管理隐私安全风险。

(5) NIST IR 8053《个人信息去标识化》(De-Identification of Personal Information)指出目前去标识化技术被用于在使用、共享个人信息和保护个人隐私之间获得平衡。NIST IR 8053对过去二十年的去识别化研究进行总结,讨论目前的实践方案,并指出未来研究的方向。

(6) NIST SP 800-188《政府数据集去标识化》(De-Identifying Government Datasets)用于指导政府部门使用去标识化技术,以减少收集、处理、存档、分发或公开政府数据时相关的隐私安全风险。政府部门为有效使用去标识化技术,应评估去标识化的目标和潜在风险,使用特定的去标识化模型,建立审查委员会,采用适当的技术标准。

上述部分标准虽然是为美国联邦政府制定的,但也适用于非政府组织(包括企业)环境中的个人信息保护。

4.4.2 NIST的《隐私框架》介绍

除了上述标准外,NIST于2020年1月发布了在其著名的《网络安全框架》(Cybersecurity Framework)基础上制定的《隐私框架》(NIST Privacy Framework: A Tool for Improving Privacy Through Enterprise Risk Management)1.0版本,迅速成为世界上影响力最大的隐私框架之一。该框架是一个通过企业风险管理提高隐私保护能力的安全工具,能够优化概念设计支持的隐私工程实践,帮助企业或组织保护个人隐私,以便其更好地遵守相关隐私法律与政策,包括欧洲的GDPR。

NIST的《隐私框架》结构如表4-10所示,其核心内容包括隐私框架的构成、隐私框架的使用方法和隐私风险管理。

表4-10　NIST的《隐私框架》的结构

章　标　题		节　标　题	
第1章	隐私框架介绍	1.1	隐私框架概览
		1.2	隐私风险管理
		1.3	章节介绍
第2章	隐私框架	2.1	核心层
		2.2	组合层
		2.3	实现层
第3章	如何使用隐私框架	3.1	与其他规范文件配合使用
		3.2	加强问责
		3.3	制定/改进隐私计划
		3.4	贯穿系统开发生命周期
		3.5	在数据处理生态系统中使用
		3.6	支撑采购决策
其他	参考文献	—	
	附件	A	隐私框架的核心层级列表
		B	术语表
		C	缩略语
		D	隐私风险管理的实践
		E	实现层级的定义

1. 隐私框架的构成[①]

隐私框架主要由核心层(Core)、配置层(Profiles)和实施层(Implementation Tiers)三部分组成,三者之间的关系如图4-3所示。

(1)核心层。核心层提供一系列隐私保护的行动指南和预期结果,在组织内从管理层到执行层依次传达。核心层由识别、治理、控制、交流、保护5个功能模块构成,用于降低数据处理过程中产生的隐私风险。

识别模块(ID-P):用于识别组织内部和外部环境的现状,提高组织对数据处理过程中个人隐私风险管理的理解。识别模块可用于理解数据处理过程,确定在数据处理生态系统中的角色和需求,进行风险评估,建立识别、评估和管理隐私风险的方案等。

治理模块(GV-P):用于建立组织内部治理体系,以便持续跟进风险管理的优先级。治理模块包括建立组织隐私政策、确定法律法规要求、明确组织的风险承受力、培训数据处理人员的隐私意识、理解对组织持续性审查的政策和流程、使风险处置重点与风险管理策略和业务需求保持一致等内容。

[①] 刘贤刚,苏丹. NIST隐私框架研究[J].信息技术与标准化,2021(7):27-32.

控制模块(CT-P):用于精细化管理数据,使组织和个人能够以足够的粒度管理数据。控制模块增加了数据的可管理性和可分离性,确保隐私保护原则(例如个人信息主体参与、数据最小化)能够实施。

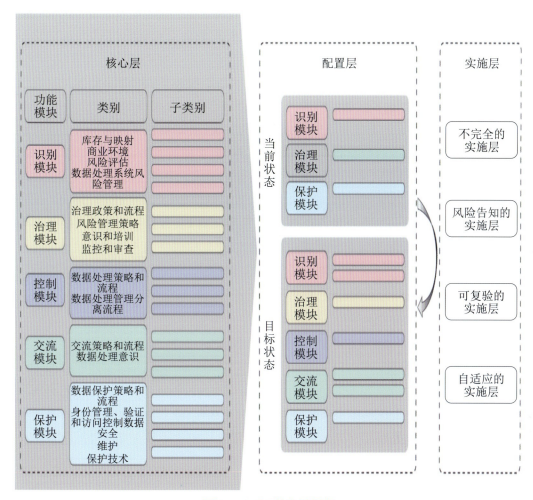

图4-3　NIST的隐私框架

交流模块(CM-P):用于开展组织或个人交流隐私风险问题的活动,使组织或个人能够理解并参与有关数据处理方式和隐私风险的对话。例如,确保数据处理过程可见、建立个人反馈机制、为个人提供缓解机制以降低敏感数据操作带来的影响等。

保护模块(PR-P):制定并实施适当的数据处理保障措施以防止网络安全事件发生。例如,建立响应计划、进行身份验证和访问控制、依规进行系统维护、管理安全解决方案等。根据不同的功能,5个功能模块细分为18个类别(例如ID.RA-P,风险评估),每个类别又细分成若干个子类别(例如ID.RA-P5,风险响应),组织可按需根据具体细则制定隐私保护目标和活动。值得注意的是,这些功能模块并非合规清单,组织无须满足每个子类别中的所有要求,而是可以根据自身需求个性化地选择和搭配模块。

（2）配置层。配置层用于描述隐私活动的当前状态和目标状态，组织根据两者差距制定并改进行动计划，同时评估为实现目标状态所需的资源。组织在确定配置层的需求时应考虑：业务目标、隐私价值和风险承受能力；在数据处理生态系统或行业中的角色；法律法规要求和行业最佳实践；风险管理的重点和资源；服务对象的隐私保护需求等。

（3）实施层。实施层为组织判断是否具有完备流程和足够资源来管理风险提供了参考依据。组织在选择实施层时应考虑以下因素：组织拟实现的目标状态；组织目前的风险管理实践是否支持或阻碍目标状态的实现；组织将隐私风险纳入风险管理产品组合的程度；组织的数据处理生态系统关系；组织的劳动力结构和培训计划等。实施层包含4个不同层次：不完全的实施层（Partial）、风险告知的实施层（Risk Informed）、可复现的实施层（Repeatable）和自适应的实施层（Adaptive），层次由低到高，每个层次都对隐私风险管理流程、隐私风险管理计划、数据处理生态系统关系和员工队伍4个方面提出不同程度要求。若当前层的流程或资源不足以帮助组织管理隐私风险，可升级到更高层次。组织可以使用实施层对升至更高层所需资源进行讨论，也可以将实施层作为通用基线，用来衡量组织的隐私风险管理能力。

2. 隐私框架的使用方法

隐私框架的应用方式灵活，遵守隐私框架并非统一的概念，组织可根据需求自行决定所使用的功能模块。

（1）与其他参考文件配合实施。NIST隐私框架的核心层旨在适用于数据处理生态系统中的任何角色，正是因为强大的兼容性和灵活性，隐私框架的描述具有高度概括性，组织在建立隐私保护体系时需要将隐私框架与相关法律法规、标准、技术指导等其他参考文件配套使用才能达成目标。隐私框架的官方网站提供了参考文件，包括GDPR和《网络安全框架》等，逐条提供了隐私框架与参考文件的对接条款，参考文件的规模还在持续扩展。

（2）加强问责。隐私框架可作为组织内部支撑问责的工具：高级管理层进行风险决策，向下传达隐私价值观、任务优先级和预算；业务管理层明确隐私目标、进行预算分配；执行运营层用于跟踪流程、落实目标，并报告进度和不断变化的隐私风险。

制定/改进隐私计划：隐私框架可用于支持创建或改进隐私计划，组织可使用参考文件确定优先顺序，建立"准备、启动、实施"的行动模型。利用识别和治理模块做好准备工作，根据隐私活动的当前状态和目标状态之间的差异设置行动计划，最后根据行动方案进行实施。

（3）贯穿系统开发生命周期。在系统需求分析阶段，根据隐私目标明确隐私能力和需求；在系统设计开发阶段，验证隐私能力和需求是否符合目标状态中组织需求和风险承受能力;在系统部署阶段,评估组织是否实现所有隐私功能和要求。

(4)在数据处理生态系统中使用。组织在数据处理生态系统中的角色复杂多样,对于管理隐私风险,组织不仅需要考虑自身目标,还需要考虑采取的措施如何影响数据处理生态系统中其他组织的隐私风险管理。例如,制造商可使用目标状态来确定产品功能,以便客户能够满足终端客户的隐私需求。隐私框架提供了一种"通用语言",使组织在数据处理生态系统中便利地交流隐私要求。

(5)支撑采购决策。组织可根据选择的隐私目标,利用隐私框架核心层相应的子类别评估合作伙伴的系统、产品或服务,若其无法达到所有目标,组织可以通过缓解措施或其他管理措施来处理风险。

3. 隐私风险管理

为统一隐私管理基本概念,隐私框架对组织开展或改善隐私风险管理的概念和因素作出解释。

(1)隐私风险和网络安全风险。NIST发布的《网络安全框架》帮助组织管理网络安全风险,然而其并不足以管理隐私风险,因为隐私风险可能会由与网络安全事件无关的方式产生。隐私事件是指组织在数据处理活动中由于对个体隐私侵犯而产生了不良后果(例如遭受歧视),而网络安全事件是指由于遭到网络攻击和数据泄漏而致使数据曝光、损毁或者不可获取。对于个体所遭受的不良后果是由网络安全事件导致的,属于隐私框架和网络安全框架的交集,由隐私框架和网络安全框架中的保护模块(PR-P)来管理该风险;对于个体所遭受的不良影响是由非网络安全事件导致的(例如智能电网对用户行为的挖掘分析),属于隐私框架单独处理的问题,由识别模块、治理模块、控制模块和交流模块来管理该风险。图4-4展示了管理网络安全风险和隐私风险所需的功能模块。

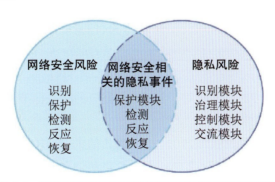

图4-4　管理网络安全风险和隐私风险所需的功能模块

组织可以利用这两个工具进行隐私风险管理,分析隐私风险带来的潜在影响,使用不同措施来降低、转移风险,制定更为有效的解决方案以应对网络安全和隐私风险所带来的挑战。

(2)隐私风险评估。隐私风险评估是识别和评估特定隐私风险的过程。隐私风

险评估产生的信息可以帮助组织权衡数据处理的益处和风险,并确定适当的应对措施,包括:

① 降低风险:例如,组织可以对系统、产品或服务采取技术措施或政策措施,将风险降低到可接受的程度。

② 转移或分担风险:例如,合同是向其他组织分担或转移风险的手段,隐私告知和同意机制是与个人用户分担风险的手段。

③ 规避风险:例如,当组织认为风险大于收益,可放弃或终止数据处理。

④ 接受风险:例如,当组织认为个人数据问题可以忽略不计,无须投入资源来减轻风险。

隐私风险评估有助于组织区分隐私风险和合规风险,确定数据处理是否会给个人用户带来安全问题,帮助组织遵守法律法规,在系统、产品和服务设计或部署方面作出道德决策,优化数据使用,最大限度地减少对个人隐私的不利影响。

扩 展 阅 读

上述国际/国家信息隐私标准、相关行业组织制定的最佳实践文件或实施指南中提出的各种隐私治理参考框架,最权威的参考材料就是这些标准文件本身。这些标准文件也在快速迭代,阅读时需要注意版本信息。在前面各章节中,已经给出了这些文件的网址和相关的版本信息,这里不再重复。

William Stallings 的两本书 *Information Privacy Engineering and Privacy by Design*(Addison Wesley 2020 年版,中译本名为《信息隐私工程与设计》,机械工业出版社 2021 年版)和 *Effective Cybersecurity: A Guide to Using Best Practices and Standards*(Pearson Education 2019 年版,中译本名为《Effective Cybersecurity 中文版》,机械工业出版社,2020 年版)对于 NIST 和 ISO 的相关标准有较为系统的介绍,但是没有涉及中国国内的标准。

谢宗晓等编写的《ISO/IEC 27701:2019 隐私信息管理体系(PIMS)标准解读》(中国标准出版社2020年版)以 ISO 27701 提出的隐私信息管理体系为核心,系统介绍了相关的 ISO 国际标准,并提供了 ISO 27701 的全文中译本。中国金融认证中心组编的《个人信息保护——基于GB/T 35273的最佳实践》(中国标准出版社2019年版)则以 GB/T 35273 中的个人信息安全规范为核心,系统介绍了相关的国内标准,但2019年以来的一些新的标准制定进展没有包含在内。

5 企业隐私保护治理实践

- ◆ 5.1 隐私保护治理与框架
- ◆ 5.2 隐私组织构架
- ◆ 5.3 隐私管理制度和操作规程
- ◆ 5.4 隐私运营管理

在明确了外部法律法规、标准要求和客户需求之后,企业在应对个人信息隐私保护的挑战时不能仅局限在技术层面,更需要具备治理角度系统性的管理保障。所谓"三分技术、七分管理",只有将技术手段与管理措施深度融合,才能真正构建起有效的企业隐私保护治理体系。华为公司经过多年的摸索与实践,总结出一套系统性的隐私保护治理方法论。本章介绍华为公司隐私保护17/27框架以及治理实践,供读者参考。

5.1 隐私保护治理与框架

5.1.1 隐私保护治理的负责部门

在了解了隐私保护相关法律要求之后,企业面临的首要问题是选择或建立哪一个部门来统筹隐私保护治理工作?我们先来梳理一下有哪些部门涉及个人信息相关的工作并有可能作为隐私保护治理的责任部门。

(1) 网络安全、信息安全或数据安全部门。保障个人信息的安全(保密性、完整性和可用性),包括实施必要的技术防护措施、安全管理机制、检测机制、日志审计机制等,防止个人信息被滥用或泄露等。

(2) 法务部门。提供个人信息保护的法律专业建议,包括立法动态跟踪、法律法规解读、执法案例分析、协议文件评估以及为业务提供合规建议等。

(3) 信息技术部门。保障各项安全与合规控制措施在信息技术服务中得到贯彻执行,如维护隐私声明、记录个人信息主体的同意、清理留存到期的个人信息等。

(4) 业务部门。管理隐私需求、确认隐私设计与相关配置(权限/留存期)、签署数据转移协议/数据处理协议、受理个人信息主体的请求/投诉以及保障个人信息主体的权利等。

(5) 研发部门。保障产品(如智能手机、智能汽车等)满足默认隐私设计和隐私工程的要求,为个人信息处理合规提供技术支撑/保障。

(6) 风险管理、内控或合规部门。管理包括个人信息保护在内的企业风险,将风险控制在可接受范围。

可见,与个人信息保护相关的部门有很多,那么到底选择哪个部门才是相对合理的呢?通常来说,个人及团队所具备的能力与岗位所需要的能力匹配度越高越好,这样才能实现企业和个人/团队的双赢。

从事个人信息保护管理工作的团队通常应该具备如下主要能力:

(1) 熟悉个人信息保护治理实践,具备制定管理制度和操作规程的能力,能够向各业务部门提供监督、指导和培训。

(2) 具备项目管理能力,能够把所有涉及个人信息处理的业务部门组织起来,推动个人信息保护合规项目的开展。

(3) 掌握个人信息保护法律基础知识,了解典型法律的通用要求。

（4）掌握个人信息安全技术基础,如加密、去标识化与匿名化等,能够和研发/技术人员讨论个人信息保护的方案。

按照上述标准,我们先来分析一下上述各部门承担个人信息保护管理工作的优劣势,如表5-1所示。

表5-1　各部门承担个人信息保护管理职责优劣势分析

部　门	优　势	劣　势	分　析
网络安全、信息安全或数据安全部门	熟悉网络安全管理制度和操作规程,适当扩展后可以重复利用; 熟悉安全技术与安全工具,具备设计个人信息安全控制措施方面的经验; 具备丰富的安全治理与安全项目管理的实践经验以及推动业务改进的能力,内部沟通机制以及安全项目管理的方法和经验可以重复利用	个人信息保护法律基础知识	团队能力比较接近所需能力;如叠加个人信息保护管理职责,安全团队需补齐个人信息保护法律的相关知识和技能(或招募具备个人信息保护法律基本知识的专业人员)
法务部门	熟悉个人信息保护法律,对法律法规的解读以及给业务的合规建议方面专业性最强	制定内部管理制度和操作规程; 治理与项目管理实践; 个人信息安全技术基础	如叠加个人信息保护管理职责,对于中小型企业来说,能够提供敏捷和高效的合规建议,但对于业务类型复杂、处理个人信息类型和数量较多的企业来说,需要补齐项目管理、隐私保护治理领域的相关能力或人员
信息技术部门	熟悉信息技术环境,便于执行控制措施; 熟悉隐私设计和隐私工程	制定内部管理制度和操作规程; 治理与项目管理实践; 个人信息保护法律基础知识	信息技术部门通常体现为个人信息受托人角色,难以兼顾并保障业务作为个人信息处理者的角色
业务部门	最熟悉本领域业务,通常直接承担个人信息处理者法定职责,有充分的合规动力; 项目管理与沟通顺畅	制定内部管理制度和操作规程; 治理实践; 个人信息保护法律基础知识; 个人信息安全技术基础	如果各业务部门隐私保护工作独立进行,则存在大量重复工作,且不利于知识共享,因此仍需要一个统一的个人信息保护管理部门来承接可能重复投入的工作

续表

部门	优势	劣势	分析
研发部门	熟悉隐私设计、隐私工程；个人信息安全技术基础	制定内部管理制度和操作规程；治理与项目管理实践；个人信息保护法律基础知识	研发作为产品上市前的一个环节，产品尚未进入运营状态，其角色通常为产品供应商，难以兼顾企业作为个人信息处理者或受托人时的职责
风险管理、内控或合规部门	熟悉整体风险管理、内控或合规，已有的方法论可以复用；丰富的风险管理、内控或合规项目管理经验	个人信息保护法律基础知识；个人信息安全技术基础	团队能力比较接近所需能力，如叠加个人信息保护管理职责，团队需补齐个人信息保护法律、安全技术基础等方面知识和技能

通过上述分析可以看出，在现有的部门中通常并不存在一个能够满足隐私保护治理所有能力要求的部门。为了有效实施个人信息保护，我们需要根据企业组织架构、规模、风险偏好以及管理层期望等因素综合权衡，选择其中的一个部门增加其职责，或新成立一个单独的个人信息保护部门，来承担个人信息保护的管理职责，并协调其他各相关部门一起工作。

对于中小企业来说，法务部门来承担个人信息保护的管理职责是一个比较合理的选项。法务部门的强项是对立法精神的领会、对法律法规和执法案例的理解和专业解读，在业务复杂度不高的时候，能够为业务提供敏捷和高效的合规建议，综合优势明显。

对于大型企业[①]来说，由于业务规模的增长，以及个人信息保护法律的"可归责"[②]要求，企业需要保障在隐私保护方面的投入，包括制定管理制度和操作规程、开展培训、记录个人信息处理活动、开展隐私影响评估、管理隐私声明与透明性、管理协议签署以及响应个人信息主体请求等，原来的方式就不可持续了。大型企业需要主动考虑建立隐私保护的治理机制，通过管理制度、合理的组织与权责划分、操作规程以及监督机制，主动保护个人信息并保障合规。能够融合法律知识和个人信息保护治理，擅长项目管理，并了解一些安全技术基础的相关部门比较适合作为大型企业隐私保护治理的管理组织。这个部门需要了解业务能够直接跟业务团队合作，需要了解一

---

① 本书所说的大型企业，是指企业处理的个人信息类型多、数量大以及涉及个人信息处理的业务场景较为复杂。如果企业规模大但处理个人信息的业务场景简单，可参考中小型企业的相关实践。

② 可归责（accountability），即个人信息处理者（数据控制者）负责且有能力证明其对个人信息的处理符合适用个人信息保护法律所规定的处理个人信息的原则。

些个人信息安全技术能够直接跟产品或服务的开发团队讨论,也需要了解个人信息保护法律的通用要求,将法律要求转化为业务或产品开发团队能够听懂的语言。大型企业可以从上述部门中选择其中的一个部门增加其职责,由这个部门来承担个人信息保护的管理职责,并协调其他各相关部门一起工作。

通过对上述各部门的对比分析发现,比较接近隐私治理所需能力的部门主要有:

① 网络安全、信息安全或数据安全部门;

② 风险管理、内控或合规部门;

③ 法务部门。

我们建议大型企业选择网络安全、信息安全或数据安全部门(不同的企业可能使用了不同的部门名称),在其基础上增加个人信息保护职责,因为该部门所欠缺的能力项最少,可以通过跟法务部门的协同快速补齐,并在实践中逐渐掌握个人信息保护法律的基础知识和技能。

5.1.2 业务出海面临的难题

企业如何保障业务的合规呢?业务部门可以收集所有适用法律法规要求,整理成需要执行的控制措施清单。假设企业的主营业务是在线商城,这个业务涉及个人信息处理,业务起步时只在中国境内开展业务。鉴于其尚未出海,适用的法律法规要求包括中国的《个人信息保护法》《未成年人网络保护条例》《互联网信息服务算法推荐管理规定》《移动互联网应用程序信息服务管理规定》等。

我们可以把这些要求全部收集起来,制作成自检表(或落地清单),其内容主要包含:

(1) 确定处理个人信息的合法性基础(来自第十三条,处理个人信息的七个条件,处理活动需要具备其中的一个合法性基础)。

(2) 取得并记录个人的同意,如果涉及未满14周岁的未成年人,取得其父母或其他监护人的同意。

(3) 向个人提供撤回同意的便利。

(4) 提供隐私声明(或其他形式的告知)。

(5) 如涉及委托处理个人信息,跟受托人签署数据处理协议。

(6) 如涉及个人信息出境,需要评估下采用哪种合规机制(安全评估、认证、标准合同等),签署数据转移协议并保障数据安全保障措施落地。

(7) 记录处理情况记录(即记录处理活动)。

(8) 执行个人信息保护影响评估。

有了这张自检表,业务部门可以把产品、开发/技术、安全、法务和隐私等部门组织起来,通过分工协作以及逐条对照检查的方式进行检查,如果发现存在不符合相关要求的情况,共同落实相应的改进措施。

但是,企业规模增长并出海之后,合规的复杂程度将大大提升。在出海之前,我们需要收集一下出海目的地有哪些要求。以欧盟为例,需要考虑的控制措施包括(欧盟GDPR与中国《个人信息保护法》存在差异,下面仅列出不同的部分):

(1) 明确个人数据处理活动记录①应当包含的要素(数据控制者身份、处理目的、数据主体类型、个人数据分类、留存期、跨境转移情况以及技术和组织措施等)。

(2) 明示同意。一些场景对获取用户同意的方式有特殊的要求,例如处理敏感个人数据、自动化决策等需要明示同意(Explicit Consent),需要满足4个条件,即① 自由作出;② 特定目的;③ 充分知情;④ 明确的意愿表示,不满足全部4个条件的同意机制将被认为无效。

(3) 合法利益评估。在一些场景下可以使用"合法利益"(Legitimate Interests)作为处理个人信息的合法性基础,例如面向当前客户的直接营销、闭路电视(Closed-circuit television,CCTV)、防止欺诈、保障网络或信息安全以及审计调查等;为了证明数据控制者的合法利益不会对个人的基本权利造成较大影响,需要执行合法利益评估(Legitimate Interest Assessment,LIA)。

(4) 跨境转移机制。欧盟的GDPR规定的跨境转移机制包括充分性认定、标准合同条款、有约束力的企业规则(Binding Corporate Rules,BCR)等,需要执行转移影响评估、选择合适的转移机制,对潜在的风险实施适当的补充措施。

(5) 任命数据保护官(Data Protection Officer,DPO)。如企业存在对数据主体进行大规模的例行与系统性监控,或大规模处理特殊种类的个人数据或刑事定罪/犯罪数据,应任命DPO,作为数据控制者与监管机构的联络人,对企业的个人数据处理进行监督。

(6) 指定在欧盟的代表。设立在欧盟之外的企业,如面向欧盟用户提供商品或服务,或监控发生在欧盟境内的用户行为,应指定在欧盟的代表。

(7) 儿童年龄阈值。处理未达到一定年龄门槛的儿童的个人信息,需要获取其监护人的同意或授权,且该年龄门槛需要按照国家适配(欧盟各成员国可以在13~16这个范围内设定年龄界限)。

随着出海业务数量以及出海目的地(国家或地区)的增加,需要适配的法律法规数量越来越多,这时再沿用出海前的做法(将所有适用法律法规的要求整理成自检表并逐条检查),业务适配工作量将正比例于出海业务数量与适用法律法规数量的乘积,复杂度将急剧提升。由此可见,在隐私保护治理的过程中,如果没有一套机制来跟踪、管理、解读和保障控制措施落地,各业务非常容易出现合规问题,例如:

---

① 个人数据处理活动记录,业界通常称为数据清单(Data Inventory,DI)或个人信息清单。

（1）适用法律/法规/标准或控制措施遗漏。外部法律法规的数量庞大，各业务在实施隐私保护合规控制措施时很容易遗漏个别法律法规或其中的部分要求，没有在内部落实相应的控制措施；除了法律法规之外，在部分国家或地区，还存在着一定数量的强制性标准。

（2）重复投入。在业务覆盖的每个国家或地区都需要按照适用法律逐一进行适配，适配复杂度随着业务数量和出海国家或地区的数量的增长而明显增长，存在大量的重复投入。

（3）治理难度大。随着业务数量、规模和复杂度的提升，难以系统性地指导、监督各业务的合规实践，也难以为业务的个人信息安全与处理合规提供长期可持续的保障机制。

（4）严重依赖个人经验。各部门之间因为没有个人信息保护方法上的共识，是否能够有效保障个人信息安全与合规，将严重依赖相关个人/团队的能力，彼此之间已有的经验或成果难以共享和复用，如果员工转岗或离职，将对业务产生较大影响。

如果存在一套机制来跟踪、管理、解读和保障落地，就会大幅提升业务的合规效率，这一套机制，就是隐私治理框架。

隐私治理框架是整合了适用法律、法规与标准要求，适配业务需要而形成的控制措施集合，是可以帮助组织规划、实施、检查和改进其跨领域运营的隐私保护的方法论和实践指导。隐私治理框架提供了一种通用的语言，用于与内部和外部利益相关者沟通隐私风险与相应的控制措施。隐私治理框架对内用于指导隐私保护合规控制措施落地(例如，指导各业务完善内部管理，融入各业务流程，形成个人信息保护的长效机制)，对外用于证明合规(也就是证明所采取的技术和组织措施符合法律法规的要求)。

通过观察业界已有的隐私治理框架，可以发现他们在具体的控制措施集合上基本重合，但在归纳方法(或分类方法)上存在明显的区别，同样的一条控制措施在不同的框架下被归纳到不同的目录下面，这也体现了各自治理理念(或方法论)的不同。

隐私治理框架给企业隐私治理带来的优势包括：

（1）隐私治理框架系统地归纳了隐私合规领域的外部控制要求，业务人员可以不再执行这些大量的重复的法律法规洞察工作，而只需要关注本业务领域特定的增量要求，极大地节省了业务部门的时间，提高了各业务部门的个人信息保护合规效率。

（2）隐私治理框架作为外规内化的桥梁，直接为各业务单元的隐私合规工作提供了需求输入，解决了合规控制措施与对外证据呈现的完备性问题，可作为整体技术和组织措施的合规证明。

企业集团在所有的国家或地区使用同一套隐私治理框架，使用相同的方法，便于在内部统一沟通语言，可以为各业务、各国家或地区提供专业的指导，这样已有的实践经验可以复用,合规效率将大幅提升。如果国家或地区的法律法规要求存在差异,则按照"一国一策"[①]的方式对框架进行调整,使之能够适配该国家或地区的要求。

总之,对于大型跨国企业来说,构建一套统一的隐私治理框架是非常必要的。

5.1.3 隐私治理框架的选择

为了保障企业在全球范围内的个人信息安全与处理合规,隐私治理团队需要选择合适的隐私治理框架或者构建企业自己的隐私治理框架,来管理、指导和实施法律法规与强制性标准所要求的各项控制措施,通过分工协作,实施这些控制措施,并检验实施效果。

鉴于业务规模和复杂度不高,中小型企业通常可以采用业界隐私治理框架或标准,比较有代表性的有GB/T 35273—2020、ISO/IEC 27701:2019、NIST隐私框架等。

那么应该选择使用哪一个框架呢?可以参考相应框架或标准的影响力,以及该框架或标准在目标国家或地区的影响力与认可程度(特别是监管机构对该框架/标准的认可程度)。如果业务主要面向中国,可以考虑选择GB/T 35273—2020;如果业务主要面向全球提供通用的服务,可以考虑选用ISO/IEC 27701:2019等。

接下来,再看大型企业的情况。大型企业直接采用业界隐私治理框架,往往不能满足实际执行的需要,主要体现在:

(1) 控制措施的归类方法或逻辑不便于大型企业实施。大型企业的内部组织架构与框架的分类逻辑不能很好地对应和适配,框架中具体的控制措施在执行时,往往需要跨体系的多个部门分别承接,经常将独立于具体业务的治理类控制措施与具体业务需要实施的控制措施合并在一起,例如"建立隐私影响评估的管理制度或操作规程"与"执行隐私影响评估",在大型企业内部通常是由不同的团队完成的(前者由隐私保护治理团队完成,后者由具体的业务部门完成),不便于分工协作,大型企业在实施时需要继续分解。

(2) 框架提供的通用控制措施,不包含业务涉及的特定场景,也不包含特定国家或地区的特定要求。例如,某企业有智能驾驶业务或人工智能生成内容(Artificial Intelligence Generated Content,AIGC)业务,提供的产品形态包含手机App,那么通用框架所包含的控制措施往往是不够的,还需要扩展,把这些领域的行业法规与强制标准要求包含进来;如果业务在多个国家或地区开展,这些国家或地区针对这些业务领域的特定要求也需要扩展进来。

(3) 框架使用的术语与企业内部已经约定俗成的用法和范围不一致。大型企业

---

① 一国一策,即一个国家,一套策略,具体是指企业在各国的子公司在隐私治理框架的通用要求的基础上进行扩展和定制修改,使之符合所在国家的法律要求。

经过多年的运营实践,积累了大量的成功实践经验(其中就包含企业内部的术语),这些成功的经验需要继承下来。如果内部术语对应的范围与框架中类似术语的范围不一致,则实施上也存在问题。

因此,大型企业通常需要结合业务场景,定制或构建自己的隐私治理框架。接下来,我们会介绍一个构建隐私治理框架的方法,供企业参考。

5.1.4 构建隐私治理框架的方法

为了帮助大型企业实现其对全球隐私合规的系统化管理,接下来我们就要开始洞察法律法规要求与行业标准,构建适合自己企业的隐私治理框架。这个过程需要对外部隐私保护法律、法规及标准进行系统性地分析、归纳和整合,然后基于自身隐私合规管理策略进行不断定制优化,最终形成一套隐私保护治理方法,这个成果就是隐私治理框架。

构建隐私治理框架的步骤主要包括:

1. 构建隐私治理框架的雏形

隐私治理框架的雏形的分类方法应该包含业务主要适用的法律法规要求,最开始可以依据一部法律和一个标准(或外部框架)建立一个初步的框架雏形。

具体在操作步骤上,首先可以选择最有代表性的法律法规,如中国《个人信息保护法》、欧盟GDPR。

标准方面,可以参考业界较有影响的标准或隐私框架:

① ISO/IEC 27701:2019《隐私信息管理标准》;
② ISO/IEC 29151:2017《个人可识别信息的控制措施和实践指南》;
③ GB/T 35273—2020《个人信息安全规范》;
④ NIST《隐私框架》。

更多的标准介绍,可以参考隐私认证一节。

由此可见,框架的定位之一就是外部法律、法规和强制性标准要求的合集,但这个合集怎么呈现出来,就需要结合企业内部组织架构进行设计,不同的组织,最后得出的框架通常是不一样的。

隐私治理框架的雏形,建议至少纳入如下这些分类:

① 管理制度与操作规程;
② 组织;
③ 意识教育和专业能力提升;
④ 应急预案与事件响应;
⑤ 记录处理活动;

⑥ 隐私影响评估；

⑦ 隐私通知与同意；

⑧ 个人信息留存；

⑨ 委托处理；

⑩ 跨境转移；

⑪ 个人信息主体权利保障。

这些分类名称是对各法律法规和标准中一组密切相关的控制措施的抽象，用于对具体法律法规和标准的具体要求进行归类。

经过初步梳理，先按照工作分工进行归类（即哪些是治理团队的工作，哪些是业务团队的工作），隐私治理框架的雏形如表5-2所示。

表5-2 隐私治理框架（雏形）

L1（主线）	L2（控制域）	L3（控制项）	L4（控制措施）
治理主线	管理制度与操作规程	……	……
	组织	……	……
	意识教育和专业能力提升	……	……
	应急预案和事件响应	……	……
生命周期主线	记录处理活动	……	……
	隐私影响评估	……	……
	隐私通知与同意	……	……
	个人信息留存	……	……
	委托处理	……	……
	跨境转移	……	……
	个人信息主体权利保障	……	……

这个框架的雏形按照四级目录进行设计，包括：

① L1（主线）：第一级分类，是对控制措施的高度抽象和概括，一条主线包括多个控制域；

② L2（控制域）：第二级分类，是对同一领域所有控制措施的抽象和概括，一个控制域包含多个控制项；

③ L3（控制项）：第三级分类，是对同一领域内同一场景的所有控制措施的抽象和概括；

④ L4（控制措施）：第四级为具体的控制措施描述。

这个框架雏形中，L1、L2和L3已初步填充完毕，L4暂时留空，待下一步进行补充和优化。

2. 优化通用的隐私治理框架

隐私治理框架的雏形形成之后，接下来通过以下步骤来对框架进行填充和完善。

一是分解，分解也可以称之为切片，是将选取的法律法规、标准切分为独立的条款,并视条款的完整程度补齐上下文(Who、When、Where、What、How),使切分后的条款能够单独适用。

二是重组,将适用于同一场景(对应上述框架的L3)的所有条款要求填充到隐私治理框架对应的控制措施栏目(对应上述框架的L4),并标注原始出处,合并后的控制措施中存在来自不同外部要求中的针对同一场景的重复或相近的要求,作为底稿,在下一步归纳之前应执行备份,用于复核校对以及未来框架刷新时的参考。

三是归纳,即针对重组的结果进行抽象总结,形成可供业务实施的控制措施。归纳时,需结合企业组织架构,使得形成的控制措施便于实施(例如,将跨部门协同的控制措施继续分解为单个部门能够实施的控制措施)。针对少量无法归类的要求,就需要对框架进行进一步的优化改进,例如新增一个分类,或与相近分类进行整合并修改名称,直到绝大部分外部要求都能归纳到合适的位置,最终这个框架就基本形成了。

四是对这个框架进行整体性审视,检查其对通用法律法规和标准要求的完备性,检查分类的逻辑是否清晰,并征集业务部门的意见,进行细节上的完善,使其便于业务实施。

3. 国家或地区扩展

通过上述步骤形成的框架是通用的隐私治理框架。具体到出海业务所覆盖的每一个国家或地区,当地的法律法规或强制性标准可能存在一些本地特定的要求,例如,针对跨境转移,有的国家要求"向监管机构备案"或"跨境转移前获得审批";针对个人信息主体请求的响应时间,不同的国家或地区存在不同的规定。

为保障企业在当地的个人信息处理合规,需要将这些要求纳入隐私治理框架。但是,这些特定的要求仅在本地适用,并不适用于其他国家或地区。

为了解决这个问题,企业可以在通用的隐私治理框架基础上,通过"一国一策"的方式进行扩展。具体来说,就是在保持通用框架结构和分类方法不变的基础上,通过增加国家或地区对应的列,一列对应一个国家或地区,在下方对应的空格里填入该国家或地区的特定要求,例如,针对跨境转移的"向监管机构备案"或"跨境转移前获得审批"等要求,对应"跨境转移"这一分类。

4. 行业扩展

如果业务所在行业存在特定的法律法规或强制性标准要求,如人工智能或网联汽车等,隐私治理框架就需要进行行业扩展,扩展方法跟国家或地区扩展一样。

在具体操作上,复制通用的隐私治理框架,并在保持通用框架结构和分类方法不变的基础上,在表格上通过增加行业对应的列,一列对应一个行业领域,在下方对应的空格里填入针对该行业的特定要求。如果在行业领域内,不同的国家也存在不同的要求,可以在对应的空格内的每一条扩展要求的开始,增加适用地域说明。

5. 建立索引与完整性审视

在框架完成之后,我们需要检查对主流法律、法规和标准的映射(索引序号)是否完整,是否包含了业务所涉及场景的适用要求,通过完善索引,可协助我们发现完整性方面的问题。

上述工作完成之后,我们可以使用其他同类型框架(不能是构建框架时作为输入的业界框架,而需要重新选取一份新的框架)来对我们构建的隐私治理框架进行反向验证,也就是逐项检查其他框架中的控制措施是否已被我们构建的隐私治理框架所包含,保障框架的完整性。最后,还应将框架发给各业务部门的代表,收集大家的反馈意见,完善隐私治理框架。

5.1.5 构建隐私治理框架的实例

接下来,以华为[①]公司发布的隐私治理框架[②]为例,来看看最终形成的框架是什么样的。

华为的隐私治理框架最早是基于欧盟GDPR以及包括GB/T 35273—2020、ISO/IEC 27701:2019在内的10套隐私保护标准而设计搭建的。随着2021年中国《个人信息保护法》的颁布与实施,华为对中国《个人信息保护法》进行了深入的解读和分析,对隐私框架的内容进行了补充完善。以此方式,框架得以不断适应全球法律法规的动态发展。

目前,华为的这套隐私治理框架可以归纳为:

(1) 两条主线:治理主线和个人信息生命周期保护主线。主线一"隐私保护治理"从隐私保护治理的顶层设计出发,集合了政策、组织、人员意识等控制域和控制项。主线二"个人信息生命周期保护"则覆盖个人信息全生命周期的管理,从收集、使用、披露、留存、处置等个人信息处理环节分别提出了隐私合规工作要求。两条主线是为了方便治理团队和业务团队的工作分工而划分的。治理团队通常独立于业务之外,负责整体性的管理制度、流程建设、能力建设,以及各业务运营过程中的整体风险管理、提供培训、监督/指导业务合规落地和组织应急响应等。业务团队负责单个业务的个人信息处理合规,包括业务自身相关的产品隐私方案设计和运营阶段的一系列合规动作,以及在交付的具体产品或服务中保障个人信息主体的各项权利。

(2) 17个控制域。17个控制域分布在两条主线中,其中治理主线中包含7个控制域,个人信息生命周期主线中包含10个控制域。

---

① 华为是ICT(Information and Communication Technology,信息与通信技术)基础设施和智能终端提供商,业务范围覆盖全球170多个国家和地区。

② 华为隐私保护治理白皮书:隐私合规17/27框架[EB/OL]. https://www-file.huawei.com/-/media/corp2020/pdf/trust-center/huawei_privacy_protection_governance_white_paper_2022_cn.pdf.

（3）27个控制项。在17个控制域的每一个控制域下面可以包含一个或多个控制项，共计27个控制项，用于进一步细分，对其包含的具体控制措施进行归类。

（4）具体控制措施。每个控制项下面可以有一条或多条控制措施，这些控制措施中包含两部分，一部分是相对稳定的控制措施的集合，这部分作为通用要求，可以用于所有业务在所有国家或地区的合规落地；而另一部分根据业务所在的行业领域、国家的不同要求而动态变化，这部分往往只影响部分业务或个别的国家或地区。

隐私保护治理	隐私管理制度	组织	意识能力	监控执行	事件响应与沟通	Privacy by Design	个人信息安全
	公司隐私政策与流程文件	组织架构设计 团队任命 人员保密协议管理 绩效考核	全员培训和意识提升 专业人员能力提升	洞察与跟踪 监控度量与持续改进 审计与稽查 认证获取与维护	事件响应 监管沟通与响应	PbD架构设计和方法论 隐私增强技术研究和建议	个人信息安全相关要求

个人信息生命周期保护	个人信息清单	隐私影响评估	通知个人信息主体	选择和同意	收集	使用	披露	留存和处置	跨境转移	个人信息主体权利
	个人信息分级分类 个人信息清单管理	隐私影响评估相关要求	隐私声明或通知	个人信息主体选择和明示同意	个人信息收集限制	个人信息使用限制	向个人信息处理者、共同处理者及受托人披露相关要求	个人信息留存和处置相关要求	个人信息跨境转移相关要求	个人信息主体权利响应，包括投诉处理等相关要求

图5-1 华为隐私合规17/27框架

为了便于交流，华为用控制域和控制项的数量来命名这个隐私治理框架（17代表17个控制域，27代表27个控制项），简称17/27框架，如图5-1所示。

为了便于展示或理解，华为隐私治理框架首创通过"蜗牛图"的形式来展示17/27框架中的第二条主线，即对个人信息全生命周期的保护，如图5-2所示。

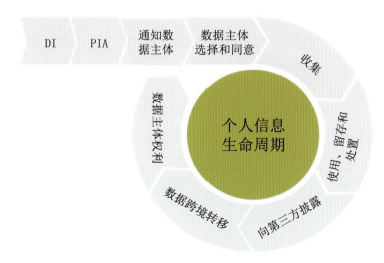

图5-2 个人信息生命周期蜗牛图

是不是业界都应采用17个控制域或27个控制项呢？

其实不然，华为的隐私治理框架是基于华为的业务特征和组织形式做了适配定制。每个企业在制定自己的隐私治理框架时都应根据自身的业务特点、风险分布特征，定制自己的控制域和控制项，不一定要采用跟华为完全一样的隐私治理框架。

为了便于读者了解两条主线分别包含哪些控制域和控制项，下面将对两条主线各自所包含的内容展开说明。

1. 17/27框架的治理主线

17/27框架的第一条主线（即治理主线）包含7个控制域，分别为：

（1）管理制度与操作规程。明确了制定、更新和维护隐私管理制度的具体要求。各业务部门参照本控制域中的隐私合规控制项，结合业务特点，建立并完善自身的隐私管理制度。

（2）组织。从组织架构、团队组建、人员任命、绩效考核等方面，明确隐私管理组织与人员相关的角色、职责及流程，为隐私保护组织架构的设计、搭建及运作提供指引。

（3）意识能力。以提升员工的隐私合规意识和能力为目标，从隐私保护培训规划、培训内容及效果评估等方面提供合规指引，包括规划和实施定期的全员隐私保护意识培训及专业人员能力培训，并对培训效果进行全面评估等。

（4）监控执行。包含洞察与跟踪、监控度量与持续改进、稽查[①]与审计等，需要跟进个人信息处理相关的法律、法规、业界标准与行业实践，及时更新隐私管理制度、流程和实践以响应变化，以及建立业务自检、专业稽查和独立审计在内的三层监督检查机制，形成度量、稽查和审计的管理闭环。

（5）事件响应与沟通。包含个人信息泄露事件响应管理制度与响应流程的制定与维护、应急响应团队的组建、应急响应培训与定期演练的组织开展、响应过程的记录以及监管沟通机制的建立。

（6）隐私设计。包含默认隐私设计（Privacy by Design，PbD）架构设计方法论和隐私增强技术。企业需确保隐私保护被嵌入到业务规划、产品或系统设计、开发以及验证的各个环节之中。

（7）个人信息安全。即实施个人信息处理活动时应达到的安全要求，包括从技术和组织两个方面建立并实施符合业界惯例的个人信息安全保护措施。

2. 17/27框架的个人信息生命周期保护主线

17/27框架的第二条主线（即个人信息生命周期保护主线）包含10个控制域，分别为：

---

① 稽查（Inspection）是由风险控制团队（而不是独立的审计团队）发起的针对业务隐私合规性的检查。

（1）个人信息清单(Data Inventory,DI)，包含个人信息分类分级和记录个人信息处理活动两部分。DI是隐私治理的基础，并作为个人信息处理合规的证据，应保持完整性和准确性。

（2）隐私影响评估(Privacy Impact Assessment,PIA)，包括建立隐私影响评估制度和开展隐私影响评估工作的合规指引。PIA是保障各业务个人信息处理合规的重要活动，贯穿个人信息全生命周期。各业务部门应结合具体业务场景，开展隐私影响评估工作，识别业务场景中潜在的隐私风险和威胁，并实施适当的缓解措施。

（3）通知个人信息主体。明确隐私声明制定、发布和更新的合规要求。各业务单元结合具体的业务场景，制定简洁、透明、易理解、易获取的隐私声明，并通知个人信息主体。同时，个人信息处理活动应与隐私声明保持一致，在业务发生实质性变化时，隐私声明应及时更新。

（4）选择和同意，包含获取同意的方式（含儿童的同意）、留存同意的记录以及个人信息主体如何撤回同意的方式。各业务单元可结合具体的业务场景，获取和记录个人信息主体的同意，并保障个人信息主体撤回同意的权利。

（5）收集。明确了个人信息收集的原则，以及对个人信息的完整性和准确性的要求。各业务单元应依据最小必要原则收集个人信息，并结合具体业务场景，采取去标识化、匿名化和传输加密等隐私增强技术，保障个人信息收集过程中的安全。

（6）使用。各业务单元作为个人信息处理者（对应欧盟数据控制者）时，须遵循目的限制等原则，在向个人信息主体告知的处理目的范围内使用个人信息，并采取适当的技术和组织措施，保障个人信息的使用安全。各业务单元作为个人信息受托人（对应欧盟GDPR中的数据处理者）时，须依据同个人信息处理者签署的个人信息处理协议开展相关处理活动。

（7）披露，包含组织作为个人信息处理者、共同处理者或受托人角色在披露个人信息时的合规要求。各业务单元作为个人信息处理者时，应对个人信息接收方进行尽职调查，仅选择具备足够保护水平的接收方进行合作，与合作的接收方签署个人信息处理协议，并对接收方进行监督，保障披露的个人信息安全。

（8）留存和处置，包含个人信息留存期限、留存期的安全措施和到期后的处置方式等方面的合规要求。应制定和维护个人信息的留存规范，明确业务处理活动中个人信息的留存期限，并对留存的个人信息采取适当的安全保护措施。各业务部门或各个国家或地区的子公司可以结合适用法律要求和实际业务场景，对留存规范进行定制。个人信息留存期结束后，各业务单元应对个人信息采取删除、匿名化或销毁等处置措施。

（9）跨境转移，包含个人信息跨境流程的建立和维护方面的合规指引，支撑个人信息跨境转移合规。各业务单元在个人信息跨境转移前，须执行转移影响评估，对接收方的法律环境进行评估,选择适当的跨境转移机制,对潜在的风险实施适当的补充措施,并保留转移影响评估报告和数据转移协议等相关记录。

(10) 个人信息主体权利,包含个人信息主体权利请求响应流程建立和处理期限等方面的合规要求。各业务单元根据个人信息主体权利保障流程,结合具体业务场景,响应个人信息主体的知情权、访问权、更正权、删除权、拒绝权、限制处理权、可携带权、不受制于自动化决策的权利以及由近亲属行使的死者个人信息权利等。

3. 17/27框架的完整性校验

17/27框架中的17个控制域和27个控制项都是按照"构建隐私治理框架"中介绍的方法,对外部法律法规要求进行分解、重组和归纳后的结果。因为不同的企业所属的行业不同,相关要求存在差异,适配后的隐私治理框架也会有所不同。

接下来,介绍一下17/27隐私框架在保障完整性方面的实践,主要有两方面。

一是在构建框架的时候,需要一并建立相应控制措施与外部法律法规的映射,也就是每一项具体的要求对应哪部法律、法规或标准的具体条款编号。以下是17/27框架的映射节选:

表5-3 17/27框架

主线	控制域	控制措施(节选)	外部映射/出处(节选)
1. 治理	1.1 管理制度	建立并维护一个正式的隐私管理体系,发布并维护内部的隐私管理政策及相关文件	中国《个人信息保护法》:第五十一条、第五十八条; 欧盟GDPR:Art. 24; ISO/IEC 27701: 2019:Art. 5.2~5.3
	1.2 组织	定义隐私管理体系中所涉及的角色和职责,并及时传达给相关人员; 隐私管理组织应相对独立地获取人力、财力及物力的资源,以便履行职责; 组建团队,任命符合资质的法定角色(如个人信息保护负责人、DPO等); 制定并组织处理个人信息的相关人员签署保密协议	中国《个人信息保护法》:第五十二条、第五十三条; 欧盟GDPR:Art.27, 28, 37, 38, 39; 中国 GB/T 35273—2020: Art. 11; ISO/IEC 27701: 2019: Art. 5.3, 5.5, 6.3, 6.4, 6.10
	1.3 意识能力	实施年度全员隐私保护培训,确保所有员工了解其职责,并对培训效果进行评估; 对从事个人信息保护的人员提供专业培训,并对培训效果进行评估	中国《个人信息保护法》:第五十一条; 欧盟 GDPR: Art. 24, 39, 47; 中国 GB/T 35273—2020: Art. 11.6; ISO/IEC 27701:2019: Art. 5.5

续表

主 线	控 制 域	控制措施(节选)	外部映射/出处(节选)
	1.4 监控执行	跟踪法律、法规、标准、合同(含SLA)等要求的变化,及时更新管理制度或操作规程; 建立隐私影响评估流程,实施监督、度量,例行对隐私保护体系的有效性进行评估,推动持续改进; 开展审计,并对发现的问题进行改进; 通过外部认证,验证隐私管理体系的有效性	中国《个人信息保护法》:第三十八条、第五十四条; 欧盟GDPR:Art. 24, 39; 中国 GB/T 35273—2020: Art. 11.7; ISO/IEC 27701: 2019: Art. 5.2, 5.4, 5.7, 6.13, 7.2
	1.5 事件响应	建立个人信息泄露事件响应管理制度和响应流程; 定期组织个人信息泄露演练,并根据演练结果进行改进; 在发生个人信息泄露事件后,履行法定的通知义务	中国《个人信息保护法》:第五十一条、第五十七条; 欧盟GDPR:Art. 33, 34
	1.6 默认隐私设计(PbD)	将默认隐私设计(Privacy by Design and by Default)融入系统设计/开发阶段,并对其有效性进行评估。默认隐私设计包括知识库、加密/匿名化/去标识化等技术的使用以及设置流程控制点等	中国《个人信息保护法》:第五十一条; 欧盟GDPR:Art.25
	1.7 个人信息安全	实施必要的技术和组织措施,为个人信息安全提供保障(注:可援引已建立的安全体系,不再重复细节要求)	中国《个人信息保护法》:第九条、第五十一条; 欧盟GDPR:Art.32
2. 个人信息全生命周期保护	2.1 数据清单	对个人信息实行分类分级管理; 建立数据清单(即个人信息处理活动记录),记录的字段应覆盖适用法律要求; 例行审视、维护数据清单,保障记录准确、完整	中国《个人信息保护法》:第二十八条、第五十一条、第五十五条; 欧盟GDPR:Art.9, 30; 中国 GB/T 35273—2020: Art. 11.3
	2.2 隐私影响评估(PIA)	定期对个人信息处理活动执行隐私影响评估,以识别隐私风险和威胁,并制定适当的控制措施和计划,评估内容和评估形式以适用法律要求为准; 需对处理个人信息的合法性基础进行验证或复核,所采用的合法性基础必须为适用法律所规定的合法性基础之一	中国《个人信息保护法》:第十三条; 欧盟GDPR:Art.6; 中国 GB/T 35273—2020: Art. 5.1, 5.6

续表

主线	控制域	控制措施(节选)	外部映射/出处(节选)
	2.3 通知	定期审视/刷新隐私声明,隐私声明的内容应包含适用法律要求的各项信息,且与个人信息处理活动保持一致,在审核通过后向个人信息主体传达; 隐私声明的更新应在执行新的处理活动变更之前向受影响的个人信息主体传达	中国《个人信息保护法》:第七条、第十七条、第二十三条、第二十四条、第三十条、第三十九条; 欧盟GDPR:Art. 12, 13, 14
	2.4 选择和同意	使用同意作为合法性基础时,应在收集个人信息前获取数据主体的同意,且获取同意的方式(单独同意、明示同意以及儿童获取监护人的同意等)应符合适用法律的要求; 应记录个人的同意; 保障个人信息主体撤回同意的权利	中国《个人信息保护法》:第十四条、第十五条、第十六条、第二十二条、第二十三条、第二十五条、第二十七条、第二十九条、第三十一条、第三十九条; 欧盟GDPR:Art.7, 8, 9, 17
	2.5 收集	定期审视处理目的和收集的个人信息的必要性、准确性以及数据质量; 从其他实体获取个人信息,应签署相关的协议并履行协议规定的义务	中国《个人信息保护法》:第六条、第八条、第五十九条; 欧盟GDPR:Art.26; 中国 GB/T 35273—2020: Art. 5.2, 5.5, 6.4
	2.6 使用	使用个人信息时,不应超出隐私声明的范围;如需超出隐私声明的范围,应重新告知,并重新获取用户的同意(或具备其他合法性基础); 对收集的个人信息进行加工而产生的信息,如能够单独或与其他数据结合可识别自然人的身份,应认定为个人信息,并包含在本处理活动的相关记录中; 展示个人信息时,应采取去标识化等措施,降低泄露风险; 如提供个性化推荐服务,应同时提供退出或不针对个人的选项; 作为受托人时,遵守合同约定处理个人信息,并实施必要的最小化授权、访问控制、审批等安全措施	中国《个人信息保护法》:第十条、第十四条、第二十一条、第二十四条、第五十九条; 欧盟GDPR:Art. 28, 29; 中国 GB/T 35273—2020: Art. 7; ISO/IEC 27701: 2019: Art. 6.12.1.2, 7.2.6, 7.2.7

续表

主　线	控 制 域	控制措施(节选)	外部映射/出处(节选)
	2.7 披露	建立选择受托人的流程(纳入供应商管理范围),确保受托人能够对个人信息提供同等水平的保护; 作为个人信息处理者,应与受托人签订数据处理协议; 共同处理个人信息时,应以书面形式记录组织与第三方之间各自的角色和职责; 作为受托人时,继续委托需获取个人信息处理者(数据控制者)的书面授权; 记录所有对内部及外部的个人信息披露(如提供给外部审计机构),记录的内容包括个人信息类型、接收方、时间、目的等	中国《个人信息保护法》:第二十条、第二十一条、第二十三条; 欧盟GDPR:Art. 26, 28, 29; 中国 GB/T 35273—2020:Art.9
	2.8 留存和处置	建立并维护个人信息留存规范,并在流程活动中对个人信息处理活动的留存情况加以验证; 记录个人信息处理活动中个人信息留存的目的、期限及保护措施等; 留存到期后对个人信息进行处置(如删除或匿名化等),并保留相关处置记录	中国《个人信息保护法》:第十九条、第四十七条; 欧盟GDPR:Art. 5, 11; 中国 GB/T 35273—2020:Art. 6.1, 6.4, 11.7
	2.9 跨境转移	建立跨境转移流程,包括转移影响评估和决策机制,跨境转移前应具备适用法律所要求的跨境转移机制并通过决策,在通过决策之前禁止跨境转移;使用标准合同条款作为跨境转移机制时,应执行转移影响评估、签署数据转移协议,并确保具备必要的保障措施; 在个人信息处理活动的记录中,增加跨境转移的相关记录,包括跨境转移决策、个人信息种类、目的与必要性等	中国《个人信息保护法》:第三十八条、第四十条; 欧盟 GDPR:Art. 44, 45, 46, 47, 49

续表

主　线	控　制　域	控制措施(节选)	外部映射/出处(节选)
	2.10 个人信息主体权利	建立并维护响应个人信息主体请求的程序,包括个人信息主体访问、更正、删除、限制处理、移植、不受制于自动化决策以及投诉等。 在适用法律规定的期限内响应/处理个人信息主体请求,如评估后需延期,应在法定期限内将延期的理由告知个人信息主体,并在法律许可的延期范围内处理完毕;如评估后决定拒绝请求,应在法定期限内将拒绝的理由告知个人信息主体	中国《个人信息保护法》:第二十四条、第四十四条~第五十条; 欧盟GDPR:Art. 12~22

需要注意的是,由于篇幅限制,上表仅节选了比较有代表性的控制措施和映射关系,并未包含17/27全部的控制措施和映射关系。

二是使用业界同类框架对我们自己构建的框架进行反向验证。17/27框架选择了英国数据保护监管机构ICO发布的可归责框架(Accountability Framework[①])作为反向验证框架。如果ICO可归责框架的每一条控制措施都能被17/27框架所包含,说明17/27框架能够覆盖ICO可归责框架的全部控制措施要求,整体上是完整的。

5.1.6 隐私治理框架的使用

隐私治理框架在构建完成之后,应该持续迭代和更新,在保障个人信息安全、保障个人信息主体权益方面发挥长期的价值。

隐私治理框架的长期价值主要体现在如下几个方面:

1. 外规内化

隐私治理框架作为外规内化[②]的输入,可用于建立并完善企业内部的隐私保护管理制度。

2. 融入业务活动,主动保护个人信息

隐私治理框架融入业务流程,让员工在日常业务活动中执行隐私保护控制措施,是一种主动和预防性的治理实践。

接下来,介绍隐私治理框架融入业务流程的参考步骤。

各业务部门将隐私治理框架中跟本业务领域有关的部分提取出来,并完善针对

---

① ICO Accountability Framework[EB/OL]. https://ico.org.uk/for-organisations/uk-gdpr-guidance-and-resources/accountability-and-governance/accountability-framework/.

② 外规内化,是将外部的法律法规要求转化为内部的管理制度和操作规程。

本业务领域以及业务所在国家或地区的特定要求,形成自检表。

互联网企业或敏捷型组织,可以在产品的每一个版本发布前使用本业务的隐私合规自检表进行检查。

在已建立业务流程的企业,除了使用自检表,还应推动业务部门在自己的业务流程中设置隐私控制点,执行相应的隐私活动,建议的活动和控制点包括:

(1)默认隐私保护设计评审。在开发阶段,评估隐私设计在产品、解决方案和服务中的执行情况。

(2)记录处理活动。在发布阶段(即将开始正式运营),记录该处理活动的基本信息,如个人信息处理者的身份、联系方式,个人信息保护负责人,处理目的,个人信息类型、个人信息主体类型,是否涉及委托处理或跨境转移等。

(3)隐私影响评估。在设计阶段和发布阶段,评估个人信息处理活动可能对个人产生的影响并实施降低风险的措施与计划。

(4)隐私通知。在发布阶段(即将开始正式运营),通过隐私声明等方式告知个人信息主体。

这些控制点的设置可以结合企业的业务特点和操作规程现状进行定制。

3. 指导和监督

隐私治理框架的长期价值还体现在指导和监督方面。

在指导方面,隐私治理框架既可以指导治理活动,也可以指导具体业务的合规实践。在大型企业中,治理类组织往往也是分层设置的,除了企业集团层面可以设置隐私保护治理组织之外,业务线也可以设置专门负责本业务线的隐私保护治理组织,隐私治理框架可以在这些治理团队之间统一方法、分工协作。隐私治理框架对具体业务的指导,体现在对控制措施的解读,为具体业务制定合规方案提供指导。

在监督方面,治理团队可以将隐私治理框架的控制措施作为检查项,对业务进行检查,跟踪业务改进。

总的来说,隐私治理框架是整合了适用法律、法规与标准要求,适配业务需要而形成的控制措施集合,是可以帮助组织规划、实施、检查和改进其跨领域运营的隐私保护的方法论和实践指导。

接下来,我们将结合隐私治理框架,重点介绍隐私保护治理领域的几个典型实践,包括组织架构、管理制度和操作规程、运营管理。

5.2 隐私组织架构

隐私保护的各项控制措施需要合适的组织或人员去落实,例如:
① 管理制度的制定;
② 应急预案的制定;
③ 隐私风险管理;
④ 全员隐私意识培训,以及隐私保护内部从业人员的专业能力提升;
⑤ 产品或服务中隐私保护有关的需求管理、方案设计、初始化等;
⑥ 隐私声明的拟制、版本更新;
⑦ 各类协议(如数据转移协议、数据处理协议)模板的制定与协议签署;
⑧ 留存期的配置;
⑨ 个人信息主体的权利保障(受理并响应个人信息主体的请求);
⑩ IT工具建设。

企业需要设计出相应的隐私保护组织架构,做好职责划分和分工协作,实施各项隐私保护控制措施。

5.2.1 对组织设定的法律要求

企业应该怎么设定组织和角色,才能有效地保障隐私合规控制措施得到有效地实施呢?法律层面通常只设置了个人信息保护负责人或数据保护官(DPO)等少量关键角色的设置要求,并没有覆盖企业内部隐私保护治理所需要的完整的组织设置,我们还需要结合企业实际并参考业界最佳实践来优化自己的组织架构。

5.2.2 企业组织设置实践

在没有建立隐私保护的相关组织以及业务尚未出海之前,企业初期的组织架构可能如图5-3所示。

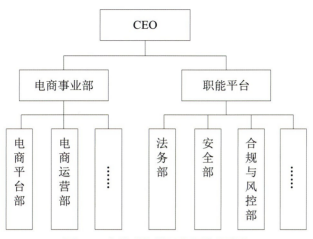

图5-3 企业出海前组织架构(示例)

其中：

(1) 电商事业部是主要的业务部门，在业务出海前，它需要建立在国内开展业务所必要的商业闭环；在业务出海后，它需要为业务出海提供各种支持，例如，打通作业流程、管理IT需求以及根据目的国法律要求所需的适配或定制等。

(2) 职能平台是包括法务、财经、行政、IT、网络安全/信息安全、风险管理、内控或合规部门等在内的统称。

中国《个人信息保护法》出台后，企业应建立相关的隐私保护组织，组织架构可参考图5-4。

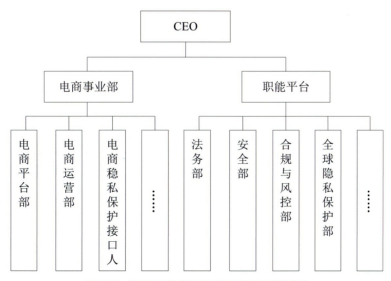

图5-4 集团公司增设隐私保护组织(举例)

其中：

(1) 如果企业有多个事业部，可以在集团公司的职能平台下面设置全球隐私保护部(其部门负责人设置为首席隐私官),负责主持整个企业隐私保护治理的日常管理工作。

(2)在每个事业部下面按需设置本领域的隐私保护接口人,如电商隐私保护接口人,仅负责本领域的隐私保护治理,并接受全球隐私保护部的指导。如果发展成了业务规模庞大的事业部,企业还可以在该事业部下面设置本领域的隐私保护部,其负责人为本领域的隐私官。

随着业务出海,我们如何在每一个子公司建立隐私保护的相关组织呢?对于中小型企业而言,通常按照法律要求设置必要的角色,就可以开展隐私保护相关工作了。至于职责划分,企业可以结合企业自身资源进行定义,以结果为导向,保障所处理的个人信息安全与处理合规。对于大型企业来说,如果没有明确的职责划分,在合规落地过程中,或个人信息泄露事件发生之后,各团队之间往往会发生严重的分歧。以下是一个跨国企业的子公司在增加隐私保护组织后的组织架构图(图5-5)。

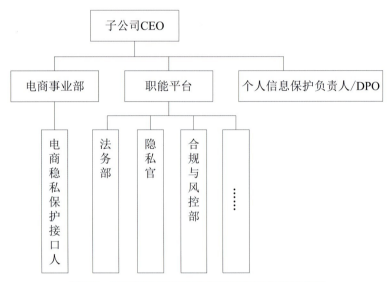

图 5-5 跨国企业增加隐私保护的组织架构(示例)

在这份子公司的组织架构图中,主要设置了三个隐私保护相关的岗位,分别是:

(1)隐私官。在职能平台下面设置隐私官,负责该子公司的隐私保护治理工作。

(2)隐私保护接口人。在每个事业部下面设置隐私保护接口人,例如电商隐私保护接口人,负责本领域的隐私保护要求的落地,并接受隐私官的指导。

(3)个人信息保护负责人或数据保护官(DPO)。基于法律要求设置,例如中国子公司设置个人信息保护负责人,欧盟国家子公司设置DPO,DPO可以由企业员工担任,也可以基于服务合同由外部人士担任(多个法律实体可以任命同一名DPO),DPO作为企业与欧盟个人数据保护监管机构的联络人,负责监督欧洲区子公司的个人数据合规;与隐私官不同,DPO通常是以监管的视角进行监督检查,而隐私官需要以隐私保护负责人的身份推动各项控制措施落地。

对于设置了区域管理组织(例如欧洲区、亚洲区)的大型企业,还可以增设区域隐私官,协调本区域所有子公司的隐私保护治理工作并向各子公司的隐私官提供指导。

在大型企业中还会设置一些跨部门的非实体组织①,如委员会或工作组等,用于加强所负责领域的管理和协调,这些非实体组织在上述组织架构图中没有体现出来。为了解决这个问题,我们把隐私保护的相关组织与角色抽象出来,如图5-6所示。

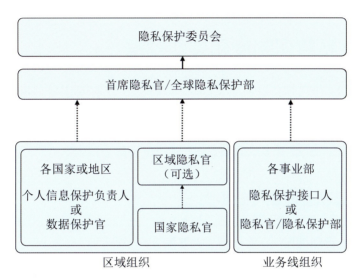

图5-6 某跨国企业隐私保护组织抽象架构(示例)

这是一个自上而下的隐私保护治理体系的组织架构,其中:

(1)隐私保护委员会是最高隐私保护管理机构,负责隐私保护重大事项决策。从组织形态上看,隐私保护委员会是一个非实体组织,委员会的主席通常由分管隐私保护的高级副总裁(或最高级别领导)担任,成员由各个业务体系的最高负责人或其授权代表担任。从运作上看,隐私保护委员会使用例行会议机制,就各业务领域的规划或隐私风险管理进行决策。

(2)首席隐私官/隐私保护部负责隐私保护治理的日常运作管理,负责端到端隐私保护政策的制定及推行,包括在业务活动构筑隐私保护、个人信息泄露事件响应、个人信息分级标准与保护规则等。隐私保护部通常是一个实体部门(或者与安全部等部门合在一起),部门负责人为整个企业的首席隐私官。

(3)业务线隐私保护接口人(或隐私官/隐私保护部)负责组织和推动隐私保护落地(例如将隐私保护要求融入相关业务流程),并对业务部门的合规情况进行稽查。

(4)子公司隐私官负责组织和推动子公司隐私保护落地,通过对业务指导、赋能、监督等方式,支撑业务主管对子公司的隐私保护工作进行管理。

---

① 非实体组织通常为委员会或工作组等形式的虚拟组织,负责人通常为兼任。

（5）在相应国家或地区基于法律要求设置个人信息保护负责人或数据保护官（DPO），作为与国家或地区个人信息保护监管机构的联络人，监控当地的合规遵从。

应该成立什么样的隐私保护组织，以及承担什么样的职责，在各个公司是不同的，都需要根据自己的业务实际情况进行适配。大型企业可以参考上述组织架构进行设计，中小企业可以适当简化，保障灵活性与合规效率。

5.3 隐私管理制度和操作规程

在不同的企业内部，管理制度和操作规程可能使用不同的名称，其中，管理制度也被称为管理规定、管理要求或政策，操作规程也被称为流程。

5.3.1 制定隐私管理制度的步骤

在制定隐私管理制度时，应考虑三大原则：

（1）全面性原则。在制定管理制度时，要全面分析个人信息保护的法律法规、客户需求及监管要求，结合业务，进行差距分析，识别关键风险。

（2）有效性原则。管理制度中的要求和管理措施能够达到预期的管理目标，有效管控已经识别的隐私保护风险；要确保和业务部门做好充分沟通，并与相关业务团队、法务团队等多个部门进行沟通，确保各级主管和执行层对政策充分理解；也需要考虑管理制度是否可落地执行。

（3）适宜性原则。管理制度的责任部门有必要定期对管理制度进行审视，当外部发生变化（例如新的法律法规、行业标准、监管要求）或者内部发生变化（例如出现新的产品或服务、企业架构或战略发生变化）等，需要重新评估，确保管理制度文件内容是否符合企业当前战略或业务要求。

在制定管理制度时，包括规划、开发、评审和发布、生命周期管理等四个阶段的工作，具体如下：

（1）规划。企业在做政策规划时，需要做好政策必要性的评估，政策并非越多越好，需要调研现有的政策文件，分析新建和优化政策的必要性，在完成必要性审视后，需要明确管理责任人和政策制定团队，同时进行内外部洞察，深入业务，分析企业当前差距，匹配内外部利益相关方需求，识别业务场景存在的隐私保护风险。

（2）开发。政策文件开发过程中，应注意内容和管理措施要合规、能达到预期管理目标、描述准确无歧义,明确责任主体,确保可执行。

(3) 评审和发布。政策文件应经过评审后发布;为确保政策文件的可追溯,可管理,企业可以通过统一的发文平台进行发布,发布过程要确保程序合理。

(4) 生命周期管理。随着外部法律法规、监管要求和内部业务变化,政策文件也需要做好生命周期管理,定期审视政策文件的适宜性和有效性,做好政策文件的更新。

5.3.2 管理制度和操作规程文件清单

在了解了上述针对管理制度和操作规程文件的一般要求和步骤之后,我们可以开始制定自己的管理制度和操作规程文件。

隐私保护的文件体系可分为三类(图5-7):隐私保护总体政策(或使用管理规定、总纲等名称),各细分领域的业务管理规定,流程文件(含流程、规范及指导书、模板、自检表等)。

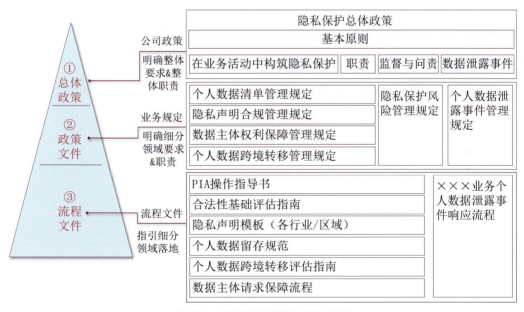

图5-7　隐私保护政策与流程文件

首先是隐私保护总体政策,它包括了隐私保护的目标、原则、各组织单元的职责以及个人信息全生命周期的整体保护要求。

其次是隐私保护领域及各细分业务领域的管理规定,其中隐私保护领域的管理规定文件包括个人信息清单管理规定、跨境转移管理规定、隐私声明合规管理规定及个人信息泄露事件管理规定等。例如,《个人信息清单管理规定》是为了贯彻落实相关法律对记录处理活动的法定要求而制定的(中国《个人信息保护法》第55条要求对处理情况进行记录,GDPR第30条规定了数据控制者和数据处理者应当留存处理活动记录)。

最后是流程文件,包括流程、规范、指导书、模板和自检表等配套支撑文件,包括个人信息主体权利保障流程、个人信息留存规范、PIA操作指导书等。

与17/27框架相呼应,按照个人信息的生命周期保护主线,隐私保护的主要文件可用下图5-8来帮助理解。

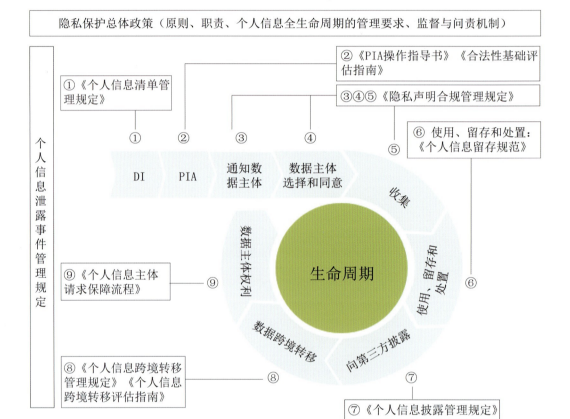

图5-8 个人信息全生命周期的保护

此外,各业务单元还可以在业务流程文件中设置隐私保护的控制点,将上述管理要求融入业务流程,保障各处理活动的隐私合规。

典型的文件清单如表5-4所示。

表5-4 隐私保护管理制度与操作规程文件清单

文件类型	文件名称	说明
总体政策	隐私保护总体政策	顶层文件,明确原则、职责和总体要求
管理规定	个人信息清单管理规定	将个人信息清单(即处理活动记录)作为日常隐私运营管理的基础数据,规范各业务部门个人信息清单管理工作,确保个人信息清单的准确性和完整性

续表

文件类型	文件名称	说明
管理规定	隐私声明合规管理规定	明确各业务领域隐私声明管理职责和管理要求，支撑隐私合规；解决谁提供模板、谁负责输出、谁评审、语言以及版本管理等问题
管理规定	个人信息跨境转移管理规定	明确个人信息跨境转移的管理职责和管理要求，例如转移影响评估、签署转移协议等
管理规定	个人信息泄露事件管理规定	指导各业务部门合法合规地响应和处置个人信息泄露事件、有效预防与消减个人信息泄露事件给数据主体带来的隐私及安全风险
流程文件	个人信息留存规范	指导业务制定个人信息留存期，到期后的清理措施以及例外处理
流程文件	个人信息主体权利保障流程	指导业务响应个人信息主体请求，保障个人信息主体权利
流程文件	PIA操作指导	指导业务执行隐私影响评估，输出评估报告
流程文件	隐私声明模板（各行业/区域）	输出隐私声明参考
流程文件	合法性基础评估指南	评估处理个人信息的合法性基础
流程文件	个人信息跨境转移评估指南	指导业务执行转移影响评估

上述文件清单可根据业务场景进行增减。

5.3.3 相关文件示例

接下来以《隐私保护总体政策》为例，内容通常包括：处理个人信息的原则；企业内部各组织单元的职责；对个人信息全生命周期的保护要求。

其中，处理个人信息的原则可以引用中国《个人信息保护法》中处理个人信息的原则；企业内部各组织单元的职责跟企业的内部组织设定密切相关，需要各企业自行完成；对个人信息全生命周期的保护要求可以参考以下内容：

（1）记录处理活动。按照适用法律要求，记录处理活动并例行审视刷新；当业务处理活动发生实质性变更时（如处理目的、个人信息类型发生变化），及时刷新。

（2）执行风险评估。按照适用法律要求，对个人信息处理活动执行个人信息保护影响评估，以及适用法律法规或监管部门要求的其他评估，例如数据保护影响评估（DPIA）、转移影响评估（TIA）、合法利益评估（LIA）、出境安全评估等，以识别潜在的风险和对个人信息主体的影响，制定改进计划和落实控制措施以降低风险；例行审视并刷新评估报告。

（3）通知个人信息主体。在收集个人信息时或之前，应尽可能告知个人信息主体收集的个人信息类型、处理目的、处理方式、个人信息主体的权利和保护个人信息的安全措施。

(4) 个人信息主体的选择和同意。个人信息收集应基于个人信息主体的同意或其他合法性基础,保存同意,给予个人信息主体选择权并确保个人信息主体的"同意"可撤销。

(5) 收集。基于目的相关性、必要性、最小限度收集个人信息。如果从第三方收集个人信息,应尽可能确认个人信息是以合法的方式被收集的。

(6) 使用、留存和处置。个人信息的处理目的、处理方式和留存期限应与向个人信息主体的通知、客户授权的范围保持一致。基于个人信息处理目的保持个人信息的准确性、完整性和相关性。要为个人信息提供安全保护机制,防止个人信息被盗用、误用或滥用,防止个人信息被泄露。

(7) 向第三方披露。当授权供应商(受托人)代为处理个人信息时,应基于风险对其进行适当的认证以确保能够对个人信息的处理提供安全措施,并通过合同要求其提供同等水平的数据保护。供应商、商业合作伙伴只能基于合同或书面指令处理个人信息,不能出于任何其他目的处理个人信息。

(8) 个人信息跨境转移。任何实体在将个人信息跨境转移前,应咨询对应的个人信息保护负责人/法务部门以了解相应的合规要求。例如,将个人信息转移出中国时,如处理个人信息达到网信部门规定的数量,须通过网信部门组织的安全评估。

(9) 个人信息主体权利。当作为个人信息处理者时,应为个人信息主体提供合理的访问机制,供其查看自己的个人信息,必要时允许对其个人信息进行更新、销毁或转移。收到有效的个人信息主体请求时,应在适用法律规定的时间内响应和处理。

5.4 隐私运营管理

企业在建立隐私保护的管理制度之后,还需要将这些管理制度贯彻执行下去,真正在各业务的处理活动中落地,这需要相关团队做好彼此之间的分工与协同,共同来完成这些工作,包括培训员工、管理风险、对业务进行稽查或审计等。我们将这些例行的工作,称为运营管理,包含以下几个典型的实践:

① 隐私保护意识和能力建设;
② 隐私风险管理;
③ 隐私保护审计;
④ 隐私保护认证;
⑤ 个人信息泄露事件响应;
⑥ 个人信息保护合规成熟度度量。

5.4.1 隐私保护意识与能力建设

1. 隐私保护意识提升

隐私保护离不开全体员工的共同努力,企业需要对全体员工进行隐私保护意识培训,促进全员隐私保护意识的提升。

针对新员工,首先是入职时的隐私保护意识培训,将隐私保护要求融入新员工培养流程中,将隐私保护意识培训课程作为新员工入职必学课程之一,让新员工参加并通过考试。

针对在职员工,企业可以将隐私保护的要求融入员工行为准则中,员工在岗期间须每年例行参加,学习并签署遵从隐私保护管理要求的承诺,确保员工知悉隐私保护基本要求。企业应结合法律法规及业务的变化,及时组织刷新培训内容中的隐私保护要求。为不断提升全员隐私保护意识,隐私保护部门可以策划并举办专家大讲堂、知识竞答、隐私保护竞赛等各类主题活动,吸引员工通过线上、线下等各种形式参加,将隐私保护意识渗透到员工的日常工作中去。

此外,针对管理岗位人员,各级管理者除参加在职员工的隐私保护培训之外,还需参加针对管理者的隐私保护培训,如涉及审批过程中管理人员所担负的职责和重点关注事项。通过针对性的专项培训,促进管理者增强隐私保护责任意识(例如做好权限与授权管理、严格行使业务决策权等)。

2. 隐私专业人员能力提升

隐私保护专业人员包括隐私保护治理人员、个人信息保护法律专家、业务团队中负责落实隐私保护措施的员工、个人信息安全技术人员、个人信息保护负责人或DPO等。

隐私保护离不开隐私保护专业人员的专业能力,隐私保护专业人员不仅需要具备隐私保护意识,还需要具备隐私保护的专业能力,企业需要对他们进行专业培训,提升他们的专业能力,牵引他们不断成长。企业还应鼓励专业员工积极参加外部隐私保护专业资质认证,牵引专业员工不断提升专业能力。

此外,针对从企业内部其他领域转岗(内部流动)到隐私保护领域的专业人员,可以设置专门的隐私保护课程,通过考核后才能上岗。

这些课程包括:隐私保护基础知识;隐私保护治理实践;合规与风险管理;隐私保护设计;采购隐私保护等。

5.4.2 隐私风险管理

隐私风险管理是站在治理的视角统筹管理整个企业的隐私风险,贯穿企业隐私治理的始终。这里我们对隐私风险管理和隐私影响评估(PIA)做个说明,隐私风险管理是对整个企业的隐私风险进行识别、评估、监测和处理的过程,确保企业内能够系统地、全面地保护个人信息,而隐私影响评估(PIA)是针对具体的个人信息处理活动和场景,在个人信息生命周期内评估其对个人产生的影响和可能带来的风险,是针对具体场景的隐私风险管理方法。

隐私风险是企业风险管理的一部分,隐私风险管理常见的风险管理标准如表5-5所示。

表5-5　风险管理标准

标准名称	主 要 内 容
ISO/IEC 31000:2018《风险管理指南》	提供了风险管理的原则和通用性指南,可用于任何企业、协会、团体等,具体内容包括确定范围&环境&准则、风险识别、风险评估、风险应对、监督与审查、沟通与咨询、记录与报告等环节
ISO 27005:2022《信息安全、安全技术 信息安全风险管理指南》	提供了一套信息安全的风险管理方法,通过有效管理框架,帮助组织解决风险管理问题,风险管理框架包括风险评估、风险处理、风险沟通、风险监视和审查、风险管理过程持续改进等环节
NIST SP 800-37《信息系统和组织的风险管理框架》	提供了一套统一的方法来管理信息系统的安全和隐私风险,标准包括分类、选择、实施、评估、授权、监测六个步骤
ISO 37301:2021《合规管理体系-要求及使用指南》	规定了组织建立、运行、维护和改进合规管理体系的要求,并提供了使用指南,适用于全球任何类型、规模、性质和行业的组织,标准包括组织环境、领导作用、策划、支持、运行、绩效评价、改进等环节,采用PDCA(计划-执行-检查-行动)理念,覆盖了合规管理体系建立、运行、保持和改进的全流程

本文将隐私风险管理概括为:风险洞察、风险评估、风险应对、监督检查四个阶段,下面将依次论述各阶段实施要点。

1. 风险洞察

风险洞察是围绕隐私业务需求,主动识别内外部环境变化,综合分析对业务的相关影响,给出相关的隐私保护合规要求。

风险洞察主要包括以下几个方面:

(1) 环境洞察。对于已开展或将要开展业务的国家/区域,通过对宏观环境分析、法律法规等变化分析,识别隐私保护的要求。

(2) 行业洞察。分析国家和行业的监管政策、执法案例以及相关技术和架构的未来发展趋势,识别隐私保护需求。

(3) 客户洞察。从客户的需求中看是否有隐私保护的要求和变化。

根据内外部洞察输出结果,结合企业业务战略,分析和整理企业需要遵从的隐私保护合规义务,制定隐私保护合规义务清单,可参考如表5-6所示。

表5-6 隐私保护合规义务清单模板

法律法规名称	具体条款内容	解 读 描 述	涉及业务部门
《中国个人信息保护法》	个人信息处理者处理不满十四周岁未成年人个人信息的,应当取得未成年人的父母或者其他监护人的同意。 个人信息处理者处理不满十四周岁未成年人个人信息的,应该制定专门的个人信息处理规则	1. 各国对未成年人的定义不同,其中GDPR定义的是16周岁,下属各成员国可以设定更低年龄界限,但不低于13周岁,中国定义的是14周岁; 2. 面向未成年人的产品和服务,需要在通知中让未成年人容易找到对应要求,容易理解,需要获得监护人同意时还应当向监护人提供通知	涉及未成年人使用的App、小程序、网站等应用开发部门
……	……	……	……

2. 风险评估

风险评估指基于业务活动、产品服务现状与遵从性要求之间的差异,确定风险等级与风险应对优先级的过程。风险评估为组织提供了对风险的深入理解,为有效的风险管理和决策提供支持。具体包括风险识别、风险分析两个过程。

(1) 风险识别是指通过系统性的方法和流程,识别和分析可能对组织目标产生影响的各种隐私风险,并对其产生原因、影响范围和后果进行分析归纳,并最终生成企业隐私风险清单,全面的风险识别有助于帮助企业预见到潜在的威胁,避免或降低潜在风险带来的不利影响。开展风险识别,可以从以下维度展开:

① 企业的经营活动:通过对企业主要经营管理活动进行梳理(如研发、销售、服务、供应、人力资源管理),分析所有经营活动涉及的个人数据和数据流,对应适用的国家/地区隐私保护法律法规,识别可能的风险;

② 企业的利益相关者:如管理者、员工、供应商等利益相关者在开展企业经营活动中的隐私风险;

③ 以往发生的案例:同类企业、本企业过去发生的问题和违规事件。

在完成风险识别以后,需要结合企业当前的制度、流程、组织、工具平台现状等已有风险管理措施,进行差距分析,制定风险清单,并对风险进行分类管理,具体风险分类可以有不同的方式:

① 按照个人信息生命周期管理进行分类:如个人信息获取风险、个人信息使用/留存/处理风险、个人信息转移风险、个人信息泄露风险、个人信息主体权利保障等

风险;

② 按照业务场景进行分类:如营销活动隐私风险、产品开发隐私风险、供应商数据处理风险等,各企业根据实际情况进行划分。

(2) 风险分析是指识别和评估系统、项目或活动中可能出现的不确定事件,以确定其潜在的影响程度和发生可能性,风险分析有助于对企业提供决策支持,通过对风险进行优先级排序,确保资源优先投入到高风险业务的管理。

可以采用风险矩阵的方式,即从风险发生的可能性和结果影响进行分析,具体如下所示:

① 风险可能性分析是指风险发生概率大小或频率程度,可以参考以下几个维度:企业基调/合规治理成熟度,合规管理体系的有效性,人员的风险管理意识与能力,风险场景发生的频率。

② 风险结果影响分析是指风险会对企业的经营管理和业务发生所产生影响的大小,在进行结果影响分析时,可以考虑但不限于以下因素:品牌和声誉的损失和严重程度,经营结果的损失和严重程度,营商环境影响和严重程度,客户满意度影响和严重程度。

按照上述的2个维度和不同要素组合,对每个要素进行权重设置和打分(本文按照1~9分制打分),根据加权得分,计算出可能性和影响的分数,最终可以得到如图5-9所示的矩阵。

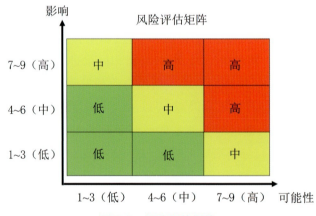

图5-9 风险评估矩阵

根据风险分析和评价结果,制定企业各部门的风险清单,作为风险应对的输入,各企业在作风险识别和分析时,以下几个要素需要考虑:

a. 风险识别是持续改进的过程,需关注外部法律法规变化、执法案例和内部业务组织变化、管理成熟度变化,动态识别风险;

b. 风险识别和分析需要全面考虑可能的风险,并且以系统化的方式展开,确保所有相关领域都得到相应关注;

c. 有效的风险分析需要有可靠的数据和信息,确保数据的准确性和完整性。

表5-7所示是风险清单的模板。

表5-7 风险清单模板

风险名称	风险来源	风险场景	风险描述	影响程度	可能性	风险等级	责任部门	风险目标
以具体"风险事件"命名,或以本领域内已达成一致理解的名称命名	法律法规、执法案例、内部历史事件等	从实际业务场景进行识别	描述"做什么样的动作、什么样的行为,造成什么样的结果"	高/中/低	高/中/低	高/中/低	本领域内对此风险管理结果负责的部门/组织	针对每个业务领域的风险,输出风险管理目标

这里我们举一个例子(表5-8),展示是如何进行风险识别和制定风险清单的,这个场景是企业在营销展会过程中经常遇到的,未有效提供隐私声明,或者在应用数据时,涉及个人敏感数据的引入,未得到有效授权或者做好数据脱敏等,容易导致隐私风险。

表5-8 风险地图举例

风险名称	风险来源	风险场景	风险描述	影响程度	可能性	风险等级	责任部门	风险目标
营销活动隐私风险	法律法规要求	营销场景	展会展示的营销物料内容中,可能未按规定提供隐私声明或未授权展示隐私数据,导致客户质疑、满意度下降或违反隐私相关法规的风险	中	中	中	营销销售部门	需要制定营销隐私保护管理要求,并对营销人员进行要求传递和培训

3. 风险应对

风险应对是在风险识别、评估后,采取措施来应对已知或潜在的风险,通过有效的风险应对措施,可以降低风险事件发生后对组织造成的负面影响,提高组织对未来风险的防范和控制能力。

风险应对包括风险应对准备、制定风险应对措施等环节:

(1)风险应对准备。至少要考虑以下几个因素:

① 确定风险应对的范围;

② 明确风险应对的依据；
③ 组建风险应对团队：包括业务部门风险责任人、业务部门隐私责任人、法务等；
④ 设定风险应对的目标和可接受原则，形成风险应对计划，并得到管理层对目标和计划的批准。

风险应对准备中，针对企业高风险，需要成立专业的风险应对团队，分清角色，明确职责。

具体风险应对团队职责可参考表5-9。

表5-9 风险应对团队职责

角 色	职 责
风险责任人	识别本领域隐私风险，制定并实施风险控制措施
业务部门隐私保护责任人	指导业务团队完成风险识别和管控，监测风险整体应对执行效果
法务责任人	负责提供法律指导和合规性建议，包括监管要求、隐私法律法规洞察与分析

（2）制定风险应对措施。在确定风险目标和计划后，执行风险应对措施，确保各项措施得以有效实施，风险处置的手段包括以下四类（表5-10）。

表5-10 风险处置手段

风险应对策略	措施描述	常用手段举例
风险降低	采取适当的控制措施，减轻风险发生的可能性和影响，将风险水平控制在可接受范围	通过制定隐私保护政策与流程，IT工具等，对个人信息处理活动进行隐私风险评估，定期进行监督和审查，确保业务活动合法合规（降低可能性）； 技术措施：如数据加密、访问控制、数据脱敏和去标识化、隐私保护技术等措施（降低可能性）
风险规避	当可选方案都无法将风险水平降低到可接受的范围，则放弃或停止与该风险相关的业务活动以减轻损失	退出某市场，暂时取消开展某业务
风险转移	通过转移和分担一部分风险来减少风险的可能性或影响，将风险水平控制在风险可接受范围	购买个人信息相关的隐私责任保险和数据泄露保险，减少由于数据泄露、入侵事件、误操作导致的隐私侵犯造成的法律责任和赔偿； 业务外包，与供应商明确责任分工和风险承担，将一部分风险转移
风险接受	当风险决策后接受风险，则维持风险现状，不采取进一步的控制措施	该策略下不改变原有的业务活动

企业在制定风险措施时，通常包括以下几种类型（表5-11）。

表5-11 风险措施类型

序号	类型	内容
1	政策、制度类	制定隐私风险管理的相关政策和制度,例如隐私保护的总体政策,各细分场景的隐私治理规定(隐私声明、个人数据跨境转移、个人数据泄露事件管理等);各细分领域的隐私治理规定(营销领域、研发领域、供应领域、服务领域等)
2	流程、规范类	制定隐私风险管理的流程文件,包括但不限于流程、规范、指导书、模版、自检表等(例如PIA操作指导书、隐私声明模版、个人数据跨境转移模版、个人数据泄露事件响应流程等)、产品技术规范(隐私保护设计规范、测试规范等)
3	IT工具类	通过IT工具对隐私风险管理流程进行管理,包括隐私开发的过程管理和隐私处理活动管理等(例如隐私保护工具,可以提供隐私策略管理、隐私风险评估、数据处理活动管理等)
4	组织资源类	配置项目资源,对重点风险进行专项保障,建立例行运作机制和决策机制
5	培训赋能类	开展隐私风险管理培训和宣传,提升相关人员的风险管理意识和技能,包括但不限于政策、流程、IT工具的宣传和培训

在明确隐私风险的具体措施后,风险责任人按照既定的风险处置方案实施整改,隐私保护责任人监测各业务风险消减措施处置进展,并根据风险处置的标准对风险处置结果进行验收。

接下来我们看一个案例,某企业要在欧洲开展业务,GDPR对数据跨境有明确要求,针对该风险,企业组织了各相关业务部门,制定了风险管理措施,具体如表5-12所示。

表5-12 风险管理措施举例

风险名称	风险等级	管控目标	管理措施
欧盟个人数据跨境风险	高	完成欧盟个人数据跨境场景识别,按照GDPR要求,完成数据跨境隐私合规工作	1. 政策:制定公司数据跨境相关管理要求; 2. 流程:短期排查各业务部门涉及到的数据跨境场景,签署数据跨境协议;长期将数据跨境的要求融入各业务流程中; 3. 赋能培训:组织对各业务领域、供应商进行数据跨境场景要求培训

4. 监督检查

监督检查指企业组织制定风险监督和检查策略,收集并分析监测结果,衡量风险管理流程设计、实施的充分性和有效性。

具体在执行监督检查,可以参考以下步骤:

(1)制定方案。制定监督审查、风险监测方案,包括频次、方法、职责要求和报告。

(2)制定监督指标。制定监督和测量指标,如基础指标、趋势指标、核心指标等类型。

(3) 开展监督检查。持续实施定期监测活动,设立自动化或非自动化监测方式。

(4) 分析监测结果。收集并分析持续监测结果,更新计划、评估报告、行动计划。

(5) 汇报审核结果。总结审核结果,及时向相关部门汇报,做好问题改进。

企业在执行具体监督检查时,可以参考表5-13。

表5-13 风险检查模板

检查项	检查重点	检查方法	检查步骤	数据需求
具体的检查内容,可对重点内容进行分类概述,方便执行查看	围绕隐私保护的合规要求、风险管理的具体措施(政策、流程、IT、培训)等,检查有效性	具体执行检查的方法,根据需求可以采取不同的检查方法,例如业务访谈、业务过程检查、举证材料检查等	细化检查方法过程,通过文档审阅、文档对比、记录抽样、实际操作运行、访谈等方法开展	要求业务部门提供初始举证材料,需要提供合规证据或者登录IT系统查看

5.4.3 隐私保护审计

1. 隐私保护审计的定义和分类

国际标准化组织ISO正式发布实施的ISO/IEC 19011:2018《管理体系审核指南》中定义"审计"是为获得客观证据并对其进行客观的评价,以确定满足审计准则的程度所进行的系统的、独立的并形成文件的过程[①]。

隐私保护审计[②],也称个人信息合规审计,通常是指对个人信息处理活动是否遵守法律法规、企业管理制度的情况进行监督检查的活动,是对企业的隐私保护管理充分性、有效性进行评估和检查的过程。我们从以下几个方面介绍企业开展隐私保护审计的必要性:

(1) 保障用户的权益。随着互联网和移动应用的普及,越来越多的用户个人信息被收集、存储和使用,而这些信息事关个人的利益,稍有疏忽就可能被不法分子窃取,严重影响用户的财产甚至生命安全,隐私保护审计可以有效识别隐私保护隐患,保障用户权益。

---

① 源自ISO/IEC 19011:2018中对audit的定义,本书将"audit"理解为"审计"。GB/T 19011-2021等中国国家标准中将audit理解为"审核",本书不区分"审计"和"审核"两个概念。

② 涉及大量个人信息处理且风险较高的企业,建议采用业务单元自检、隐私稽查和隐私保护审计结合的三层监督检查机制(也称三道防线)来保障检查的全面性和有效性。需要说明的是,隐私稽查通常是由企业合规或内控部门(非独立的审计部门)发起的针对业务隐私合规性遵从的检查,属于公司内部的管理改进手段,其检查方式也可参考本小节内容开展检查。

(2) 维护企业的品牌和信誉。违规使用、泄露个人信息事件频发,曝光后对企业品牌和信誉的负面影响不可估量,不仅可能面临高额的罚款和赔偿责任,更会丧失客户的信任。隐私保护审计有助于提前识别风险,是保障企业个人信息合规处理的重要手段。

(3) 按适用的法律法规要求执行审计、检查业务遵从性。部分国家法律对企业开展隐私保护审计提出明确要求,例如中国《个人信息保护法》第54、64条规定个人信息处理者应当定期开展隐私合规审计。通过审计,企业也可以识别业务对适用法律法规的遵从情况,识别问题,及时改进。

本书参考 ISO/IEC 19011:2018[①]、IAPP《Privacy Program Management》[②],并结合企业实践,将企业隐私保护审计分为三类,如表5-14所示。

表5-14　隐私保护审计分类参考

	内部审计	外部审计	
	第一方审计	第二方审计	第三方审计
类型	内部独立审计; 个人信息保护负责人(或承担相应职责的角色)监督审计	企业对受托人[③]的审计; 企业作为受托人被客户审计	监管机构委托第三方专业机构对企业的审计; 第三方专业机构对企业的认证

2. 第一方审计

第一方审计包括内部独立审计和个人信息保护负责人(或承担相应职责的角色,下略)监督审计,常用于企业内部自我监督和评估,是对企业当前个人信息保护措施和隐私管理制度执行情况开展的独立、客观、专业的评估,也是对企业隐私管理体系的完备性和有效性的客观评估。

大型企业一般设置独立的内部审计部,或由职能上保持高度独立性的部门承接。个人信息处理规模较大、处理活动较复杂的大型企业,建议构建内部监督和评估机制,成立专业的隐私保护审计团队,对公司隐私管理的质量和有效性进行监督和检查。中小型企业如果没有设置独立的内部审计部,可以由承担合规职责的部门或引入第三方机构开展隐私保护遵从性检查。

部分国家还在法律层面赋予了个人信息保护负责人开展监管和审计的权利与义

---

① ISO/IEC 19011:2018将审计(audit)分为内部审计和外部审计。内部审计有时又称为第一方审计,由组织自己或以组织的名义进行,外部审计包括第二方审计和第三方审计,第二方审计由组织的相关方,如顾客或由其他人员以相关方的名义进行,第三方审计由独立的审计组织进行,如提供合格认证/注册的组织或政府机构。

② IAPP将审计(audit)分为第一方审计、第二方审计和第三方审计。第一方审计用于自认证(self-certifications),第二方审计为供应商审计(supplier audits),第三方审核由独立的外部组织进行。

③ 本节受托人主要指的被委托处理个人信息的供应商。

务,其作为专业的个人信息保护从业人员,具有个人信息保护法律与实践的专业知识,在审计中可以发挥重要作用。

隐私保护内部独立审计的大体可分为规划、实施、报告和问题跟踪四个阶段,企业可根据自身规模、业务特点等,结合公司内部审计的流程来制定适合的隐私保护审计流程:

(1) 规划阶段。做好规划是高质量开展审计的前提,可以参考以下维度:

① 法律法规:洞察外部法律法规、部门规章、行业标准等的变化,分析涉及的受影响的业务领域。例如,如果业务运营所在国出台数据跨境相关的规范和指南,需要识别涉及的业务部门,关注新增跨境要求的落实情况。

② 业务风险:与业务部门进行访谈,了解业务的变化和风险点,以及管理薄弱环节。例如,业务部门新提供的应用服务使用了AI技术,为了进行模型训练需要处理大量的个人信息,针对这一场景,审计需要关注处理的数据是否获得授权、是否采取有效的组织和技术措施消减隐私风险。

③ 历史问题:分析历史审计发现的问题,识别可能涉及同类问题的业务领域。例如,公司在过去的审计项目中发现较多未经用户同意推送营销邮件的问题,那么今年审计需关注相同属性的业务属领域。

④ 内外部事件:分析近期内外部事件,识别问题原因和受影响领域。例如,某公司被报道因开源库漏洞导致用户个人信息泄露,审计可重点检查业务部门在使用开源库前是否有经过充分的安全评估,是否及时修复已知漏洞。

除了以上参考要素外,企业也可以结合自身业务特点、所属行业等因素进行评估,从而初步确定审计的业务范围。

(2) 实施阶段。

① 立项对于那些业务相对单一、个人信息处理规模较小的企业来说,在规划阶段一般就可以直接确定审计对象;针对个人信息处理规模较大、处理活动较复杂的业务领域,在规划阶段只能初步确定审计的范围,在审计项目立项时,可以结合业务成熟度、风险发生概率、结果影响等因素评估出高风险业务,从而确定最终的审计对象。

审计对象往往决定了审计团队需要具备哪些专业知识和技能、配备什么样的资源和人员,审计人员的能力是影响审计效果的关键因素。规模较大,组织结构相对完善的企业通常有独立的内部审计部,可能具备一定的隐私专业能力以开展隐私保护审计工作,无专业隐私保护审计团队的企业,可以邀请具有相应能力的专业人员参与,以便更好地评估个人信息处理活动的隐私风险和遵从度。隐私保护审计团队通常需要具备的能力如表5-15所示。

表5-15　企业隐私保护审计团队通常具备能力

序号	能　力　要　求	说　　　　明
1	熟悉组织内的隐私管理制度、个人信息分类和处理规则等,负责评估隐私相关管理要求的执行落地情况	无专业隐私保护审计团队的企业,可邀请公司隐私领域专家参与
2	负责评估适用的法律法规及个人信息处理行为的合规性和风险	无专业隐私保护审计团队的企业,可邀请公司隐私领域专家或法务参与
3	负责评估个人信息的存储、传输和访问控制等技术措施的实施情况	不具备隐私技术相关知识的审计团队,可邀请公司负责隐私技术相关工作的工程师参与

② 执行阶段,大致可以分为以下几个环节:

a. 审计开工会:建立审计协作关系,获得业务部门对本次审计工作的支持;

b. 识别流程风险:与被审计业务沟通风险评估的结果和审计测试策略;

c. 期中沟通:沟通阶段性审计测试结果,以及下一步测试计划;

d. 问题确认:与业务管理层确认审计发现的问题;

e. 闭工会:审计项目组与被审计业务管理团队沟通所有审计发现。

常见的审计的测试方法包括穿行测试、数据分析、访谈、抽样与验证、全样本审计等,审计团队需要结合被审计的业务特点、已识别的法律法规、政策和流程的要求、前期审计结果等设计具体的测试方法。例如在采购领域,企业作为个人信息处理者的主要责任是向委托处理个人信息的受托人传递隐私保护责任,牵引受托人提升隐私保护水平,结合外部法律法规要求和内部管理要求,建议的测试方法如表5-16所示。

表5-16　采购领域隐私保护审计测试方法举例

风　　　险	测　试　方　法	
作为个人信息处理者,未与受托人签订数据处理协议,界定隐私保护责任	数据分析	获取业务部门梳理的需签署数据处理协议的受托人清单,与采购量和采购订单进行比对,检查是否有涉及个人信息处理的受托人未纳入清单
在引入新受托人时,未评估其隐私保护水平是否满足公司的隐私保护要求	抽样与验证	新引入的受托人,检查其隐私保护水平评估报告。选择部分受托人进行现场复核
……	……	……

(3) 报告阶段审计闭工会后结合检查结果和结论撰写审计报告初稿,需与被审计业务进行充分沟通,并就审计发现及改进达成共识,并经过相关领导审批后正式发布。

(4) 问题跟踪阶段被审计业务部门需要对审计过程中发现的问题进行深入的分析,举一反三,制定改进措施,业务部门对应的合规或内控组织需要对问题的改进计划和落实情况进行跟踪。

3. 第二方审计

第二方审计，也常被称为供应商审计，包括企业对受托人的审计，以及企业作为受托人被客户审计，常见的委托收集和处理个人信息的场景有物流服务、第三方客户服务、IT维护和技术支持等。

个人信息保护相关法律法规中，对企业委托第三方处理个人信息提出了相关要求，如中国《个人信息保护法》第五十二条规定个人信息处理者有监督受托人的权利和义务，而审计是有效的监督手段之一；欧盟GDPR第28条明确了数据控制者对数据处理者开展审计时，数据处理者有义务配合。企业可以通过协议或合同与受托人约定开展审计的方式，以及应该履行的配合义务，检查受托人是否严格遵守合同或协议履行相应的个人信息保护义务。

第二方审计通常需要哪些角色参与，需要关注哪些方面呢？第二方审计通常由采购部门主导，相关角色参考如表5-17所示。

表5-17 供应商审计小组角色参考

隐私保护审计团队角色	职 责	说 明
采购代表	熟悉企业采购活动的隐私管理要求，负责评估受托人是否按照公司采购管理规定和合同落实相关隐私要求，如是否有完善隐私组织、人员管理等	为高质量完成审计，采购代表常作为组长，协调多个专业领域角色组成跨部门团队
需求部门业务代表	负责评估受托人是否按照业务诉求提供服务，以及服务是否满足业务隐私合规的诉求，如是否按照要求落实数据到期删除、留存同意记录等	需求部门业务代表如不具备隐私专业能力，可邀请业务部门隐私负责人/工程师共同参与
IT工程师	负责评估个人信息的存储、传输和访问控制等技术措施的实施情况是否满足业务诉求和合规要求	负责隐私技术的IT工程师

为了确保审计结果能真实反应受托人隐私保护现状，审计的要素应该综合全面，不仅考虑技术措施，还应该考虑组织上的管理措施，可以参考以下几个维度。

（1）隐私组织管理方面。企业的组织结构、政策和流程、人员管理是企业管理体系的重要组成部分，也是保障隐私举措是否能切实可行的重要衡量标准，如表5-18所示。

表5-18 对受托人隐私组织管理的审计内容参考

1.1	受托人是否建立隐私保护相关政策、制度和流程，保障员工合规处理个人信息
1.2	受托人是否设置人员负责日常隐私保护工作，如制定隐私相关规范制度、组织员工的隐私意识和能力培训等
1.3	受托人如有委托子受托人处理个人信息，是否向子受托人传递客户的隐私保护要求，评估其隐私保护能力，并签署数据处理相关协议

（2）个人信息处理。检查受托人是否严格按照数据处理协议处理个人信息，企业

可以结合自身业务特点和风险大小来制定更具体和适合的检查标准,如表5-19所示。

表5-19 对受托人个人信息处理的审计内容参考

2.1	受托人客户委托收集个人信息之前,是否按照客户要求提供隐私声明,得到数据主体的有效同意。在隐私声明更新时,是否通知用户,重新获取用户的同意
2.2	受托人是否存在未经客户批准共享、披露个人信息的情况
2.3	受托人是否按照数据处理协议或业务部门诉求删除到期的个人信息
2.4	受托人是否能支撑客户及时响应用户对个人信息的查询、修改、删除、可携带性、不受制于自动化决策等权利
2.5	受托人处理个人信息的IT系统是否有明确访问管理制度,并严格禁止未经授权的访问
2.6	受托人是否保留IT系统数据处理的日志记录,确保数据处理可追溯
2.7	受托人是否通过技术手段保障数据安全,如敏感个人信息加密存储和传输等
2.8	受托人的IT系统是否经过充分的安全测试等

同样,当企业作为受托人为其客户提供数据处理服务时,其客户往往也会在合同或协议中提出隐私保护审计的要求,企业可以根据以上内容和客户提出的要求进行适配,适配后的结果作为企业评估是否满足客户隐私保护审计要求的参考依据。

4. 第三方审计

第三方审计是由独立于企业的第三方专业机构对企业的隐私管理制度、数据处理活动和隐私保护措施等进行评估和检查的活动,包括企业主动发起的第三方专业机构对企业的认证,以及监管机构委托第三方专业机构对企业的审计。

第三方专业机构对企业的隐私保护认将在5.4.4小节进行介绍。

监管机构委托第三方专业机构对企业开展审计时,企业需协调相关的业务人员、法务、隐私专家、IT专家等积极、坦诚地予以配合,确保举证信息的真实性和完整性。完整的个人信息保护合规证据链的建设也可以帮助企业更好地向监管机构呈现数据处理活动记录,提升企业隐私治理工作的透明性。最后,针对监管机构委托专业机构审计过程发现的问题,企业需要进行深入分析,在限期内完成整改,并对检查过程进行复盘,查漏补缺优化内部管理流程和机制。

5.4.4 隐私保护认证

企业在建立隐私保护治理框架、管理制度、流程、组织责任体系后,可通过获取隐私保护专业认证进一步提升企业隐私保护治理水平和能力。

1. 隐私保护认证对企业的重要性

随着各国隐私保护法律陆续发布及细则的完善,隐私保护认证日益成为业界热点,越来越多的企业想通过获取隐私保护认证提升企业和产品的影响力和竞争力。隐私保护认证对企业的意义和好处如下:

(1)对外,通过独立、权威专业机构的认证,体现组织主动合规的意愿,证明企业在隐私保护方面的合规和专业性,更好地展现企业的合规能力和承诺,提高信任度和品牌影响力。

(2)对内,企业可参考隐私保护认证标准的合规性要求,建立和制定符合要求的政策和流程,形成更有效的隐私保护管理程序。

2. 隐私保护认证定义及介绍

(1)隐私保护认证定义

ISO/IEC 17000:2020中对认证(certification)的定义:与合格评估对象相关的第三方证明,认可除外。

同时ISO/IEC 17000:2020中也明确了对象(object)的定义:适用特定要求的实体,如产品、流程、服务、系统、安装包、项目、数据、涉及、材料、申明、人员、机构或组织,或其他任意组合。

隐私保护认证是由独立第三方组织/政府机构对企业产品、服务、管理体系等评定对象是否符合个人信息处理相关法律法规/标准/技术规范要求进行综合测试/评估,并在测试/评估通过后出具的证明。

以认证对象分类,隐私保护认证大致可分为管理体系认证、产品/服务认证、人员资质认证,如表5-20所示。

表5-20 基于认证对象的分类

	认证对象	适用个人信息处理相关组织
管理体系认证	认证目的	证明组织内部网络信息控制安全/所提供的服务安全
	认证内容	企业个人信息保护管理体系与执行
	认证举例	如CCRC 个人信息保护认证、ISO/IEC 27701、ISO/IEC 27018、BS10012等
产品/服务认证	认证对象	适用于处理个人信息的产品/服务
	认证目的	证明产品、组件或模块符合个人信息处理要求
	认证内容	被评估对象设计、实现等符合个人信息处理要求
	认证举例	如EuroPriSe、Europrivacy、ePrivacy等认证
人员资质认证	认证对象	适用于个人、从业者
	认证目的	个人信息保护专业能力提升,并提升企业的整体隐私保护治理水平与隐私竞争力
	认证内容	隐私保护从业者对于隐私保护法律和实践的全球概念的掌握和理解
	认证举例	如CISP-PIP(Certified Information Security Professional-Personal Information Protection,认证信息安全专家-个人信息保护)、CIPP(Certified Information Privacy Professional)、CIPM(Certified Information Privacy Manager)和CIPT(Certified Information Privacy Technologist)

本节聚焦于介绍企业隐私保护认证(管理体系认证、产品/服务认证),人员资质

认证不在本节范围。下面分别从认证标准简介、标准内容、适用范围、适用组织、认证周期、证书有效期等方面介绍具有代表性的企业隐私保护认证。

（2）国际隐私保护认证介绍。

国际具代表性的隐私保护标准有：ISO/IEC 27701隐私信息管理体系标准、ISO/IEC 27018公有云中作为个人可识别信息（PII）处理者的个人身份信息保护实用规则。下面将针对这两个国际隐私保护标准展开介绍。

ISO/IEC 27701是对ISO/IEC 27001和ISO/IEC 27002的扩展，为建立、实施、维护和持续改进隐私信息管理体系（PIMS）规定了要求并提供了指南，以便在组织内开展隐私管理；规定了与PIMS相关的要求，并为承担了PII（个人可识别信息）处理责任和义务的PII控制者和PII处理者提供了指导，如表5-21所示。

表5-21 国际隐私保护标准介绍——ISO/IEC 27701

	制定机构	国际标准化组织ISO和国际电工委员会IEC
ISO/IEC 27701隐私信息管理体系认证	认证遵从	主要为ISO/IEC 27701标准/GDPR
	适用区域	全球
	适用组织	适用个人信息处理相关组织
	认证周期	3～6个月不等
	认证有效期及维护	有效期3年，并需要持续监控和年度审计

ISO/IEC 27018是首个专注于云服务中个人信息保护的国际行为准则，是基于ISO/IEC 27002并针对适用于公有云个人可识别信息（PII）的ISO/IEC 27002控制体系提供了实施指南，以确保个人信息在经由云个人信息处理者处理时得到适当保护，从而为在多国市场运营的云服务提供商提供一个共同合规框架，如表5-22所示。

表5-22 国际隐私保护标准介绍——ISO/IEC 27018

	制定机构	国际标准化组织ISO和国际电工委员会IEC
ISO/IEC 27018	认证遵从	主要为ISO/IEC 27018、GDPR
	适用区域	全球
	适用组织	PII处理者的云服务组织
	认证周期	3～6个月不等
	认证有效期及维护	有效期3年，并需要持续监控和年度审计

（3）中国隐私保护认证介绍。

中国《个人信息保护法》中第三十八条、第六十二条对个人信息保护认证有明确的要求。为贯彻落实《个人信息保护法》有关规定，规范个人信息处理活动，促进个人信息合理利用，根据《中华人民共和国认证认可条例》，国家市场监督管理总局、国家互联网信息办公室实施个人信息保护认证，鼓励个人信息处理者通过认证方式提升个人信息保护能力。从事个人信息保护认证工作的认证机构应当经批准后开展有关认证活动，并按照《个人信息保护认证实施规则》实施认证，如表5-23所示。

表 5-23　CCRC-个人信息保护认证

CCRC-个人信息保护认证	制定机构	中国网络安全审查技术与认证中心 China Cybersecurity Review Technology and Certification Center（CCRC）
	认证遵从	中国《个人信息保护法》《信息安全技术 个人信息安全规范》（GB/T 35273—2020）
	适用区域	中国
	适用组织	适用个人信息处理相关组织
	认证周期	3~6个月，取决于组织的规模、复杂程度和提交资料的完整性等因素
	认证有效期及维护	有效期3年，有效期内产品或服务提供商还需要定期接受CCRC的监督和审计，以确保产品或服务的持续合规； 证书到期后需要重新申请和审查

(4) 欧盟隐私保护认证介绍。

欧盟GDPR中第四十二条、第四十三条分别对隐私保护认证和认证机构作出了明确的要求。Europrivacy 是由欧洲认证和隐私中心（ECCP）管理，并由Europrivacy 国际数据保护专家委员会维护的认证方案。它旨在解决 GDPR 的具体义务，并作为GDPR 第 42 条和第 43 条要求下的官方认证计划，由数据保护方面的专家与国家监管机构协商后制定，如表5-24所示。

表 5-24　欧盟隐私保护认证标准介绍——Europrivacy认证

Europrivacy	制定机构	欧洲认证和隐私中心（ECCP）
	认证遵从	GDPR
	适用区域	欧盟
	适用组织	适用于各类处理个人信息处理的产品和服务，适用各种新兴技术，包括人工智能、区块链、电子健康和物联网等创新技术
	认证周期	3~6个月不等，由产品形态和认证范围决定
	认证有效期及维护	有效期三年，证书有效期内需要定期开展监督和审计，以确保其数据隐私政策和实践仍然符合认证标准的要求；如果企业的数据处理方式或风险发生了重大变化，认证机构会要求进行审核，以评估企业是否仍然符合认证标准的要求

BS 10012于2009年提出，是一个完整的个人信息保护管理体系标准；欧盟议会正式通过GDPR的要求后，BS 10012结合GDPR的要求做了更新，如表5-25所示。

表 5-25　欧盟隐私保护认证标准介绍——BS 10012认证

BS 10012	制定机构	英国标准协会（BSI）
	认证遵从	主要为GDPR
	适用区域	欧盟
	适用组织	适用于各类处理个人信息处理的产品和服务
	认证周期	3~6个月不等，由产品形态和认证范围决定

续表

| | 认证有效期及维护 | 有效期3年,通过认证后持续跟踪评估,验证BS 10012持续符合 |

3. 企业如何开展隐私保护认证

企业需根据实际业务需要选择适用的隐私保护认证,这需要了解不同隐私保护认证的特点,以及认证流程、认证周期和标准要求提前做好规划和认证准备。

企业可通过识别和建立隐私保护认证关键流程活动,以帮助企业更好地准备及提升通过隐私保护认证的可能性,同时确保隐私保护认证过程中专业人员的投入及相关专业人员的能力建设。企业也可选择认证机构协助和指导企业隐私保护体系和能力建设,以提升企业通过认证的可能性,如图5-10所示。

① 明确认证范围 → ② 组建认证团队 → ③ 自评估、整改、优化 → ④ 正式评估认证 → ⑤ 通过评估,获取发证 → ⑥ 维持认证、定期评估

图5-10 企业隐私保护认证关键步骤

(1) 步骤1:明确认证范围。

结合企业业务隐私保护认证需求,明确认证对象和认证范围:

① 如选取管理体系相关的认证,须明确认证法人实体及认证机构;

② 如选取产品/服务认证,须明确所选取的认证产品/版本、服务及认证机构,其中产品团队负责明确认证产品/版本、服务,认证部、各行业线隐私官/隐私保护部选择认证机构。

(2) 步骤2:组建认证团队。

① 管理体系相关的认证(如ISO/IEC 27701认证)应由公司层面统筹管理,可由信息安全/网络安全管理部或认证部统筹管理;

② 产品/服务认证应由产品团队主导,隐私保护、法务等认证相关专业人员负责指导和协助产品团队开展认证;

③ 认证团队至少须包含认证产品团队人员和隐私管理人员,并保障认证期间投入。

(3) 步骤3:自评估、整改、优化。

确认认证类型和认证范围后(如选择ISO/IEC 27701认证),认证团队须积极开展业务自检,包含认证前要求满足的必要条件和认证的具体内容:

① 认证前必要条件自检(如涉及):如中国企业申请ISO/IEC 27701隐私管理体系认证前须开展自检,确保满足认证前提条件:

a. 申请方的隐私管理体系已按ISO/IEC 27001标准的要求建立,并实施运行3个月以上(ISO/IEC 27001是针对体系的认证,主要判断企业是否依据ISO/IEC

27001标准建立信息安全管理体系,是确保组织建立的信息安全管理体系符合ISO/IEC 27001标准要求的一种认证);

　　b. 至少完成一次内部审核,并进行了管理评审;

　　c. 体系运行期间及建立体系前的一年内未受到主管部门行政处罚。

　② 根据认证要求自检、整改、优化:

　　a. 根据认证标准分析环节的分析结果:认证基线/checklist进行检查(认证要求、认证所需文档等),确认无不满足项,如有不满足项,须及时整改和优化;

　　b. 可选择引入认证机构协助企业开展自检及自检改进项识别;

　　c. 不满足项整改完后由认证组提交认证举证文档给认证机构。

（4）步骤4:正式认证评估。

认证机构收到企业认证申请后,企业须接受认证机构的审核和现场评估。这一环节将检验企业的隐私保护和管理体系是否真正符合标准要求,也是对企业实力的综合评估。包括2个阶段:

　① 阶段1:文档审核,了解ISMS的建立情况,预审判断是否可以开展第二阶段的审核。第一阶段重点查看文件包括:

　　a. 个人信息保护政策、策略和目标文档;

　　b. 个人信息处理风险评估和处置程序,及其执行结果文档;

　　c. 内审、管理评审程序、有效性测量程序,及其执行结果文档;

　　e. 个人信息保护相关流程和指南文件;

　　d. 个人信息保护角色划分和职责分配。

　② 阶段2:现场评估审核,对隐私保护体系的文件和执行情况进行查看和验证:

　　a. 确认对组织个人信息的处理符合ISO/IEC 27701标准要求;

　　b. 确认组织遵照信息安全管理体系(ISMS)要求执行。

　③ 阶段3:重大问题整改(如涉及):

审核过程中发现的重大问题,需要制定整改计划和落地措施,保障发现的问题得到有效的解决。

（5）步骤5:评估通过、获取证书。

认证审核组会出具审核报告,给出每项的审核发现和意见,以及是否授予认证的推荐性意见,一般审核发现分类如表5-26所示。

表5-26　审核发现分类

审核发现类型	审核发现描述
符合	/
一般不符合	偶发的、孤立的
严重不符合	系统性失效,或多发的
观察项	根据审核员经验应实施某些控制或额外控制

企业通过隐私保护认证后,认证机构会通过官网发布相关认证结果及证书,企业可自行下载和使用。

(6) 步骤6:维持认证、定期评估。

企业在通过隐私保护认证后,并不代表隐私保护认证的结束,还要考虑按标准要求继续维护和运作,如定期持续开展评估、维护等。

① 由于隐私保护认证要求持续刷新,因此获得证书后企业仍不能松懈,必须持续进行隐私保护的管理和改善工作,并定期接受认证机构的监督和审核,确保始终保持高水平的隐私保护状态;

② 至少每年进行一次审核评估;重点针对上次审核时发现的不符合、内审和管理评审、有效性、变更以及改进,并在认证期满前需要申请并完成重新认证;

③ 若大型跨国公司涉及多国或多子公司的场景,则需要对各子公司认证及续认证情况每年例行审视和管理,以确保认证在全球范围持续有效。

5.4.5 个人信息泄露事件响应

随着科技的发展和互联网的普及,个人信息泄露事件发生数量日益增长。个人信息泄露事件是指个人信息在传输、存储和处理过程中遭到意外或非法破坏、丢失、篡改、未授权披露或访问。个人信息泄露事件发生原因可能包括外部网络攻击、内部员工泄露或第三方服务提供商等相关方产生的个人信息泄露。

为降低个人信息泄露发生的概率和影响,企业会采取一系列技术与组织保障措施来保护个人信息的安全,同时要建立个人信息泄露事件响应机制,以保障一旦发生个人信息泄露事件时能够有效处置和应对。如果未进行有效处置,个人信息泄露事件可能会导致法律诉讼、监管处罚、声誉影响、客户流失等诸多问题。

1. 法律要求

在全球很多国家和地区的隐私法律中规定了企业对个人信息泄露事件应及时进行响应和处置,以降低个人信息泄露对个人、企业和社会带来的风险。

(1) 中国《个人信息保护法》。个人信息处理者应采取措施防止未经授权的访问以及个人信息泄露、篡改、丢失,要求"制定并组织实施个人信息安全事件应急预案"。

在个人信息泄露事件发生后,个人信息处理者应当立即采取补救措施,并履行通知个人信息保护职责监管部门和个人的责任。但并不是每一个信息泄露事件都需要通知个人,如果个人信息处理者采取的措施能够有效避免信息泄露事件对个人造成的危害,个人信息处理者可以不通知个人(除监管部门明确要求外)。面向监管部门和个人信息主体的个人信息泄露通知中应该包含表5-27所示信息。

表 5-27　个人信息泄露通知内容

类　　别	描　　述
通知对象	个人信息保护职责监管部门和个人
个人信息泄露事件通知内容	可能发生泄露的个人信息类型； 事件发生的原因； 泄露事件可能造成的伤害； 个人信息处理者采取的补救措施； 个人可以采取的减轻危害的措施； 个人信息处理者的联系方式

（2）欧盟GDPR。数据控制者和数据处理者都有责任采取适当的技术和组织措施来保护个人信息。在个人信息泄露事件处理时，数据控制者应承担更直接的法定职责，而数据处理者主要是配合和协助数据控制者。

在发生个人信息泄露事件时，数据控制者需要对个人信息泄露事件对数据主体可能造成的影响进行评估，以采取技术和组织措施消除或降低影响，并履行通知监管和数据主体的义务。如果数据处理者发现个人信息泄露，应立即向数据控制者报告，并基于数据控制者要求提供个人信息泄露的详细信息，配合数据控制者完成个人信息泄露事件评估等工作。

数据控制者须履行面向监管机构和面向数据主体通知的义务：

① 面向监管机构。在数据控制者知悉个人信息泄露事件后，应最迟在72小时内将个人信息泄露事件通报给监管机构。通报应至少包括如下内容：泄露个人信息类型和大致数量，泄露事件发生的可能原因，数据保护官的联系方式，泄露事件可能造成的伤害，数据控制者已采取或计划采取的补救措施。

② 面向数据主体。如果个人信息泄露可能给数据主体权利和自由带来高风险，数据控制者应及时向数据主体通知个人信息泄露事件。例如，当客户的银行账号、密码等个人信息被泄露，将可能会给客户带来财务上的损失，需要尽快履行面向数据主体通知义务。

通知数据主体的方式不限，目标是以快速有效方式进行通知，降低客户的潜在损失。例如，通过媒体新闻公告、邮件甚至电话等方式通知客户，以提醒客户及时采取应对措施。

数据控制者通知数据主体的内容应包含：泄露个人信息类型，泄露事件发生的可能原因，数据保护官的联系方式，泄露事件可能造成的伤害，数据控制者已采取或计划采取的补救措施，建议数据主体采取的措施（如修改账号密码等）。

在下列情况中，不要求数据控制者面向数据主体通知个人信息泄露事件（除监管部门明确要求外）：

a. 如果数据控制者评估认为个人信息泄露不太可能会对数据主体权利造成高风

险。例如,信息在泄露前已被有效匿名化处理,在个人信息泄露影响评估时可能会认为泄露不会对受影响的数据主体产生高风险;

b. 被泄露的个人信息已经被数据控制者采取了适当技术与组织保证措施(如加密),未被授权访问的个人无法辨识泄露的个人信息;

c. 数据控制者将要采取的措施可以控制对数据主体的影响,例如,不再会给数据主体权利和自由带来高风险;

d. 通知的努力成本过高或很难联系到个人,与所取得的结果不相称。例如,通知个人信息主体的成本过高或者被认为不切实际的,可以考虑采用公开声明等方式作为与数据主体的通知。不过这需要企业进行合理的评估,必要时向监管机构报告。

2. 个人信息泄露事件应急响应机制

制定个人信息泄露事件应急响应机制,可以帮助企业在个人信息泄露事件发生时作出快速和有序的响应。构建应急响应机制,可以考虑从以下几个方面开展。

(1) 构建个人信息泄露应急响应组织。构建个人信息泄露事件响应机制需要多个部门的协同和参与,通常需要由企业隐私专业部门牵头组织构建,以确保有一个跨部门团队协同工作,快速响应和处理个人信息泄露事件,同时定期进行培训和演练。

应急响应团队应该包括个人信息泄露事件涉及的所有部门负责人或其授权代表,包括但不限于:隐私保护部门、法务部门、安全运营与技术部门、客户服务部门、数据保护官(DPO)等。为保障相关资源的投入,建议由公司管理层或业务主管作为应急工作组组长。具体个人信息泄露应急响应工作组的组成,可能因企业的组织结构和规模有所不同,表5-28所示是典型的企业个人信息泄露应急响应工作组构成。

表5-28 个人信息泄露事件应急响应工作组构成

角色名称	说 明	职 责
个人信息泄露事件处理工作组组长	个人信息泄露事件工作组组长由决定个人信息处理目的和方式的实体或部门主管担任	对个人信息泄露事件应对与处置全过程管理最终负责,实施有效的动作消减个人信息泄露事件的合规风险; 组织记录个人信息泄露事件,包括为遏制或减轻事件影响而采取的所有行动; 有效识别个人信息保护管理存在的薄弱点并驱动管理改进; 明确是否向外部机构或个人信息主体通报

续表

角色名称	说　　明	职　　责
个人信息泄露事件处理工作组副组长	首席隐私官/隐私部主管	协助个人信息泄露事件风险评估,组织协调个人信息泄露事件处理小组的活动,确保个人信息泄露事件的有效处理; 提出是否需要向外部监管机构或个人信息主体通报的建议,如需对外通报,确定通报对象、通报时间和通报内容,并实施通报; 配合记录个人信息泄露事件,包括为遏制或减轻事件影响而采取的所有行动
法务代表	法务部主管或授权代表	负责为个人信息泄露事件相关的法律风险评估和处置方案提供法律专业建议
客户服务代表	客户经理/客户支持服务主管或授权代表	负责接收或上报客户反馈的个人信息泄露事件; 负责个人信息泄露事件中的客户问询、投诉情况摸底,并与客户做好沟通
安全运营与技术代表	负责企业安全运营与技术主管或授权代表	在个人信息泄露事件处理过程中,提供安全技术支持,协助处理安全问题
对外沟通代表(可选)	一般由对外沟通团队(如公共关系部)主管/负责人担任	如涉及其他政府机构/组织的沟通交流或对媒体公众的信息公布,由其对外披露
各区域隐私代表(可选)	其他区域/子公司隐私保护官,涉及境外数据主体时必选	如个人信息泄露事件涉及到多个地区的个人,负责对各区域内的处理方案和通报方案给出建议,并实施对应区域的通报
DPO(可选)	DPO	参与评估决策是否向数据主体和外部监管通报,作为与当地数据保护机构的联络点
其他领域代表(可选)	其他领域代表,如合同管理主管,涉及客户个人信息泄露时必选	根据具体场景和需求分析

（2）个人信息泄露应急响应处置流程。在建立个人信息泄露事件应急响应机制时,需要明确个人信息泄露事件响应的详细流程、步骤和责任分工,并定期进行个人信息泄露事件应急演练。个人信息泄露事件响应机制通常包含事件感知、事件信息收集、事件处理、事件闭环和记录等环节。

① 事件感知。企业应通过技术和组织措施,构建面向内部和外部适当的疑似个人信息泄露事件感知渠道,以便及时感知个人信息泄露事件线索。相关感知渠道应确保内部和外部利益相关者容易获取到,并保障在收到疑似个人信息泄露事件线索时及时响应。

典型疑似个人信息泄露事件感知渠道举例如下：

a. 通过自动化技术手段检测和识别个人信息泄露事件。企业应该部署适当的安全监控系统和技术，以实时监测和检测潜在的威胁和攻击。例如，企业可以通过部署入侵监测系统（IDS）或入侵防御系统（IPS）以便及时发现和阻止未经授权的访问和活动。此外，企业还可以利用日志分析异常检测和行为分析等技术手段来识别疑似个人信息泄露事件。

b. 构建面向内部的通报渠道，如设置公共邮件或者热线电话。可支持企业员工在发生疑似个人信息泄露时能够及时通报给相应业务负责人或隐私专业人员。在业务负责人或隐私专业人员收到疑似个人信息泄露信息时，应及时传递给内部各利益相关者，如高层管理人员、个人信息保护部门、法务部门、产品开发部门、网络维护部门等。企业应加强面向全员进行个人信息泄露事件处置的意识培训，使其了解应急响应流程和通报渠道。

c. 构建面向外部的通报渠道。提供给外部的通报渠道形式不限，包括公共邮箱、热线电话、在线反馈（官方网站、社交媒体账号）等，可支持客户、合作伙伴、供应商等外部利益相关者向企业通报个人信息泄露事件线索。

② 事件信息收集：在感知到疑似个人信息泄露事件后，企业应立即采取处置措施阻止数据继续泄露，以降低对个人的持续影响并减轻损失。同时收集个人信息泄露事件信息，并进行初步评估，包括个人信息泄露受影响范围和初步原因。

a. 采取初步的处置措施：应通过技术和组织措施防止数据继续泄露，包括中止未授权访问、撤销账户权限、更改密码甚至暂时关闭受影响系统等方式。在此过程中，应尽可能保障系统的可用性，即授权人员仍然能够正常访问和处理数据。同时企业须采取措施保存与个人信息泄露事件相关的证据，以便于后续的调查分析。

b. 个人信息泄露影响评估：企业需对个人信息泄露的范围和影响程度进行评估，可以从个人信息敏感度、个人信息可识别度、个人信息数量等维度进行分析。

个人信息敏感度（DPC，Data Processing Context）：是指泄露的个人信息对数据主体的敏感程度。一般会结合泄露的个人信息类型是否涉及敏感个人信息进行判断，如表5-29所示。

表5-29 个人信息敏感度评估

序号	评 估 内 容	举 例
1	泄露的个人信息是否已经失效或可通过公开来源获取（如：组合来自网络搜索的信息）	个人10年前的信用卡号记录，卡号已失效，但银行仍需按规定保存这些失效的数据
2	泄露的个人信息是否能够识别或者推断出个人信息主体的敏感信息	某社交媒体的用户基本信息发生泄露，包括用户名、邮件地址、密码、出生日期信息，但敏感的密码是经过加密处理的

续表

序号	评 估 内 容	举 例
3	泄露的个人信息是否可以得出关于个人的社会/财务状况等敏感信息	个人信用报告,一般包含个人信贷和还款历史的文件
4	泄露的个人信息是否可以得出关于个人健康状况、性偏好、政治或宗教信仰等信息	医疗记录,包括就诊历史、诊断、治疗信息以及药物处方等
5	由于个人信息主体的特殊性(如未成年人),泄露的个人信息是否会对他们的个人安全或身体/心理状况造成危害	一家学校或教育机构的学生学术成绩和行为记录,可能会对学生的心理健康产生负面影响,包括自尊心受损、社交排斥或焦虑等问题

个人信息可识别度(EI, Ease of Identification):是指从泄露的个人信息集合去识别相应个人信息主体的难易程度。通常会从是否对数据采用先进加密技术和是否包含可识别个人信息类型等方面进行评估。在评估个人信息可识别度时,可以参考表5-30所示的评估内容。

表5-30　个人信息可识别度评估

序号	评 估 内 容
1	数据是否受到最先进的加密技术的保护,并且密钥完好无损
2	数据是否采用明文存储,或者是否有证据证明加密密钥被破坏,或者加密软件或算法是否是不安全的
3	数据与特定个人相匹配的难易程度: (1) 很难将数据与特定个人匹配,但在某些条件下仍有可能。例如,全名,在一个国家里,许多人使用的相同的全名; (2) 在某些条件下,非常容易将数据与特定个人匹配。例如,全名,在一个小城市里面,只有极个别人使用的相同的全名; (3) 无须借助其他信息可以直接从泄露的数据中进行个人匹配和识别。例如,护照或身份证号码

个人信息数量规模:是指个人信息泄露事件涉及的个人信息的数量。数量规模是事件影响范围评估以及采取具体措施的重要考量因素。例如,如果只涉及小于100人数量的规模,通过点对点的方式进行通知。如果涉及数量规模非常大,如达到10万以上,无法通过点对点通知方式实现,可能需要使用发布安全事件通告或者邮件通知等方式进行风险消减。

c. 识别适用法律通知义务:基于个人信息泄露事件涉及的个人信息敏感度、可识别度和数量规模等因素,分析适用的法律要求并遵从相关要求及时通知相关个人信息保护监管机构和个人。例如某跨国企业在发生个人信息泄露事件,如涉及中国、欧盟某国个人信息主体,需要基于规则通知相关所在国的监管机构和个人信息主体。

③ 事件处理:在事件处理过程中,一般包括个人信息泄露事件定级、成立工作组和制定事件实施方案。

a. 事件定级和成立工作组:不同个人信息泄露事件产生的危害程度和处理复杂度不同,针对影响重大的个人信息泄露事件需得到快速处置。企业应基于个人信息泄露事件的严重程度进行风险定级,在进行风险定级时,可以结合个人信息敏感度、个人信息可识别度、个人信息数量规模等要素进行等级划分。例如,某企业将个人信息泄露事件划分为一级、二级和三级,定级规则如表5-31所示。

表5-31 个人信息泄露事件等级划分

名称	定义	举例
一级	泄露的个人信息可能对数据主体产生重大负面影响,且可能会受到外部利益相关者严重质疑	航空个人信息泄露事件导致约50万名客户个人信息被泄露,泄露信息包括客户个人信息和银行卡信息,如姓名、地址、邮箱,以及信用卡号码、有效期和验证码(CVV)等
二级	个人信息已泄露,对个人造成较大影响,但采取一定措施或手段可以降低风险或消除风险的个人信息泄露事件	某电子商务网站被黑客攻击,窃取少量用户账号密码,但该账号密码仅能用于生成购物订单
三级	个人信息存在泄露隐患,且对个人无影响或仅存在微小影响	某公司员工将数据库备份发送给不相关供应商,而该数据库备份采用最新加密技术进行加密,密钥服务器位于企业内部网络,不可通过外网访问

基于个人信息泄露事件定级,结合企业的业务特点和事件影响范围,成立应急工作组。应急工作组的构成可能会基于事件定级有所差异。例如,为保障一级个人信息泄露事件的有效处置,一般由分管相关业务领域的公司高级管理人员担任工作组组长;针对三级个人信息泄露事件可以由业务部门主管担任工作组组长。

b. 制定与实施事件处理方案:工作组基于个人信息泄露影响评估结果制定事件处理方案,包括可能的风险消减方案,并记录所有决策过程。

企业在进行事件响应的过程中,可能会涉及制定技术应对方案。如果有需要,可以与计算机安全专家、通信服务提供商等合作,共同响应个人信息泄露事件。

在事件处理的过程中,企业应该明确面向内部和外部沟通的责任人,由其统一发布关于个人信息泄露事件的信息,避免出现不同人员对外发布信息不一致。

根据相关法律,如果需要向监管机构和个人信息主体报告个人信息泄露事件,则工作组需要制定面向监管机构和个人信息主体通报的内容、通报方式和通报时间等。面向监管机构,通知的方式包括电子邮件、信函、官方网站提交等。以下是某企业面向通知监管机构的模板,可在实践时参考:

个人信息泄露事件通知

[××组织简要介绍],我们非常重视个人信息保护,并建立了我们的个人信息泄露响应流程。这封信是为了向您通知我们发生的(或疑似发生的)一起个人信息泄露事件。

1. 个人信息泄露事件

[描述所发生或疑似发生的个人信息泄露事件的性质,包括发生的时间以及得知个人信息泄露事件,个人信息泄露是什么(例如意外或非法损毁、丢失、篡改,对存储中、传输中或其他处理的数据的未授权披露或访问等),个人信息泄露的原因(如果知道的话)等]

2. 涉及的个人信息主体类型和数量

[描述涉及的个人信息主体的类型和大致数量(不需要非常精确)。个人信息主体类型举例:如雇员、消费者、客户或未成年人等]

3. 涉及的数据量和数据类型

[描述涉及的数据量和数据类型]

4. 个人信息泄露造成的后果

[描述个人信息泄露造成的或可能造成的后果,例如,可能造成服务无法使用,或身份被窃取等]

5. 为处理个人信息泄露采取的措施或拟采取的措施

[描述为处理个人信息泄露事件所采取的措施]

6. 减缓可能的负面影响的措施

[描述为减缓可能的负面作用所采取的或拟采取的措施]

7. 个人信息保护负责人(或其他合适的联系人)

[姓名及联系方式]

我们将尽可能妥善处理该个人信息泄露事件并减缓可能带来的负面影响。如有最新情况我们将与您保持沟通。如果您有任何疑问,可通过××联系我们。

[个人信息保护负责人或其他合适的联系人签名]
[日期]

通知个人信息主体的模板可以参考如下:

> 尊敬的[客户]:
>
> 　　我们联系您是为了向您告知[××组织]发生了一起个人信息泄露安全事件。[请描述事件的基本情况,包括事件的性质、涉及哪些数据等]。
>
> 　　该事件可能影响您的[描述该个人信息主体受影响的数据种类]。因此,您的个人信息可能[描述可能对该个人信息主体的个人信息造成的影响,例如导致身份被窃取或服务无法使用等]。
>
> 　　我们已经采取必要的措施处理该事件,包括但不限于[描述所采取的处理事件的措施,如果适用的情况下还包括减缓可能造成的负面影响的措施]
>
> 　　为保护您的个人信息,我们建议您采取以下措施减缓风险[描述建议个人信息主体采取的措施]
>
> 　　我们非常重视此次事件。如果您对本次事件有任何疑问,请联系[个人信息处理者联系人的姓名及联系方式]。
>
> 个人信息保护负责人或其他相关人签名
日期

除此之外,工作组还应根据事件事态发展,适时判断是否需要升级、降级、关闭或启动其他处理程序,如法律诉讼程序等。

④ 事件闭环和记录:企业应在达到预期事件处理目标后,确认事件关闭并在内部进行关闭通报。工作组需要将个人信息泄露事件处理过程及结果的所有记录进行归档,包括个人信息泄露事件相关的事实、处置措施等记录。

同时工作组应该负责进行根因分析,举一反三排查企业内是否存在同类潜在风险,制定改进措施,以防止将来再次发生类似的事件。

5.4.6　个人信息保护合规成熟度度量

1. 个人信息保护合规成熟度简介

为了评估一个组织或机构个人信息保护治理水平的高低,可以引入个人信息保护合规成熟度进行评估。个人信息保护合规成熟度是指一个组织或机构在处理个人信息时所展现的成熟度水平。它通常包括对个人信息保护法规的遵守程度、个人信息保护措施的完善程度、个人信息保护意识的普及程度以及应对个人信息泄露或事件的应急能力等方面。评估个人信息保护合规成熟度有助于组织了解其在个人信息保护方面的现状,并采取适当的措施提高对个人信息的保护水平。

在业界成熟度模型CMM和CMMI框架的基础上,也衍生出了很多通用的个人信息保护合规成熟度模型,例如AICPA/CICA、TrustArc Nymity、EuroPrise等,各个成熟度评估模型的评估项会有较大的区别,但是所有的成熟度模型基本上都分为初始化(initial)、已管理的(managed)、已定义的(defined)、定量管理的(quantitatively managed)和持续优化的(optimized)5个级别,每个级别的成熟度水平依次递增,如表5-32所示。

表5-32 个人信息保护合规成熟度模型

等 级	含 义
初始化 (initial)	非结构化方法,其中隐私政策、流程和做法没有得到充分的定义或记录。程序或过程通常是非正式的、不完整的,并且不能一致地应用到所有的业务。隐私管理主要取决于个人的主动性,而不是流程
已管理的(managed)	建立了基本的隐私治理过程、模板和实践来跟进具体工作的落地,总体方法在很大程度上是被动的,有一些记录的准则,但是并未涵盖所有相关方面。对隐私政策、流程和做法的一致性有限,业务部门内部采用的方法是孤立的
已定义的(defined)	定义了完整的隐私政策、流程和实践,能较全面满足组织的运营需求,各项记录被完整记录,且涵盖所有相关方面,并在整个过程中得到一致实施。该企业有一个整体和积极主动的方法与广泛的隐私管理意识
定量管理的 (quantitatively managed)	隐私管理嵌入业务流程和系统的设计和功能中,并在整个组织中保持一致。通常制定了定量化的度量标准以评估现有控制措施的有效性,能进一步牵引组织完成既定的隐私管理目标
持续优化的 (optimized)	隐私管理被视为一项战略举措,定期审查和反馈用于确保优化过程的持续改进。该组织被利益相关方和公众视为隐私管理的领导者,推出创新举措以满足他们的需求

在本书17/27隐私保护合规框架的基础上,组织或机构可以针对个人信息保护的27个控制项设定适合的评估项集合,评估项集合既要能完整包括企业个人信息保护治理的所有方面,还要确保不产生冗余项;除此以外,还需要设定每一个评估项的当前等级和目标等级,目标等级用于牵引组织进行治理能力的改进或提升。企业为每个评估项所设定的目标应当清晰、明确、易于理解,不同的专家进行评估时,尽量能得出相同且准确的结果。以表5-33所示的17/27框架的部分控制域和控制项为例:

表5-33 17/27框架控制域和控制项举例

控制域(17)	控制项(27)	评估项(举例)
1.1 隐私政策	1.1.1 公司隐私政策与流程文件	隐私政策文件的发布、审批和更新
		隐私政策文件变更流程的建立
1.2 组织	1.2.1 组织架构设计	隐私管理体系中角色和职责的定义
		隐私管理组织的人力、财力和物力资源
	1.2.2 团队任命	隐私保护团队的建立要求
		DPO/代理人的任命评估和记录
	1.2.3 人员保密协议管理	个人数据处理岗保密协议的制定和签署

续表

控制域(17)	控制项(27)	评估项(举例)
	1.2.4 绩效考核	隐私保护人员绩效考核文件的建立
	……	
2.2 PIA	2.2.1 隐私影响评估（PIA）	风险管理&PIA/DPIA政策和规程的建立和维护
		隐私风险评估的定期开展
		高风险数据处理活动DPIA的实施
		PIA/DPIA模板的开发和维护
		PIA/DPIA过程中，向监督管理机构咨询
	……	

企业还需要根据业务的发展和管理目标的调整、历史成熟度模型评估的反馈来对成熟度度量模型持续优化和改进，最终找到最适合企业自身实际的成熟度度量模型。

2. 隐私合规成熟度评估的意义

建立隐私保护合规成熟度评估体系可以帮助我们实现：

① 明确控制要求：基于隐私保护领域的工作域和控制要求，建立隐私工作评估检查基线，为企业评估提供指导参考；

② 评估当前状态：评估组织各领域隐私保护工作当前的治理水平，识别优先需要改进的问题，为向管理层汇报提供参考以获取对隐私工作的支持，保证工作的质量与进度；

③ 持续优化改进：组织可结合自身实际业务情况及业界对标情况，建立隐私保护发展的目标，通过度量和动态观察，提升企业隐私保护核心竞争力，为企业产品和服务扩大市场空间提供支持；

④ 构建知识平台：能够解决人员流动所带来的问题，公司通过过程改进，建立知识库并共享经验，而不是单纯依靠某些人员的技能。

因此，建立隐私保护合规成熟度评估体系对企业和组织来说具有重要的战略意义。

3. 如何构建企业隐私合规成熟度评估体系

对一个企业进行隐私保护合规成熟度评估，一般会引入独立的部门或第三方公司，如公司的审计或稽查部，隐私治理部门或外部咨询公司等，由业务人员和隐私专员提供必要信息以及在评估过程中所有必要的支持。

表5-34基于17/27框架治理主线的"政策""组织"控制域和个人信息生命周期的"数据处理活动记录""隐私影响评估"控制域为例，介绍如何构建企业隐私合规成熟度评估体系。为简便起见，每个控制域只引用一个控制项。

表 5-34　17/27 企业隐私保护合规成熟度评估体系

政策控制域的成熟度评估项举例：

控制域	控制项	评估项	描述	初始级	已管理的	已定义的	定量管理的	持续优化的
政策	公司隐私政策文件	隐私政策文件的发布、审批和更新与流程	应制定组织或机构层面的隐私保护总体政策，明确个人数据处理的法律依据，基本原则及各业务部门应承担的隐私责任，内容应包括个人信息处理全生命周期和安全的要求	集团没有宏观地制定隐私保护总体政策，对各部门提供的非正式的隐私保护政策文件，并且不一致的应用，且涵盖的内容不完整	集团层面隐私保护政策存在但内容可能不完整，并且没有以文档形式完整记录	制定完整的隐私保护总体政策，应包括个人信息处理全生命周期和安全的要求	监控各业务部门及子公司对隐私总体政策的适用和遵守情况，并使用此类监控的结果适当调整政策具体要求	管理层应监督有关隐私保护政策和程序的实施情况，确定不合规问题，明确隐私风险点并及时采取补救措施以确保符合要求

组织控制域的成熟度评估项举例：

控制域	控制项	评估项	描述	初始级	已管理的	已定义的	定量管理的	持续优化的
组织	组织架构设计	组织结构设计和隐私管理体系中角色和职责的定义	制定并及时更新隐私保护组织架构（包含组织汇报关系），识别及定义组织架构中隐私保护角色及工作任务，以及明确其中重要角色的工作内容	尚未有明确的隐私保护组织结构，未定义组织架构中隐私保护角色及工作任务，以及角色的内容	设置隐私保护组织，但是对组织中人员的角色岗位定义及职责确认不明晰，缺少对其中各重要角色的工作内容明确说明，且没有文档记录	已经制定了定义的角色和职责，并将其分配给实体内的各个人/团体，员工了解这些任务	监督隐私保护角色和职责的分配，对应隐私组织及各岗位人员的设置合理性、科学性进行审查和度量，并确保尽职得到有效沟通；隐私计划明确高级管理层支持	该实体（如董事会）定期监督委员会）定期监督负责隐私的人组、流程和任务，分析进度以确定其有效性，并根据业务及监管环境的变化时对组织架构及岗位设置进行调整和改进，以适应业务发展需要

200

续表

数据清单控制域的成熟度评估项举例：

控制域	控制项	评估项	描述	初始级	已管理的	已定义的	定量管理的	持续优化的
数据清单与ROPA管理	个人数据清单管理	根据法律要求制定个人数据清单模板并维护	组织应定义数据清单过程，对所涉及的个人数据，建立个人数据处理记录并适当维护	未根据法律法规范的要求制定个人数据清单模板，通常是为了完成某一任务而提供临时性的模板，导致使用的模板版本众多，不一致	存在个人数据清单模板，但是没有根据业务环境/监管环境的变化进行维护或更新或没有文件化	制定个人数据清单模板，并且根据业务环境/监管环境变化对模板进行维护更新，确保模板的有效性	管理层对个人数据清单模板的合理性进行审核	管理层审核模板维护情况，并存在对应的流程确保模板得到及时的更新维护

隐私影响评估控制域的评估项举例：

控制域	控制项	评估项	描述	初始级	已管理的	已定义的	定量管理的	持续优化的
隐私影响评估(PIA)	隐私影响评估(PIA)&风险管理	PIA/DPIA政策和规程的建立和维护	应制定具体的可执行的隐私风险评估(PIA/DPIA)模板和操作指南，用于定期识别实体的个人数据中存在的风险	未制定 PIA/DPIA模板并维护或通常根据临时需要编写PIA/DPIA模板，内部使用的模板没有正式的统一的格式	存在 PIA/DPIA 模板，但是没有根据业务环境/监管环境的变化进行维护更新，没有文件化该模板	制定PIA/DPIA模板，并且根据业务环境/监管环境等变化对模板进行更新，充分听取各部门的意见，确保评估模板的有效性	PIA/DPIA作为业务流程中必要的隐私评估活动，并且制定了PIA完成比例、风险闭环比例等度量指标进行有效牵引	管理层审核PIA/DPIA模板维护情况，推动PIA/DPIA评估质量和风险闭环率的提升，并能通过过程质量反馈以及自新观念、新技术的反馈使过程不断持续地改进

201

隐私保护合规成熟度评估还需要侧重过程的管理,为有效衡量各个评估项当前成熟度等级与目标的差距,一般需要引入度量的方法,对评估项能进行定性或定量的度量,使得过程可以被量化和有效地衡量,从而不断牵引组织和机构改进最终结果。传统的度量方法包括:

① 定性度量:一般针对非数值化的评估项,通过主观的描述和解释来理解现状,例如,是否任命隐私保护组织,人员意识能力等;

② 定量度量:一般基于客观数据的评估项,通常可以按高低得分进行排名,例如,针对隐私风险闭环率就可以用客观的数据度量风险闭环的比例。

企业要基于风险管控的全面性和有效性,来设计定性或定量指标集。我们需要有自顶向下的思维,设计的指标要能够准确反映业务合规状态,通过这样的机制设计出最小的指标集,这样作为隐私保护合规治理人员,就能通过指标运营来监控和分析、展示各个业务单元的合规情况,对于管理层的决策制定也起到了重要作用,提高了隐私保护治理工作的效率。

沿着17/27隐私合规框架,我们可以构建出图5-11所示的隐私合规度量指标体系,考虑到不同组织、不同层级的管理者对指标的关注点不完全一致,可以设置分层级的指标,一般管理者只需要关注第一层的结果指标,隐私治理部门或者业务团队需要关注到第二层的过程指标,基于过程指标和结果指标与目标的差距,进行改进。

隐私合规看板全景图							
1 隐私资产管理	2 数据清单(DI)	3 隐私声明	4 风险评估	5 数据跨境	6 证据链	7 委托数据处理	8 数据主体权利响应
Layer One							
资产关联率	DI审批完成率	隐私声明评审通过率	风险评估完成率	跨境DI纳管率	证据链完成率	委托数据处理场景纳管率	DSR SLA完成率
	DI刷新率	隐私声明完备度	(D)PIA风险闭环率	个人数据跨境协议(DTA)签署率	证据链完成率	个人信息到期删除率	DSR答复准确率
Layer Two							
个人数据模块情况	数据主体类型占比	隐私声明刷新次数	高风险数量占比	跨境数据接收国情况	(D)PIA完备度	场景纳管情况	DSR驳回次数
	数据主体数量占比	隐私声明用户阅读比	中风险数量占比	跨境数据传出国情况	DPA完备度	数据到期删除情况	DSR超期次数
未关联DI模块情况	特殊个人数据占比		风险类型占比	数据主体角色数量			

图5-11 隐私合规度量指标全景图样例

以下通过典型指标设置说明隐私保护定量度量指标的设计方法(表5-35)。

表 5-35 隐私保护定量度量指标的设计方法

模　块	度量指标设计需要考虑的	指标举例	意　义
隐私风险评估完成度	针对所有个人信息处理活动，有必要评估其带来的隐私风险，可基于组织或机构既定的 PIA 模板进行风险评估	隐私风险评估完成率=所有已完成隐私风险评估的活动数/所有涉及个人信息处理的活动数	可以有效识别所有的个人信息处理活动是否都已经完成了风险评估
隐私风险闭环率	在隐私风险评估活动中识别出来的风险进行分级管理，分为高、中、低风险，并为不同等级的风险设置闭环率，来持续牵引组织或机构的业务团队及对风险进行处置	(高/中/低)隐私风险闭环率=已经关闭的(高/中/低)隐私风险数/所有(高/中/低)隐私风险数	组织或机构应当重点关注高风险的处置的有效性，并能举一反三，通过一个问题解决一类问题
数据主体权利	数据主体权利响应及时性是非常重要的指标，很多国家法律法规定义了明确的要求，例如对时间的要求，因此可以设置数据主体权利处置时长来评估是否满足外部的合规要求	数据主体权利响应的 SLA	可以有效监控所有的数据主体权利的响应 SLA 以及服务质量

企业除了评估出当前成熟度现状(Current state)外，还需要设定短期和中长期的改进目标(Future state)，可以采用雷达图等方式准确表达现状与目标之间的差距(如设定 0~10 分)，并能够制定改进措施。成熟度评估结果可以供管理层快速了解合规现状，以及快速作出相应的决策，因此设计一套完整的个人信息合规成熟度度量体系并且实施应用，将是非常有帮助的。

图 5-12 所示是某企业的隐私保护合规成熟度评估结果。

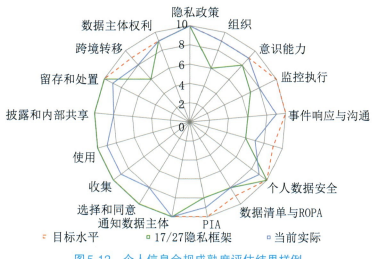

图 5-12　个人信息合规成熟度评估结果样例

扩 展 阅 读

本章以华为公司的隐私保护治理实践为例,描述了企业如何依据法律法规、国际/国家隐私标准以及相关行业组织发布的隐私合规指南等文件,结合企业自身的组织结构和业务特点,构建适用于自身的隐私合规治理框架。本章中作为示例的隐私合规治理框架,来自华为公司在2022年发布的《华为隐私保护治理白皮书:隐私合规17/27框架》[①]。

在国内,中国金融认证中心组编的《个人信息保护——基于GB/T 35273的最佳实践》(中国标准出版社2019年版)一书,以国家标准GB/T 35273—2017中的个人信息安全规范为依据,以金融行业为应用背景,设计了一个包含"治理层""管理层"和"控制层",以"识别-防护-检测-响应恢复"(Identify-Protect-Respond & Recovery,IPDR)为主轴的隐私合规治理框架。该书是国内最早讨论企业隐私合规治理框架的专著,所依据的GB/T 35273—2017已经在2020年更新为GB/T 35273—2020。本章所介绍的隐私合规17/27框架则是依据最新的国家标准GB/T 35273—2020、国际标准ISO/IEC 27701:2019和美国NIST隐私框架(2020)等来制定的。

除了华为以外,国内多家企业也提出了各自的隐私治理方法论或隐私治理框架。例如,阿里巴巴提出了"隐私保护与业务效益正和"的隐私治理框架,包括隐私合规管理、数据全生命周期管控、隐私合规工程能力三个部分。蚂蚁集团联合中国软件评测中心等机构,发布《数据安全复合治理与实践白皮书》,基于蚂蚁集团的实践经验,提出了数据安全复合治理模式,以"战略层面要求战略要位,运营管理层面强调实战牵引、全员参与,治理科技层面强化技术破局"为指导思想,从规章制度、管理流程、组织架构、人员配置、日常运营五个方面形成针对个人数据的"复合"治理。

在国外,微软公司在2010年就发布了针对隐私、保密和合规性的数据治理框架(Data Governance for Privacy Confidentiality and Compliance,DGPC),分别从人员、流程和技术三个能力域出发,描述了建立治理团队、设计治理流程、部署技术控制的整个过程(参见Salido Javier对DGPC的综述论文)。基于这一框架,微软还开发了Microsoft Purview 风险和合规性解决方案、治理解决方案。在北美地区,美国注册会计师协会(American Institute of Certified Public Accountants,AICPA)和加拿大特许

---

① https://www-file.huawei.com/-/media/corp2020/pdf/trust-center/huawei_privacy_protection_governance_white_paper_2022_cn.pdf.

会计师协会（Canadian Institute of Accountants，CICA）在2003年就发布了《AICPA/CICA隐私框架》（AICPA/CICA Privacy Framework），2009年更新为《公认的隐私准则》（Generally Accepted Privacy Principles，GAPP），2020年进一步更新为《隐私管理框架》（Privacy Management Framework，PMF），主要是从隐私保护组织架构和保障、隐私保护制度体系、基于隐私工程的隐私标准落地三个方面明确企业隐私治理的要求。由于AICPA负责制定美国的审计标准，因此PMF/GAPP和本书第4章介绍的NIST隐私框架成为美国大部分企业制定隐私保护合规治理框架的主要参考。

总体来说，国内外企业现有的隐私治理方法论或隐私治理框架虽然和本章介绍的华为隐私治理17/27框架有侧重点或者细节上的不同，但主体上都包含了"企业内部隐私合规治理体系""个人信息全生命周期保护"这两条主线，体现了"从行为规制到隐私风险规制""从隐私设计到隐私工程"的治理思想。这并不是偶然现象，因为这些正是法律法规（如《个人信息保护法》、GDPR等）和隐私标准（GB/T 35273、ISO/IEC 27701等）对企业隐私治理的核心要求。

6 企业隐私保护运营实践

- ◆ 6.1 记录个人信息清单
- ◆ 6.2 隐私影响评估
- ◆ 6.3 个人信息全生命周期合规实践
- ◆ 6.4 企业作为受托人隐私保护实践

第5章提到了以华为公司隐私保护17/27框架为代表的企业隐私治理框架,其核心包含"隐私合规治理体系"和"个人信息全生命周期保护"这两条主线,分别由治理团队和业务团队主导落地。本章将围绕"个人信息全生命周期保护"这条主线,继续介绍华为公司隐私保护的运营实践。

隐私保护运营实践主要包括以下几个方面:

(1)记录个人信息清单:个人信息清单(Data Inventory,DI)是企业内部开展隐私保护治理最重要的依据,为企业管理层、隐私治理人员和专业人员提供了个人信息处理活动最为基本的信息,支撑下一步的评估和决策,同时记录处理活动也是中国和欧盟个人信息保护法律中的要求,DI可用于向监管机构、认证机构或审计机构出示。

(2)隐私影响评估:隐私影响评估(Privacy Impact Assessment, PIA)是对个人信息处理活动的风险评估,覆盖个人信息全生命周期,用于识别风险并推动改进。

(3)个人信息全生命周期的合规,可进一步分解为:隐私通知与获取同意;个人信息的使用、留存和处置;披露与供应商管理;个人信息跨境转移;个人信息主体权利保障。

针对个人信息处理活动的隐私保护运营,就是以DI为起点并贯穿个人信息全生命周期的风险管理实践,旨在保障个人信息主体权益并可证明。

6.1 记录个人信息清单

为了实现对个人信息的保护,首先需要梳理出企业在个人信息处理活动中承担的角色和个人信息处理的基本信息,包括:这些信息是如何采集的,是用户输入还是系统生成的,个人信息的主体是什么,是员工的个人信息还是消费者用户的个人信息,这些信息分别存储在什么地方,有没有加密,保留多长时间,有没有分享给合作厂商等等,所有这些基本信息构成了对个人信息处理活动的一个基本"画像",这个"画像"就是个人数据清单。

记录个人信息清单能有效帮助企业高效管理数据处理活动和风险,提升企业合规的效率。只有记录了个人信息清单,企业管理者或者部门经理才能快速了解企业或部门内部所有的个人数据处理活动场景,隐私保护专业人员才能全面并准确地评估相应的合规风险。同时,个人信息清单也是所有隐私合规记录的基础,本书其他章节中提及的隐私影响评估、隐私声明、数据跨境转移等都和具体的数据处理活动清单有关,例如隐私影响评估中需要评估敏感个人信息使用的必要性。因此,在业务处理活动中的个人信息清单的记录非常重要,需要定期审视,只有确保数据处理活动记录信息的准确性,才能反映出实际的业务处理的个人信息的情况。

6.1.1 个人信息清单介绍

中国《个人信息保护法》在第55条提到,对个人权益有重大影响的个人数据处理活动,个人信息处理者需要对处理情况进行记录;中国GB/T 35273—2020《信息安全技术 个人信息安全规范》第11.3条针对个人数据处理活动记录也有明确的要求。欧盟GDPR对数据控制者和数据处理者都提出了处理活动记录的要求,并且在第30条明确列出记录中需要包含的内容。

基于中国《个人信息保护法》《个人信息安全规范》和欧盟GDPR的要求和业界实践,我们通常将数据处理活动的记录称为个人信息清单或数据清单(Data Inventory,DI)。下面就举例解释一下DI几个主要要素的含义,并说明为什么在数据处理活动记录中是非常重要的。

1. 个人数据类型

个人数据是指与一个身份已被识别或者身份可被识别的自然人("数据主体")相

关的任何信息。身份可识别的自然人是指其身份可以通过诸如姓名、身份证号、位置数据等识别或者通过一个或多个与自然人的特定因素来直接或者间接地被识别。个人数据分成两大类,即一般个人数据和敏感个人数据。敏感个人数据是个人数据的一个重要子集,指的是一旦泄露、非法提供或滥用可能危害人身和财产安全,极易导致个人名誉、身心健康受到损害或歧视性待遇等的个人数据。

欧盟GDPR定义的特殊类别个人数据包括种族、政治观点、宗教和哲学信仰、工会成员资格、基因数据、生物信息、健康、性取向等。中国敏感个人信息包括生物识别、宗教信仰、特定身份、医疗健康、金融账户、行踪轨迹等信息,以及不满十四周岁未成年人的个人信息。敏感个人数据的处理需要更多更严格的保护措施。敏感个人数据在不同国家范围有一定差别,开展业务时应以各个国家已实施的隐私保护/数据保护法律法规为准。

(1) 常见的一般个人数据有:

① 个人可识别信息(Personally Identifiable Information,PII):包括直接识别个人身份的数据,例如姓名、社会身份号码和护照号码等;

② 履历信息:例如出生日期、性别和工作经历的数据;

③ 联系人信息:例如邮箱、电话号码、传真地址等信息;

④ 用户上网行为相关的网络跟踪数据:例如Cookie、浏览历史、IP地址、用户习惯、点击记录、发布的评论信息等,此类数据通常能反映出用户的一些兴趣和偏好信息。

(2) 敏感个人数据有:

① 健康信息:例如健康记录和病史数据,此类型数据一般属于敏感个人信息,需要受到额外的保护;

② 行踪轨迹信息:例如针对用户的连续的GPS位置记录会形成用户的轨迹。采集和使用的个人数据还要满足最小化的原则,只采集完成业务目的所必需的个人数据。如果使用匿名化数据,或者使用精度更低的个人数据也能完成对应的业务目的,就不能使用用户精确的GPS位置信息。例如,给用户推送对应城市或区域的天气情况,应当采用更加模糊的地理位置,甚至是城市信息。

2. 通常处理个人数据的合法性依据

(1) 获取用户同意。如果基于用户同意处理个人数据,那么同意应当由个人在充分知情的前提下自愿、明确作出。在欧盟,还要采用opt-in①的方式,并且撤回同意的难度不应高于获取同意的难度。一般情况下,对用户进行营销消息的推送,需要提前

---

① opt-in:即"选择加入",要求用户主动订阅接收电子邮件或时事通信,提供他们的电子邮件地址,有时还提供他们的姓名和其他个人信息。opt-in同意是指在您将某人的数据用于营销之前,您需要获得某人的同意或许可。

获得用户的同意,在某些法律要求非常严格的国家,可能还需要double opt-in的同意,首先询问用户是否同意接收营销消息,在用户同意后,才能向其推送营销信息,并且推送的营销信息里需要含有用户退订的链接或告知退订的方式,用户点击退订后,不能再向其推送营销信息,如图6-1所示。

> 亲爱的用户,
>
> 　您好!感谢长期以来对我们的支持和厚爱,为答谢您,我们挑选了一些您可能感兴趣的商品,您可以点击任一商品进行购买或联系客服进行相应的咨询。
>
> 　如果您不希望收到此类信息,请您点击退订。

图6-1　推送营销消息

(2) 为订立、履行个人作为一方当事人的合同所必需。采集和使用个人信息对于履行与个人的合同是必要的。例如,当您签署向客户提供商品/服务的合同时,通常要求您提供一些个人信息,如您的姓名、地址、银行详细信息等。

(3) 为履行法定职责或者法定义务所必需。例如根据中国《网络安全法》第21条(3)的要求,网络运营者应当采取监测、记录网络运行状态、网络安全事件的技术措施,并按照规定留存相关的网络日志不少于六个月;因此企业可相应的保存网络日志至少六个月,当然也要采取相应的保护措施,如加密、控制访问权限等。另外,中国《网络安全法》第24条规定了实名制的要求,网络运营者为用户办理网络接入、域名注册服务,办理固定电话、移动电话等入网手续,或者为用户提供信息发布、即时通信等服务,在与用户签订协议或者确认提供服务时,应当要求用户提供真实身份信息。

(4) 追求企业合法利益。在欧盟,企业为了自身运营的合理目的,需要处理某些个人数据,并且处理个人数据的目的和方式并不会超出用户的期望,对其隐私影响比较小的情况下,欧盟GDPR规定可以使用企业合法利益处理必要的个人数据。例如,企业为了保证信息系统和网络安全,防止未经授权访问、防止盗版和恶意软件等原因需要知道员工设备上安装的软件列表信息。当然企业不能随意主张使用合法利益作为处理个人数据的法律基础,这种法律基础应该是在非常受限的场景下使用。并且为了能够评估是否可以使用合法利益作为企业处理个人数据的法律基础,需要进行合法利益影响评估(LIA),包括目的必要性、对数据主体的隐私影响大小和其他安全保障措施等。

(5) 其他的法律基础:

① 为应对突发公共卫生事件,或者紧急情况下为保护自然人的生命健康和财产安全所必需;

② 为公共利益实施新闻报道、舆论监督等行为,在合理的范围内处理个人信息;

③ 依照本法规定在合理的范围内处理个人自行公开或者其他已经合法公开的个人信息。

3. 个人信息披露或委托处理

（1）披露。一般指个人信息处理者向另外一个个人信息处理者提供个人信息，双方有各自单独的数据处理的目的，各自履行相应的法律责任。

（2）委托处理。一般指个人信息处理者委托受托人处理数据的行为，通常受托人没有自己的业务目的，需要严格按照个人信息处理者的指示处理个人数据，并且需要记录数据处理行为，采取必要的安全措施，此外，受托人还需要配合个人信息处理者进行相应隐私保护泄露事件的响应和个人信息主体权利的响应。

在个人数据披露或委托处理场景下，一般情况下个人数据会流出企业的网络边界，相应的数据保护的风险是增加的，因此有必要准确记录披露或委托处理的第三方或委托方的信息，必要情况下还需要对这些第三方或委托方进行隐私和数据安全的尽职调查，具体可以参考本书6.3.3小节。

6.1.2 个人数据处理活动实践

对于业务类型比较复杂的组织，完整准确记录个人数据清单并不是一件容易的事情，在梳理和记录个人数据清单往往会面临以下几个常见的困难和问题：

① 没有明确记录个人数据清单的责任人，无法及时、准确输出个人数据清单；

② 记录的个人数据清单的数据如何与业务系统实际采集的个人数据保持一致，当业务系统采集和使用的个人数据发生变化时，如何确保个人数据清单的信息也得到及时刷新；

③ 个人数据清单如何确保满足最小化原则，包括采集和使用的个人信息类型、个人信息留存期限、是否最小化分享等；

④ 个人数据清单数量多，版本多，如何有效管理和维护。

那么，我们应该怎么记录DI呢？其实，不少法律法规的细则或指导中都给出了处理活动记录的格式和样例。在实践中，对于中小型企业来说，可以直接通过表格文件来进行记录，每个处理活动一份文件。对于大型企业来说，表格文件不便于统一管理和维护，不利于将处理活动相关的证据管理起来，这时就需要IT工具/系统来辅助记录了，结合法律法规要求及业务活动，一个完整的DI的基本字段可以包括表6-1所示内容。

表6-1 DI内容

字段	描述
个人信息处理者	确定个人数据处理的目的和方式的实体或自然人等
DI名称	个人数据清单的名称，作为DI的唯一标识
数据主体类型	确定收集哪些数据主体的个人数据，包含雇员、消费者、用户等
数据主体数量	收集个人数据的量级

续表

字　段	描　　　述
数据处理角色	该个人数据处理活动中的角色
活动描述	个人数据处理活动的业务场景以及相关数据处理行为
处理目的	描述收集与使用个人数据的目的和业务场景
法律基础	个人数据处理目的所对应的合法性基础,如用户同意、履行合同或基于企业合法利益等
个人数据类型	描述收集处理的个人数据分类、数据项,以及是否包括敏感个人信息、敏感个人数据项
个人数据存储位置	如数据库存储位置,该字段用于识别并评估业务活动是否涉及个人数据跨境
IT隐私资产信息	所关联的IT资产基本信息,如IT服务器、服务区域、部署地点、IT安全负责人等
是否涉及自动化决策和画像	自动化决策是指通过计算机程序自动分析、评估个人的行为习惯、兴趣爱好或者经济、健康、信用状况等,并进行决策的活动。这些决定可以基于事实数据,以及数据创建的配置文件或推断数据。典型示例包括:在线发放贷款决策、使用设计好的算法用于招聘环节的性格测试; 用户画像用于分析用户的个性、行为、兴趣和习惯等,以便对这些方面作出预测或决策。典型场景为对用户个人数据打标签,如女性、受过高等教育等; 自动化决策和画像是属于对个人数据的高敏感操作,需要采取额外的保护措施,如透明度、算法公正性等
数据留存期限	针对各自单独的目的应当设置数据留存的最小期限,以及到期后的处理方式(如删除、匿名化)
是否涉及委托处理或第三方分享	C2P(Controller to Processor)委托处理信息,是后续供应商管理的基础,在DI中应当体现基础的委托处理信息,如受托人(数据处理者)信息; C2C(Controller to Controller)第三方分享,更多是数据控制者向数据控制者的数据分享
是否涉及数据跨境	是否存在数据跨境(如服务器部署、远程访问等),如存在数据跨境,需要关联对应的数据跨境场景
技术或组织措施(TOMs)	确保资产和个人数据安全的技术或组织措施,防止数据被非法访问、篡改和丢失,保障数据免遭泄露

以下是某网站参会活动记录的DI:

某科技公司计划举行开发者大会,通过官方网站进行注册报名,为了管理参会人的会场、座位以及会后联络,需要收集姓名、邮箱等个人信息。小李作为这个网站的隐私保护专员,草拟了如表6-2所示的数据处理活动记录(DI)。

表6-2　数据处理活动记录(DI)—案例

业务场景名称	网　站　注　册　报　名
收集的个人数据项	姓名、邮箱、手机、国家或地区、公司名称、所属行业、参会身份

续表

业务场景名称	网 站 注 册 报 名
使用个人数据的目的	帮助参会者获取线上及线下的参会和入场权限,为其提供更好的参会体验
个人数据收集来源	获得用户同意
个人数据收集方式	用户填写报名表单
个人数据收集的法律依据	用户同意
数据主体权利	可以修改或删除
数据主体是否可以撤销同意/授权	用户可以撤销授权
个人数据存储位置(国家)	注册数据存储在中国大陆服务器
个人数据存储方式	营销活动管理平台,加密
个人数据存储时限	最后一次互动后保存2年
是否跨境转移	否
是否向第三方披露	是,需要向数据处理者X公司提供

为确保DI录入的质量和规范性,有条件的企业应当设置隐私保护负责人或隐私保护工程师角色[①],统一对所辖业务或部门的个人数据清单进行专业评审,同时经专业评审后的个人数据清单还可以增加业务主管的审批和确认,也确保了DI记录的可归责[②]。DI一般审批流程如图6-2所示。

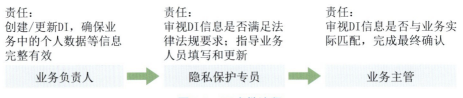

图6-2 DI审批流程

企业或者组织在逐步推行各地区、业务的DI录入工作时,DI应当能准确记录各个个人信息处理者/受托人的数据处理活动信息。业务团队主要负责数据清单的建设和例行维护工作。

按照法律法规的要求,当业务活动处理的个人信息发生实质变化时,例如,处理目的发生变化,或处理的个人数据类型发生变化,需要同步刷新个人数据清单;此外还需要定期对数据清单进行审视,确保数据是最新和准确的,因此作为业务团队的隐私保护负责人或隐私保护工程师,应当定期组织各个业务部门审视和刷新数据清单,需要的情况下将审视结果向业务主管汇报。

---

① 隐私保护负责人或隐私保护工程师是业务部门设置的隐私保护专业人员,负责组织和协调隐私管理要求在业务领域的落实,业务运营隐私合规方案的设计、供应商或合作伙伴的隐私合规调查等,为业务人员和主管提供专业意见。

② 可归责是欧盟个人数据保护的7大原则之一,个人数据保护的7大原则有:合法、公平和透明性;目的限制;数据最小化;准确性;存储限制;完整性和保密性;问责制(可归责)。

6.2 隐私影响评估

随着社会数字化、智能化的发展，企业的业务活动会处理各种各样的信息，这些信息或多或少、或直接或间接地涉及个人信息。

随着企业处理个人信息的业务活动数量增加，所面临的隐私风险也逐渐增加。企业不仅需要从全局视角开展隐私风险管理，更需要的是针对具体每项个人信息处理活动开展风险评估。

为了发现、处置和持续监控业务活动在个人信息处理过程中对个人权益造成不利影响的风险，需要对个人信息处理活动进行隐私影响评估（PIA）。

有效地实施隐私影响评估，能够有效加强对个人权益的保护，有利于企业对外展示其保护个人信息安全的努力，提升透明度，增进个人信息主体对其的信任。

6.2.1 法律法规要求

鉴于隐私影响评估在个人信息处理过程中的重要作用，在许多国家或地区，隐私影响评估正逐渐成为法律法规要求，成为了企业的强制性义务。

中国《个人信息保护法》中的个人信息保护影响评估和欧盟GDPR中的数据保护影响评估，都是隐私影响评估在法律法规中的具体体现。中国《个人信息保护法》第五十五条规定了个人信息处理者应进行个人信息保护影响评估的情形，第五十六条规定了评估的内容以及评估报告的留存期限。欧盟GDPR第三十五条主要规定了数据控制者开展数据保护影响评估的情形、评估的内容以及评估时应向数据保护专员寻求建议。关于DPIA的详细指南可以参考 Guidelines on Data Protection Impact Assessment（DPIA）[1]。

以上两部有代表性法律法规都明确了个人信息处理者在业务活动开展之前，需要对其个人信息处理过程进行隐私影响评估，并且规定了需要开展评估的场景以及评估时需考虑的要素。

---

[1] Guidelines on Data Protection Impact Assessment（DPIA）[EB/OL]. https://ec.europa.eu/newsroom/article29/items/611236.

6.2.2 开展隐私影响评估

企业在开展隐私影响评估时,应该由负责个人信息处理活动的业务部门主导,隐私、法务等相关部门参与。隐私影响评估(PIA)流程如图6-3所示。

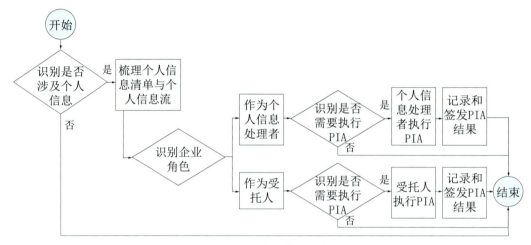

图6-3　隐私影响评估(PIA)流程

1. 识别是否涉及个人信息

如果一个业务活动不涉及个人信息处理,则无须进行隐私影响评估。

2. 梳理个人信息清单与个人信息流

基于对待评估业务的个人信息处理活动的全面调研,梳理准确清晰的个人信息清单和个人信息流,对PIA的质量有着至关重要的作用。

梳理个人信息清单可以参考6.1节。

个人信息流是用来展示个人信息的生命周期以及对个人信息所执行的操作。梳理个人信息流的过程一般为:

① 在业务流程图的基础上识别出涉及个人信息相关的流程;

② 将与个人信息相关的业务流程整合到一起;

③ 将个人信息流的不同阶段在业务流程图中进行标示;

④ 对个人信息流进行说明。

3. 识别企业角色

参与个人信息处理的企业在信息处理过程中的角色不同,所承担的法律责任也不同,执行PIA的方式也不一样。个人信息处理者是个人信息处理过程中法律责任的主要承担者,其角色判定的关键在于企业是否决定了个人信息处理的目的及方式。受托人角色判定的关键在于企业是否按照个人信息处理者的要求处理个人信息。

4. 识别是否需要执行PIA

各企业应根据本企业的隐私保护目标,结合个人信息处理活动细化本企业需执行PIA的判断标准,用于指导业务是否需要执行PIA。

当企业为了符合相关法律法规要求时,需按照业务所适用的国家或地区法律法规等要求,判断个人信息处理活动是否有需要执行PIA的场景。如业务适用中国的法律法规,可以按照中国《个人信息保护法》的第五十五条的要求判断是否需要执行PIA。

当企业为了在法律法规要求的基础之上,尽可能降低对个人信息主体的不利影响,可以对较高风险的个人信息处理活动开展PIA。企业在制定需要执行PIA的个人信息处理活动清单时,可以参考GB/T 39335—2020《信息安全技术 个人信息安全影响评估指南》①附录B。

5. 执行PIA

企业可以根据本企业的角色识别情况,并结合隐私治理框架细化执行PIA的评估要素,以及制定风险级别判断方式,用于支撑业务准确开展风险识别和定级。

个人信息处理者执行PIA:当企业作为个人信息处理者,可以从隐私通知上获取同意,个人信息使用、留存和处置,披露与供应商管理,个人信息跨境转移,个人信息主体权利保障等个人信息全生命周期各个阶段的要素识别风险并制定消减措施。企业可以参考表6-3进行基本的评估。

表6-3 PIA评估表

序号	生命周期阶段	问题	选项	备注
1	隐私通知与获取同意	是否告知了个人信息主体收集了其个人信息以及如何使用个人信息	是/否	
2	隐私通知与获取同意	给个人信息主体提供的隐私声明是否与最新的业务内容匹配	是/否	
3	隐私通知与获取同意	请选择合法性基础	履行合同/个人信息主体同意	如选择履行合同,请跳至序号4;如选择个人信息主体同意,请跳至序号5继续
4	隐私通知与获取同意	履行合同:处理个人信息是否是为了履行与个人信息主体的合同中的义务,或者签订合同前个人信息主体所要求的活动	是/否/不涉及	如选择否,请重新从序号3开始;如选择是,请跳至序号6继续

---

① GB/T 39335-2020《信息安全技术 个人信息安全影响评估指南》[EB/OL]. https://openstd.samr.gov.cn/bzgk/gb/newGbInfo?hcno=9EA84C0C3C2DBD3997B23F8E6C8ECA35.

续表

序号	生命周期阶段	问题	选项	备注
5	隐私通知与获取同意	个人信息主体同意:在处理个人信息之前,是否获得了个人信息主体的同意并进行了记录	是/否/不涉及	
6	个人信息使用、留存和处置	所使用的个人信息是否是完成业务所需要的最少字段和数量	是/否	
7	个人信息使用、留存和处置	处理活动是否必须涉及敏感个人信息	是/否	如选择是,请跳至序号8;如选择否,请跳至序号9继续
8	个人信息使用、留存和处置	在处理敏感个人信息之前是否获得了个人信息主体的明确同意	是/否/不涉及	
9	个人信息使用、留存和处置	所使用的个人信息是否按照最小期限来留存的	是/否	
10	个人信息使用、留存和处置	是否明确在什么时候删除所存储的个人信息	是/否	
11	披露与供应商管理	处理活动是否涉及向供应商披露个人信息	是/否	如选择是,请跳至序号12;如选择否,请跳至序号13继续
12	披露与供应商管理	是否与供应商之间签订过相关协议以明确双方职责和保障供应商对个人信息安全性的保护	是/否/不涉及	
13	个人信息跨境转移	处理活动是否会涉及个人信息跨境转移	是/否	如选择是,请跳至序号14;如选择否,请跳至序号15
14	个人信息跨境转移	个人信息跨境转移是否满足个人信息转出国法律法规的要求	是/否/不涉及	
15	个人信息主体权利保障	是否提供了个人信息主体履行主体权利的途径	是/否	

如企业需要做更详细的评估,可以参考GB/T 39335—2020《信息安全技术 个人信息安全影响评估指南》附录C。

受托人执行PIA:当企业作为受托人,可以从是否按照个人信息处理者的要求进行处理、确保个人信息安全等要素识别风险并制定消减措施。

完成风险识别后,需对风险进行定级,同时指定业务责任人来进行计划实施与跟踪,有助于业务部门有效地开展风险消减。风险级别主要从风险发生的可能性以及风险发生后对个人信息处理者和个人信息主体的影响两个方面考虑。企业在制定风险等级定级规则时,可以参考GB/T 39335—2020《信息安全技术 个人信息安全影响评估指南》附录D。

6. 记录和签发PIA结果

评估报告是隐私影响评估过程的重要输出,企业可以建立审批流程,并保存评估记录至少三年。

6.2.3 隐私影响评估实践

本小节以某个中国电商公司为例,说明隐私影响评估的实践方法。该公司为某国消费者提供网上购物服务,需要与某国本地快递公司合作,对消费者购买的商品进行配送。该公司进行隐私影响评估的步骤包括:

(1) 第1步:识别是否涉及个人信息。

此业务场景下涉及消费者的姓名、地址、手机号码等个人信息。

(2) 第2步:梳理个人信息清单与个人信息流。

个人信息清单样例如表6-4所示,个人信息流样例如图6-4所示。

(3) 第3步:识别企业角色。

电商公司收集上述个人信息用于商品交付,决定了个人信息处理目的和方式,所以电商公司为个人信息处理者。

表6-4 个人信息清单样例

业务场景名称	商品派送
收集的个人信息项	姓名、地址、手机号码
使用个人信息的目的	给消费者派送购买的商品
个人信息收集来源	App
个人信息收集方式	消费者主动提交
个人信息收集的合法性基础	履行合同
数据主体权利	可以修改或删除
数据主体是否可以撤销同意/授权	不涉及
个人信息存储位置(国家或地区)	中国
个人信息存储方式	加密存储
个人信息存储时限	用户主动删除或用户注销后删除
是否跨境转移	是
是否向第三方披露	是,需要委托快递公司

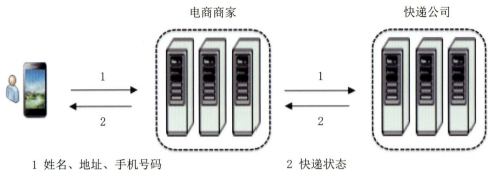

图6-4 个人信息流样例

(4) 第4步:识别是否需要执行PIA。

识别到需要进行PIA的场景:

① 商家委托快递公司进行商品交付;

② 涉及个人信息跨境转移。

(5) 第5步:执行PIA。

对照PIA评估表执行PIA结果如表6-5所示。

表6-5 PIA执行评估结果(样例)

序号	问题	选项
1	是否告知了个人信息主体收集了其个人信息以及如何使用个人信息	是
2	给个人信息主体提供的隐私声明是否与最新的业务内容匹配	是
3	请选择合法性基础	履行合同
4	履行合同:处理个人信息是否是为了履行与个人信息主体的合同中的义务,或者签订合同前个人信息主体所要求的活动	是
5	个人信息主体同意:在处理个人信息之前,是否获得了个人信息主体的同意并进行了记录	不涉及
6	所使用的个人信息是否是完成业务所需要的最少字段和数量	是
7	处理活动是否必须涉及敏感个人信息	否
8	在处理敏感个人信息之前是否获得了个人信息主体的明确同意	不涉及
9	所使用的个人信息是否按照最小期限来留存的	是
10	是否明确在什么时候删除所存储的个人信息	是
11	处理活动是否涉及向供应商披露个人信息	是
12	是否与供应商之间签订过相关协议以明确双方职责和保障供应商对个人信息安全性的保护	否
13	处理活动是否会涉及个人信息跨境转移	是
14	个人信息跨境转移是否满足个人信息转出国法律法规的要求	否
15	是否提供了个人信息主体履行主体权利的途径	是

经过评估,识别到两个风险,如表6-6所示。

表6-6　PIA执行识别风险(样例)

序号	风　　险	风险级别	消　减　措　施
1	未与快递公司签订相关协议以明确双方职责和保障第三方对个人信息安全性的保护	中	与快递公司签订数据处理协议,明确双方职责和快递公司对个人信息安全的要求
2	涉及个人信息跨境,未对跨境风险进行评估	高	在海外某国建立服务器,数据只在本地存储

(6)第6步:记录和签发PIA结果。

电商公司责任人签发PIA结果,并归档PIA报告。

6.3 个人信息全生命周期合规实践

6.3.1 告知和同意

中国《个人信息保护法》构建了以"告知-同意"为核心的个人信息处理规则[①],保障个人在个人信息处理活动中的各项权利,强化个人信息处理者的义务。

在处理个人信息之前,企业应当以显著的方式、清晰易懂的语言真实、准确、完整地向个人告知有关事项。

告知的方式有:

① 隐私声明,例如在网站、App或产品的显著位置,设置隐私声明链接;

② 弹窗提醒,例如手机App在申请拍照、录音之前弹窗询问;

③ 告示牌,例如闭路电视监控在与用户首次交互的物理地点(园区出入口等)设置醒目的视频监控图标;

④ 语音提示,例如无屏幕设备(智能音箱、智能摄像头或智能玩具)在首次使用前语音告知重要事项与隐私声明获取方式等。

其中,隐私声明是使用最普遍、最有代表性的告知形式。

隐私声明(也可称为隐私通知、隐私协议、隐私政策等)是指为了满足个人信息处理活动的合法、正当、透明性要求,向个人信息主体告知如何收集、处理、留存、披露与转移等个人信息处理活动的声明或通知。隐私声明涉及处理个人信息的网站、应用、

---

① 个人信息保护法:构建以"告知-同意"为核心的处理规则[EB/OL]. http://www.npc.gov.cn/npc/c2/c30834/202108/t20210823_313123.html.

营销活动等所有线上、线下的业务场景。隐私声明的形式依场景而异，网站、应用等线上场景可通过网页、弹窗的形式展现，而在展会等需要线下展示隐私声明的场景中则可通过立牌、告示等形式展示。

隐私声明如果无法清晰地向个人信息主体告知相关信息，可能会违反个人信息保护法律，在处理个人信息之前，企业还应具备适当的合法性基础，其中最常使用的合法性基础就是"个人的同意"。

下面我们以隐私声明为例，介绍"告知-同意"的典型要求与实践。

1. 隐私声明的实践方法

（1）隐私声明制定原则。在实践中，隐私声明的制定建议考虑以下原则，以满足声明内容的合法性、正当性、透明性要求。

① 简洁透明：隐私声明的内容不宜冗长，应高效简洁地展示信息，避免阅读疲劳，此外，这些信息还应与其他与隐私无关的信息（如服务条款或用户协议）明确区分开来；

② 易理解：隐私声明应该能够被大部分的目标受众所理解，这与隐私声明的表达方式密切相关，企业应该以目标受众的理解水平来确定他们可以理解的内容，并选定相符的表达方式；

③ 易获取：隐私声明应放置于网站、应用和产品的显著位置进行展示。

（2）隐私声明包含要素。下面列出了在编写隐私声明时，应该确保向用户提供准确且完整的信息，应至少包括以下信息：

① 个人信息处理者身份、联系方式；

② 收集和处理的个人信息种类、目的、合法性基础和涉及的自动化决策机制；

③ 个人信息的存储位置、留存期限或确定留存期限的标准；

④ 所遵循的个人信息安全原则与采用的数据保护措施；

⑤ 个人信息披露与转移信息；

⑥ 个人信息主体享有的权利与行使权利的渠道和方式；

⑦ 根据适用法律规定，应告知数据主体的其他信息，如欧盟要求提供DPO联系方式。

另外，如果收集的个人信息涉及敏感个人信息，应该在告知内容中对敏感个人信息的类型和处理目的通过字体加粗、字号加大等方式，进行突出显示。下面示例中涉及健康数据类敏感个人信息，因此进行了加粗显示，如图6-5所示。

> 为提供上述服务，我们会收集您的IP地址、WiFi参数、WiFi状态、搜索记录、爬高、步数、卡路里、**日常心率**、应用使用信息、出生日期、设备标识符

图6-5 示例

2021年12月1日，工业和信息化部印发的《关于开展信息通信服务感知提升行动

的通知》中要求建立已收集个人信息清单和与第三方共享个人信息清单("双清单")。在实践中,通常还会通过第三方SDK列表列出第三方提供的软件开发包(Software Development Kit,SDK)及其相关信息,可参考表6-7至表6-9进行设计。

表6-7 已收集个人信息清单设计示例

业务场景	收集目的	个人信息类型	收集的方式	个人信息字段
会员服务	提供会员服务	账号信息、联系人信息、应用信息	App收集、第三方共享	账号信息、联系电话、付费订阅记录、会员状态和权益

表6-8 与第三方共享个人信息清单设计示例

第三方名称	产品/类型	共享信息名称	使用目的	使用场景	共享方式	第三方个人信息处理规则
某公司	购物服务	订单信息、交易信息、客服信息……	完成商品销售及售后服务	用户购物后	后台接口传输	https://…

表6-9 第三方SDK列表设计示例

第三方名称	产品/类型	收集个人信息类型	使用目的	使用场景	收集方式	第三方个人信息处理规则
某公司	某地图SDK	位置信息、运营商信息……	帮助用户在发布信息或查找附近门店时定位位置	用户购物后	SDK本机采集	https://…

(3)隐私声明告知与展示。对于直接向个人收集个人信息的场景,向个人告知隐私声明的时间,不得晚于第一次收集个人信息的时间。对于非直接向个人收集个人信息的场景,应该在法律要求的期限内,向个人提供隐私声明。

隐私声明的展示形式可以根据实际业务场景灵活选择,包括电子方式及非电子方式,但不同的展示形式可能有不同的要求。如在App场景下,在用户首次使用App,收集用户的个人信息前,通常以弹窗形式告知用户,弹窗要以简要的语言描述个人信息处理的目的、方式和范围,并附上隐私声明链接。在用户后续使用过程中,访问完整隐私声明需不多于4次点击。如图6-6所示。

中国GB/T 42574—2023《信息安全技术 个人信息处理中告知和同意的实施指南》中,将告知的方式细化为一般告知、增强告知、即时提示三种方式,如图6-7所示。

① 一般告知:主要用于个人信息处理者在处理个人信息前向个人全面阐述个人信息处理规则,且通常采用制定、展示个人信息保护政策(或被称为"隐私协议""隐私政策""隐私权政策"等)的形式进行告知;

② 增强告知：主要用于帮助个人理解个人信息处理规则中的关键内容或与特定业务功能处理目的相关的个人信息处理规则，且通常采用个人不可绕过的方式（如设置专门界面或单独步骤）向个人告知相关信息，以协助个人作出是否同意的决定；

③ 即时提示：主要用于在个人使用产品或服务过程中，进一步强化个人对收集个人信息目的的理解，方便个人获取有价值的信息等。

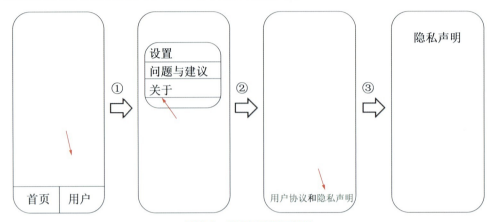

图 6-6　隐私声明易获取

图 6-7　告知的方式

（4）隐私声明其他要求。

① 面向儿童提供的产品或者服务应提供专门的儿童隐私保护声明，如图 6-8 所示描述；

② 面向全球化的业务场景，隐私声明应以英文提供通用版本；面向具体国家的业务场景，隐私声明应根据适用的法律法规要求，以相应的语言提供；

③ 个人信息的处理目的、处理方式以及处理的个人信息种类等发生变更时，应依据适用法律法规对隐私声明进行变更，并在对个人信息进行进一步处理前通知个人信息主体；

对未成年人的保护：

我们非常重视对未成年人个人信息的保护，将严格按照国家法律法规要求对未成年人提供服务并对未成年人提供保护。如果您是未成年人，需要您的父母或其他监护人同意您使用本应用并同意相关应用的服务条款。父母或其他监护人也应采取适当的预防措施来保护未成年人，包括监督其对本应用的使用。

特别地，如果您是儿童，在您使用我们的服务前，请务必通知您的父母或其他监护人一起仔细阅读本声明以及我们专门制定的《儿童隐私保护声明》，并在您的父母或其他监护人同意或指导后，使用我们的服务或向我们提供信息。如果您是儿童的父母或其他监护人，请确保您监护的儿童在您的同意或指导下使用我们的服务和向我们提供信息。

图 6-8　儿童隐私保护声明示例

④ 对于个人权益有重大影响的变更情形，如新增收集敏感个人信息、个人信息披露与披露对象发生变化、产品或服务新增功能超出原有声明范围等变更时，应通过弹出窗口、推送通知、发送邮件或短信等方式将隐私声明重新告知用户(图6-9)；

图 6-9　重新告知隐私声明

⑤ 隐私声明的历史版本和更新记录的留存应满足履行适用法律义务的必要限度，且相关留存期应不低于声明内容中所涉及的个人信息留存期限，因此，企业应定期审视与开展隐私声明的自查自检。

2. 隐私声明样例

对于一家拥有多个不同业务的公司，隐私团队通常会编制一份通用性较强的隐私声明模板，把与业务强相关的部分交给业务部门进行定制。当业务部门编写隐私声明时，会基于通用的模板进行适配，形成一份完整的隐私声明。最后，隐私声明编写完成后还需要法务部门进行评审后才能发布。以下是一份隐私声明的参考示例，如图6-10所示。

隐私声明

(更新日期：20××年××月××日)

　　××有限公司(以下简称"我们"或"××")非常重视用户(以下简称"您")的个人信息和隐私保护，在您使用××应用的过程中，我们可能会收集和使用您的个人信息。我们将向您说明如何收集、使用、保存、共享和转移您的个人信息，以及我们为您提供的访问、更正、删除您个人信息和撤回同意的方式。我们将会按照法律要求和业界成熟的安全标准，为您的个人信息提供相应的安全保护措施。

　　我们制定本声明的目的在于帮助您了解以下内容：

1. 我们如何收集和使用您的个人信息
2. 设备权限调用
3. 对未成年人的保护
4. 如何共享、委托处理、转移、公开披露您的个人信息
5. 第三方SDK
6. 如何管理您的个人信息
7. 如何对个人信息进行存储
8. 如何联系我们
　…………
1. 我们如何收集和使用您的个人信息
　　我们将通过××应用为您提供下述业务功能，在您使用××应用的过程中，我们会处理以下所必需的信息，以便于履行我们的合同义务，若您不提供相关信息，会影响到您使用本应用的线上支付功能：
A. 注册、登录账号与验证
　　(1)您可以通过××账号登录××应用。

　　如果您仅使用××应用的浏览和搜索功能，您可以选择在不登录××账号的情况下使用相关功能。

　　当您通过××账号登录时，您可能需要向我们提供您的××账号信息。若您不提供这类信息，您将无法登录和在××应用购买商品。此外，如果您额外提供昵称和头像，将有助于××应用为您提供更好的服务和体验。我们会在××应用中展示您的上述个人信息。
　…………

2. 设备权限调用
　　当您使用××应用的服务时，为提升您的网上购物体验，我们可能需要您开通一些设备权限。如果您不开通这些权限，不会影响我们为您提供网上购物基本功能，申请的具体权限的目的如下：
　　(1) 存储(媒体和文件、照片)权限：当您使用××应用时，您可以选择开启该权限，用于读取并传送图片、视频，生成海报、上传、下载图片、文件到您的设备存储空间。

（2）位置权限：当您输入收货地址，或查询周边线下门店时，您可以选择开启该权限，用于读取位置、WLAN MAC 信息，以便我们获取您的位置信息来帮助您快速输入收货地址或查询周边线下门店以为您提供更好的服务。

……

您也可以在设备的设置功能中随时选择关闭部分或者全部权限，从而拒绝我们收集您相应的个人信息。在不同设备中，权限显示方式及关闭方式可能有所不同，具体请参考设备及系统说明或指引。具体使用到的权限以用户安装的版本为准。

……

3. 对未成年人的保护

我们非常重视对未成年人个人信息的保护，将严格按照国家法律法规要求对未成年人提供服务并对未成年人提供保护。

如果您是未满十四周岁的未成年人，需要您的父母或其他监护人同意您使用本应用并同意相关应用的服务条款。在您使用我们的服务前，请务必通知您的父母或其他监护人一起仔细阅读本声明以及我们专门制定的《儿童隐私保护声明》，并在您的父母或其他监护人同意或指导后，使用我们的服务或向我们提供信息。

您的父母或其他监护人也应采取适当的预防措施来保护未成年人，包括监督其对本应用的使用。如果您是儿童的父母或其他监护人，请确保您监护的儿童在您的同意或指导下使用我们的服务和向我们提供信息。

……

4. 如何共享、委托处理、转移、公开披露您的个人信息

4.1 共享您的个人信息

……

更多详情请查阅第三方共享信息清单。在满足新的服务需求及业务功能变更时，我们可能会调整我们的合作伙伴，并及时在本政策中向您公开说明最新情况。

……

4.2 委托处理

我们可能委托合作方处理您的个人信息，以便为您提供相应的服务。我们会与受托合作方签署协议要求他们严格按照我们的说明、本政策以及其他任何相关的保密协议并采取安全措施来处理您的个人信息。我们将要求我们的合作方无权将我们提供的您的个人信息用于任何其他用途。我们的受托合作方包括如下类型：

（1）商品或技术服务的受托方。……

（2）调研、分析、回访等服务类受托方。……

4.3 转移

我们不会将您的个人信息转移给任何公司、组织和个人，但以下情况除外：

（1）在获取明确同意的情况下转移：获得您的明确同意后，我们会向其他方转移您的个人信息；

（2）在因合并、分立、解散、被宣告破产等原因需要转移个人信息时，我们会要求新的持有您个人信息的公司、组织继续受本政策的约束，否则我们将要求该公司、组织重新向您征求授权同意。

……

4.4 公开披露

除非获取您的明确同意,我们不会公开披露您的个人信息。

基于法律、法律程序、诉讼或政府主管部门强制性要求的情况,为了保护国家安全、公共安全以及您和其他个人的重大合法权益,我们可能会向有权机关或公众披露您的个人信息。但我们保证,在上述情况发生时,我们会要求披露请求方必须出具与之相应的有效法律文件,并对被披露的信息采取符合法律和业界标准的安全防护措施。

....

5. 第三方SDK

部分服务需要由我们与合作伙伴共同为您提供,例如分享、支付、定位等,为此我们集成了合作伙伴的软件工具开发包(简称"SDK")或其他类似的应用程序。更多详情请查阅第三方SDK列表。

....

6. 如何管理您的个人信息

为使您在使用××应用期间更加便捷地访问、更改或删除您的个人信息,同时保障您有权撤回对个人信息的使用许可,我们在××应用中为您提供了相应的操作设置,您可以参考下面的指引进行操作:

6.1 访问和更正个人信息

....

6.2 获取个人信息副本

....

6.3 删除个人信息

....

7. 如何对个人信息进行存储

7.1 个人信息存储地点

....

7.2 个人信息存储期限

....

8. 如何联系我们

....

如果您对我们的回复不满意,特别是我们的个人信息处理行为损害了您的合法权益,您还可以通过向有管辖权的人民法院提起诉讼、向行业自律协会或政府相关管理机构投诉等外部途径进行解决。您也可以向我们了解可能适用的相关投诉途径的信息。

....

图 6-10 隐私声明参考示例

(1)"我们如何收集和使用您的个人信息":需要列举涉及处理个人信息的全部场景,并针对每个场景告知用户收集使用个人信息的目的、方式和范围,例如赵雷的公司经营的电商平台,可能会涉及账号注册和登录、商品展示和搜索、购物下单和支付等场景。

(2)"设备权限调用":需要逐一列出所有权限,并且清晰说明使用的场景和目的,同时对影响基本服务的权限进行说明。

(3)"对未成年的保护":编写时首先需要识别业务是否面向儿童提供服务,或不直接面向儿童,但是有较多潜在的儿童用户的业务。若不向儿童提供服务,应明确告知。特别地,如果面向儿童提供服务时,还应提供专门制定的儿童隐私保护声明。

(4)"如何共享、委托处理、转移、公开披露您的个人信息""第三方SDK":是可选部分,企业可根据自身情况进行梳理,对涉及的部分进行描述即可。

(5)"如何管理您的个人信息":为了维护用户在个人信息处理活动中的知情权、决定权等权利,需写明用户对个人信息进行管理的详细步骤和路径,确保用户可以通过阅读这一节的内容了解如何管理自己的个人信息。

(6)"如何对个人信息进行存储":应该写明各类个人信息的存储地点以及存储期限,如果涉及数据跨境传输,应该详细说明。

(7)"如何联系我们":需要向用户提供关于个人信息保护咨询和投诉的方式,例如个人信息保护专职部门或个人信息保护专员的联系方式,并且应说明用户具有向监管机构投诉的权利和方式。

最后,需要注意的是隐私声明的编写并不是一劳永逸的。当外部要求发生变化,特别是对隐私声明需要包含的要素出现了新的变化,隐私团队应该对隐私声明的模板进行刷新。而对于业务部门来说,则应该在业务发生变化时及时更新隐私声明,确保隐私声明的准确性。

3. 有效同意的基本要素

同意是个人对其个人信息进行处理自愿、明确作出授权的行为,是企业处理个人信息常用的合法性基础。近年来,中国工业和信息化部持续开展App侵害用户权益专项整治行动,其中,App过度、强制索取权限及第三方软件开发工具包(SDK)信息收集不规范等与同意相关的违规是专项行动重点关注的问题。

有效的同意需要满足四个基本要素:自由给出(freely given)、具体(specific)、充分知情(informed)、明确的意愿表示(unambiguous indication of wishes)。

(1)自由给出。个人对其个人信息的处理有选择权和决定权,同意是在其没有受到胁迫或者威胁的基础上,自愿作出的选择。是否能拒绝和撤回其同意以及撤回同意时所作的努力是否与授予同样容易,也是判定同意是否是自由给出的一个重要考虑因素。

(2)具体。必须就"一个或多个具体"目的获取个人信息主体的同意,个人信息主体对每一个目的都有选择权,对于不同目的的个人信息处理活动,应分别取得同意。针对多个目的捆绑在一起获取同意的做法不满足要求。

（3）充分知情。同意应在个人充分知情的前提下作出，应向个人提供充分的信息，包括个人信息处理的目的、处理的范围、个人信息的类型、个人信息的存储期限、个人信息的安全措施等。个人需要在充分知情的情况下，自愿地作出同意或拒绝的决定。

（4）明确的意愿表示。同意需要表达个人信息主体明确的肯定行为，在征求其同意时，应提供明确的同意和拒绝选项，而非使用"好的""我知道了"等无法清晰表达用户同意的词语。

4. 单独同意

单独同意[①]是一种增强的"同意"方式，是指个人针对其个人信息进行特定处理而专门作出具体、明确授权的行为，不包括一次性针对多种目的或方式的个人信息处理活动作出的同意。

中国《个人信息保护法》中规定了若干场景下需要获取单独同意：

① 向其他个人信息处理者提供（第二十三条）；

② 公开个人信息（第二十五条）；

③ 在公共场所安装图像采集、个人身份识别设备，用于非公共安全目的（第二十六条）；

④ 处理敏感个人信息（第二十九条）；

⑤ 向中华人民共和国境外提供个人信息（第三十九条）。

需要注意的是，为了确保单独同意的有效性，除基本要素之外还需要关注其他要点。单独同意所针对的处理活动是具体且独立的目的或业务功能，不与具备其他处理目的、采取其他处理方式的个人信息处理活动相捆绑或混同在其他同意事项中，以避免一揽子取得个人同意。在向用户获取单独同意时，可以参考以下示例，如图6-11所示。

图6-11　单独同意示例

[①] GB/T 42574-2023《信息安全技术 个人信息处理中告知和同意的实施指南》.

6.3.2 个人信息使用、留存和处置

在个人信息使用过程中,企业需要遵从个人信息处理的原则,主动保护个人信息,主要体现在:

(1) 对个人信息进行有效保护,防止未授权访问。

(2) 处理目的应严格限定在个人信息主体已授权的范围,与隐私声明中告知的处理目的保持一致,防止个人信息被滥用。

(3) 超出隐私声明告知的使用期限的个人信息应得到及时的处置。

1. 个人信息使用

个人信息的使用往往会给用户带来最直观的感受,使用不当容易引起用户的质疑,更有甚者引发投诉或者诉讼,因此个人信息处理者在使用个人信息过程中应严格遵循目的限制原则:

(1) 使用个人信息时,仅限于隐私声明中告知的目的和范围。如因业务发展,需超范围使用个人信息或变更已收集个人信息使用目的的,应再次征得个人信息主体同意或获取其他的合法基础。

(2) 如存在对已收集的个人信息进行加工的,加工后产生的信息仍能识别特定自然人身份或者反映特定自然人活动情况的,对其处理也应遵循第一条原则。值得注意的是,将同一个人信息处理者下,不同应用采集的个人信息进行结合,其实质往往不是简单的个人信息融合,而是改变了已收集个人信息的使用目的和方式。因此在遵循目的限制和最小化原则的前提下,在个人信息汇聚融合分析前,应告知用户个人信息处理目的的变化并重新获取用户的同意或获取其他的合法基础。

除上述直接面向用户的场景外,企业应为内部IT系统设置访问控制权限,应根据员工所属角色明确权限管控策略,基于最小授权原则设置不同的个人信息访问权限。实践中可参考如下要素设计访问控制策略。

(1) 角色隔离设计原则,即对安全管理人员、数据操作人员、审计人员等角色进行分离设置,并通过IT系统管理上述人员权限,包括权限申请、审批、分配、撤销等,并记录所分配账号与员工的对应关系。

(2) 最小授权原则,即人员仅被授权访问其职责所需的最小必要的个人信息。

(3) 最少操作原则,即人员仅被赋予完成职责所需的最少的个人信息操作权限。

(4) 重要操作设置审批流程,如批量修改、拷贝、下载等重要操作。

(5) 所有访问操作需记录操作日志,如:① 因工作需要,特定人员超权限处理个人信息的审批记录;② 敏感个人信息操作授权记录;③ 资金交易、支付等高风险场景的查询操作记录等。

2. 个人信息留存

为保护用户的个人信息安全,防止个人信息在到期后继续留存,企业需要为个人信息设定留存期限。

(1) 如何制定留存规则。通常来说,确定个人信息留存期限可以参考如下原则:

① 遵从适用的法律法规和行业规范要求,如果企业制定的留存规则与适用法律法规冲突,则应以适用的法律法规为准。

② 确定个人信息留存期限时,需考虑合理性,不能为了"以防万一"或因为仅仅有很小的可能性在将来会被用到,就无限期留存。合理的留存期可以从以下几个方面来考虑:个人信息的处理目的;留存个人信息的风险、责任和成本,包括为保障个人信息主体权利而做的努力(如访问权);保障个人信息准确性的难易程度。

③ 以个人信息主体的同意作为合法性基础时,如果有超出隐私声明告知的留存期限存储个人信息的需求,应重新获取个人信息主体的同意。

出于对个人数据保护的目的,大多数个人信息保护法律通常禁止将个人数据保留超过实现业务目的所需的时间,但同时也存在其他法律法规规定了最低留存期限。例如,一些国家可能要求将消费者交易的财务数据留存7至10年,以协助解决法律争议或诉讼。

当出现多部法律对同一场景的个人信息留存都有规定的时候,应该怎么设置留存期呢?

可以遵循如下原则:

① 个人信息留存期限不应短于适用法律规定的最低留存期限,即适用法律有明确最短留存期限规定的优先,企业则可基于法定义务继续留存个人信息。

② 在满足上一条的基础上,结合个人信息使用目的,如审计、售后服务、证明开具等,制定合理的留存期。

(2) 留存期配置参考实践。表6-10所示是根据业界实践给出的一些常见的个人信息留存期建议,供制定留存规范时参考。

表6-10 常见个人信息留存期参考

类型	子类	个人数据说明	建议留存期	留存原因
外部数据主体相关个人数据	注册类个人数据	用户注册账号时提供的个人数据。该类数据可能包含昵称、电话号码、电子邮箱等	用户主动注销账户后6个月	账号是提供服务所必需的
	交易类个人数据	用户购买产品或服务时产生的交易记录。包括订单记录、发票、订单履行、物流记录、支付记录、退款记录等	7~10年	确保对税务、财务、会计等相关法律的遵从

续表

类型	子类	个人数据说明	建议留存期	留存原因
	用户访问日志	用户使用系统时生成的访问日志。该类型数据可能包括IP地址和用户ID等	6个月	支撑故障定位分析等活动
	安全与防欺诈	账户安全原因,防止服务被滥用或防欺诈	6个月	提供安全可靠的服务
雇佣相关个人数据	候选人个人数据	为实现招聘和录用收集的候选人信息,该类数据可能包括姓名、电话号码、电子邮箱、通信地址、工作经历等	2年	用于查看过去两年的面试记录
	在职员工个人数据	为员工提供HR咨询和服务的HR热线服务记录	3年	留存该类信息供雇佣期内使用
	离职员工个人数据	员工在职期间和离职办理过程中产生的所有个人数据	雇员离职之日起7年	确保遵守有关税收,财务和会计等法律,存储该类数据用于内部审计、合规或外部调查配合

如无特别说明,默认从个人信息收集或生成日期开始计算留存期,如日志生成日期、个人信息采集日期、订单生成日期等。

在讨论制定留存期的时候,大家还会经常面临留存期由谁来决定的问题。留存期是体现个人信息处理者在处理方式上的关键要素,如果委托其他企业处理个人数据,那么个人信息留存的相关规则也应传递给受托人,受托人应当按照约定对留存期限到期的个人信息进行处置,不得超出约定的留存期限处理个人信息。

一款产品如果计划在多个国家或地区发布,那么在设计的时候,就应该考虑让个人信息处理者在留存期上实现决策权,例如由个人信息处理者来决定初始的留存期配置。

3. 个人信息处置

通常,在产品需求阶段就需要开始考虑个人信息处置问题,在设计阶段结合各国家/地区的实际情况完成差异化的个人信息处置方案,并在实施阶段加以实现,典型场景包括:不同国家/地区的留存期参数可配置、可管理。

进入产品或服务的运营阶段时,个人信息留存到期后,通常需要对到期的个人信息进行处置,处置方式包括:

(1) 删除或匿名化。这种方式适用于正常业务运营过程中,留存到期的个人信息,如个人订单等,采用删除或匿名化的方式进行清理。

(2) 安全擦除、消磁或物理销毁。这种方式适用于业务下线的情况,防止存储设备用于其他业务或发生个人信息泄露。

6.3.3 披露与供应商隐私保护管理

企业开展业务经常需要供应商、合作伙伴等相关方的协作,这个过程可能会涉及个人信息的委托处理。企业应重视对供应商的隐私保护合规管理,将隐私保护合规要求纳入供应商的认证、选择、使用等管理过程中,以切实保障个人信息主体权益,并遵从相关隐私法规要求,如图6-12所示。

> 云服务提供商:企业将数据等存储在云端,可能包含个人信息;
> IT维护和技术支持服务商:企业委托IT维护和技术支持服务商提供IT运维服务,此类服务中可能涉及个人信息,例如账号系统升级等;
> 第三方客户服务提供商:企业可能委托第三方客户服务提供商(如呼叫中心),来处理电话、电子邮件和在线客户服务请求;
> 人力资源服务公司:企业使用此类服务商时,可能涉及雇员信息的委托处理;
> 数字平台:企业网站可能采用一些数字平台提供的Cookie分析工具,帮助分析平台流量、消费者行为与趋势等。

图6-12 委托供应商处理个人信息示例

1. 法律法规要求

在隐私保护法规中,对于委托供应商处理个人信息的情况,通常定义了个人信息处理者、受托人等角色,不同角色承担不同的个人信息保护职责和要求。

企业委托供应商处理个人信息时,企业作为个人信息处理者,供应商作为受托人,双方在个人信息处理方面的关系如图6-13所示。

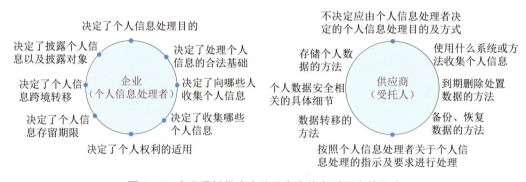

图6-13 企业委托供应商处理个人信息时双方的职责

需要注意的是,企业和供应商之间的个人信息处理,并不总是个人信息处理者委托受托人处理的关系。有时因为一些合作,在某些个人信息披露共享的场景中,双方可能都是个人信息处理者或其他角色关系,这需要根据具体场景来判断。由于隐私法规中个人信息处理者和受托人在个人信息保护方面的职责、要求存在很大不同,企业须准确判断其在个人信息处理活动中的角色,以充分履行相关合规责任,保护个人权益。

(1) 企业作为个人信息处理者时的职责和要求。中国《个人信息保护法》中第二十一条、第二十二条规定了个人信息委托第三方处理的要求。其他法规,如欧盟 GDPR 等也有类似要求。当企业作为个人信息处理者,将个人信息委托给供应商(受托人)进行处理时,应承担以下职责(图 6-14):

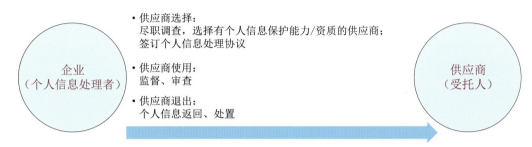

图 6-14　企业作为个人信息处理者委托供应商(受托人)处理个人信息时的管理职责

① 供应商选择:一是尽职调查,企业作为个人信息处理者,应履行尽职调查义务,评估供应商在数据保护措施、安全性和合规性等方面的能力,选择有数据保护能力的供应商进行数据处理;二是签订个人信息处理协议,企业应与供应商签订正式的个人信息处理协议,明确规定个人信息处理的范围、目的、方式和条件等。协议中应包含适当安全措施的要求,以及个人信息跨境合规、个人信息泄露的通知等;同时须考虑合作结束后的个人信息处置要求。

② 供应商使用:企业应通过要求供应商自检、稽查等方式,督促供应商履行合同中约定的个人信息保护义务,包括实施所承诺的个人信息保护技术和组织措施,保护个人信息免受未经授权的访问、泄露或滥用等。

③ 供应商退出:在个人信息处理协议中,企业应明确规定供应商对个人信息的归还、迁移、删除等要求,在个人信息处理关系终止时保护个人权益,并确保个人信息安全。

企业应在具体业务场景中遵从针对供应商的相关要求。例如,中国工业和信息化部针对 App 侵害用户权益专项整治行动中,强调了企业的 App 引入第三方 SDK 时的要求,示例如图 6-15 所示。

> 工信部信管函〔2023〕26号《工业和信息化部关于进一步提升移动互联网应用服务能力的通知》中，对个人信息处理者使用第三方SDK提出要求：
> ① 建立信息公示机制。公开明示SDK名称、开发者、版本号、主要功能、使用说明等基本信息，以及个人信息处理规则。SDK独立采集、传输、存储个人信息的，应当单独作出说明。鼓励发挥SDK管理服务平台作用，引导App开发运营者使用合规的SDK；
> ② 优化功能配置。遵循最小必要原则，根据不同应用场景或用途，明确SDK功能和对应的个人信息收集范围，并向APP开发运营者提供功能模块及个人信息收集的配置选项，不得一揽子过度收集个人信息；
> ③ 加强服务协同。在产品使用全生命周期过程中，通过明确易懂的方式主动向App开发运营者提供合规使用指南，引导App开发运营者正确合理使用，共同提高合规水平。当个人信息处理规则变更或发现风险时，及时更新并告知App开发运营者。

图6-15　企业引入第三方SDK时的要求

（2）供应商作为受托人时的职责和义务，如图6-16所示。

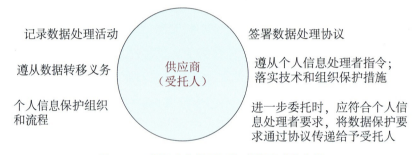

图6-16　供应商作为受托人时的职责和义务

供应商作为受托人，将个人信息委托给次级供应商（子受托人）处理时，应承担的职责和义务有：

① 供应商应首先检查其与客户（即委托方，作为个人信息处理者）的个人信息处理协议，确保其对次级供应商的个人信息委托处理在该协议约束范围内，例如，征得客户（个人信息处理者）的同意；

② 在满足其与客户签订的个人信息处理协议的前提下，供应商将个人信息委托次级供应商处理时，也应通过尽职调查，选择有能力提供充分数据保护的次级供应商进行个人信息处理，并通过正式的个人信息处理协议，确保个人信息在处理过程中的保护和合规性。如果委托处理过程中涉及个人信息跨境，须评估跨境风险、落实当地跨境要求，并对第三方的个人信息处理活动进行必要的监督和稽查等职责。这些要求与企业作为个人信息处理者对其供应商的要求一致。

（3）两个以上的个人信息处理者的职责和义务。需要注意的是，企业将个人信息提供给供应商或其他第三方处理时，并不总是委托处理的关系，可能第三方也是个人信息处理者。中国《个人信息保护法》第二十条、第二十三条明确定义了此类要求。

企业将个人信息共享给供应商，供应商也是个人信息处理者时的职责和义务：

① 应事前确定个人信息共享给第三方的合法性基础；

② 通过协议明确约定双方的职责和义务；

③ 应制定规则、程序或机制，以通知其他个人信息处理者关于个人权利的请求（例如删除权等），除非已评估了通知其他个人信息处理者的措施是不成比例的。

企业将个人信息委托或共享给供应商时，供应商可能成为受托人或个人信息处理者的场景示例如表6-11所示。

表6-11 供应商可能成为受托人或个人信息处理者的场景

第三方（通常为供应商）为受托人场景示例	第三方为个人信息处理者的场景示例
个人信息处理外包：企业将个人信息处理相关的任务委托给专门的个人信息处理服务公司。例如，一家市场调研公司可以将数据清洗、数据录入和数据分析任务委托给供应商处理，供应商严格按照企业的指示和要求来处理； IT系统维护和支持：企业委托第三方维护和管理其信息技术系统、网络和数据库等。例如，一家公司可以聘请IT服务提供商负责维护和保障其服务器和网络的正常运行； 云服务：企业将存储在云平台上的数据委托给云服务供应商进行处理和管理。例如，一家企业将其客户数据库和电子文档存储在云服务提供商的服务器上，由供应商负责数据的安全和备份	合作伙伴共享个人信息：企业与合作伙伴共享客户个人信息以促进业务合作和营销活动。例如，电子商务平台可能与大型物流服务提供商共享客户地址和联系信息，物流商作为配送商品独立的个人信息处理者，通常也有自己单独的隐私政策、个人信息处理目的等； 个人信息分析与营销合作：企业委托市场调研机构、数据分析公司等第三方进行数据分析、用户行为分析以及精准营销服务。如果该第三方有其独立营销目的（例如广告），则也是个人信息处理者； 金融服务合作：企业委托金融机构做信贷评估、支付处理等金融服务；由于金融业务的专业性和独立监管特点，服务机构会决定个人信息收集的范围、处理方式等，也作为个人信息处理者

2. 供应商隐私保护管理实践

（1）供应商隐私保护特点。企业将个人信息委托给供应商处理，因供应商所服务的区域、行业，以及供应商的数据存储地、新技术应用等不同，所面临的主要风险和管控要点存在差异。企业应基于供应商隐私保护的特点，对供应商进行风险分类管理。一般而言，供应商的隐私保护风险分类应考虑的因素如表6-12所示。

表6-12 供应商隐私保护风险考虑因素

描 述	示 例
跨国企业可能涉及不同区域、不同类别的供应商，所面临的供应商在个人信息保护方面的能力、资质存在差异	在欧盟等地区，因隐私法规、行业隐私治理实践和意识发展较早，供应商隐私保护能力和意识相对较强

续表

描 述	示 例
不同领域、不同类别的供应商,其个人信息处理性质、范围、数量不同,面临的隐私保护风险不同	云服务商:数据量大,特别关注数据泄露和云服务商未经授权处理个人信息的风险; 人力资源服务商:雇员或应聘人员敏感信息多,特别关注个人信息安全和超范围使用个人信息的风险; 互联网广告服务:大量用户行为数据,须关注用户界面透明性、个人信息处理和披露合法性的风险; 报废服务商:对硬盘等存储器件的报废,须关注数据未彻底销毁导致泄露的风险
供应商的数据存储地和访问地,可能面临跨境风险	因不同地区法规的不同,需要关注数据存储位置的选择,确保供应商的数据存储和传输安全,以及相关国家的跨境管控要求
供应商可能将个人信息委托子供应商或共享给其他合作伙伴,这增加了供应链中个人信息泄露和滥用的潜在风险,在这种情况下,确保共享个人信息的合法性、准确性和安全性变得尤为重要	仅通过协议不能保证数据供应链的安全,由于数据接收方增多,风险成倍增加
企业可能在某些场景下使用供应商的新技术服务,例如,人工智能、大数据分析、物联网等,这意味着新技术领域的隐私保护面临合规挑战和威胁	人工智能(AI)特别是大模型的发展和应用,其个人信息获取的合法性、面向用户的透明性、是否可履行个人权利等方面,面临诸多新的合规风险

(2)供应商隐私保护管控方法。企业应将对供应商的个人信息管理要求融入供应商管理流程,在供应商的需求、引入、使用、退出阶段均进行有效管理,如图6-17所示。

图6-17 企业将对供应商的个人信息管理要求融入供应商管理流程

在此过程中,应将相关要求形成文件化的制度和流程。表6-13所示为某企业的做法。

表6-13 供应商个人信息处理隐私合规管控参考

管 理 方 法	相关方职责	管 控 要 点
在供应商引入和管理流程里,嵌入个人信息保护要求	采购部	拟制此类要求时,应与业务部门充分讨论,确保可实施

续表

管 理 方 法	相关方职责	管 控 要 点
基于供应商类型和个人信息风险,建立相应的供应商隐私保护隐私评估模板、协议模板等	采购部、法务部	应基于供应商类别和个人信息处理风险,建立评估工具和模板
供应商隐私保护认证、稽查工具(检查表等)	采购部、业务部门	应基于供应商类别和个人信息处理风险,建立认证和稽查工具
用于记录供应商的个人信息处理类别等信息的管理平台	采购部、业务部门、IT	供应商的具体使用部门实际是各个业务部门,因此平台方案的设计应卷入相关业务
供应商个人信息泄露管理要求等	公司隐私保护官/隐私保护部、采购部	需要满足适用的各国法律

下面从供应商的业务需求阶段、选择引入阶段、使用阶段、退出阶段讲述管控要点。

① 业务需求阶段:6.2节隐私影响评估(PIA)中,业务的PIA风险分析已经包含委托第三方处理的内容,其风险和处置措施对准所委托的具体个人信息处理活动。因此,供应商的风险管控应从业务需求阶段开始,供应商管理部门应与业务部门"互相握手"、相互协同。业务所识别的个人信息委托处理风险和管控要求,应传递到对供应商的管控要求中,包括尽职调查、协议、审计等。

表6-14所示为某些类别供应商的风险示例和管控要点。

表6-14 供应商风险和管控要点(示例)

供应商示例	风 险 示 例	管 控 要 点 示 例
云服务商	存储地:应评估所服务区域的个人信息跨境风险; 数据安全:云服务商的安全资质、能力不足,可能导致数据泄露; 事件响应:个人信息泄露机制不完善,不能及时响应	跨境:检查供应商的实际数据存储位置; 数据安全:供应商的数据安全机制等; 事件响应:个人信息泄露事件的处置机制,包括数据泄露事件应急演练等
数据分析平台	未经授权,将委托的个人信息用于广告营销; 个人信息到期未删除	数据限制共享:明确数据限制处理的要求,并在个人信息委托处理过程中进行稽查验证; 数据保护:明确个人数据留存期和到期删除的要求

续表

供应商示例	风 险 示 例	管 控 要 点 示 例
报废服务商	数据销毁能力不足,硬盘未彻底损毁,导致数据泄露; 实物资产安全防护不足,委托报废的硬盘丢失,导致数据泄露; 追溯能力不足,导致不能举证数据销毁	数据销毁能力:明确数据销毁的标准,检查报废服务商的数据销毁能力,如消磁能力(磁介质存储)、硬盘粉碎能力等; 资产安全:检查报废服务商实物安全管控能力; 追溯能力:检查报废服务商是否建立追溯能力,例如是否建立IT追溯平台等

② 供应商引入阶段:供应商尽职调查应考虑的要素示例,委托供应商处理个人信息前,应对供应商进行尽职调查,评估其隐私保护能力是否满足要求。一般要考虑如下事项,并应纳入业务对供应商的管控要求,如图6-18所示。

> 隐私政策、流程和组织;
> 隐私保护资质,如是否获取ISO 27701隐私保护资质等;
> 数据安全措施,包括访问控制、加密技术、身份验证、防火墙、安全监控和事件响应等;
> 内部隐私文化和教育;
> 审计和监督机制;
> 个人信息泄露事件演练等。

图6-18 供应商尽职调查应考虑的要素示例

签署个人信息委托处理协议:很多隐私保护法规明确要求,企业委托供应商处理个人信息,须与其签订个人信息委托处理协议,一般应包含以下内容(图6-19):

> 个人信息处理目的限制的要求;
> 数据安全的要求;
> 进一步委托处理的要求;
> 个人信息跨境转移的要求;
> 个人信息泄露和通知的要求;
> 个人信息处理期限的要求;
> 审计和监督的要求;
> 项目结束时个人信息返回和处置的要求。

图6-19 签署个人信息委托处理协议

以上内容是个人信息委托处理协议中需要包含的一般要素,协议的具体内容和条款可以根据实际情况和双方之间的协商进行调整和扩展。

③ 供应商使用阶段:一是监督和稽查,企业对供应商的使用管理过程中,也就是将个人信息委托供应商处理的过程中,应联合业务使用方,建立供应商隐私保护稽查机制;并基于供应商风险,以合理的频度对供应商进行检查和监督。

二是供应商绩效应用,如果企业将对供应商的隐私保护稽查情况应用在其供应商绩效管理制度里,可有效促进供应商对稽查发现问题的改进,从而促进供应商的隐私保护水平的提升，保障个人信息处理的安全性和合规性。

④ 供应商退出阶段：企业应在供应商退出的管理中，基于所委托的个人信息类别、范围等，明确具体的返回、迁移、删除等策略，与供应商达成可行的处理方案，并监督实施过程，留存相关处理记录。一般而言应包括以下内容，如图6-20所示。

> 个人信息访问和存储：在供应商退出后，应收回供应商的系统权限（如有）；
> 数据删除和返还：采购需要联合业务，明确必须返回的个人信息和必须删除的个人信息范围；
> 个人信息备份和恢复：采购需要联合业务，评估供应商退出对个人信息备份和恢复的影响，采取措施防止未经授权的个人信息恢复；
> 个人信息转移：如果企业决定将个人信息迁移至新的供应商处理，应确保个人信息迁移过程中的安全性和合规性；
> 文档记录和合规证明：企业应保留与供应商退出和个人信息处理终止相关的文件记录，以证明其对隐私合规的关注和措施。

图6-20 供应商退出阶段留存内容

6.3.4 个人信息跨境转移

数字技术和数据流动是数字经济快速发展的基础，对促进全球数字经济发展起了重大作用。根据世界经济论坛数据[①]，跨境电商产值近10年已膨胀45倍，达到2.7万亿美元；全球三分之二以上的商业活动与数字技术和数据流动相关。

但数据跨境流动也带来个人隐私权利等方面的影响。各国出于数据主权、经济竞争、隐私保护等方面的考虑，越来越关注数据跨境。各国在数据跨境方面立法越来越多，全球范围内已有100多个国家/地区出台个人信息保护相关法规，大部分法规包含个人信息跨境相关要求。

跨国业务经常会涉及数据跨境，也会包含个人信息的跨境。例如，跨境电商业务会涉及个人购买记录，远程电话热线服务可能会涉及个人通话录音，IT平台的用户登录记录，跨国业务联系通信过程中涉及的商业联系人信息等。如何满足各国个人信息跨境相关法规要求，是企业出海业务所必须面对的课题。

全球范围内尚未建立起统一的个人信息跨境监管框架，跨境相关立法和治理模式仍然是分散、碎片化的，而且仍在不断变化和演进。下文将介绍个人信息跨境的定义和范围、中国个人信息出境要求、全球个人信息跨境管控形势，再介绍企业个人信息跨境的合规管控实践。

---

① 我们必须加强跨境数据流动[EB/OL]. https://www.weforum.org/agenda/2023/01/data-flows-cross-border-wef23/.

1. 什么是个人信息跨境

简单而言,个人信息跨境是指个人信息从一个国家传输到另一个国家的过程。但不同国家法规所管控的个人信息跨境范围或多或少存在差异。理解各国隐私法规的适用范围,特别是个人信息跨境的管控范围,这对企业的业务设计、IT部署等方面具有参考意义。

一般而言,各国对个人信息跨境的管控目的,通常是为了使个人信息转移到其他国家/地区后仍能得到充分保护,管控要求一般都会强调企业等实体组织在个人信息跨境方面的责任。因此,是否落入跨境管控范围,可能与跨境的相关方、跨境数据处理方式等相关。

2. 中国个人信息出境

2022年7月7日国家互联网信息办公室公布的《数据出境安全评估办法》[①](国家互联网信息办公室令第11号),明确以下形式属于个人信息出境行为,如图6-21所示。

> 数据处理者将在境内运营中收集和产生的数据传输、存储至境外;
> 数据处理者收集和产生的数据存储在境内,境外的机构、组织或者个人可以查询、调取、下载、导出;
> 国家网信办规定的其他数据出境行为。

图6-21 个人信息出境行为

3. 欧盟GDPR的个人信息跨境

欧盟数据保护委员会(下文简述为"EDPB")通过指南[②]的形式对欧盟GDPR第五章的个人信息跨境管控范围进行了详细解读,给出了判断为个人信息跨境的3个条件:

① 数据控制者或数据处理者受欧盟GDPR约束[③];

② 该数据控制者或数据处理者(个人信息传出方)将个人信息提供给另一数据控制者、联合数据控制者或数据处理者;

③ 个人信息传入方在第三国或国际组织,无论传入方是否受欧盟GDPR约束。

同时满足上述3个条件,则落入欧盟GDPR的跨境管控范围。以条件②为例,如果个人信息跨境的输出方、输入方仅有一个实体时,不满足条件②,则不在欧盟GDPR的个人信息跨境管控范围。但须注意,虽然在这种情况下,个人信息的跨境未落入欧盟GDPR的跨境管控范围,但仍可能因向欧盟提供产品或服务而落入该法规的管控

---

① 数据出境安全评估办法[EB/OL]. https://www.gov.cn/gongbao/content/2022/content_5707283.htm.

② Guidelines 05/2021 on the Interplay between the application of Article 3 and the provisions on international transfers as per Chapter V of the GDPR[EB/OL]. https://www.edpb.europa.eu/our-work-tools/our-documents/guidelines/guidelines-052021-interplay-between-application-article-3_en.

③ 见GDPR第3条的适用范围。

范围。

4. 中国个人信息出境的法规要求

在数据出境方面，中国《网络安全法》对数据出境安全提出要求，因业务需要跨境转移个人信息和重要数据的，应当进行出境安全评估；中国的《数据安全法》进一步完善了对数据出境的规定，《个人信息保护法》则明确了个人信息出境的具体机制。

在上述3部上位法[①]的基础上，中国陆续发布了个人信息出境安全相关的规范条例。

中国《个人信息保护法》第三章明确了个人信息跨境的四类机制：

① 国家网信部门组织的安全评估（第38条第1款）；
② 按国家网信部门规定进行的个人信息保护认证（第38条第2款）；
③ 按国家网信部门制定的标准合同（第38条第3款）；
④ 法律、行政法规或者国家网信部门规定的其他条件。

（1）安全评估。上述跨境机制中，凡是落入安全评估范围的，按网信办发布的《数据出境安全评估办法》进行评估申报；未落入安全评估范围也未获得豁免的场景，可采取个人信息保护认证或签署标准合同的方式。

2024年3月22日国家互联网信息办公室发布《促进和规范数据跨境流动规定》，在《数据出境安全评估办法》的基础上，明确了申报数据出境安全评估的范围，如图6-22所示。

> 第七条 数据处理者向境外提供数据，符合下列条件之一的，应当通过所在地省级网信部门向国家网信部门申报数据出境安全评估：
> （一）关键信息基础设施运营者向境外提供个人信息或者重要数据；
> （二）关键信息基础设施运营者以外的数据处理者向境外提供重要数据，或者自当年1月1日起累计向境外提供100万人以上个人信息（不含敏感个人信息）或者1万人以上敏感个人信息。
> 属于本规定第三条、第四条、第五条、第六条规定情形的，从其规定。

图6-22 申报数据出境安全评估的范围

（2）个人信息保护认证[②]。2022年11月18日，国家网信办发布了《关于实施个人信息保护认证的公告》及其附件《个人信息保护认证实施规则》，规定了个人信息保护认证的规则，明确涉及跨境处理活动时的认证，应依据全国信息安全标准化技术委员会发布的TC260-PG-20222A《个人信息跨境处理活动安全认证规范》。此出境合规机制，与欧盟GDPR第46条跨境机制中的"认证"相似，企业仍要与境外接收方签署有法律约束力的协议，这是对出境个人信息进行保护的必要手段。个人信息跨境处理活

---

① 中华人民共和国立法法[EB/OL]. https://www.gov.cn/xinwen/2023-03/14/content_5746569.htm.

② 个人信息保护认证实施规则[EB/OL]. http://www.cac.gov.cn/2022-11/18/c_1670399936983876.htm.

动安全认证规范主要内容,如图6-23所示。

> 个人信息跨境处理活动安全认证规范主要内容:
> 　　认证主体:对数据出境方认证。
> 　　基本原则:合法、正当、必要和诚信原则;公开、透明原则;信息质量原则;同等保护原则;责任明确原则;资源认证原则。
> 　　基本要求:
> 　　　　数据出境方和境外接收方签署有法律约束力的协议;
> 　　　　数据出境方和境外接收方指定个人信息保护负责人;
> 　　　　数据出境方和境外接收方设立个人信息保护机构;
> 　　　　遵守个人信息跨境处理规则;
> 　　　　个人信息出境前进行个人信息保护影响评估;
> 　　　　个人信息主体权益保障。

图6-23　个人信息跨境处理活动安全认证规范主要内容

(3) 标准合同。2023年2月3日国家互联网信息办公室审议通过《个人信息出境标准合同办法》[①],该办法自2023年6月1日起施行,主要要求如图6-24所示。此出境合规机制,与欧盟GDPR第46条跨境机制中的"标准合同条款(SCC)"相似,但也有明显不同:

① 中国标准合同:标准合同需要向所在地省级网信部门备案;

② GDPR的标准合同条款(SCC):不需要备案,但要求企业应用SCC前,须先对数据接收国法律环境进行评估,如不能达到欧盟"实质同等"保护水平,则须采取额外的技术和组织保护措施。

> 《个人信息出境标准合同办法》主要要求:
> 　　处理者向境外提供个人信息前,应当开展个人信息保护影响评估;
> 　　标准合同应当严格按照本办法附件订立,国家网信部门可以根据实际情况对附件进行调整(该办法同时发布《个人信息出境标准合同》);
> 　　个人信息处理者应当在标准合同生效之日起10个工作日内向所在地省级网信部门备案。

图6-24　《个人信息出境标准合同办法》主要要求

(4) 法律、行政法规或者国家网信部门规定的其他条件。如有其他法律法规,则可以引用。

(5) 全球个人信息跨境要求概述。全球100多个国家/地区已经建立了隐私保护相关法规,其中多数国家法规涉及个人信息跨境的要求,而且各国法规要求不尽相同。对于出海企业/组织,了解全球范围内相关国家/地区的个人信息跨境管控要求,是其全球业务可持续发展的基础。

---

① 个人信息出境标准合同备案指南(第一版)[EB/OL]. http://www.cac.gov.cn/2023-05/30/c_1687090906222927.htm.

① 个人信息跨境要求的分类：各国针对个人信息跨境相关的法规要求有非常多差异，但也有很多相通、相似之处。整体而言，从数据限制程度、适用范围、跨境工具类别等方面有以下类型，如图6-25所示。

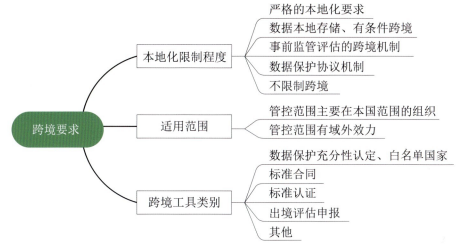

图6-25 个人信息跨境要求的分类

② 个人信息跨境限制程度：各个国家对个人信息跨境的限制要求确实存在多个层次，从本地化到自由流动，可以描述如表6-15所示。需要注意的是，各国对个人信息跨境的要求可能会发生变化，企业应根据变化及时作出调整。

表6-15 个人信息跨境限制程度分析

本地化限制程度	描　　述	示　　例
严格本地化要求	个人信息必须存储在本国境内，禁止或严格限制跨境流动	通常只对少数数据有此类严格本地化要求，例如，澳大利亚要求健康数据本地化
数据本地存储、有条件跨境	个人信息必须在境内存储，按需跨境或其他条件下可跨境	某些国家要求境内收集的个人信息必须首先存储在当地服务器上，按需跨境
事前监管评估的跨境机制	一些国家采用了事前由监管评估，通过评估后可跨境的机制	中国要求满足一些条件的个人信息跨境需通过网信办评估
数据保护协议类机制	许多国家采用了数据保护协议和机制，允许企业/组织通过协议等方式，对跨境个人信息采用技术和组织保障措施进行保护的条件下进行跨境传输	欧盟GDPR、中国、越南等国的标准合同
个人信息自由流动	一些国家鼓励数据自由流动，隐私法规强调组织对跨境个人信息的保护，但并不限制跨境，或未提出明确的跨境机制要求	新加坡要求跨境的个人信息应得到与新加坡同等保护水平，在此基础上可自由跨境

③ 跨境数据管控范围:需要注意的是,不同国家/地区对个人信息跨境管控域的选择和实施可能会有差异。

　　a. 境内管控:一些国家强调境内实体在个人信息跨境方面的责任和义务,要求境内实体采取技术和组织措施来保护跨境个人信息,较少涉及境外管辖,例如新加坡;

　　b. 境外管控:一些国家或地区可能通过立法将其法律管辖范围扩展到境外,即使个人信息处理活动在境外进行,典型国家/地区包括美国、欧盟等。

④ 跨境工具机制类别:不少国家/地区对个人信息跨境提出了明确的跨境机制,也可以称为"跨境工具"。各国跨境工具的种类繁多,但在方法和要求上有相通和相似之处,为便于读者理解不同跨境工具的含义和要点,各国跨境工具简要分类如表6-16所示,企业在选择跨境工具时,应了解其特点和应用条件。

表6-16 个人信息跨境工具类别分析

类别	跨境工具举例	描述	示例	应用提示
数据保护充分性认定（或白名单）	数据保护充分性认定（或白名单）	部分国家/地区的跨境相关法规中包含数据保护充分性认定的机制,个人信息可以自由跨境到通过认定的国家/地区	在欧盟委员会官网①列出了其认可的能够提供充分性数据保护的国家/地区名单	一些充分性认定仍然可能有附加或例外条件。例如,欧盟2019年通过了对日本的充分性认定,但在正当理由下,欧盟可以要求一些个人信息的本地化存储;在2023年10月欧盟和日本达成了数据互通协定后,取消本地化要求
事前申报评估	出境评估申报	一些国家在个人信息跨境的管控上强调跨境前的管控。例如,中国要求达到处理一百万人以上个人信息等条件时,须向国家网信办申报后方可出境	中国个人信息出境评估办法	达到一定条件的数据必须通过出境评估申报

---

① 欧盟委员会认可的能够提供充分性数据保护的国家/地区名单[EB/OL]. https://commission.europa.eu/law/law-topic/data-protection/international-dimension-data-protection/adequacy-decisions_en.

续表

类别	跨境工具举例	描述	示例	应用提示
遵从适当保障措施的跨境	标准合同	通常是要求个人信息传出方通过书面协议的形式,要求个人信息传入方采取技术和组织等保障措施,保护跨境个人信息,满足数据主体行使权利、能够获得有效法律救济的方式。一些国家/地区提供了标准合同条款模板,其数据保护要求通常不得减损	中国、欧洲、越南、土耳其等	不同国家的标准合同条款有不同的要求,例如,中国、越南:签署的标准合同需在当地国家相关机构进行备案;欧盟:要求应用前须评估接收方所在国家的法律环境,对不满足同等保护水平的国家须采取补充措施
	有约束力的公司规则	欧盟 GDPR 47 条提出了"BCRs(约束性企业规则)",可以认为是欧盟 SCC 的一种替代机制,适合集团内部数据转移	欧美部分企业	BCRs 规则具有法律约束力,需要通过数据保护机构、EDPB 的批准和监督
	认证	认证标准通常由国家相关机构审核通过、发布,认证机构通常由国家相关机构进行选择、认可,认证通常设置有效期,并在有效期内进行复核评估	中国《个人信息保护法》、欧盟GDPR	一些认证机制可能仍然需要数据输出方和数据输入方签署具有法律约束力的承诺
其他		一些国家的隐私法规仅强调企业、组织、个人在将个人信息跨境时,未提出明确的跨境工具/机制要求,仅强调应对跨境个人信息进行保护,并得到数据主体的明示同意或单独同意。GDPR法律环境下,针对少数、偶发场景提出了克减机制(第49条),在满足告知跨境风险并获得单独同意等严格限制条件下可跨境	欧盟 GDPR 第49条(克减条款)	对欧盟 GDPR 第49条的应用,需注意其具有严格限制条件,属于例外条款,一般只适用于少数、偶发场景,不适用企业/组织的常规业务

⑤ 区域性跨境框架:由于各国数据保护标准的差异、数字经济中的知识产权保护、数据的安全性等复杂问题,不同国家有不同的经济和法律制度,因此在个人信息跨境机制上达成全球性的共识非常困难。在此背景下,一些地区和国家在双边和多

边关系的基础上建立了跨境数据流动的框架和协议,提升了个人信息跨境的便利性,一定程度上促进了数字经济和跨境贸易的发展。区域性个人信息跨境分析如表6-17所示。

表6-17 区域性个人信息跨境分析

区域性跨境框架	描述	特点
欧洲经济区(EEA)	GDPR:EEA内执行统一的数据保护,个人信息在EEA内自由流动	自由流动:统一数据保护环境下,个人信息自由流动
跨境隐私规则(CBPR)	亚太经合组织(APEC)成员国推出的一种个人信息流动框架,该框架旨在促进成员国/地区之间安全、合规和高效的个人信息跨境流动,提供一种认可机制,以证明个人信息的隐私保护符合一定的标准	CBPR认证要求低于《GDPR》、中国《个人信息保护法》及相关法规要求;截至2024年1月CBPR有9个成员,美国、加拿大、墨西哥、日本、新加坡、中国台湾、澳大利亚、韩国、菲律宾。美国继续在推广该框架体系
区域全面经济伙伴关系协定(RCEP)	RCEP是一个涵盖亚洲和太平洋地区的自由贸易协定,其中在个人信息跨境方面,要求各缔约国应允许数据跨境,但也指出缔约国可基于合法公共政策目标、安全原因采取限制措施;信息的转移和处理遵守各国隐私法规	鼓励成员国之间自由跨境,但允许成员国的例外要求;成员国包括中国、新加坡、日本、马来西亚、越南、澳大利亚、新西兰、文莱、柬埔寨、老挝、泰国、韩国、缅甸、印度尼西亚、菲律宾等国
数据经济合作伙伴关系协议(DEPA)	由新加坡和新西兰共同发起的倡议,旨在推动数字经济和跨境数据流动,规定成员国的个人信息保护法规的关键内容,强调数据保护和隐私权的保护,在此基础上提升跨境个人信息保护,促进个人信息的自由流动,实现数字经济的增长和创新	数据跨境流动进行软性规制,要求各国促进数据自由流动,但也可以基于合法公共政策目标采取监管措施或要求数据本地化存储
美洲自由贸易协定(USMCA)	是美国、加拿大和墨西哥之间的贸易协定,要求各国采取适当的数据保护措施,三国间个人信息自由流动,禁止个人信息本地化限制要求	明确禁止个人信息本地化、阻碍三国间的个人信息自由流动
跨太平洋伙伴关系协定(CPTPP)	涵盖亚太地区的自由贸易协定,虽然没有在协定中具体规定个人信息跨境框架,但其中包含了数字贸易章节,强调了缔约方之间数据流动;CPTPP成员国有较大自主权,可以基于本国安全等因素限制流动	要求缔约国之间个人信息自由流动,但缔约国有较大自主权;中国于2023年申请加入该协定,目前正处于谈判过程

可以看到的是，一些有利于促进数据跨境的实践仍在继续推进。例如，我国提出的《全球数据安全倡议》，强调各方应在相互尊重的基础上，加强沟通交流，深化对话与合作，共同构建和平、安全、开放、合作、有序的网络空间命运共同体。日本在G7提出"基于信任的自由流动"倡议，经济合作与发展组织（OECD）提出政府访问数据的信任原则。更大范围内，WTO的电子商务贸易规则仍在继续推进关于数据跨境框架的谈判。如何在充分保护个人信息的基础上，促进数据安全有序流动，进一步促进数字经济发展，仍将是世界各国、各行业所关心的话题。

（6）企业个人信息跨境风险管控实践。接下来将探讨跨国企业在个人信息跨境风险管控方面的实践。

① 个人信息跨境合规五步法：一般而言，不论是面向哪个国家的隐私保护法规，企业/组织的跨境合规都可按表6-18所示步骤开展。

表6-18 个人信息跨境合规五步法

步　骤	内　容	责任部门和要点
识别、跟踪当地法规要求和变化	1. 所在国家/地区是否涉及个人信息跨境限制的法规要求； 2. 当地法规对个人信息跨境的管控范围和要求是什么； 3. 当地法规明确了哪些个人信息跨境工具； 4. 持续跟踪当地法规关于个人信息跨境要求的变化	法规要求识别：隐私保护管理部门、法务等
识别跨境个人信息流	跨境个人信息流伴随着业务流、IT信息流。企业需要建立机制，完整、端到端识别个人信息流，记录并随着业务变化进行维护；基于隐私保护最小化原则，评估个人信息跨境必要性	主要责任部门：个人信息跨境和处理的各业务部门； 支撑部门：相关隐私保护专业部门、法务部等； 个人信息跨境本质上来源于业务需求和IT部署。只有卷入业务部门和IT全面分析，方可完整识别个人信息流； 个人信息跨境最小化，是跨境风险消减的最有效措施，这也需要合理的业务、IT方案设计方可实现

续表

步骤	内容	责任部门和要点
选择合适的个人信息跨境工具,评估可用性	如前文所述,不同国家/地区的跨境要求不同,具体的跨境工具不同,跨境工具的应用条件也可能不同;因此需要基于个人信息输出国的跨境工具的具体要求,以及企业/组织自身情况,选择适用的跨境转移合规工具	责任部门:相关隐私保护专业部门、法务部等。 需分析当地国家/地区跨境工具的具体细则。以标准合同条款为例: 是否涉及接收国数据保护环境评估,以及相关限制要求; 哪些条款是不可减损必须执行的; 个人信息接收方的技术和组织措施是否可满足标准合同条款要求; 输出方和输入方签署的跨境协议是否需要在输出国的数据保护机构评估备案。
执行个人信息输出国对跨境转移合规工具的法律要求	针对上个步骤选择的跨境转移合规工具,结合企业/组织的运作情况,制定跨境转移工具实施方案并执行	主要责任部门:个人信息跨境和处理的各业务部门。 支撑和共同担责的部门:相关隐私保护专业部门、法务部等。 标准合同条款方案步骤示例: 评估标准合同的技术和组织保护要求,覆盖跨境个人信息流; 基于当地国家/地区标准合同条款,拟制企业跨境协议; 组织相关方签署跨境协议; 跨境协议在当地机构进行备案(仅部分国家涉及)
定期评估审视	定期对个人信息跨境转移进行重新评估,减少不必要的跨境转移场景,夯实跨境场景的个人信息保护措施	主要责任部门:个人信息跨境和处理的各业务部门。 支撑和共同担责的部门:相关隐私保护专业部门、法务部等。 定期评估是消减跨境风险的必要步骤;一些国家明确要求定期评估,例如,EDPB对SCC工具的应用,企业应保留定期评估记录,可举证履行了必要职责

② 跨境合规五步法的应用实例:如图6-26所示,假设新加坡电商X公司的业务拓展到欧洲,在欧洲设立独立子公司Y,出于成本考虑,由其新加坡总部公司提供IT运维能力和供应链平台。下面是依据上述五步法的应用示例(表6-19)。

图 6-26　应用实例

表 6-19　跨境合规五步法的应用实例

步　骤	内　容	合规动作和记录
1. 识别、跟踪当地法规要求和变化	识别 EU 要求——GDPR 五章（44～49条）： ① EEA 内个人信息自由流动。 ② 跨境到 EEA 外,3 类机制： a. 充分性认定； b. 适当保护措施,包括标准合同条款(SCC)、有约束力的企业规则,(BCRs)、行为准则(CoC)、认证； c. 克减条款——仅适用偶发、非大量数据等情况	基于本地要求识别,Y 公司认识到 EU 跨境合规难度,组建 EU 个人信息跨境合规工作组,明确工作目标,并投入必要的资源,以建立相关跨境合规机制,支撑跨境合规
2. 识别跨境个人信息流	① 以上图业务场景为基础,识别主要跨境场景： a. Y 公司依靠 X 总部公司的供应链,将相关收货联系人传回新加坡总部； b. Y 公司依赖总部提供 IT 平台远程运维,涉及 IT 平台中个人信息远程访问。 ② 跨境必要性评估： 跨境数据 a：数据用于跨境商业联系和发货记录,国际物流所必需； 跨境数据 b：依赖总部的 IT 平台建设和运维能力,跨境有合理性,企业也可基于自身情况,在本地建运维能力,取决于成本和收益等商业决策	① 明确跨境场景识别、记录、维护更新的责任部门； ② 明确跨境场景记录的方式方法,例如建立跨境场景管控平台； ③ 记录所识别的跨境场景； ④ 记录跨境必要性的评估过程和结论
3. 选择合适的个人信息跨境工具,评估可用性	① 综合评估和选择适用的跨境工具： 基于业务和输入国的数据保护情况,仅可选择 GDPR 第 46、47 条的适当保护措施的机制,综合评估,选择标准合同条款(SCC)机制： —SCC：灵活,周期短,新加坡企业常用； —BCRs：需向当地数据保护机构申请,并得到审核、认可,用时长,并接受监督审核；	① 基于 EDPB 指南,建立 SCC 跨境机制的内部流程和工具,特别是跨境传输评估(TIA)机制和评估报告模板； ② 基于欧洲 SCC 标准合同模板,拟制公司的跨境传输协议模板,明确跨境协议签署方案和流程

续表

步　骤	内　容	合规动作和记录
	—CoC：截至2022年，EDPB仅批准云行业的CoC，不适用电商； —认证：2022年3月，EDPB尚未通过EuroPrivacy认证。 ② 识别SCC的实施要求： 识别出EDPB发布了SCC机制的相关指南，特别是应用SCC前必须进行跨境传输评估，其中包括评估输入国法律环境，基于评估结果，评估是否采取必要的技术和组织补充措施	
4. 执行个人信息输出国对跨境转移合规工具的法律要求	针对上个步骤选择的跨境转移合规工具，结合企业/组织的运作情况，制定跨境转移工具实施方案并执行	① 在当地律所协助下，按EDPB指南，完成输入国（新加坡）的法律环境评估； ② Y公司（输出方）在输入方（X公司）协助下，完成上述跨境场景的TIA报告，形成相关跨境数据的技术和组织措施； ③ 在公司法务协助下，完成上述场景的跨境协议拟制； ④ 完成Y公司和X公司的跨境协议签署
5. 定期评估审视	定期对个人信息跨境转移进行重新评估，减少不必要的跨境转移场景，夯实跨境场景的个人信息保护措施	明确定期评估的机制： ① 输入国法律环境是否发生变化，如变化，是否影响跨境数据保护的有效性； ② 公司业务/跨境场景是否变化

③ 个人信息跨境风险管控要点：上述跨境合规五步法基本的跨境合规运作过程。但企业实际业务流、数据流可能比较复杂，仍面临一些实际问题，例如：如何全面、准确、并尽可能地端到端识别个人信息流？相关方、相关部门的个人数据保护的技术组织措施是否有效实施？个人数据进一步跨组织转移时，如何确保跨境合规要求落地实施？企业组织、业务变化，这些变化是否引起个人信息流的变化，是否带来新的风险，相关技术和组织措施是否可继续有效落地？

跨国企业应基于企业目标，建立一套适合企业自身发展的隐私保护治理框架，在这个框架下，跨境应该是其中的重要模块。企业个人信息跨境的管控应融入业务和IT，通过流程机制、IT平台支撑、组织保障等机制，持续识别和管控涉及个人信息跨境的业务场景，基于当地国家法规要求选择适合的跨境工具/机制，落实跨境要求，并建立起相应的度量、检查验证机制,使跨境持续合规运作。

a. 跨境管控应融入业务:对跨国企业来说,要把个人信息跨境的外部合规要求融入业务流程/活动里,而且要随着业务的新增、变化等及时作出调整。这意味着企业/组织的业务部门要承担个人信息跨境的合规职责,这也是ISO等标准所推荐的。

同时,跨国企业应建立支撑业务部门管理个人信息跨境的专业组织,这个组织可能包含法律、隐私与合规、信息安全等相关领域的专家,可以帮助企业识别相关国家的跨境法规、跨境机制要求,选择适用于企业的跨境工具,帮助业务部门识别个人信息跨境场景、落实个人信息跨境的法规要求,并帮助企业进行个人信息跨境流动的合规性管理和监督。

b. 个人信息跨境的分级管控:需要指出的是,跨境管控是需要投入成本的。因此企业需要综合考虑企业业务目标,跨境合规目标应匹配企业业务目标。举例来说,如果某个国家要求个人信息必须本地化存储,就意味着服务器等硬件资源的投入和本地运营运维等的投入,这些投入可能影响企业/组织在当地市场的发展策略。

在跨境个人信息传输的过程中,跨国企业可基于不同的场景和风险,采取分级管控的方法,以确保合规性和风险管理的有效性(表6-20)。例如,企业完成跨境个人信息流的梳理后,可基于数据敏感性、数据量、传输方式、接收国法律要求等因素进行评估,将其分为高、中、低三个级别,有助于企业区分跨境场景管控的优先级,采取不同等级的控制措施。

表6-20 个人信息跨境管控方法示例

风险级别	示例	管控措施示例
高风险	通常而言,涉及大量个人信息处理、敏感个人信息处理等场景,如发生数据泄露影响面大、或对个人隐私侵扰大等,应视为高风险场景,例如EU的GDPR法规环境下,一些易影响当地消费者隐私权的场景(例如广告营销等),此类场景也经常被当地监管所关注,可按高风险来管控	个人信息本地化:对于具有高风险的个人信息,企业可以考虑本地化措施; 数据加密与访问控制:如确实必须跨境,也采取跨境最小化、加密等措施,保护个人信息的传输和存储安全;以及严格的访问控制措施; 合规审查:与接收国的相关法规进行充分的了解,并确保内部政策和流程符合当地的法律要求。定期进行合规审查,及时修订和调整控制措施
中风险	对于中风险的场景,企业需要采取适度的管控措施,以平衡合规和业务效率	数据转移协议(如适用); 实施跨境个人信息的技术和组织保护措施; 定期评估,识别风险是否变化、跨境工具是否适用,确保措施有效执行和及时调整
低风险	低风险场景的个人信息处理应对个人隐私影响小,不包含大量个人信息处理。企业可以采取较为灵活的管控措施,以提高业务效率	落实跨境协议、技术组织措施,并定期评估

c. 通过流程机制确保个人信息跨境持续合规运作:企业应通过制定合适的政策、流程、组织和IT系统来支撑跨境合规运作。前文隐私保护治理章节已介绍相关方法。个人信息跨境的要求应纳入前文所述的治理要素,包括建立个人信息跨境管控的政策要求、流程,融入业务运作中,并建立必要的IT工具支撑跨境个人信息流的管控,通过意识培训、评估审计等措施,保障相关跨境措施的持续有效运作。

以IT工具支撑为例,基于合规治理目标、复杂度和能力等方面的评估,企业可考虑建立IT工具/平台来管控数据跨境传输合规,尤其对于国际化、大中型企业,企业个人信息流存在一定的复杂度,以及个人信息跨境风险相对较高的情况。使用IT工具进行跨境管控,主要目的有:

(a) 有利于跨境个人信息流的梳理、记录、维护;
(b) 有利于快捷、准确了解跨境个人信息流所关联的业务、责任部门;
(c) 有利于落实相关跨境个人信息的技术和组织保护措施;
(d) 有利于跨境措施落实情况的监督、评估;
(e) 有利于外部监管问询时的合规尽责举证。

④ 个人信息跨境生命周期管理:跨境合规不只是跨境协议、本地化,更是个人信息全生命周期的一致性合规动作。例如,隐私声明要将跨境情况清晰、透明地告知数据主体,一些法规明确要求获得数据主体单独同意(如中国《个人信息保护法》);跨境信息的传输和存储要通过加密等安全方式,跨境信息的第三方披露需要传递相关数据保护要求(如GDPR的标准合同条款)。

对于跨境管控来说,个人信息处理者(数据控制者)、受托人(数据处理者)的准确定义也非常重要,定位不准,意味着某一方的责任履行不足。在一些国家/地区,例如GDPR的标准合同条款(SCC)跨境机制,就要求准确定义输出方、输入方的角色关系,GDPR的标准合同条款以输出方、输入方的关系分了四个类型,包括控制者-控制者(C2C)、控制者-处理者(C2P)、处理者-控制者(P2C)、处理者-处理者(P2P)。企业如果使用标准合同作为跨境工具,就必须基于数据输出方和输入方的关系,选择正确的标准合同条款来约定双方的责任。

个人信息跨境管控要求应嵌入个人信息全生命周期过程,如图6-27所示。

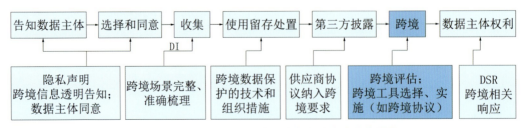

图6-27 跨境个人信息保护贯穿个人信息全生命周期

a. 数据采集阶段的告知、同意:告知数据主体有关跨境传输的具体情况是必要的。数据主体应该知情并理解跨境传输可能带来的风险和影响,以便作出知情的决策。这涉及向数据主体提供清晰、透明的隐私政策和使用说明,并给予其选择同意或拒绝的权利。

一些国家/地区明确要求,在将个人信息跨境转移时,必须告知数据主体并获取同意;部分法规甚至要求"单独同意"。企业除了出示清晰、明确的隐私声明进行告知外,也需要保存数据主体的同意记录。

利用SCC工具进行欧洲个人信息跨境时,应履行向数据主体的告知义务,包括向数据主体说明如何获得SCC副本。例如,欧洲国家X公司在将个人信息通过SCC传输到境外子公司时,可在面向用户的隐私声明中进行告知,如图6-28所示。

> 我们会将您的个人信息传输给欧盟和欧洲经济区以外的接收者。这些是我们位于×××国家的子公司(列出接收方)。我们使用的是欧盟委员会SCC标准条款。您可以通过联系我们的DPO获取与我们子公司签订的协议的副本,其联系方式在本声明的第×段中提供

图6-28 隐私声明告知

b. 跨境传输和存储的数据保护:跨境数据传输和存储过程中,须通过技术和组织措施落实严格的数据保护。一般而言,数据传输应使用安全的通信协议,某些情况下可能必须采取严格的安全加密技术,防止数据在传输过程中被窃取或篡改。数据存储也同样落实数据保护措施,包括采取安全技术对个人信息进行安全存储、防止未授权的访问和滥用。同时,建立监督机制和审核制度,确保数据保护措施的有效执行。

某些情况下,一些法规可能要求跨境个人信息的额外保护措施。例如欧盟GDPR的要求,如果企业将个人信息传输到数据保护水平不充分的国家,必须采取技术和组织的补充措施,这些技术和组织措施须能防止不受约束的公权力访问企业获取的数据。

c. 向第三方披露:很多国家法规明确要求,如将个人信息委托第三方处理,必须落实跨境要求。以欧盟GDPR为例,如果将个人信息委托第三方处理,须通过协议传递跨境要求。

d. 数据主体响应:最后,提供数据主体请求的方案是完善跨境合规框架的重要组成部分。以欧盟GDPR为例,数据主体对其个人信息的跨境有知情权,并有权获取跨境数据保护措施的副本。

综上所述,在跨境场景中,仅仅依赖协议签署是不够的,需要建立一个完整的个人信息生命周期的跨境合规框架。从风险分析、跨境保护方案选择、告知数据主体、传输与存储保护,到数据主体请求响应,各个环节都需要严格遵守合规要求,以确保跨境数据的安全和合法使用。

6.3.5 个人信息主体权利保障

某电商公司收到个人信息主体的权利请求时,例如,查询或删除商城的购买记录、提供电商客服的聊天记录等,请求处理团队在规定时间内及时响应处理,保障了个人信息主体的满意度及体验。

与此同时,全球大部分国家或地区的法律法规也规定了个人信息处理者应当履行的义务及个人信息主体可以行使的权利。例如,中国《个人信息保护法》第五十条中规定,个人信息处理者应当建立便捷的个人行使权利的申请受理和处理机制。

公司需要建立个人信息主体权利保障的流程与机制,保障个人信息主体请求及时响应处理的同时,也确保公司遵从了法律法规要求。

1. 企业在个人信息主体权利请求保障的挑战

企业在保障个人信息主体权利的过程中可能会面临各种问题难点及挑战,如表6-21所示。

表6-21 个人信息主体权利问题难点和挑战

问题类别	问题描述
请求处理渠道	企业需要向个人信息主体提供哪些便捷的渠道,便于个人信息主体提交请求
请求处理流程	企业的请求处理团队会收到个人信息访问、个人信息删除等请求,也会收到业务咨询投诉等与权利无关的请求,如何有效地识别个人信息主体权利请求,个人信息主体权利无关的请求如何分流处理以及遵从什么流程处理

2. 企业在个人信息主体权利请求的实践

接下来将介绍企业在个人信息主体权利请求的实践,通过落实如下四个步骤,逐步解决企业面临到的各种问题难点及挑战。如图6-29所示。

图6-29 个人信息主体权利请求保障实践步骤

(1)提供个人信息主体权利请求处理渠道。通常企业会在其官网界面或隐私政策中的"如何联系我们"部分向个人信息主体提供请求渠道,企业可以根据个人信息主体请求的数量及业务复杂度等因素,来选择适用适合企业的渠道,例如,中小型企业处理的请求单据量少,可以考虑选择邮箱或热线电话作为请求渠道,并设置专人进行处理;大型企业因涉及的请求量大、业务领域广,企业可以考虑在官网或APP页面设置隐私中心,具备查阅和管理个人信息、获取个人信息副本或查询常见的隐私问题解答等功能,支持个人信息主体自助处理;也可以设置专门的请求处理网站入口,在入口可以按照不同的国家或地区、不同的业务、不同的个人信息主体类别(消费者、客户、供应商、雇员等)进行分类,个人信息主体提交请求后,请求单将按照归类分发至对应的业务部门处理人,便于企业高效地响应及处理。如表6-22所示。

表6-22 个人信息主体权利渠道示例

渠道示例	渠道方式及内容
隐私中心	如何联系我们(个人信息主体请求渠道) 我们在官网及APP页面设置了隐私中心,具备查阅和管理个人信息、获取个人信息副本或查询常见的隐私问题解答等功能,您可以访问隐私中心页面进行自助处理 您好!欢迎来到隐私中心,您可以: **了解我们如何管理您的个人信息** 查看我们的隐私政策、隐私声明、隐私安全认证等信息。 **查阅和管理您的个人信息** 查阅和管理您的账号及相关联的个人信息。 **解答您的问题** 查看个人信息保护等隐私常见问题的解答或向我们提交您的问题。 **获取您的个人信息副本** 在App或官网页面完成身份验证通过后,下载获取您的个人信息副本。 **更正您的个人信息** 如您认为我们收集的个人信息存在错误,我们可以帮您进行更新。 **删除您的账号** 您可以删除您的账号及相关联的个人信息;一旦删除您将无法访问账号相关的产品及服务。如需删除,请前往 (提供路径)。
邮箱地址	如何联系我们(个人信息主体请求渠道) 如果您有任何隐私投诉或问题要联系我们的个人信息保护负责人,请联系此处的个人信息主体请求邮箱(附上邮箱地址);我们会根据适用法律的规定及时响应并回复您
热线电话	如何联系我们(个人信息主体请求渠道) 如果您有任何隐私投诉或问题要联系我们的个人信息保护负责人,请联系此处的个人信息主体请求热线(附上联系电话);我们会根据适用法律的规定及时响应并回复您
请求处理网站入口	我们指定了个人信息保护负责人,您可以通过此链接联系个人信息保护负责人。您也可以通过访问个人信息主体权利请求页面与我们取得联系,我们会根据适用法律的规定及时响应并回复您。 如果您对我们的回复不满意,特别是当我们的个人信息处理行为损害了您的合法权益时,您可以通过向有管辖权的人民法院提起诉讼或向政府相关管理机构投诉等外部途径进行解决。 我们将始终遵照我们的隐私政策来收集和使用您的个人信息。有关我们的隐私政策详细内容,请参阅隐私政策

(2)组建个人信息主体权利请求处理团队。企业需组建个人信息主体权利请求处理团队,并向请求处理团队成员提供相应的学习及培训,学习课程应包含个人信息主体权利的法律法规要求以及企业内部的个人信息主体权利请求处理流程或模板要

求等,确保请求处理团队成员熟悉企业的合规义务及内部流程要求,从而能够及时响应并处理个人信息主体的权利请求。如表6-23所示。

表6-23 个人信息主体权利团队组建参考

场景类型	请求处理团队组建参考
通用场景	请求处理团队包含隐私代表、法务代表、业务代表、技术部门代表等角色,通常指定一位隐私代表作为请求的统一接口,负责个人信息请求的接收、过程的沟通回复、请求的关闭等工作;实际处理中指定的隐私代表进行确认后,需要分发给各个业务领域的业务代表;由业务代表进行分析并制定处理方案;涉及个人信息主体数据删除权的请求时可能需要技术部门代表执行并提供处理记录;处理方案由法务代表及业务部门审核人审核后,由指定的隐私代表回复给个人信息主体
特殊场景	涉及复杂问题的处理时(如涉及多个领域的复杂问题或者个人信息主体请求沟通多次后仍不认可处理方案等),也可以邀请企业的个人信息保护负责人(如中国)或数据保护官(如欧盟)给予指导,支撑请求有效地处理

(3) 制定个人信息主体权利请求处理流程。企业需制定个人信息主体权利请求处理流程,明确各阶段的角色职责及处理规范要求,指导请求处理团队及业务部门有序处理个人信息主体请求,确保请求规范及时地完成处理,防止造成用户投诉事件,维护好企业的品牌与声誉,如图6-30所示。

图6-30 个人信息主体权利请求处理流程

个人信息请求处理团队在实际处理过程中,需及时与个人信息主体进行沟通及回复,处理的结果也需及时反馈,包括无关的个人信息请求分发、相关的个人信息请求完成处理等,所有与个人信息主体请求相关的记录均需保存归档或作为附件上传至IT平台,如表6-24所示。

表6-24 个人信息主体权利请求沟通与答复参考

常见请求类型	处理关注点	答复模板参考
首次收到个人信息主体请求	受理用户请求,需在第一时间立即答复用户	感谢您与请求处理团队联系,我们已收到您提交的请求,我们会尽快与您联系

续表

常见请求类型	处理关注点	答复模板参考
处理个人信息主体请求过程	识别是否需要验证身份,及时与个人信息主体沟通回复: ① 请求不需要验证身份,根据请求答复,如查询某个业务的隐私政策/隐私声明等; ② 请求需要验证身份,可以在答复个人信息主体时,附上身份验证的信息内容	如请求内容与个人信息请求相关,可参考如下答复模板: 感谢您与请求处理团队联系,请提供更详细的信息以证明您请求的个人信息属于您。我们确认个人信息所有权后,将立即处理您的请求。如果您有任何疑问或需要进一步澄清,请随时与我们联系,感谢您的理解与支持! 如请求内容与个人信息请求无关,可参考如下答复模板: 感谢您与请求处理团队联系。 如果您想咨询产品使用、售后服务相关问题,或想对我们的产品或服务提出投诉或建议,我们建议您访问我们的官网或联系热线寻求帮助。 ① 业务官网入口:(官网访问链接); ② 业务热线电话:(热线联系电话)
个人信息主体请求处理完成	请求被驳回,告知个人信息主体可以进行申诉或者向监管机构投诉的权利	感谢您与请求处理团队联系!非常遗憾地通知您,您的请求被驳回,具体原因如下: (此处结合场景补充具体原因的内容) 如果您对请求被驳回感到不满意,您可以回复此邮件并补充您的信息,我们将会在收到您的回复后尽快联系您
	请求处理完成,告知处理结果	感谢您的耐心等待!我们非常高兴地通知您,您的个人信息主体权利请求已处理完毕。 我们于××年××月××日收到您的请求,请求内容:(个人信息主体请求的具体内容) 基于您的请求内容,处理情况如下:(示例) ① 您所请求提供的信息已经通过邮件发送给您,您可以下载附件查询您所请求的信息; ② 您所请求的删除活动记录信息已完成处理

(4)搭建个人信息主体权利请求处理IT平台。为有效支撑并保障个人信息主体权利请求流程高效运作,尤其是企业处理的请求量大,通过搭建IT平台可以支撑不同业务领域、不同国家或地区的差异化需求和运营分析,提升运作和合规效率,如表6-25所示。

表 6-25　个人信息主体权利请求处理 IT 平台典型功能

类　　型	个人信息主体权利请求处理 IT 平台功能
请求处理量少	企业处理的请求单据量少，可以考虑选择电子表单记录处理等简易便捷的方式：请求处理人通过电子表单的方式，记录个人信息主体请求的信息，包含：请求的权利类型、涉及的个人信息种类、请求的业务类型等等；这种方式操作简单，同时也可能因处理人的变更导致电子表单的丢失或遗漏，需关注电子表单的归档与保存，便于审计、稽查或合规证据链举证
请求处理量大	企业处理的请求单据量大，可以考虑通过搭建企业的 IT 平台，IT 平台可支撑的功能示例如下： ① 权限管理模块：支持个人信息主体请求单据的创建、处理；受理人、处理人、业务流程负责人、审计等角色的设置；请求处理的日志管理，支持可记录、可追溯。 ② 派单管理模块：支持个人信息主体请求单据的优先级管理、单据的转单处理、单据超期及即将超期提醒预警。 ③ SLA 管理模块：支持不同国家或地区响应处理 SLA 的配置、请求单据留存 SLA 的配置。 ④ 运营管理模块：支持请求处理团队开展例行的运营分析管理，包含请求单据的数量、处理状态、SLA 处理及时完成率等，并可以支持按不同业务部门、不同国家或地区等维度进行分析运营，可以灵活适配业务需求

6.3.6　个人信息保护合规证据链

个人信息保护合规证据链是隐私保护治理体系的重要部分，每一个数据处理活动及其对应的合规证据都应该得到准确的记录和归档。完整的个人信息保护合规证据链能帮助业务人员、业务主管快速了解自身业务合规的现状和差距，以便作出相对应的改进措施和调整建议。展示合规的证据也是满足个人信息保护合规"可归责"原则的重要组成部分。不同司法辖区的个人信息保护法律也对合规证据和问责制提出了要求，例如：

GDPR 第 5 条第 2 款规定：控制者应该遵守本条第 1 款①的规定，并能够证明之（"问责制"）。中国《个人信息保护法》第 69 条也规定："处理个人信息侵害个人信息权益造成损害，个人信息处理者不能证明自己没有过错的，应当承担损害赔偿等侵权责任……"

中国《个人信息保护法》对个人信息处理者施加了更高的举证责任。根据中华人

---

① GDPR 第 5 条第 1 款规定了与个人数据处理相关的原则，包括："合法性、公平性和透明性""目的限制""数据最小化""准确性""存储限制"和"完整性与保密性"。

民共和国最高人民检察院"个人信息保护公益诉讼的法律适用"的法律研究报告[①],个人信息侵权具有隐蔽性、技术性等特征,信息处理者与原告用户之间在举证能力上实力悬殊,因此,实行举证责任倒置兼具必要性与可行性。对掌握核心技术、具有专业能力的个人信息处理者施以更高的举证责任,具有现实的意义。

完整的个人信息保护合规证据链可以让个人信息保护治理的从业人员从复杂多变的业务场景中抽身出来,从治理的角度统一审视和管理合规证据链,确保合规记录完整,大幅提升合规效率。

个人信息保护合规证据链可用于企业内部检查改进,快速审视业务的合规遵从,快速识别差距并提出改进措施。

完整的个人信息保护合规证据链还可以满足不同国家或地区外部监管机构、认证机构的要求,对于合规记录管理完善的组织,能够提高企业合规遵从度,有利于获得外部客户和消费者的信任。

1. 个人信息保护合规证据链介绍

个人信息保护合规证据链是所有个人信息合规记录的总集,基于隐私治理框架,就能很快识别出隐私合规的交付件,即组成了完整的个人信息保护合规证据链。企业可以基于业务所在国家或地区的法律要求或自身治理的需要,在个人信息合规证据链中适当增加一些记录。为了方便描述,本书提出个人信息保护合规证据链的一般模型。一个完整的个人信息保护合规证据链至少应当包括如表6-26所示的几部分,其中DPIA报告、LIA报告、披露和委托处理记录等属于可选项,根据具体的区域/国家、具体的业务场景来确定是否需要。

表6-26 个人信息保护合规证据链内容

条 目	合 规 记 录	纳 入 建 议
个人信息清单	DI	√
	DI评审和审批记录	√
隐私影响评估	PIA报告	√
	PIA评审和审批记录	√
	DPIA评估报告	√(可选,仅EEA等区域高风险场景)
	DPIA评审和审批记录	√(可选,仅EEA等区域高风险场景)
	LIA评估报告	√(EEA等区域适用,使用企业合法利益处理个人数据时必选)

---

① "个人信息保护公益诉讼的法律适用"法律研究报告[EB/OL]. https://www.spp.gov.cn/spp/llyj/202109/t20210929_531240.shtml.

续表

条　　目	合　规　记　录	纳　入　建　议
	LIA评审和审批记录	√（EEA等区域适用，使用企业合法利益处理个人数据时必选）
通知个人信息主体	隐私声明	√
	隐私声明评审记录	√
	隐私声明变更记录	√
	隐私声明用户阅读记录	√
选择和同意	用户同意的记录	√
	用户撤回同意的记录	√
收集&使用	数据收集与声明一致性检查记录	√
披露	数据处理协议（DPA）及签署记录	√（涉及个人数据委托处理时必选）
	数据分享协议（DSA）及签署记录	√（涉及个人数据分享时必选）
	供应商评估和检查报告	√（涉及个人数据委托处理时必选）
	第三方评估和检查报告	√（涉及个人数据委托处理、分享时必选）
留存和处置	数据到期删除记录	√
	存储期间的保护措施	√
跨境转移	数据跨境场景及审批记录	√（适用法律有要求时必选）
	跨境转移评估报告及评估记录	√（适用法律有要求时必选）
	跨境协议（DTA）及签署记录	√（适用法律有要求时必选）
个人信息主体权利	个人信息主体权利响应和处理记录	√

个人信息合规证据链不仅仅要包含最终的合规结果（如PIA报告、签署完成的数据处理协议/数据转移协议），还要包含过程记录，例如评审记录、审批记录、签署记录、变更记录等。

2. 个人信息保护合规证据链实践

中小企业的业务场景相对比较简单且固定，个人信息清单的数量一般也不会很多，这个时候可以使用文档、表格等方式管理个人信息保护合规证据链，需要安排好专职人员做好文档管理。

当企业涉及的业务场景和数据处理活动较多时，通过手工表格等方式难以管理所有的个人信息合规记录，因此在个人信息合规证据链的管理上，建议使用IT工具，可以是外部第三方隐私合规治理工具，也可以是企业自建的工具。

外部三方工具的优点是快速部署，灵活投入，低成本，但是可能无法快速完成定制以匹配企业隐私治理的目标；企业自建工具的优势是高度定制匹配企业流程和组

6 企业隐私保护运营实践

织,但是往往会带来更高的成本。这里以企业自建工具为例,介绍如何设计证据链管理功能,从而有效管理个人信息,保护合规证据链。

所有的个人信息保护合规证据链应当建立一个唯一的索引,以方便快速定位和查询,一般建议采用个人信息处理活动记录(DI)作为生成证据链的基础,可以根据DI的索引生成相应的证据链信息,下面给出一个证据链生成的实际例子。

例如,企业A涉及个人信息处理活动,并记录为DI-V1[①],与此活动记录相匹配的证据链V1,包括DI、隐私声明、PIA评估、数据跨境(图6-31)。

图6-31 个人信息处理活动证据链(初始版本)

因为企业的业务活动经常会发生变化,个人信息处理的基本要素(如个人信息类型、合作模式等)也会随着变化,这样就带来了数据处理活动记录(DI)的变化和更新。因此,在个人信息保护合规证据链管理中,首先要建立数据处理活动记录(DI)版本的概念,用于表达不同时间段的数据处理活动的基本信息。

在DI版本的基础上生成对应的个人信息合规证据链,证据链也要能支持相应的版本管理(也称为"快照")。一般情况下,当个人信息合规证据链中某一项发生变化(如隐私声明)时,生成一个新的个人信息保护合规证据链,当然新版本证据链的其他没有变化的信息可以复用(图6-32)。

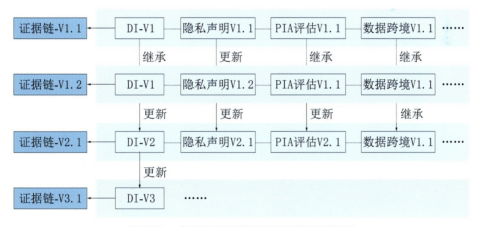

图6-32 个人信息处理活动证据链(变化后)

多版本的证据链管理如图6-33所示,同一个DI版本可以生成多个证据链版本(如V1.1&V1.2),不同版本的DI(如V1&V2)又可以生成对应的合规证据链,这样可以有效保留合规过程记录。

---

① DI-V1表示个人数据处理活动清单的初始版本。

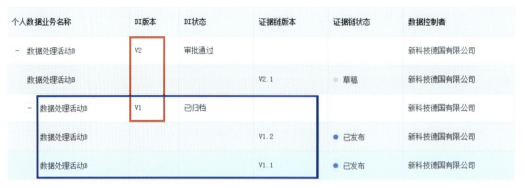

图6-33　多版本的证据链管理示意图

证据链的准备一般分成以下几个步骤：证据链录入、证据链提交、证据链审批和发布。以下以管理某数据处理活动记录的证据链为例进行说明：

（1）证据链录入和生成。① 针对特定数据处理活动记录（DI）生成证据链，根据预先设定的证据链模板进行信息的准备（图6-34）；

图6-34　某数据处理活动记录生成证据链准备示意图

② 生成证据链时，应根据特定版本的数据处理活动记录（DI）自动将合规记录（如DI管理、隐私声明、PIA风险评估、跨境转移）同步到证据链中。针对其他定制信息，支持业务修改和刷新。

DI部分的证据链一般需要包括：数据处理活动名称、数据控制者名称、数据主体类型和数量、数据类型、数据保护负责人及联系方式等。示例如图6-35所示。

图6-35　DI证据链示意图（节选部分）

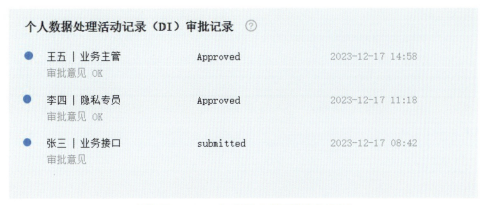

(续)图6-35　DI证据链示意图(节选部分)

隐私声明的证据链一般包括：隐私声明的文本、展示方式及评审记录，示意如图6-36所示。

图6-36　隐私声明证据链示意图

隐私风险评估(PIA)的证据链一般包括：风险评估类型、风险项、风险应对措施、风险等级、关闭责任人以及风险评估报告的评审记录等，示意如图6-37所示。

图6-37　隐私风险评估(PIA)证据链示意图

数据跨境的证据链一般包括跨境场景的基本信息、数据跨境协议的签署记录等，示意如图6-38所示。

图6-38　数据跨境的证据链示意图

(续)图6-38　数据跨境的证据链示意图

（2）证据链提交。业务负责人编辑完成证据链后提交评审，将证据链提交至隐私专员进行审批。

（3）证据链审批和发布。在证据链审批时，隐私专员可通过各记录项的"批注"按钮对每项记录进行逐条批注，备注对每个记录项的审批意见。完成每个记录项的审批并在"审批意见"汇总审批结论后，如"通过"，则直接发布证据链；如选择"驳回"，则返回业务负责人根据审批意见进行修改，再由业务负责人重新提交审批。如图6-39所示。

图6-39　证据链审批发布

证据链发布后,如果业务活动处理个人信息的目的、类别、范围、数据跨境等发生变化,还要定期审视和刷新证据链,并保留刷新和评审的记录。

6.4 企业作为受托人隐私保护实践

6.4.1 个人信息处理者和受托人的定义

在个人信息保护框架中,包含了两个最重要的角色,个人信息处理者和受托人,也就是欧盟 GDPR 下定义的数据控制者和数据处理者。根据第 29 条工作组("EDPB"前身)在其第 1/2010 号意见(WP169)中发布的关于数据控制者/处理者概念的指导意见:"Guidelines 07/2020 on the concepts of controller and processor in the GDPR, Adopted on 07 July 2021"[①]中,数据控制者往往决定数据处理活动的 why(目的)和 how(方式),但是数据处理者对于数据处理活动方式的非基本要素方面依然有一定的自由裁量权;例如,数据处理者可以确定数据处理活动使用何种安全措施、使用何种加密方式等,这并不影响数据处理者的角色。因此,可以使用图 6-40 所示模型来评估数据处理的角色。

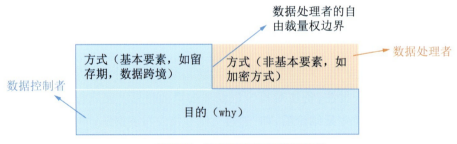

图 6-40　数据处理角色判断参考

数据处理角色不仅仅在协议上得到体现,它更是源于初始的业务设计,也应该与之后的业务运营实质保持一致。当业务实现与初始设计或协议约定不一致时,原来定义的数据处理者(或受托人)有可能会成为事实上的数据控制者(或个人信息处理者),从而应当承担更多的法律合规义务。因此,企业或组织应该关注业务实质的设计与安排,准确定位在个人信息处理中的角色,避免"片面/强行设计"数据处理角色,导致未充分履行法定义务,不能充分保护个人权益。

---

① https://www.edpb.europa.eu/our-work-tools/our-documents/guidelines/guidelines-072020-concepts-controller-and-processor-gdpr_en.

6.4.2 受托人为什么也要构建隐私保护能力

本书中前面章节重点从个人信息处理者(或数据控制者)的视角讲述了如何构建隐私保护框架和能力,大家也应该有了基本的理解和认识。那么企业作为受托人(或数据处理者)为什么也要具备一定的隐私保护能力呢?原因主要有:

(1) 合同义务。正如个人信息保护框架所述,个人信息处理者通常要选择具有一定隐私保护能力和安全能力的服务提供商,并且会与作为受托人的服务提供商签订数据处理服务协议,对个人数据处理活动作出明确和具体的要求,受托人必须要履行合同中约束的义务。

(2) 客户信任。个人信息处理者在选择受托人的时候会考虑其隐私保护水平和历史上是否出现过违反数据保护法律法规的事件甚至罚款,受托人对隐私保护和数据安全的保障能力越强,越容易获得客户的信任。

(3) 遵守法律法规。受托人同样受到数据保护法律法规的约束,例如,中国《个人信息保护法》、欧盟 GDPR 分别都对受托人或个人数据处理者提出明确的要求,有相当的处罚案例也是由于数据处理者未遵从要求,从而对数据处理者作出的处罚。

(4) 技术适应性。随着隐私保护技术的不断进步,受托人也需要不断更新其隐私保护措施,以适应新的技术和数据处理的需求。

(5) 道德责任。保护个人隐私也是企业道德上的要求,受托人作为数据处理方,有道德责任确保数据的隐私和安全。

因此,作为受托人的企业或组织也需要建立一定的隐私保护能力,以满足法律法规要求、维护客户信任、减少风险,并提升其在市场中的竞争力。

6.4.3 受托人如何建设隐私保护能力

本书中介绍的个人信息保护框架的大部分内容同样适用于受托人,例如制定隐私保护政策、具备相应的隐私保护组织结构、对个人信息全生命周期的安全保护,对企业员工进行培训等,本章就受托人在建设隐私保护能力方面需要特别关注的点进行分析阐述,方便作为受托人处理个人信息的企业或组织参考。

首先,受托人需要构建隐私保护能力应当是"法定"的义务,需要参考适用国家或区域的法律法规的要求,例如中国《个人信息保护法》第21条对于"受托人"的法定要求、欧盟 GDPR 第28条对于"数据处理者"的法定要求。

其次,受托人需要构建的隐私保护能力应该结合企业自身规模、业务战略、所服务的客户类型等作出综合判断:

(1) 自身规模。企业应当基于自身规模和组织架构来确定构建什么样的隐私保护能力,例如,拥有较复杂组织结构的跨国企业,应当构建统一的基于受托人的隐私保护框架和原则,提供公共的数据安全服务,由各个子公司进行适配和落地。

(2)业务战略。例如作为云服务提供商,要给客户提供安全可信的云服务,因此,应当将隐私保护和数据安全的能力作为企业的核心竞争力之一去构建,隐私保护和数据安全应该在业务最高层管理会议中作为常设议题进行讨论和决策。

(3)所服务的客户类型。例如受托人服务的客户主要是金融类客户,那么应该具备更高级别的数据安全保护水平,对处理个人信息的个人应该进行更严格的资质审核和背景调查。

因此,作为个人信息处理受托人可以从以下几个方面构建自身的隐私保护能力:

1. 履行受托人的法定义务

(1)与个人信息处理者签署个人信息委托处理协议(DPA),大型的或者某一类特定专业服务的受托人(如云服务提供商CSP),也可以制定统一的个人信息处理协议模板,与其客户(个人信息处理者)进行签订;针对小型个人信息受托人,一般会按照客户指定的个人信息委托处理协议模板进行签署。个人信息委托处理协议中通常应包含以下内容:个人信息处理者指示受托人(供应商)处理个人信息的目的、范围、数据留存期限/处理期限、子受托人信息、基本的安全要求等。

(2)受托人仅应根据与个人信息处理者签署的个人信息委托处理协议(DPA)和个人信息处理者的书面说明处理个人信息,不得将个人信息处理者委托的个人信息用于自己的目的。

(3)受托人应以书面形式(包括电子形式)保存代表个人信息处理者进行的所有个人信息处理活动的记录,并应根据要求能够向监管机构和个人信息处理者提供。

(4)受托人应确保被授权处理个人信息的人员通过在雇佣合同或其他合同(如承包商/顾问协议)中订立适当的保密条款,或通过签署单独的书面保密承诺,对个人信息作出保密承诺。

(5)受托人应确保所有处理个人信息或访问个人信息的人员都经过培训,具备法律法规或合同所要求的能力履行其工作职责。

(6)在作为受托人处理个人信息时,应遵守适用的数据保护法律,并具有足够的资源、流程、技术和组织措施,评估当前的风险,并实施风险环境措施,从而改进合规遵从度。

2. 保障数据安全

受托人有保障基本的数据安全的义务,实际上由于数据安全措施执行不到位导致的数据泄露,很大责任是需由受托人承担,业界也是有类似的案例。那么具体受托人在数据安全方面需要做哪些工作呢?

为确保与数据处理活动的风险相适应的数据安全水平,受托人应实施适当的技术和组织措施,根据通用的行业标准以及企业自身安全政策和策略,在个人信息的整个生命周期中保护个人信息的机密性、完整性和可用性,控制措施包括但不限于:

(1) 所有个人信息均应在传输过程中加密,敏感个人信息同时在静态存储中进行加密。

(2) 应制定基于角色的访问控制("RBAC")和其他组织措施,以限制对个人信息的非法访问。

(3) 通过持续的网络安全和隐私培训,确保运营和管理人员的技能和意识得到进一步提升,同时应保存培训记录。

(4) 受托人提供的服务和平台应存储有关个人信息处理的日志记录,确保个人信息处理的可追溯,并及时发现个人信息使用和处理中的异常行为,并在必要时进行适当的取证。对日志的访问也应基于最小原则,并应记录其使用情况。

(5) 网络运维环境应使用最先进的入侵防御系统和防恶意软件系统进行保护,并应不断监测新的漏洞。

(6) 部署的服务以及服务运行建议定期由独立的第三方进行测试,发现防护中的薄弱环节。

(7) 受托人获得业界的安全证书(如ISO 27001)能够进一步证明其提供相当的安全保护水平的能力,从而能更好地符合《个人信息保护法》、GDPR等法律法规和客户合同的要求。因此,有条件的企业应当通过行业必要的安全认证,获得相应的安全证书。

(8) 主动监控已部署的服务是否存在潜在安全风险,定期进行包括数据泄露、数据恢复在内的灾难恢复演练。

3. 数据泄露处理和通知

针对受托处理个人信息的企业或组织,应当构建一套受托人视角设计的数据泄露响应流程,并确保能与客户(个人信息处理者)的相关流程进行衔接。如果发生个人信息泄露,受托人在获悉个人信息泄露后,应及时通知个人信息处理者。受托人应在通知中说明以下事项:

(1) 说明个人信息泄露的情况,相关个人信息主体的类别和大致数量。

(2) 受托人的个人信息保护负责人(或数据保护官),及其他可获得更多信息的联系方式。

(3) 个人信息泄露可能造成的后果,以及为减轻个人信息泄露造成的不利影响,受托人及时采取的补救措施。并向个人信息处理者提供协助,以支持个人信息处理者遵守适用的隐私保护法律中与个人信息泄露有关的特定义务,例如规定的时间内向监管机构通报。

4. 对个人信息处理者的协助

受托人应确保向个人信息处理者提供足够的信息，能证明其实施适当的技术和组织措施，遵守法律法规和合同的要求，并保护最终用户的权利。包括安全措施说明、数据处理活动记录等。

受托人应向个人信息处理者提供合理的协助，以支撑个人信息处理者能遵守法律法规规定的义务：

（1）支持个人信息处理者响应行使个人信息主体（最终用户）权利的请求，比如具备条件的企业应当开发数据处理的通用API接口，支持个人信息处理者快速响应最终用户的导出、更新、删除个人信息的请求。

（2）保障个人信息处理安全的技术或组织措施，提供必要的组织或技术安全措施的文档或描述。

（3）数据泄露通知，受托人建立的数据泄露响应流程应当与个人信息处理者的流程进行衔接，并能定期开展数据泄露方面的演练。

（4）能配合个人信息处理者对其个人信息处理活动进行的审计或检查活动。

5. 子受托人管理

（1）受托人使用的子受托人（或子数据处理者）应该满足以下要求：① 能够提供足够的安全保护水平；② 能实施适当的技术和组织措施从而确保处理个人信息的活动满足法律法规和合同的要求；③ 能确保保护最终用户权利。

（2）受托人在聘用任何新的子受托人之前进行尽职调查，并在合同期内对子受托人进行充分监督，包括对子受托人进行审计等。

（3）受托人应基于与个人信息处理者签订的个人信息保护协议，对子受托人传递相同的个人信息保护义务，如果子受托人处理个人信息涉及跨境，则还应与子受托人签订数据跨境相关的协议，比如欧盟GDPR要求的标准合同条款；或根据中国《个人信息保护法》的要求，经过安全评估、签订个人信息出境标准合同或者进行个人信息保护认证。

（4）未经个人信息处理者事先的书面授权，受托人不得将个人信息处理活动进一步转移给子受托人。受托人应记录最新的子受托人的最新清单，并向个人信息处理者公布子受托人的信息。

6. 终止与个人信息处理者的合作

受托人应在与个人信息处理者签订的个人信息处理协议终止或到期后，根据适用法律从系统中删除或返还所有个人数据（包括现有副本），并建立相应的流程和机制，此要求同样适用于子受托人保留的个人信息。如果根据相应法律要求受托人应保留更长时间，那么也应立即通知个人信息处理者。

6.4.4 受托人隐私保护实践

企业应根据自身规模、业务战略和服务的客户类型等,确定需构建什么样的隐私保护治理能力。例如某大型云服务提供商CSP,作为受托人(数据处理者)向全球客户提供云设施和服务,该CSP服务提供商在全球不同节点部署了站点,以面向不同区域的客户提供差异化的服务。该云服务提供商有专门的隐私保护治理部门、法务部门、安全运维团队,在各个区域也成立了专门的隐私治理专家组。为满足在各个区域、国家的隐私保护合规,可以从以下几个方面构筑隐私保护治理体系:

(1)制定和发布作为受托人的隐私保护总体要求,明确和落实作为受托人的各项工作的要求。

(2)发布或刷新现有的运作支撑流程,以满足企业作为受托人符合现有法律与个人信息处理者签订的合同(含个人信息处理协议)所包含的要求,包括运维运营流程、数据泄露告知与处理流程、客服流程、供应商(子受托人)选择流程等。

(3)制定和发布内部安全政策,确保个人信息处理满足业界通用的安全要求和规范,并在内部传递数据安全意识,确保处理个人信息的人员签署了保密协议或通过了内部安全考核或者外部相应的安全隐私认证。

(4)记录数据处理活动是法律法规的要求。有很多国家监管机构发布了数据处理活动记录的模板,作为企业的隐私保护合规组织应及时洞察业务所在国家的法律法规和指南,使用相对应的模板记录数据处理活动。如表6-27所示。

表6-27 受托人个人信息处理活动记录模板

基本信息					
企业名称和联系方式		个人信息保护负责人(如适用)			
企业名称		姓名			
联系地址		联系地址			
邮箱		邮箱			
电话号码		电话号码			
与个人信息处理者的合同	个人信息处理者姓名和联系方式	处理类型	个人信息转移到的第三国或国际组织的名称(如适用)	向第三国或国际组织转移个人信息的保障措施(如适用)	技术和组织安全措施的一般说明

此外，该云服务提供商在协助个人信息处理者方面也做了以下工作：

（1）对外透明度：对外展示子受托人的清单，仅使用能提供足够保证（技术/组织措施）并且符合法律法规及保护最终用户权利的子受托人，向个人信息处理者提供这些信息，以显示对受托人义务的遵守情况。

（2）为个人信息处理者提供一系列技术措施，例如，支持个人信息处理者快速响应最终用户的数据主体权利，配置了一定的数据导出/删除/修改等API接口；在与个人信息处理者的合同终止或结束时，为了支持个人信息处理者快速导出或删除个人信息，可以为其设定一些界面的控制开关。为个人信息处理者提供设定数据留存期的选项，并确保受托人能准确响应数据到期清理的要求。

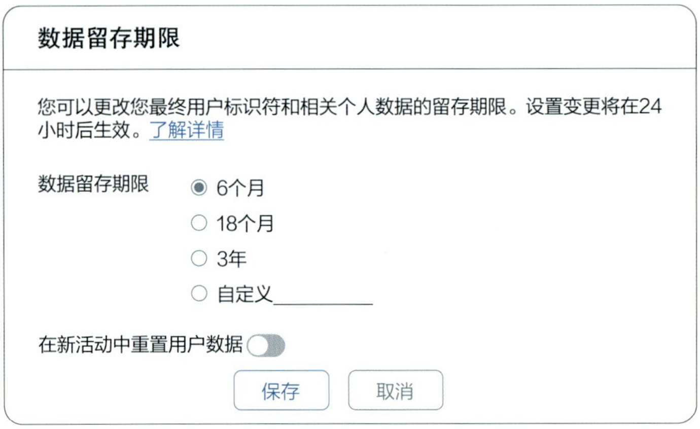

图6-41 数据留存期限设置参考

图6-42 数据主体权利响应设置参考

（3）在企业官网建立隐私保护入口，对外承诺数据处理的原则和态度，也能进一步增强透明度和客户信任。

扩展阅读

本章主要站在业务团队的视角，介绍了企业的业务团队围绕"个人信息全生命周期保护"这条主线，实施隐私合规控制措施的主要实践，这些实践结合了法律要求、业界标准、最佳实践或指南，以及企业和客户的需求。

企业各业务在落实隐私保护要求的时候，"个人信息全生命周期保护"是重中之重，基本上所有的隐私治理书籍都会涵盖这一部分的内容。例如，朱晓娟主编的《数据合规实务指南》（法律出版社2024年版），在第六章"数据全生命周期保护"中描述了个人数据的收集合规、存储合规、使用与加工合规、数据交易合规、数据公开合规、数据跨境传输合规，以及作为基础的网络安全合规要求。该书这一章的重点在于系统梳理个人信息生命周期中的每一个环节，都有哪些合规要点，从而为企业的隐私合规制度建设提供详尽的指引。本章的侧重点则在于企业的治理团队建立了隐私保护制度之后，企业的业务团队在经营和研发实践中如何落地实施这些合规要点和管理制度。

从已公开的信息来看，制定了隐私治理框架的国内外企业，都有围绕着个人信息全生命周期构建的治理方案。例如，在阿里巴巴的隐私治理框架中，以个人信息生命周期（采集、生产、存储、传输、使用、共享、销毁）为主线，针对个人信息生命周期各阶段的特点，将合规自动化处理引擎和隐私合规专家的人工介入结合起来，实施有针对性的隐私风险管理，并且基于数据安全能力成熟度模型（Data Security Capability Maturity Model, DSMM），对能力成熟度进行评估。微软的DGPC框架（参见5.5节）同样围绕着个人信息的"收集、存储、更新、处理、传输、删除"这一生命周期展开，强调在每一个环节都进行风险/差距分析（Risk/Gap Analysis），完成"识别潜在威胁、进行风险处置、评价有效性"的循环。

本章中讨论的一些议题，如隐私影响评估、个人信息跨境传输等，也是当前隐私治理研究和实践中的热点话题。在个人信息跨境流动方面，Lothar Determann编写的《数据隐私法实务指南：以跨国公司合规为视角（第5版）》（法律出版社2023年版）和IT Governance隐私小组编著的《欧盟通用数据保护——GDPR合规实践》（清华大学出版社2021年版）都有专门章节从GDPR的视角来讨论个人信息跨境的合规问题。

另外，由于各个国家的个人信息跨境政策和管制措施还在不断变化，每年都会有针对当前最新的跨境数据管制规则和发展趋势的专题白皮书发布，为企业跨境数据流动安全合规提供组织、制度、流程构建等方面的指引。例如，在2023年就有中国移动通信有限公司研究院发布的《企业跨境数据流动安全合规白皮书》和中国联通研究院、中国联通网络安全研究院、下一代互联网宽带业务应用国家工程研究中心发布的《企业数据跨境合规与技术应用白皮书》可供参考。

7 隐私合规技术

- ◆ 7.1 隐私科技的总体介绍
- ◆ 7.2 个人信息全生命周期管控技术
- ◆ 7.3 隐私治理中企业与用户交互的自动化
- ◆ 7.4 监测评估和安全事件应急处理的自动化

从本章开始,我们介绍隐私治理的最后一个板块——隐私科技。本章首先概述了隐私科技在隐私治理中的作用及其分类;其次重点分析了隐私合规技术,即通过数字化、自动化来提升合规管理效能、降低合规成本的技术。在隐私合规技术这一部分(本章),重点介绍个人数据全生命周期管控技术、企业与用户交互的自动化技术和隐私风险监测评估自动化工具。下一章(第8章)则介绍隐私增强技术。

7.1 隐私科技的总体介绍

个人信息保护中的隐私科技是以"合法、正当、必要、诚信原则"为指导,将法律法规中的一般性合规要求与企业具体的业务场景相结合,在企业个人信息处理规则和目标的指引下,综合运用数据加密、数据脱敏、结构化和非结构化数据语义理解、风险识别、智能控制和智能决策等关键技术,结合必要的密码学、大数据、隐私计算等技术,为流动中的个人信息提供动态、全面的安全保护,帮助企业自动化处理与隐私合规相关的流程和管理工作,提升隐私保护的效能和个人数据的可用性,更多地释放数据价值。

隐私科技以企业的个人信息处理规则为依据。这里的个人信息处理规则包括相关法律法规对个人信息保护的一般性规定,企业所在行业制定的标准和最佳实践形成的对个人信息保护要求的"合理预期",企业自身制定的隐私政策以及与用户签订的合同中作出的相关隐私保护的承诺。

隐私科技涵盖信息科技的所有门类:从基础的数字化、自动化技术,到先进的生成式人工智能技术;从基本的加密技术,到先进的多方安全计算技术,只要能用于提升隐私治理的效率和能力,就是隐私科技的一部分。

隐私科技是企业治理体系中的一个重要板块。一方面,它以"合规科技"的面貌,将法律法规的原则性要求转化为企业对个人信息全生命周期保护的具体技术措施;另一方面,它以"赋能科技"的面貌,通过创新性的隐私增强技术,赋能个人信息处理中的各利益相关方,为个人信息的保护与利用提供更多的平衡点。

随着企业数字化转型的逐步深入,企业中实现个人信息处理的技术、系统、设施都发生了翻天覆地的变化,从单体服务向微服务、瀑布式开发向敏捷开发、IT向DevOps、硬件向基础设施即服务,以及数据中心向公有云发生了一系列的转变,变得越来越复杂。国家的法律法规、企业的管理制度只有通过隐私科技,才能切实转变为对个人数据的直接管控;只有拼接上"隐私科技"这块拼图,隐私治理体系才算完成。隐私科技不光是企业隐私合规的重要技术保障,出色的隐私科技能力也是企业综合技术能力的标志,能够帮助企业赢得客户的长期信任,提升企业的品牌形象,获得更多的竞争优势。

7.1.1 隐私科技与隐私治理

　　隐私科技，本质上说就是用于隐私治理的信息科技。信息科技对于隐私治理来说，是一把双刃剑。一方面，正是由于信息科技的迅猛发展，大大降低了对个人信息进行采集、存储和使用的成本，使得企业中的个人信息处理进入"失控"状态，对个人信息权益造成了不可忽视的损害，这才使得对个人信息保护的立法和规制成为必要，才使得隐私治理成为企业无法回避的义务。另一方面，在企业开展有效的隐私治理，信息科技是必不可少的工具，对个人信息的非授权或已授权但不合理地读取和处理，还是需要安全控制技术来防止；企业对个人数据的各种管理流程和对用户主体权利请求的响应，还是需要信息自动化技术来支撑；个人数据安全与利用之间的冲突，还是需要发明更有效的隐私计算技术来化解。信息科技本身是中立的，它既可能是个人信息权益的"破坏者"，也能成为推动个人信息善治的重要力量。在隐私治理的架构下，一旦将信息科技与治理目标、组织管理相结合，就能成为个人信息的"治理科技"（即隐私科技），成为个人信息保护变革中的巨大推动力量。

　　在企业隐私治理中，对于隐私科技的开发与使用，要防止两个错误的倾向。一方面，不能忽视信息技术在隐私治理中的颠覆性力量。一种新的信息挖掘与关联技术，有可能使得过去被普遍接受的个人信息匿名化技术不再有效，从而改变了个人数据的边界，使企业的隐私治理政策也要随之更新；一种新的隐私计算技术，也可能使得过去用户无法接受的个人信息处理行为变得符合社会大众的"合理预期"，使某些个人信息在满足合规要求下成为企业核心业务新的增长点。企业需要增强对隐私科技发展前沿的了解，时刻保持对隐私科技的敏感度。

　　但另一方面，也不能"重技术、轻治理"，把一项信息科技当作解决企业所有隐私保护问题的"灵丹妙药"。首先，隐私科技的实质是"法规＋管理＋科技"，需要法规的指引、管理的保障；隐私科技在个人信息保护领域"大展拳脚"，离不开与理论和实务界法律专家、管理团队的密切合作。其次，隐私科技并非单一技术或系统的构建，而是覆盖个人信息全生命周期、结合企业自身业务场景的体系建设。需要依照隐私治理的总体方针，围绕个人信息全生命周期各阶段的保护要求，建立与制度流程相配套的技术和工具。只有深入企业管理实践和业务流程内部，才能真正面向个人信息处理活动，确保隐私科技的有效性。最后，隐私科技作为兼具业务合规和风险控制功能的技术方案，企业选择哪一种隐私科技不是一个单纯的技术问题，需要有效统合企业的商业利益、监管机构的治理目标和市场受众群体基本权益等多方面的诉求后再做选择。

7.1.2 隐私科技的分类

完整的隐私科技包含三类技术：一是信息安全技术，为个人信息保护提供技术支撑；二是隐私合规技术，通过数字化、自动化、智能化来提升合规管理效能、降低合规成本；三是隐私增强技术，通过密码学、系统安全、隐私计算等方法来提升隐私保护的效能，提升个人数据的可用性，更多地释放数据价值。

1. 信息安全技术

无论是中国的《个人信息保护法》，还是欧盟的GDPR，都将确保企业所存储和使用的个人数据的信息安全列为企业隐私合规的一项基本义务。这就要求企业的隐私合规部门与信息安全部门紧密合作，确保达到个人信息在存储、传输和使用过程中的私密性、完整性、可认证性等信息安全目标。信息安全无论是在学科上还是企业实践中（一般由网络安全或信息技术部门保障）都较为独立，且相关的安全治理书籍在市面上也有很多（参见本章扩展阅读部分），本书后面就不再展开讨论。

2. 隐私合规技术

本书将隐私合规技术（Compliance Technology，CompTech）定义为通过数字化、自动化、智能化技术减少人为干预，帮助企业开发自动化的个人数据处理流程来满足法律法规的合规要求，提升合规管理效能、降低合规成本的技术。该技术同时也可以辅助监管机构提升风险监测识别效率和降低监管工作量，辅助用户更有效地行使对个人信息的合法权利。

近年来，IT科技快速发展，人工智能、大数据、云计算以及区块链等技术不断应用于IT领域。在新技术的支持下，IT服务的广度和深度不断得到拓展。但随着技术与业务的深度结合，个人数据风险也日趋复杂，单纯依靠传统手段已无法满足合规以及监管工作的需要。各国的数据监管规则日益严格，企业合规管理人员和资金投入也不断增加，通过隐私合规技术强化数据监管、提高监管效率、降低合规成本和促进企业合规经营，已成为重要的国际发展趋势。

隐私合规技术可以有效缓解由于人力缺乏和手工操作效率低下等问题带来的保护风险，填补了原来隐私治理规则与隐私科技落地之间存在的理论和实践差距，允许专业人员通过有效且可扩展安全自动化框架连接整个企业的不同系统，充分考虑个人信息安全治理技术落地的每一环节，通过自动化和平台化技术，令人工干预降至最少，在必要的人工介入环节使用智能化工具作为辅助，减少人为错误，提供更有效率、安全性更高的个人信息管控。

3. 隐私增强技术

本书将隐私增强技术（Privacy Enhancing Technology，PET）定义为一种"赋能科

技",即通过密码学、系统安全、隐私计算等方法来提升隐私保护的效能,提升个人数据的可用性、更多地释放数据价值,一方面管控隐私泄露风险,另一方面调节个人信息处理中各参与方的利益,平衡个人信息保护与利用。

所谓"赋能科技",即提升一方或多方治理主体的权利或能力,进而提升治理总体绩效的科技。较诸"合规科技","赋能科技"具有如下特征:① 合规科技以个人信息保护为目标;赋能科技则以个人信息保护与利用平衡为导向,通过"正和双赢"而非"零和博弈"的方式,破除虚假二分法的假象。② 合规科技主要面向企业合规治理和监管部门,强化治理和监管的有效性和高效性;赋能科技则主要面向研发和生产部门,回应各参与方的利益关切。③ 合规科技的定位是法律法规的最佳"仆人",必须严格服从法律法规的原则性规定;赋能科技的定位则是法律法规的最佳"搭档",在法律法规没有明确规定的地方,以保护个人信息权益、促进个人信息合理利用为目标,通过技术手段更好地平衡个人信息保护与利用。

需要注意的是,很多文献中对隐私增强技术做广义的理解,将其视为隐私计算(Privacy-Preserving Computation)甚至隐私科技的同义词。本书中为了与隐私合规技术相区分,将隐私增强技术定位为隐私赋能技术,是一种狭义的隐私增强技术定义。

本书将隐私合规技术进一步分为三类:

(1) 应用于企业内部隐私治理、面向个人数据全生命周期管控的平台技术,通过数字化、平台化、智能化的IT技术,实现对企业内存储和处理的个人数据进行敏捷、实时、动态的合规监管和使用记录。

(2) 应用于企业与用户交互,支持"告知-同意"中的隐私政策的生成和个人同意的管理,支持个人信息主体请求响应的自动化技术,支持用户有效行使法律所赋予的在个人信息处理过程中的知情权、访问权、删除权和限制处理权等。

(3) 应用于企业隐私合规的审计、评估、认证的自动化工具和个人数据泄露应急处理工具,包括企业内部的审计评估和第三方机构开展的强制性或自愿性隐私合规评估与认证中使用的,提升评估准确性和效率的自动化工具。

本章剩下的章节围绕着这三类技术来介绍隐私合规技术。

7.2 个人信息全生命周期管控技术

随着企业所处理的个人信息快速增长和企业数字化转型的加速,个人信息保护成为企业面临的艰巨挑战,在整个的个人信息全生命周期内,任何一个管控操作失误或者管控盲区都会造成个人信息安全事件。个人信息全生命周期管控,通过使用自动化的工作流程,为隐私治理提供了一个从规划、设计乃至技术落地的完整的技术解决方案。自动化技术非常适合解决企业隐私治理中的重复性任务,可以大量节省隐私治理团队的时间,并使团队能够专注于更高价值的活动。平台化技术则增强了企业不同部门在个人信息处理监管上的协同能力,能有效减少管控盲区,提升隐私治理效能。

7.2.1 管控技术的三化

管控技术的核心是三化(自动化、平台化和智能化),其中数字化基础上的流程自动化是基础,集中管理的平台化是保证,而智能化则是合规管理的发展趋势。

1. 自动化

自动化是指建设以个人信息为中心的防护架构,围绕个人信息采集、存储和应用等各个处理环节,根据个人信息保护过程中的不同的需求,设计和实现自动化的处理流程,满足对隐私策略的执行、审计、可视化等需求。

在企业隐私治理过程中,存在大量重复性、流程化的处理工作,既带来了人力资源压力,也产生了不可避免的人为错失,增加了隐私治理推进的阻力及个人信息安全的风险。主要表现在:① 相比于海量的个人数据处理活动,企业的隐私治理专业人才总是缺乏的,导致隐私治理工作难以推动;② 隐私治理中大量的重复性工作,增加人力成本及资源浪费;③ 多样化及复杂的个人信息处理场景,带来了不可避免的人为错误。通过全面梳理隐私治理的流程,并尽量实现流程自动化,将人工干预降到最低,能有效缓解由于人力缺乏和手工操作效率低下等问题带来的风险,提升个人信息管控的效能。

2. 平台化

平台化是指企业通过技术手段将个人信息处理所有环节的管控集中到一个平台上进行,减少了管控盲区出现的可能性,大幅提升了合规管理工作的连贯性和实效性。企业的隐私治理、法务、信息技术、信息安全、研发和业务团队在统一平台上针对个人信息的处理活动交互信息、提供协作,而不是通过其他电子邮件或消息传递系统来协调对个人信息的管控。同时,模块化的、可复用的个人信息管控还使得在平台上开发和部署新的管控流程变得更加容易,使平台适配新业务、新监管规则的敏捷性大大提升。

3. 智能化

隐私治理过程过于复杂,不可能完全做到自动化。在需要人工介入的环节,通过工具和界面为员工提供智能辅助,帮助员工进行合规管理决策和操作,能有效缓解人工处理的压力、提升管控效能。目前,人工智能(AI)技术尤其是大语言模型(LLM)技术发展迅猛,使得利用相关智能化技术服务于隐私治理成为可能。在金融领域,很多公司已经提供基于大语言模型的产品,构建虚拟的合规专家,为员工的合规问题提供实时的线上咨询,帮助企业适应复杂的金融监管规则。可以预见,类似的技术也会被应用在隐私治理领域。

智能化的发展趋势是专家经验策略化与大语言模型紧密结合。专家经验策略化是指将专家的知识和经验转化为一种可以被机器理解和执行的策略或者规则。这种策略或者规则可以帮助企业员工在判断个人信息处理活动合法性的时候,将传统隐私保护活动中的事前审核方式,从人工逐个判断,转化为由机器批量处理,指数级提升事前管控审核的效率。

与大语言模型紧密结合,是指在处理个人信息时,充分利用大数据和机器学习等技术。这些技术可以帮助更好地理解个人信息,发现个人信息中的模式和规律,以及提供使用者更自由、更高效的人机交互模式。例如,对个人信息活动中涉及的个人信息进行提取,对个人信息类型进行判断,或通过智能助手的形式辅助隐私保护业务运营人员进行法规影响、业务风险、产品隐私体验等专家判断。

7.2.2 平台中的合规治理工具

企业隐私保护治理框架应当通过适合的IT工具来承载,业界有非常多的隐私保护治理工具,此类工具的能力多聚焦在一些基础的法律法规模板、知识库,对没有隐私合规能力的中小型企业有较大的帮助;但是在企业内部数据自发现,数据流转识别等方面没有优势,且定制化门槛和成本较高,不太适用于企业和架构比较复杂的大型企业。一个完整的隐私治理平台会包括以下的功能模块:敏感数据发现/数据分类分级、个人数据清单管理、隐私影响评估、供应商管理、数据跨境管理、隐私合规证据链、隐私合规看板等。以下以华为的隐私合规管理中心(PCMC)为例,说明工具在隐私保护治理中发挥的重要作用,如图7-1所示。

1. 敏感数据发现/数据分类分级

近年来,各国数据安全相关法律法规相继出台,国家层面对建立数据分类分级保护制度的态度愈发明确。在此背景下,数据分类分级作为一种高效的数据管理与保护策略,其重要性愈发显著。

为此,华为隐私合规管理中心(Privacy Compliance Management Center,PCMC)推出了敏感数据发现和分类分级解决方案,支撑各业务领域完成数据治理工作。具体来说,通过数据分类分级规则配置、数据资产管理、数据自动分类分级、数据分级应用等有效手段,强化数据安全、保障数据合规。

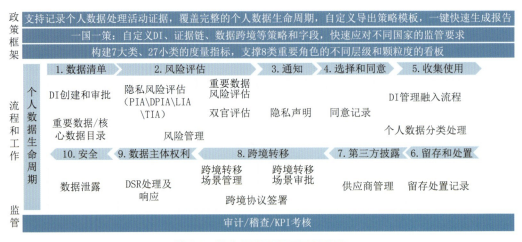

图7-1　华为的隐私治理工具平台

（1）第一步：配置数据分类分级规则。PCMC内置数据分类分级规则配置入口，统一制定个人数据清单和数据分类分级标准，各业务可在统一标准基础上，结合自身业务特定需求和当地监管要求，配置适用于本管理组织的数据分类分级规则。不同业务、地区均可依据自身数据敏感性和业务特点，定制适宜自身的数据保护策略。

所有数据可从机密性、完整性、可用性等维度进行安全等级划分，若数据被识别为重要数据或核心数据，PCMC则提供单独重要数据清单管理模块，以满足中国重要数据管理要求。个人数据可分为一般个人数据和敏感个人数据，在数据清单（DI）、风险评估等PCMC其他隐私管理功能中，将自动触发不同隐私治理工作流程。

（2）第二步：数据资产管理。PCMC与集团资产管理系统对接，将所有注册的应用模块形成IT隐私资产清单。使用工具自动扫描应用模块，可扫描数据源中的结构化数据，发现数据资产，构建数据资产目录，形成数据资产清单，作为数据分类分级工作的基础。

（3）第三步：数据自动分类定级。PCMC内置数据发现工具，通过正则表达式、关键词匹配等技术，根据预定义的规则和标准对发现的数据进行自动分类和标记，并支持针对自动识别的结果展开人工稽核。对于工具无法识别的数据，支持人工配置对应的个人数据类型。通过自动分级与手动稽核相结合的方式，能够快速地完成数据分类分级操作。支持对数据发现结果和数据清单（DI）进行一致性检查，保证IT系统中实际数据与DI已登记个人数据类型账实一致。

（4）第四步：数据分级应用。PCMC与数据治理系统对接，对于已确认的数据资产，将在数据治理系统中自动录入对应的数据类型和等级。各业务可在数据治理系统中配置适用自身的数据保护策略，数据治理系统将基于分类分级结果完成策略下发和应用。

通过PCMC数据发现和分类分级解决方案，业务部门可快速识别、定位系统中的数据类型,进行数据定级打标,结合数据安全策略、隐私合规流程等管控方式,采取相应保护措施,确保数据安全性和合规性。

2. 个人数据清单管理

根据6.1.1小节的介绍,一个完整的数据清单至少应包括业务场景名称、数据主体类型、数据处理角色、处理目的、合法性基础、数据存储信息等,数据清单是隐私合规管理中心的基础和核心。数据清单管理模块应具备如下能力:

(1) 版本管理:确保业务处理个人数据的情况发生变化时,历史版本的合规记录能够得到保存。

(2) 审批机制:为确保DI录入的质量、规范性和可归责,业务负责人创建/更新DI后,需要通过隐私保护专员以及业务主管的审批。

(3) 定期审视:定期对数据清单进行审视,确保数据是最新和准确的。

3. 隐私影响评估

隐私影响评估(PIA)使组织能够识别和处理隐私风险,通常在发布新的处理活动和/或重大变更之前需要执行PIA评估。完整的PIA增加了法律依据、对数据主体的潜在影响以及缓解措施,以确保受控的个人数据处理环境。

对于高风险业务场景依据法规要求需要执行DPIA,GDPR第35条中规定任何使用新技术处理个人数据的方式必须进行数据保护影响评估(DPIA),是指在开始预期的数据处理之前,数据控制者有义务进行影响评估并记录下来。同时GDPR第25条要求控制者应在确定处理方法和处理本身时,采取适当的技术和组织措施,并将必要的保障措施纳入处理过程,以满足这一要求,保障数据主体的权利。

结合PIA和DPIA的法规要求,隐私风险评估的流程可以划分为识别角色、判断风险评估类型、执行风险评估三个重要阶段:

(1) 识别角色。需要记录业务的名称、个人数据清单、业务场景描述、数据流图,以及如何处理个人数据。

(2) 判断风险评估类型。需要判断风险评估所涉及的区域、法规要求,同时需要判断是否涉及高风险、新技术、对用户产生重大影响的数据处理行为,用于区分是PIA类型或者DPIA类型风险评估。

(3) 执行风险评估。PIA类型的评估需要评估业务目的、法律依据、数据的留存和使用、数据跨境、数据披露等情况;DPIA类型的评估需要按照GDPR、DPA检查清单等文档形成的DPIA问卷进行评估,判断是否满足必要性和相称性要求及是否影响数据主体权利和自由。

PIA问卷的关键评估项设计如表7-1所示。

表7-1 PIA问卷的关键评估项

问卷类型	关 键 评 估 项
PIA评估问卷	收集个人数据的必要性
	收集个人数据的法律依据
	是否满足最小化原则
	数据使用是否与收集时相一致
	是否向数据主体明确告知使用目的
	是否有明确的留存期限
	是否涉及跨境和披露

DPIA问卷的关键评估项设计如表7-2所示。

表7-2 DPIA问卷的关键评估项

DPIA评估问卷领域	关 键 评 估 项
基本信息	业务活动名称
	数据控制者信息
	是否有联合控制者
	业务负责人信息
GDPR原则符合性	是否符合合法、正当和透明原则
	是否符合目的限制原则
	是否符合数据最小化原则
	是否符合准确性原则
	是否符合存储期限最小化原则
	是否符合完整性、机密性和可用性原则
适用性和相称性	是否达到处理目的所需的有效性
	是否与计划目的相一致
个人数据处理法律基础	是否有适当法律依据
同意	是否获得数据主体同意
	是否可以撤回同意并和同意时一样便捷
提供给数据主体的信息	是否提供了隐私通知或类似告知方式
	隐私通知是否简洁易懂
数据主体权利	是否有数据主体权力响应流程
	是否可获取个人数据副本
	是否有针对自动化决策的干预和异议的流程
	是否有针对数据主体权利流程相关的培训
共同控制	与共同控制者如何确定处理的目的和方式
与数据处理者的关系	是否与处理数据的供应商都签订了数据处理协议
	协议和合同中是否明确了处理者的义务
数据泄露	是否有适当的流程来执行个人数据泄露的响应机制
跨境数据转移	是否存在数据跨境转移
技术和组织措施	是否实施了适当的技术和组织措施确保数据保密性、完整性和可用性

针对PIA评估，业务负责人填写完成PIA评估问卷后提交业务领域所在的隐私保护专员进行评审，确保业务活动符合所适用的隐私保护、数据合规要求，相应的风险得到处置，并由相应的责任人进行跟进。

针对DPIA评估，业务负责人填写完成DPIA评估问卷后提交所在业务领域的隐私保护专员、DPO评审，评估是否符合GDPR合规要求，相应的风险是否得到例行跟进和妥善处置。

4. 供应商隐私管理

供应商隐私管理应重点关注委托供应商处理个人数据时，供应商侧的数据使用和留存情况。如果供应商侧数据超期保存，会增大数据滥用和泄露风险。供应商侧数据留存期限通常是通过采购合同进行约定和规范的，但众多采购活动发生时，如何确保各个供应商按照合同要求销毁到期数据是个难点。利用数字化手段改造供应商管理流程，将隐私合规治理与采购管理流程打通，监督供应商侧数据留存情况，确保供应商按照合同约定的期限销毁到期个人数据。系统设计逻辑应具备如下能力：

（1）场景管理。确定高风险采购场景，通过IT系统实现纳管，并由业务责任人负责场景跟踪和信息更新。

（2）持续监督。持续监督个人数据留存期限是否已到，临近数据留存期限时进行亮灯提醒，同时可以向用户发送告警信息，提醒用户对供应商的到期数据进行处置。

（3）风险闭环。由业务负责上传数据到期销毁的证据，完成风险的闭环。

5. 数据跨境管理模块

跨国集团出于企业运营和业务开展需求，需在分布于不同国家/地区的公司之间传输个人数据，而不同国家/地区法规对跨境传输要求不同。数据跨境治理模块应具备如下能力：

（1）跨境场景管理。跨境场景是基于个人数据清单，对涉及跨境转移的业务根据跨境传输目的、业务类型等维度进行归纳，以场景化方式对涉及个人数据跨境转移的处理活动进行专题管理。跨境场景可以包含以下信息：

① 基本信息：业务类型、跨境传输目的、数据主体类型、个人数据类型、特殊个人数据类型、子处理者情况、传输频率、留存期限、跨境传输机制、跨境风险评估情况；

② 传出方和传入方：法人实体信息、传出方和传入方的角色关系（C2C，C2P等）；

③ 跨境安全合规保护措施：数据传输、存储安全措施等。

（2）跨境场景审批。跨境场景信息需经过相应隐私专员、业务部门主管进行复核与审批，以夯实数据跨境合规责任。

（3）跨境场景维护。各子公司、各业务定期维护跨境场景信息，确保跨境场景是最新的,且与实际的业务保持一致。

(4) 跨境传输协议签署。对个人数据跨境的法规,强调采取适当保障措施,确保跨境后个人数据仍能得到充分的数据保护。跨境协议作为适当的跨境保障措施被国家和地区的隐私保护法规所认可,例如,GDPR明确将标准合同条款(SCC)作为一项适当保障措施的跨境机制。跨境协议签署模块要支持以下内容:

① 经过法务和隐私团队评审过的DTA协议模板;

② DTA签署流程;

③ DTA协议归档管理;

④ DTA协议刷新机制。

6. 隐私合规证据链

合规证据链应当建立唯一的索引,以方便快速定位和查询,一般建议采用个人信息处理活动记录(DI)作为生成证据链的基础,可以根据DI的索引生成相应的证据链信息。

证据链的设计及与其他基础模块的关联关系:

(1) 个人数据生命周期全覆盖。结合中国《个人信息保护法》、欧盟GDPR中的要求以及ISO/IEC 27701:2019、GB/T 35273—2020等隐私保护标准中的控制点,形成了覆盖个人数据生命周期各个阶段完整的处理活动记录清单。

(2) 证据自动集成与完整度提示。证据链模块应该要能快速同步数据清单DI、跨境转移等模块中的信息,快速形成合规证据链,减少业务人员及隐私保护专员的重复工作,提升作业效率。

(3) 亮灯机制。通过亮灯机制及完整性校验提示,展现证据链记录的个人数据处理活动记录完成度,以及时提示各业务人员及隐私保护专员对缺失的记录进行补充。

(4) 一国一策。由于各区域/国家对个人数据处理活动记录的法律要求存在差异,平台在覆盖个人数据全生命周期的全量处理活动记录清单的基础上,支持各子公司通过可配置的选项定制化呈现个人数据处理活动记录报告,基于不同区域/国家的法律要求进行记录及字段展示的策略配置,实现各子公司对本地法律的遵从。

7. 隐私合规看板与可视化

隐私合规治理平台的看板在隐私合规管理中起到重要的决策作用,通过看板展示各个国家在隐私治理上的进展。看板集成了多种指标、数据和图表,用于实时监控和呈现隐私合规的相关要素,以支持不同层级的管理团队和治理团队作出快速决策。隐私合规看板的具体指标可参考本书5.4.6小节。

7.3 隐私治理中企业与用户交互的自动化

企业作为个人信息处理者,需要与用户进行有效的沟通和交互,一方面是为了保障用户的个人信息权利,赢得用户的信任;另一方面这也是隐私合规中的重要法定义务。企业与用户的交互主要集中在两个方面,一是在收集和处理个人信息时,按照"告知-同意"规则进行交互,获得个人信息处理的合法性依据;二是在用户提出个人信息主体的权利请求时,企业需要予以及时和有效的响应,支持用户行使法律所赋予的在个人信息处理过程中的知情权、访问权、删除权和限制处理权等权利。

7.3.1 隐私政策自动生成技术

隐私政策通常是一份声明或文件,它用于某一企业、网站或应用程序向用户解释收集、使用、存储和保护个人信息的规定及其承诺。隐私政策是保护用户隐私权益的重要文件,它向用户提供了关于个人信息处理的透明度和可预测性,帮助用户了解其个人信息的使用方式,并决定是否愿意共享自己的信息。隐私政策就是"告知-同意"规则中告知部分的载体。无论是基于中国的《个人信息保护法》、欧盟的GDPR,还是美国的隐私法,制定隐私政策或在用户协议中制定隐私条款已经成为全球互联网产品和服务的必备内容。

1. 隐私政策自动生成的前提条件

隐私政策作为一个文本文件,能够使用大语言模型类的AI技术自动化生成,需要两个前提条件,而这些条件在现实中都是具备的。

一是隐私政策需要包含的内容较为确定,在法律法规中都有明确的要求。例如,大部分法律都要求隐私政策包括:个人信息使用及目的、个人信息收集情况、与第三方信息共享、信息安全措施、用户权利、未成年人保护、联系方式与投诉渠道等。

二是目前的监管趋势是通过对隐私政策格式条款的标准化来统一告知内容与形式。隐私政策大多是格式合同,其合同条款由企业一方预先拟定,以一对多的方式向用户统一告知。由于相关法律法规对告知事项作出明确的列举,加之企业的个人信息处理行为具有一定的共性,隐私政策在告知的事项、内容等基础规则体系和措辞、方式等形式表现上具有趋同性。于是隐私政策格式条款标准化成了监管机构提升对隐私政策监管力度的主要途径,即通过政府标准与市场标准的结合,建立不同行业隐私政策的模板,企业只需填写基本信息和补充业务功能的特殊条款,进而统一告知的形式和内容。在美国,联邦贸易委员会等机构定期发布关于隐私政策的最佳实践,通过向企业推荐最佳版本的隐私政策帮助其提高信息传递的科学性和有效性。欧盟的监管机构为企业提供标准隐私政策条款来约束信息处理行为。中国的国家标准GB/T 35273—2020《信息安全技术 个人信息安全规范》在附录D中也提供了个人信息保护的政策模板。

隐私政策格式条款标准化具有如下优势:第一,大大降低了企业编制隐私政策的合规成本,同时降低了用户的阅读成本,生成"用户友好型"隐私政策。第二,由于隐私政策中的大部分内容是由政府部门或行业协会制定的,压缩了恶意企业进行欺诈的空间。第三,有利于不同企业之间展开同行竞争,促使其实施更有利于用户的隐私政策。隐私政策模板中以下画线的形式标注出由企业自主填写的内容,这样一来便可以清晰地对比不同企业保护个人信息的力度与措施,促进同行竞争。第四,隐私政策依据相关政府标准和市场标准制定,在事前阶段提出明确的合规要求,有助于降低事中事后监管的成本。

2. 隐私政策自动化生成工具的优势

基于上述两点先天优势,隐私政策自动化生成工具可以快速生成符合法律要求的隐私政策文件,省去人工编写的时间和精力。该工具还会根据用户提供的信息,自动包含必要的条款和原则,避免遗漏关键内容。

隐私政策自动化生成工具通常具备定制化和灵活特性,企业能够根据自己的业务特点进行个性化配置,可以选择适用的条款和法律依据、调整语言表达方式、增加特定的业务规定等,以满足自身业务的实际需求。

隐私政策自动化生成工具能够及时跟踪和更新最新的法律法规和行业标准,确保生成的隐私政策符合适用最新的监管要求。用户可以获得最新的合规要求和最佳实践,减少因法规变动而需要频繁修改隐私政策的工作量。

隐私政策自动化生成工具由专业团队开发,覆盖全面精准的法律和隐私保护专业知识。在生成过程中,工具会自动应用相关术语和标准,提供准确和专业的隐私政策文本,避免常见的错误。

当然,需要注意的是,隐私政策自动化生成工具虽然具有许多优势,但仍然需要用户根据自身具体情况进行审查和适配。生成的隐私政策可能需要根据企业的实际情况进行定制和补充,以确保其准确反映企业的业务活动和合规要求。此外,隐私政策生成工具也不能替代法律专业人士的建议和审查,特别是在面临复杂的法律环境或涉及跨境数据传输等情况下,企业仍需寻求专业人士的咨询服务。

3. 隐私政策自动生成的支撑技术

隐私政策自动化生成的支撑技术就是基于深度学习的大型语言模型(Large

Language Model，LLM）。这种大语言模型通过训练海量的文本数据，学习了海量的知识和复杂的语义关系，能够理解和生成自然语言文本，在问答、写作等任务方面展现出令人惊叹的能力。与传统的基于规则的自然语言处理系统不同，目前主流的LLM基于Transformer编码器模块构建，先通过大规模的无标注数据进行自监督预训练，然后通过零样本提示或少样本提示加深模型对特定任务的理解，即利用人工构造或自动构造的自然语言提示，使模型在参数规模足够大后具备少样本甚至零样本的文本生成能力。为了缓解语言模型的输出与人类的意图不对齐的问题，现有LLM还采用人类反馈强化学习（Reinforcement Learning from Human Feedback，RLHF）算法进一步提高了生成文本的质量。

虽然LLM在很多类似隐私政策的专业文本生成任务中展现出了极佳效果，但目前的LLM也存在一些企业在使用中需要注意的问题。一方面，虽然LLM采用了RLHF或其他一些机制来缓解语言模型与人类意图不对齐的问题，但是LLM有时仍然会生成不符合事实、推理错误的输出。一般认为，这些缺陷是由目前LLM的技术路线所决定的，不可能完全消除，只能尽量减少发生的概率，因而自动生成的隐私政策文本还是需要人工的审核。另一方面，如果使用第三方的、提供公开服务的LLM来为企业提供隐私政策自动生成服务，这一行为本身就可能造成个人信息向第三方的泄露，因而一般需要企业部署本地的LLM来支撑隐私治理中的各类业务。

7.3.2 用户同意的自动管理技术

用户对个人信息处理的同意是指企业在处理个人信息时必须事先获得用户的同意，也就是"告知-同意"规则中的同意部分，用户同意与隐私政策一起构成了个人信息处理中最重要的合法性依据。

1. 用户同意自动化的前提条件与必要性

大多数国家和地区的法律法规、标准中对于用户同意的内容和实施方式都有明确的规定，这为用户同意自动化奠定了基础。

例如，中国的《个人信息保护法》第13条规定了需取得个人同意的条件；该法第14条规定了"单独同意"或者"书面同意"的两类同意方式；第15条规定了个人有权撤回其同意的权利，且撤回同意不溯及既往。中国国家标准GB/T 42574－2023《信息安全技术 个人信息处理中告知和同意的实施指南》细化说明了告知与同意的适用情形、基本原则、实施方式，并对智慧生活、公共场所、个性化推送、云计算、车内、互联网金融、网上购物等多个场景下的告知与同意予以解释。

与此同时，面对成千上万的用户群体，企业如何收集用户对其个人信息处理的同意？又如何及时发现用户撤回其同意的行为,并在发生争议时,快速调取存证？这就需要用户同意自动化工具来提升管理的效率。

2. 用户同意的实现形式

用户的同意和撤回同意可以通过多种形式进行实现,具体的实现形式可能因国家、地区和组织而有所不同。以下是关于实现"同意"的一些常见的形式：

（1）同意书面声明。在特定活动或服务开始之前,个人信息处理者可以要求个人信息主体签署书面同意声明,明确同意个人信息的处理目的、范围和方式。

（2）网络点击同意。在在线或移动应用程序中,个人信息处理者可以使用"点击同意"或类似的机制,让个人信息主体在开始使用服务或提交个人信息之前明确表示同意。例如,提示用户阅读及同意用户协议、隐私政策、Cookie政策、偏好表单等文件声明。

（3）默认勾选取消。在某些情况下,个人信息处理者可能会在用户界面上预先勾选关于个人信息处理的选项框。个人信息主体需要主动取消勾选,表明不同意个人信息的处理。

（4）口头同意。对于某些简单的个人信息处理活动,个人信息处理者可以要求个人信息主体在口头上明确表示同意。

（5）用户设置和权限管理。在一些个人信息处理系统中,个人信息主体可以通过用户设置或权限管理功能,明确选择他们允许或禁止哪些个人信息被处理和使用。

撤回同意通常也需要提供相应的实现形式,例如：

（1）在线撤回。个人信息主体可以通过在线平台、应用程序或网站的设置界面,选择撤回他们先前的同意,停止进一步处理其个人信息。

（2）书面撤回声明。个人信息主体可以书面通知个人信息处理者,明确表达他们的撤回同意意愿。

（3）口头撤回。个人信息主体可以通过口头方式向个人信息处理者表示撤回同意。

无论是个人信息的同意还是撤回同意,都建议确保实现形式具备明确性、可追溯性和可证明性,以确保双方对于同意和撤回同意的意愿达成一致,并有法律效力。同时,企业应该提供易于访问和操作的界面,便于用户行使其同意和撤回同意的权利。

3. 用户同意自动管理工具的优势

用户同意的自动管理工具可以提供多种功能,帮助企业有效管理个人信息的同意过程和合规性。

（1）同意收集和记录。同意自动管理工具可用于记录和管理用户对于个人信息收集和使用的明示同意。该工具可以跟踪和记录同意的时间、方式和范围,确保个信息的处理符合个人意愿和法律要求。

（2）同意目的管理。同意自动管理工具可以帮助企业明确、分类和管理个人信息处理的不同目的，确保用户对于每个处理目的的同意是明确的，并且只在获得相应同意的情况下进行处理。

（3）同意撤回管理。同意自动管理工具支持用户随时撤回对个人信息处理的同意。它可以记录并更新同意状态，及时停止处理个人信息，并通知相关的数据处理人员进行相应的操作。

（4）同意存证与审计。同意自动管理工具可以提供存证功能，记录用户的同意历史和变更情况。企业在审计时可追溯和证明个人信息处理的合规性，并对合规性进行审核和监控。

（5）自动化同意流程。同意管理工具可以实现自动化的同意流程，简化和加速个人信息的收集和处理过程。通过预定义的规则和流程，可以确保用户在提供个人信息之前获得适当的信息和选择，并记录他们的明示同意。

（6）可视化界面和报告。同意自动管理工具通常提供直观的可视化界面和报告功能，帮助企业隐私合规部门清晰地查看和管理个人信息的同意状态和统计信息。这有助于企业对个人信息处理活动的整体把控和决策支持。

（7）未成年人身份识别与同意管理。同意自动管理工具支持多种身份验证技术，辨认用户是否为未成年人。例如，要求用户提供身份证明文件、家长或监护人的授权证明、出生日期等信息；身份验证技术也包括人脸识别、证件扫描、手机号验证等。

7.3.3 主体权利请求响应的自动化

个人信息主体权利是指个人对其个人信息自主控制和保护的权利。无论是中国的《个人信息保护法》，还是欧盟的GDPR，或是美国的CCPA都对个人信息主体权利予以规范，并规定企业有支持用户行使个人信息主体权利的义务，差别只是在于不同法律所支持的个人信息主体权利的类型有些不同（参见本书第3章）。

1. 响应的要求和响应的困难

根据欧盟的GDPR，数据主体（用户）向收集个人数据的组织（企业）发出对其个人数据处理操作的请求，称为数据主体请求（Data Subject Request，DSR）。GDPR规定企业"必须在一个月内对所有的请求进行响应和处理，若请求过于复杂，可延长至两个月"。

中国的《个人信息保护法》第45条规定，"个人请求查阅、复制其个人信息的，个人信息处理者应当及时提供""个人请求将个人信息转移至其指定的个人信息处理者，符合国家网信部门规定条件的,个人信息处理者应当提供转移的途径"等等。但该法未具体规定响应时间。中国的国家标准GB/T 35273—2020《信息安全技术 个人信息安全规范》中明确规定从请求到响应的时间是30天内。

据Gartner调查,目前的多数企业无法有效应对DSR带来的挑战,约有三分之二企业对单个DSR的回复需要两周以上的时间,且这些流程通常是人工完成的,平均成本高达约1 400美元。因此,对于拥有一定用户数量规模的企业(比如社交、电商网站),企业如何做好应对准备——多个用户并发请求的随时响应,对于传统的手工处理是一个巨大挑战。假如说,企业一天有1 000个用户请求,采取手动操作,查询相关系统并手工制作1 000个用户的个人信息数据报告,这给运营团队人员带来极大的负担,同时增加高额的运营成本,且一旦人工操作错误将引发新的法规风险。

目前企业响应DSR的困难主要来自于以下的因素:

(1) 技术层面。大多数企业拥有数百甚至数千个内部和外部系统,包括内部开发的应用程序、内部存储系统、第三方应用程序、SaaS、IaaS甚至终端设备,消费者的个人数据以结构化和非结构化的形式存储在这些系统中,由不同的小组和部门拥有。这些系统中的个人数据随时可能改变。数据很容易在系统之间扩散,甚至在第三方之间扩散,几乎没有可跟踪性。无法实时地知道某人的数据在组织中的哪里,使得遵守隐私法规和与消费者建立信任变得非常具有挑战性。

(2) 管理层面。来自数据主体的每个DSR请求都可能转化为大量定义不清的任务,需要在企业内部众多的系统中发现哪些系统及这些系统中的哪些对象保存了主体的数据,这就需要与每个系统和对象所有者合作,将调查的所有部分的输出内容合并成一份报告,供利益相关者和法律团队批准,以最终满足数据主体要求。为每个主体请求手工执行上述所有任务是昂贵的、低效的,而且最重要的是容易出现人为错误和遵从性失误。

(3) 合规层面。全球不同国家有不同的个人信息保护法规,对于主体权利请求响应的要求各不相同,这给跨国企业带来了更多的困难,必须不断应对复杂的监管环境。

随着各国个人信息保护法的教育普及和用户自我隐私保护意识的增强,可以预计企业面对的主体权利请求的数量和种类都将不断增长,只有引入自动化的流程技术配合上个人信息管控的平台技术,才能解决人工响应出错多、速度慢、效率低、成本高等问题。

2. 主体权利请求响应的流程

当用户向企业通过线上或者线下的方式提出正式的主体权利请求,企业应该通过个人信息全生命周期管控平台的支持,在规定时间内进行响应,并执行以下步骤,以实现合规。

（1）收集权利请求。企业或者组织应为用户提供简单便捷的渠道提交权利请求，并对正式提交的请求进行收集与整理。

（2）开展身份验证。面对网络的虚拟性，企业须保持必要的谨慎，因此需设置相关技术验证措施确认请求者身份的真实性。

（3）发送相关信息。在完成身份验证后，个人信息处理者可以向用户提供清晰、可读的个人信息报告。该报告一般包括以下内容：个人信息的副本、处理该个人信息的目的、收集的个人信息的类别、数据保存的时间等等。

（4）响应请求。作为个人信息处理者的企业与组织需及时响应用户决定、限制与拒绝处理、复制、转移、更正、补充、删除等权利请求。如果个人信息主体发现其个人信息不正确并要纠正错误，企业应予以核实并及时更正。如果用户希望删除数据，但根据法律、行政法规规定的保存期限未届满且存储确有必要时，企业可以拒绝删除权的行使，但需向个人信息主体说明理由。

欧美安全初创公司Securiti.ai、BigID和One Trust等多家均推出了主体权利请求响应自动化工具。图7-2就展示了Securiti.ai的主体权利请求响应自动化流程。

3. 主体权利请求响应自动化工具的优势

随着技术的发展和数据处理的复杂性增加，主体权利请求响应工具也日益自动化、智能化。数字化服务模式下的主体权利请求自动化响应具有以下功能：

（1）在线自助服务。为企业或组织提供在线自助服务平台，用户通过简单的操作便能够自行查询、修改、删除个人信息等，随时随地控制权利处理。

（2）隐私设置页面。用户可以通过企业或组织提供的隐私设置页面，对自己的个人信息进行管理，包括设置是否允许共享、公开、限制一定范围查看等。

（3）智能回复响应。依托先进的算法，自动分析和理解用户提出的问题，根据预设的知识库或模型自动匹配和填充回复内容，不再需要人工逐条回复且不受时间和地域限制。相较于传统的人工客服，可提供全天候服务，大大提升响应速度和效率。

（4）身份验证和安全检测。为确保个人请求合法有效，企业或组织可以引入身份验证和安全检测机制，确保个人信息权利行使的安全性和可信度。

（5）自动化响应系统。企业或组织可以借助平台技术，建立智能化的个人信息主体权利响应系统，自动化定制管理策略与流程控制，自动化搜索、提取和标识数据，减少人工检索产生的错误。自动识别、分析、处理个人的请求并触发流程，生成对应报告。

（6）组织授权管理。权限控制功能允许企业管理人员为不同业务人员分配特定的权限级别与角色，控制其执行操作或访问资源的范围。

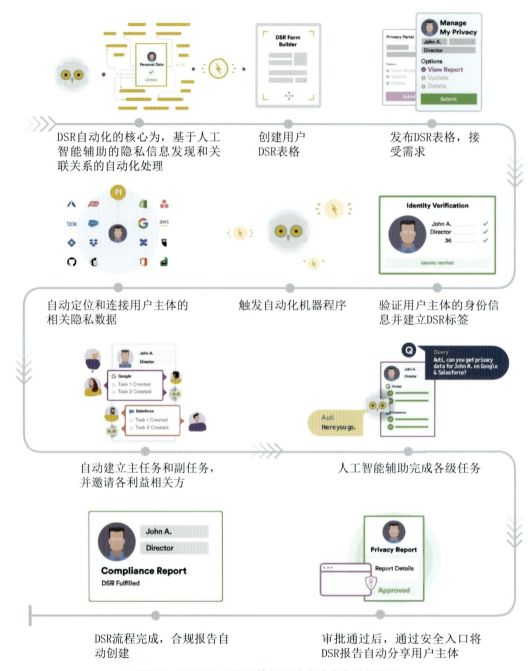

图7-2 Securiti.ai的主体权利请求响应自动化流程

总体而言，主体权利请求响应工具通过自动化处理，在提高效率和准确性，保障合规性，提升用户体验等方面的实现效果，为组织提供了更有效、高效的个人信息主体权利响应管理方式，使组织能够更好地满足个人信息主体的合法权益，并促进良好的数据治理和个人信息保护实践。

7.4 监测评估和安全事件应急处理的自动化

企业内部对个人信息安全风险的日常监测及各类有触发条件的隐私风险评估，需要使用提升评估准确性和效率的自动化工具。在发生个人信息安全事件（如信息泄露）的应急处理中也可使用自动化工具，提升处理的敏捷性和实时性，减少个人信息泄露所造成的负面影响和损失。

7.4.1 个人信息安全风险监测评估的自动化

企业需要对内部的个人信息保护状况和存在的安全风险进行监测和评估。这里的监测是日常性、持续性的个人信息安全风险管理工作，而评估如数据出境安全评估、个人信息保护影响评估（PIA）是涉及规定的触发条件（如出境场景、高风险个人信息处理场景等）而开展的风险管理工作。我们将企业需要周期性开展的个人信息保护（内部的和第三方）审计、认证等也归入此类。这些隐私治理活动，或是个人信息保护法律施加给企业的法定义务，或是经过实践检验的最佳实践。这些类型的隐私治理活动有很多共性的操作，可以通过复用一些自动化工具来提升监测评估的效能。

1. 监测评估的种类和对自动化的需求

为有效支撑企业隐私治理，需要开展的隐私风险监测评估的种类也是多种多样的。例如，有针对某一产品、某种服务或者整个隐私治理体系的；有自愿性质的，也有强制的；有日常性、持续性的，也有触发条件或者周期性的；有企业内部开展的，也有第三方机构或者监管机构开展的。

开展隐私风险监测评估的目的在于明确以下事项：一是企业是否实施了管理个人信息处理活动的相关政策和程序；二是这些政策和程序是否符合个人信息保护相关的法律法规的要求；三是个人信息处理活动是否真实地遵照这些政策和程序来展开，以及存在哪些差距；四是提出对这些政策和程序的具体内容、执行等方面的改进建议。

不难看出，当一个企业经常性地开展隐私风险监测评估，它就能有效地识别和控制个人信息处理产生的风险，以防止个人信息保护违规行为的发生。但与此同时，这也给企业带来了很大的成本。监测评估过程部门跨度大、指标广、维度多、内容繁杂、工作量大，同时监测评估活动专业性强，依赖具备专业性知识和经验的评估人员。因此，迫切需要研发全要素、通用型、可配置的隐私风险监测评估辅助工具，降低对评估人员技术水平的依赖性。

2. 监测评估过程的自动化

大部分的监测评估活动都涉及人员访谈、文档查验、安全核查、技术测试这四种评估过程，这些过程都可以在一定程度上标准化、自动化。

访谈的问题可以标准化，通过形成访谈问题列表，将通用性的答案的内容变成选择题，由评估人员判断后进行选择；文档查验如果涉及对管理制度等的检查是为有无则可统一，如涉及具体内容的分析则可能因人而异，标准化难度高；安全核查的部分内容可以标准化，例如对于通用系统、组件等的个人信息安全策略配置的检查可以制定操作指引，保证输出结果的一致性。技术测试标准化存在一些难度，但从实施测试的条件、步骤等方面可提出统一要求，另外对于部分简单的测试（如口令破解等）可以通过制定标准测试用例的方式予以规范。

在安全检查、测试、评估相关工作中，等级保护测评有着较为成熟的经验，等级保护测评工作量大，对效率的要求较高，因此，对可以标准化、批量化、自动化的检查项使用检查工具代替了人工，同时，等级保护测评工具的生成报告、报告管理等功能实用性较强，且可直接在个人信息安全风险评估相关工具中得到应用。

形成自动化程度高的个人信息安全风险评估工具前提是开展评估所需的常用表单、模板等足够丰富、成熟、成体系，例如个人信息保护影响评估（PIA）工作可以针对不同适用的场景设计适用的工具表单，进一步将表单转化为软件的功能，则可形成支持开展PIA工作的工具。数据安全风险评估工作需积累的表单模板较多，例如针对访谈可形成问卷，针对数据处理的环节形成检查单，且需要根据行业领域不同、安全需求不同等进行定制开发。

让自动化工具的输入和输出趋于标准化是自动化工具的核心竞争力，但如何高效地把调研的信息转化为可理解、可评价分析的信息，且确保信息的真实、准确性存在一定的难度。当前，生成式人工智能的发展和应用趋势迅猛，可为自动化工具开发提供新的技术途径。

3. 监测评估工具的功能

当前，App的合规检查方面的工具成熟度较高，已经可以做到替代一部分人工检查、分析的任务，可为个人信息安全风险评估工具设计提供参考方向。但是，与App合规检查不同（App的产品形态、技术路线等相对统一），企业中的个人信息安全风险评估的对象可能涉及不同行业、不同系统、不同业务，差异性可能非常大，当前形成能大量替代人工的评估工具的可能性不高。

在实践中已经得到应用的个人信息安全风险评估工具以评估管理、评估工具表电子化、报告生成和统计自动化等功能为主，在评估工作中起到了辅助作用，对检查项的具体分析尚以人工为主。此外,一些已有的基线核查、漏洞发现、日志分析的等工具、数据分类分级工具等可为个人信息安全风险评估工具输入信息,便于评估人员分析。一些传统的数据安全检查工具(如数据库安全扫描工具)亦可为个人信息安全风险评估所使用,成为检查项之外用于识别个人信息安全风险的工具。

除整体支撑个人信息安全风险评估的工具以外,为更好地支撑监测、检查、审计等监督管理工具,针对特定个人信息安全风险开发"小快灵"的检查工具是一种可行思路,如此可回避个人信息安全风险问题过于宽泛而导致形不成智能化高、检查效果好的工具的痛点,凸显工具的应用价值的同时也降低了工具开发维护成本。以下是一些例子:

(1)数据映射(Data Mapping)工具。数据映射是指审查、匹配和关联数据字段的流程,旨在统一、透明、全面地呈现个人信息在企业中存储和使用的位置和方式,以及个人信息如何在企业的系统中流动。借助数据映射,企业可以确保所有来源的个人信息具有一致性、高质量。这些信息使它们能够识别潜在的隐私和合规风险。一旦发现漏洞,就可以简化补救流程。这可以帮助企业尽量减小风险、满足监管要求并控制其个人信息。

(2)自动化活动记录(Record of Processing Activities,RoPA)。RoPA可以记录并维护企业内部的个人信息处理活动,可视化呈现所有的数据源信息。自动化RoPA工具将使用数据映射来获得收集、存储、处理、保留和删除个人信息相关的数据流。随后自动生成RoPA报告,并确保报告不断更新。有了RoPA,企业可以深入了解其个人信息活动,发现并消除漏洞,为任何审计做好准备。

(3)应用FAIR或NIST PRAM框架辅助手动评估。相比传统的手动评估方法,新一代隐私风险评估可以使用FAIR或NIST PRAM框架,提升评估的效率和准确性。

信息风险因素分析(Factor Analysis of Information Risk,FAIR)框架由非营利组织FAIR研究所提出,逐渐成为国际上广泛使用的隐私风险量化评估方法。该框架的组成部分包括信息风险分类法、信息风险术语的标准化命名法、建立数据收集标准的方法、风险因素的度量尺度、评估风险的计算引擎(一个基于蒙特卡罗模拟方法的风险计算)以及分析复杂风险情景的模型。FAIR的另一个特点是以金钱为单位来量化隐私风险,而不是传统的"高、中、低"隐私风险分级。

NIST PRAM框架(Privacy Risk Assessment Methodology,PRAM)[①]是NIST基于NIST IR 8062设计的风险模型的工具,通过一系列隐私风险评估工作任务表,旨在帮助企业分析和评估隐私风险,并划定优先级,从而确定如何应对和选择适当的解决方案。这一过程包含一系列持续循环的步骤:确定业务目标和企业隐私治理目标、评

---

① https://csrc.nist.gov/glossary/term/privacy_risk_assessment_methodology.

估系统设计、评估隐私风险、选择隐私控制措施、监控产生的变化。PRAM包含四个工作表,以明确、系统的方式指导企业完成这个过程。

图7-3　PrivacyOps中隐私合规评估自动化流程

① 工作表1引导企业如何确定业务目标和隐私治理要求;
② 工作表2概述如何通过识别系统中的个人信息处理行为及相关背景因素,来

评估系统设计中的隐私风险;

③ 工作表3使得企业能够对系统中的隐私风险进行评估和优先排序,为每一个人信息处理行为分配泄露事件发生概率和风险估计;

④ 工作表4建议潜在的控制措施和考虑因素,以解决工作表2和工作表3中识别出的、与个人信息处理行为相关的隐私风险。

作为隐私合规评估自动化工具的例子,图7-3展示了隐私合规管理平台PrivacyOps中的评估自动化流程。Securiti.ai美国是一家专注于隐私合规自动化技术的初创公司,在2020年安全盛会RSA的"创新沙盒"比赛中,以PrivacyOps赢得了冠军。

7.4.2 个人信息安全事件应急处理的自动化

个人信息安全事件是指中国《个人信息保护法》第57条提及的"发生或者可能发生个人信息泄露、篡改、丢失的",该法要求在出现此类事件时,企业有"立即采取补救措施"和"通知履行个人信息保护职责的部门和个人"的义务。类似地,欧盟的GDPR第33条和第34条规定,发生个人数据泄露事件,企业需要及时(最迟也要在72小时以内)通知监管机构和受影响的数据主体,如实记录事件信息和采取的补救行动。

为了配合完成上述法定义务,个人信息安全事件应急处理的自动化工具包括:隐私风险和安全事件分级工具、安全事件的补救工具、安全事件通知工具。

1. 隐私风险和安全事件分级工具

中国的国家标准GB/T 35273—2020《信息安全技术 个人信息安全规范》中要求个人信息安全事件应急处置和报告"按照《国家网络安全事件应急预案》等有关规定"进行,而《国家网络安全事件应急预案》的核心就是按照风险大小对事件分级处理,这也符合各国个人信息保护立法中的隐私风险规制的思路。所以企业首先需要科学地对隐私风险和安全事件进行分级。以下以华为公司对个人数据泄露隐私风险和事件分级方法为例来说明[①]。

(1) 个人数据泄露隐私风险定级公式。风险等级R = 个人数据敏感度DC×个人数据可识别度EI + 个人数据泄露场景CB,其定义及赋值描述如下:

① 个人数据敏感度(Data processing context):分为非敏感个人数据(基础分值1分)和敏感个人数据(基础分值2分)。如果属于同一个数据主体的个人数据泄露数量过多,或个人的特殊特征明显,则该项分值可在原有基础分值上适当增加,最高可增加至4分。

② 个人数据可识别度(Ease of Identification):根据对泄露的个人数据识别相应

---

① https://www.huawei.com/cn/trust-center/privacy-protection/compliance.

数据主体的难易程度,分为加密数据(基础分值1分)和明文数据(基础分值2分)。如果加密数据采用安全的最先进的密码算法加密,且密钥的机密性是完整的,从而导致泄露的个人数据无法破解为明文数据的,则该项分值设置为0.25分;如果从泄露的明文数据或破解的加密数据识别数据主体的可能性较少或可以忽略时,则该项分值可在原有基础分值上适当减少,最低减少至0.25分。

③ 个人数据泄露场景(Circumstances of Breach):A1 机密性损失,权限设置不当导致的个人数据泄露;A2 完整性损失,个人数据被篡改或替换导致相应的数据主体利益受损;A3 可用性损失,个人数据无法被正常访问导致相应的数据主体利益受损;A4 恶意行为导致的个人数据泄露。

每个CB要素所获得的分数都会添加到最终分数,它们与DC和EI互补,具体赋值及描述举例如表7-3所示。

表7-3 个人数据泄露隐私风险定级

数据泄露类型	得分	描 述	举 例
A1	0.25	个人数据泄露给若干已知的错误接收者	① 含有个人数据的邮件被错误地发送给了若干已知的接收者; ② 权限设置有误导致一些用户能够访问其他用户的个人数据
A1	0.5	个人数据泄露给若干未知的接收者	① 个人数据被错误上传至公开网页; ② 由于错误的配置导致任意用户能够访问网站中所有的个人数据
A2	0.25	个人数据发生的变化且被错误或非法使用导致数据主体已受影响,但有可能恢复	系统中一定范围内保存的账号密码发生变化,受影响的账号在一段时间内无法正常登录。变化的数据可以被恢复
A2	0.5	个人数据发生的变化且被错误或非法使用导致数据主体已受影响,且无法恢复	系统中一定范围内保存的账号密码发生变化,变化的数据无法恢复,导致受影响的账号永久无法登录
A3	0.25	个人数据无法被访问,但数据可恢复	由于维护人员的错误操作,导致在线服务的用户账号丢失,但可以通过其他数据库来重建
A3	0.5	个人数据无法被访问,且完全无法恢复	某论坛数据库被破坏,导致保存的用户所有论坛活动记录全部丢失。丢失的数据没有备份,也不能由数据主体再次提供
A4	0.5	恶意行为导致的个人数据泄露,从而对企业或个人造成影响	① 内部员工将客户的个人数据共享至外部网站; ② 内部员工将客户的个人数据售卖给第三方牟利; ③ 外部黑客入侵公司IT系统并窃取个人数据

(2) 利用风险定级之后,对个人数据泄露事件分级如表7-4所示。

表7-4 个人数据泄露事件分级

名　　称	定　　义
一级 R≥4	泄露的个人数据会造成数据主体可能遭受重大影响,导致隐私保护被媒体、公众群体或数据保护监管机构质疑,可能带来严重的负面结果的个人数据泄露事件。如全球知名媒体曝光某产品存在0 Day漏洞,并导致大量个人数据被公开售卖等
二级 4＞R≥3	个人数据已泄露,对数据主体造成较大影响,但采取一定措施或手段可以降低风险或消除风险的个人数据泄露事件。如某商城被黑客攻击成功窃取少量用户的账号密码,但该账号密码仅能用于生成购买手机订单等
三级 3＞R	个人数据存在泄露隐患,且对数据主体无影响或仅存在微小影响。如含有个人数据的便携机失而复得,错误泄露给接收者的个人数据被加密等

2. 安全事件的补救工具

个人信息安全事件发生后,为保护个人数据、减少损失需要采取临时应对措施。正如欧洲数据保护主管机构(EUDPS)的建议所指出的,虽然并非每个信息安全事件都是个人数据泄露事件,但每次个人数据泄露都是一次信息安全事件。很多补救措施和信息安全事件的补救措施是重叠的。除了通知用户和监管部门,常见的补救措施包括:立即停止数据泄露、保护证据、通知企业相关部门、恢复备份数据、加强访问控制、安装更新和补丁、更改密码和密钥、扫描恶意软件、进行安全审计。这些措施应当使用自动化工具快速部署和实施,从而有效减少损失。

3. 安全事件通知工具

以中国的《个人信息保护法》和国家标准GB/T 35273—2020为例,对于安全事件通知的内容、方式都有明确的规定。例如,企业对于监管机构,要"按照《国家网络安全事件应急预案》等有关规定及时上报,报告内容包括但不限于:涉及个人信息主体的类型、数量、内容、性质等总体情况,事件可能造成的影响,已采取或将要采取的处置措施,事件处置相关人员的联系方式";企业对于个人"应及时将事件相关情况以邮件、信函、电话、推送通知等方式告知受影响的个人信息主体。难以逐一告知个人信息主体时,应采取合理、有效的方式发布与公众有关的警示信息""告知内容应包括但不限于:① 安全事件的内容和影响;② 已采取或将要采取的处置措施;③ 个人信息主体自主防范和降低风险的建议;④ 针对个人信息主体提供的补救措施;⑤ 个人信息保护负责人和个人信息保护工作机构的联系方式"。欧盟数据保护委员会(EDPB)于2023年发布了《GDPR个人数据事故通知指南2.0(Guidelines 9/2022 on personal data breach notification under GDPR 2.0)》(以下简称《通知指南》),对发生个人数据事故后如何通知相关主体的操作规则也作了详细规定。

如7.3.1小节讨论的隐私政策自动化,对于这些有明确内容规定的通知,可以开发各类辅助工具帮助企业应急团队快速生成通知文档。

扩展阅读

本书不包括隐私科技中信息安全技术的介绍，但是毫无疑问，信息（数据）安全技术是隐私科技的重要组成部分。数据安全技术和信息安全治理是一门相对独立的学科，而且相关的书籍在市面上也有很多可供参考。William Stallings 编写的 *Effective Cybersecurity: A Guide to Using Best Practices and Standards*（Pearson Education 2019年版，中译本名为《Effective Cybersecurity 中文版》，机械工业出版社2020出版），第二部分对数据安全支撑技术有系统、深入地介绍。William Stallings 编写的 *Information Privacy Engineering and Privacy by Design*（Addison Wesley 2020年版，中译本名为《信息隐私工程与设计》，机械工业出版社2021年版）第三部分从隐私保护的角度对相关的数据安全技术作了介绍。这两本书偏向于从系统安全的角度来解说数据安全技术。冯登国院士编写的《大数据安全与隐私保护》（清华大学出版社2018年版）则偏向于从密码学的角度来解说数据安全技术。

隐私合规技术是当前的研究前沿，系统介绍这方面的材料较少。隐私合规技术的领先公司 Securiti.ai 的 CEO Rehan Jalil 亲自编写了一本线上书 *PrivacyOps Book: Automating Privacy Operations Across Your Organization*，对隐私合规技术产品（Securiti.ai 称之为 PrivacyOps 解决方案）的功能和架构思想进行了全面的介绍。另外，国外很多文献都是将隐私合规技术纳入广义的隐私增强技术之下。例如，加拿大隐私合规官办公室（Office of the Privacy Commissioner of Canada）编写的 *Privacy Enhancing Technologies: A Review of Tools and Techniques*，以及经济合作与发展组织（Organisation for Economic Cooperation and Development，OECD）发布的 *Emerging Privacy Enhancing Technologies: Current Regulatory and Policy Approaches*，也都介绍了隐私合规技术（以及下一章讨论的狭义的隐私增强技术）。

8 隐私增强技术

◆ 8.1 个人信息去标识化技术
◆ 8.2 密态个人数据处理技术
◆ 8.3 联邦学习技术
◆ 8.4 隐私增强技术的总结与展望

  与隐私合规技术不同,隐私增强技术侧重于通过密码学、系统安全、可信硬件等技术来提升隐私保护的效能,提升个人数据的可用性、更多地释放数据价值。本章介绍三类隐私增强技术,包括个人信息去标识技术、密态个人数据处理技术和联邦学习技术,最后展望了隐私增强技术的发展趋势。

  从隐私增强技术实现的目标来看,能实现隐私保护的同时促进个人数据的流通与使用、释放个人数据价值的技术方案都可被列入隐私增强技术的范畴,目前国内更多地称之为"隐私计算技术",并且将其核心特征概括为"(个人)数据可用不可见"[①]。这样的概括非常形象,但也容易产生误导。个人数据的可用性并不是"可用"或者"不可用"二分的;对个人数据的隐私保护效果也不是"可见"或者"不可见"二分的。绝大部分经过隐私计算处理后的个人数据,其可用性和获得的隐私保护效果,都是介于两个极端的中间状态;也就是说,绝大部分隐私计算技术既不能保证处理后的个人数据完全可用、也不能保证完全不可见。所以,本书使用"隐私增强技术"这个术语,强调这些技术只是在个人数据的可用性或者隐私保护效果上带来增量变化;在使用时,还需要综合考虑实际业务需求、安全环境、隐私风险和合规要求,谨慎作抉择。

---

  ① 例如,隐私计算联盟发布的《隐私计算白皮书》(2022年12月)、《隐私计算应用研究报告》(2023年7月)。

8.1 个人信息去标识化技术

按照中国《个人信息保护法》的定义,"去标识化"是指"通过对个人信息的技术处理,使其在不借助额外信息的情况下,无法识别个人信息主体的过程",与欧盟GDPR第4条定义的"假名化"基本相同。中国《个人信息保护法》和欧盟的GDPR还定义了一个相关的概念——匿名化,可以视为"彻底的"去标识化,以至于即使借助了额外的信息,也无法再重新识别个人信息主体。因此,对于去标识化处理后的数据,如果在当前的技术水平和资金投入下,被重新识别出个人信息主体的风险足够小、可以忽略,就可以被视为匿名化数据[①]。所以从技术的角度来说,我们只需要讨论去标识化技术。

个人信息去标识化技术是隐私增强技术中发展得最成熟、实现方式最多、标准化程度最高的一类技术。相关的专门标准有:中国国家标准GB/T 37964—2019《信息安全技术 个人信息去标识化指南》(以下简称GB/T 37964)、GB/T 42460—2023《信息安全技术 个人信息去标识化效果评估指南》(以下简称GB/T 42460)、ISO/IEC 20889:2018《隐私增强数据去标识化技术》、NIST IR 8053《个人信息去标识化》等。本节以GB/T 37964、GB/T 42460为主要依据和参考,介绍这一类隐私增强技术。

8.1.1 个人信息去标识化的目的和应用场景

个人信息去标识化技术及其所基于的理论模型和原理虽然较为庞杂,但这些技术的使用框架却很统一:有较为一致的处理目标、应用场景和处理流程。因此,我们先描述这些技术背后统一的使用框架。

个人信息去标识化技术要处理的个人信息一般表示为微数据(microdata),这是一个结构化数据集,其中每条(行)记录对应一个个人信息主体,记录中的每个字段(列)对应一种个人属性。对于不是微数据的数据集,可以转化为微数据进行处理。例如针对表格数据,如果关于同一个人的记录有多条,则可将多条记录拼接成一条,从而形成微数据,其中同一个人的记录只有一条。

在微数据的个人属性中,能够直接用于识别或结合其他信息就能识别出个人信

---

① 另外一个相关的术语是"数据脱敏",这是数据科学领域常用的术语,与去标识化的含义类似。但是因为这个术语在法律的语境下很少使用,所以不容易区分和匿名化之间的关系,为了避免混淆,本书不使用这一术语。

息主体的属性,称为标识符(identifier),包括以下两种:

(1) 直接标识符(direct identifier)。利用该属性能直接识别出个人信息主体,如姓名、身份证号码等。

(2) 准标识符(quasi-identifier)。仅利用该属性不能直接识别出个人信息主体,但联合其他属性或结合背景数据后,能识别出数据主体,如邮编、生日、性别等联合起来在数据集中就可能识别出具体的数据主体。

例如,某个学习成绩数据集中,每一条记录包括{姓名,年龄,性别,班级,成绩}等属性,其中{姓名}为直接标识符,{年龄,性别,班级}为准标识符。

1. 个人信息去标识化的目标

按照去标识化的法律定义,其核心目的是消除个人信息中的可识别性。在此基础上,GB/T 37964、GB/T 42460进一步将去标识化的目标细化为:

(1) 不可直接识别。对数据中的直接标识符和准标识符进行删除或变换,避免攻击者(未经授权的主体)无须借助其他额外信息,根据这些属性信息就能直接识别出原始个人信息主体。

(2) 控制被重标识(re-identification)的风险。根据可获得的数据情况和应用场景选择合适的模型和技术,将去标识化后的数据可能被未经授权的主体再次识别(即重识别)的风险控制在可接受的范围内,确保重标识的风险不会因数据接收方之间的潜在串通或新数据的增加而增加。

(3) 兼顾数据效用目标。在控制重标识风险的前提下,结合业务目标和数据特性,选择合适的去标识化技术和隐私模型,确保去标识化后的数据尽量满足数据开发利用的预期目的和效用(有用性),在个人数据安全的前提下最大化去标识化数据的应用价值。

为了验证是否达到上述的去标识化目标,在进行了去标识化操作后,一般还需要进行两项评估工作:

一是评估对个人信息安全的保护,包括检查处理后的数据文件,以确保文件数据或元数据中不包含直接标识符和准标识符(对应上述目标(1));对重标识的风险进行评估,以确保处理后的数据被重标识的风险在要求的范围以内(对应上述目标(2))。在8.1.4小节还将更深入地介绍重标识的风险评估。

二是评估处理后数据的有用性。去标识化必然会降低原始数据的质量和有用性,因而需要评估去标识化后的数据是否对于预期的应用仍然有用(对应上述目标(3))。可用的评估方法包括:企业内部人员可对原始数据和去标识化后的数据执行统计计算,并对结果进行比较,以查看去标识化后是否导致不可接受的更改;企业也可让可信的外部人员检查去标识化后的数据,以确定数据能被用于预期目的。

2. 个人信息去标识化的应用场景

对于企业来说，去标识化技术的应用场景非常广泛。企业收集来的个人信息，首先就应当进行去标识化处理，这样可以有效降低在后继存储、使用、流通环节中的个人信息泄露风险。因而大多数的个人信息保护法律都要求个人信息处理者"采取相应的加密、去标识化等安全技术措施"，将此列为企业需要履行的保障个人信息安全的基本义务。

国家标准GB/T 35273—2020《信息安全技术 个人信息安全规范》（以下简称GB/T 35273）将个人信息去标识化的应用场景和安全要求细化为：

（1）个人信息处理者将所收集的个人信息用于学术研究或得出对自然、科学、社会、经济等现象总体状态的描述，属于与收集目的具有合理关联的范围之内，不需另行征得个人信息主体明示同意。但对外提供学术研究或描述的结果时，需对结果中所包含的个人信息进行去标识化处理。

（2）收集个人信息后，个人信息处理者宜立即进行去标识化处理，并采取技术和管理方面的措施，将可用于恢复识别个人的信息与去标识化后的信息分开存储并加强访问和使用的权限管理。个人信息处理者应尽其所能避免去标识化后的信息与其他可用于恢复识别个人的额外信息关联，或产生重标识风险。

（3）涉及通过界面展示个人信息的（如显示屏幕、纸面），个人信息处理者宜对需展示的个人信息采取去标识化处理等措施，降低个人信息在展示环节的泄露风险。例如，在个人信息展示时，防止内部非授权人员及个人信息主体之外的其他人员未经授权获取个人信息。

（4）个人信息处理者共享、转让经去标识化处理的个人信息，且确保数据接收方无法重新识别或者关联个人信息主体的，不需要向个人信息主体告知共享、转让个人信息的目的、数据接收方的类型以及可能产生的后果，不需要事先征得个人信息主体的授权同意。

（5）个人信息处理者应对去标识化处理后的数据集重新识别出个人信息主体或与其他数据集汇聚后，重新识别出个人信息主体的风险进行个人信息安全影响评估。

完整的去标识化过程，涉及识别微数据中的标识符、进行去标识化操作、基于隐私模型对重标识的风险进行量化评估这三个关键技术步骤。这里的每一个关键技术步骤都有多种技术手段可以来完成。因而，后面三个小节，介绍这三个关键技术步骤中的不同技术途径，最后在8.1.5小节对这些技术途径进行综合比较，为实际应用场景下的选取提供指南。

8.1.2 识别标识符的方法

在进行去标识化操作之前,首先需要确定去标识化的具体目标,包括确定去标识化的对象,确定对这些标识符需要去除到什么程度。这个过程既复杂也关键,一般需要专家的人工参与来完成。

(1) 确定去标识化对象,是指根据法规标准、企业政策、用户承诺、业务背景、数据用途以及关联数据情况等因素,确定微数据中哪些属性是去标识化的对象。

(2) 确定去标识化程度,是指根据处理后的数据应用环境和数据用途,确定重标识风险不可接受的程度(风险阈值)和对数据有用性的最低要求,并在两者之间取得平衡。这实质上就决定了需要使用哪一种去标识化技术,在本章8.1.5小节还将进一步阐述选择去标识化技术时的考虑。

在确定了去标识化的具体目标之后,一般有三种方法识别微数据中需要处理的标识符,包括查表识别法、规则判定法和人工分析法。

1. 查表识别法

查表识别法指预先建立元数据表格,存储标识符信息,在识别标识数据时,将待识别数据的各个属性名称或字段名称,逐个与元数据表中记录进行比对,以此识别出标识数据。建立的标识符元数据表,应包括标识符名称、含义、格式要求、常用数据类型、常用字段名字等内容。查表识别法适用于数据集格式和属性已经明确的去标识化场景,如采用关系型数据库,在表结构中已经明确姓名、身份证号等标识符字段。

2. 规则判定法

规则判定法是指通过建立软件程序,分析数据集规律,从中自动发现标识数据。企业可分析业务特点,总结可能涉及直接标识符和准标识符的数据格式和规律,确立相关标识符识别规则,然后通过运行程序,自动化地从数据集中识别出标识数据。例如,可以依据国家标准GB 11643—1999《公民身份号码》建立身份证号码识别规则,并通过自动化程序在数据集中自动发现存在的身份证号码数据。

企业识别标识符宜先采用查表识别法,并根据数据量大小和复杂情况,结合采用规则判定法。规则判定法在某些情况下有助于发现查表识别法不能识别出的标识符,例如,业务系统存储数据时未采用常用的字段名称,如使用"备注"字段存储身份证号;或者数据中存在混乱或错误情况,如"备注"字段前1 000条记录的值为空,而后1 000条记录的值为用户身份证号码。

规则判定法不仅仅适用于结构化数据应用场景,也适用于某些半结构化和非结构化数据应用场景,如对于非结构化存储的司法判决书,可以通过建立身份证号识别规则和开发程序,从司法判决书中自动识别出所有的身份证号。

3. 人工分析法

人工分析法是通过专家审查，人工发现和确定数据集中的直接标识符和准标识符。专家可以对业务处理、数据集结构、相互依赖关系和对数据集之外可用数据等要素分析的基础上，综合判断数据集中标识风险后，直接指定数据集中需要去标识化的直接标识符和准标识符。人工分析法在结构化、半结构化和非结构化数据应用场景下都可使用。在特定场景，人工分析法具有明显的优势，例如，数据集中的多个不同数据子集之间存在关联、引用关系时，如通过数据挖掘算法，可关联分析数据集中多个非常标识符属性后识别出唯一的用户身份；或者数据集中有特别含义的数据，或者数据具有特殊值、容易引起注意的值，从而可能被用来重标识时，如超出常人的身高、独特的地理坐标、罕见的病因等。相较于查表识别法和规则判定法，人工分析法能够更加准确地识别出标识符，当然成本也更高。

8.1.3 去标识化所使用的技术

基于不同的原理，可选择的去标识化技术种类很多，且这些技术各有优缺点、各有适用范围、并不互斥，在去标识化过程中可以结合使用。

1. 基于统计技术的去标识化

统计技术是一种对数据集进行去标识化或提升去标识化技术有效性的常用方法，主要包含数据抽样和数据聚合两种技术。

（1）数据抽样（Sampling）是通过选取数据集中有代表性的子集来对原始数据集进行分析和评估的。对数据集进行随机抽样能够增加识别出特定标识符的不确定性。数据抽样的方式较多，需要根据数据集的特点和预期的使用场景进行选择，包括随机抽样、等距抽样、分层抽样、整群抽样等。对数据抽样技术的选择和使用应注意以下几个方面：首先，从数据集中抽取样本的方法很多，各方法差异很大，需根据数据集的特点和预期的使用场景来选择。其次，数据抽样经常用于去标识化的预处理，对数据集进行随机抽样能够增加识别出特定个人信息主体的不确定性，从而可以提高后续应用的其他去标识化技术的有效性。最后，数据抽样可以简化对数据集的计算量，因此，在对大样本的数据集进行去标识化时，首先进行抽样，然后再采用某项特定的技术进行去标识化。

（2）数据聚合（Aggregation）作为一系列统计技术（如求和、计数、平均、最大值与最小值）的集合，应用于微数据中的属性时，产生的结果能够代表原始数据集中的所有记录。对数据抽样技术选择和使用应注意以下几个方面：首先，数据聚合可能会降低数据的有用性；因为得到的是统计值，无法反映独立数据记录的特征。其次，数据聚合对重标识攻击非常有效；数据聚合的输出是"统计值"，该值有利于对数据进行整体报告或分析,而不会披露任何个体记录。

2. 基于密码技术的去标识化

基于密码技术的去标识化方法的基本思想,是对微数据中的标识符值进行加密,然后用加密值来替代原标识符值。基于所使用的加密技术的不同,又可分为以下种类。

(1) 确定性加密(Deterministic encryption)是一种非随机加密方法。在去标识化过程中,用确定性加密结果替代微数据中的标识符值。对确定性加密技术的选择和使用应注意以下几个方面:首先,确定性加密可以保证数据真实可用,即相同的两个数据用同一密钥进行加密将产生两个一样的密文。其次,确定性加密可以一定程度上保证数据在统计处理、隐私防挖掘方面的有用性,确定性加密也可以生成用于精准匹配搜索、数据关联及分析的微数据。对确定性加密结果的分析局限于检查数据值是否相等。最后,对确定性加密的重标识攻击主要在于不具备密钥使用权时的攻击;关联性攻击则可能适用于采用同一密钥进行确定性加密的密文,攻击能否成功很大程度上取决于对加密算法参数的选择。

(2) 保序加密(Order-preserving encryption)是一种非随机加密方法。在去标识化过程中,可以用保序加密值替代微数据中的标识符值。对保序加密技术选择和使用应注意以下几个方面:首先,密文的排序与明文的排序相同。其次,保序加密可以在有限的范围内保证加密结果在统计处理、隐私防挖掘、数据外包存储与处理等场景中的有用性。保序加密可以产生用于范围/区间匹配搜索、分析的微数据。对保序加密结果的分析局限于检查数据相等和排序比较关系。最后,保序加密数据的完全重标识仅可能适用于拥有密钥的一方。关联性攻击能否成功很大程度上取决于保序加密方案的参数选择。

(3) 保留格式加密(Format-preserving encryption)要求密文与明文具有相同的格式,在去标识化过程中,可用保留格式加密值替代微数据中的标识符值。对保留格式加密技术的选择和使用应注意以下几个方面:首先,某些保留格式加密具有确定性加密技术一样的特点,如相同数据在同一密钥下加密生成同样的密文,且可以通过生成微数据进行精准匹配搜索、数据关联分析等。其次,保留格式加密适用于多种格式的数据,包括字符型、数字型、二进制等,加密结果也是同类型数据。最后,和其他加密技术不一样,在给定有限符号集的情况下,保留格式加密可以保证加密后的数据具有与原始数据相同的格式和长度,这有助于在不需要应用修改的情况下,实现去标识化。

(4) 同态加密(Homomorphic encryption)是一种随机加密。在去标识化过程中,可用同态加密值替代微数据中的标识符值。此时可对加密后的标识符值(密文数据)进行处理,但是处理过程不会泄露任何原始内容。同时,拥有密钥的用户对处理过的数据进行解密后,得到的正好是处理后的结果。对同态加密技术的选择和使用应注意以下几个方面:首先,对经过同态加密的数据进行处理得到一个输出,将这一输出进行解密,其结果与用同一方法处理未加密的原始数据得到的输出结果是一样的。其次,与传统的确定性加密方案相比,同态加密的性能一般较低,存储成本较高。最后,同态加密方案具有语义上的安全性,使得在不具备访问私钥权限时无法实现重标识攻击。

(5) 同态秘密共享(Homomorphic secret sharing)可将一个秘密拆分为"若干份额",可利用拆分后秘密信息的特定子集来重构原始的秘密,如果对用于重构秘密的所有份额执行相同的数学运算,则其结果等价于在原始秘密上执行相应数学运算的结果。在去标识化过程中,同态秘密共享可用信息共享算法得出的两个或以上若干份额替代数据记录中的任何标识符或敏感属性。这样,便可将这些若干份额分配给两个或以上的份额持有者。这些份额持有者的数量通过秘密共享方案加以确定。

同态秘密共享的特性是,相同份额持有者共享机密的两个值可与加密方案的同态运算相结合,产生代表原始属性运算结果的新份额。此外,同态密钥共享可与安全的多方计算相结合,以便对去标识化数据进行任何安全运算。同态密钥共享并不会降低数据的真实性。

虽然同态密钥共享有着相对低的计算性能开销,但存在与份额持有者之间交换份额的额外通信开销。共享秘密数据的存储开销是有限的。基于安全多方计算执行的数据去标识化的处理技术是灵活的,但根据所采用的不同方案,可能会导致高昂的成本。

同态密钥共享会产生微数据的分布式实例,该类实例可被同态运算或安全多方计算技术处理。同态加密方案是随机的,攻击者只有控制所有份额持有者才能实现重标识攻击。

3. 基于抑制技术的去标识化

抑制技术(Suppression Techniques)指对不满足隐私保护的数据项删除,不进行发布。包括从所有记录中选定的属性(如屏蔽)、对所选定的属性值(如局部抑制)、或是从数据集中选定的记录(如记录抑制)进行的删除操作。抑制技术主要适用于分类数据。抑制技术可用于防止基于关联规则推导的攻击,因为不发布能最大化降低关联规则支持度和置信度的属性值,从而破坏关联规则推导攻击。抑制技术适用于数值与非数值数据属性,执行相对比较容易,且可以保持数据的真实性。

抑制技术会导致信息丢失,抑制技术处理后的数据有被重标识的风险,因此需要与其他去标识化技术相结合以降低数据的重标识风险。过多的抑制会影响数据的效用,所以在具体应用时,为保证数据的可用性,要对抑制的数据项数量设定一个上限值。

（1）屏蔽（Masking）技术包括从数据集中删除整个直接标识符，或删除直接标识符的一部分，使其不再是直接标识符也不是唯一标识符。也可进行字符掩码屏蔽，通过使用一致的符号（如"*"）来替换原数据标识符或标识符中的部分数值。区别于仍具有唯一性的假名，进行同一属性的数值所替换的字符掩码均为相同，具有一致性。使用屏蔽技术后，通常还会对数据集使用其他去标识化技术。在将屏蔽技术作为唯一的去标识化技术的系统中，应采取安全措施和组织其他的管理措施去保护未被识别的数据。屏蔽技术也有其他一些叫法，如：

① 部分数据移除：指在屏蔽过程中不会删除所有标识符。

② 数据隔离：指屏蔽需要有严格的安全措施，以确保对数据集的授权访问，如访问控制和相应的合约条款。

③ 数据限制：指在有特定目的的环境中收集数据时进行数据抑制的情况。

（2）局部抑制（Local suppression）技术是一种去标识化技术，即从所选记录中删除特定属性值，该特定属性值与其他标识符结合使用可能识别出相关个人信息主体。通常应用局部抑制技术来移除准标识符在泛化后仍然出现的稀有值（或这些值的稀有组合）。局部抑制技术应用于分类值，而泛化通常应用于数值，其共同目标是增加共享其标识符值的记录数。

（3）记录抑制（Record suppression）是一种从数据集中删除整个记录或一些记录的去标识化技术。典型应用场景为删除包含稀有属性（如异常值）组合的记录。

4. 基于假名化技术的去标识化

假名化技术（Pseudonymization Techniques）是一种使用假名替换直接标识（或其他准标识符）的去标识化技术。假名化技术为每一个人信息主体创建唯一的标识符，以取代原来的直接标识或准标识符。不同数据集中的相关记录在进行假名化处理后依然可以进行关联，并且不会泄露个人信息主体的身份。在使用假名化技术的过程中，通常会使用一些辅助信息。这些辅助信息包括从原始数据集中删除的标识符、假名分配表或密钥等，采取必要的措施来保护这些辅助信息有利于降低重标识风险。

假名创建技术主要包括独立于标识符的假名创建技术和基于密码技术的标识符派生假名创建技术。假名创建技术的选择需要考虑以下因素：创建假名的成本、散列函数的抗碰撞能力，以及重标识过程中假名被还原的手段。

独立于标识符的假名创建技术不依赖于被替代的属性原始值，而是独立生成，典型方法为用随机值代替属性原始值。基于密码技术的标识符派生假名创建技术通过对属性值采用加密或散列等密码技术生成假名，这一过程也称为对数据集中的属性进行"密钥编码"。其中加密技术生成的假名可以用合适的密钥及对应的算法解密，而散列技术是一种单向的数学运算。

（1）独立于标识符的假名创建技术不依赖于被替代的属性原始值，而是独立生成,典型方法为用随机值代替属性原始值。使用该类技术时需创建假名与原始标识的分配表。根据去标识化的目标,应采取适当的技术与管理措施限制和控制对该分配表的访问。例如,使用去标识化后数据的应用系统禁止访问分配表。

(2) 基于密码技术的标识符派生假名创建技术通过对属性值采用加密或散列等密码技术生成假名,这一过程也称为对数据集中的属性进行"密钥编码"。其中,加密技术生成的假名可以用合适的密钥及对应的算法解密,而散列技术是一种单向的数学运算。

采用多种密码技术的组合可更好地保护属性原始值。采用加密方法来创建假名的计算成本很高,但非常有效。应采取特殊措施来保护密钥,防止密钥被未授权访问,包括密钥与数据分离,不与第三方共享密钥,安全地删除密钥以防重标识等。

散列函数的单向运算及抗碰撞能力等特性,使其适用于假名化过程。但是,当散列算法和所用密钥是已知的,且有可能遍历散列函数生成数值空间时,散列函数是可逆的。因此,使用密钥散列函数时可增加另一随机输入,增强其对抗暴力搜索攻击的能力,防止未经授权的重标识。即使采用了安全的散列技术,如果在使用或执行散列算法中发生了疏忽,或未经授权共享密钥,均可能导致数据的重标识。

如果采用恰当的方式构建假名与原始标识的分配表,并能对分配表和分配技术加以保护,则能够有效地降低数据的重标识风险。采用多个原始标识符对应一个假名的分配表比采用一一对应的分配表能够更加有效降低重标识风险。加密技术通常是一一对应的分配技术;散列技术由于碰撞性的存在,通常是多对一的分配技术;采用纯随机的方式构建分配表通常也是多对一的。

采用多个原始标识符对应一个假名的分配表方法和分配技术,会导致在以标识符为统计对象的数据分析结果失真,从而降低数据的有用性。加密技术能够还原标识符,在需要还原原始标识符的情况下采用该技术。

5. 基于泛化技术的去标识化

泛化技术(Generalization Techniques)是指一种降低数据集中所选属性粒度的去标识化技术,对数据进行更概括、抽象的描述。泛化技术实现简单,能保护记录级数据的真实性。使用泛化技术的目标是减少属性唯一值(更概括地说,是指多个属性值的组合集的唯一值)的数量,使得被泛化后的值(或多个值的集合)被数据集中多个记录所共享,从而增加某特定个人信息主体被推测出的难度。因此,通常选择对标识符属性进行泛化,但是根据具体情况也可考虑对任何属性(特别是敏感属性)进行泛化。

(1) 取整(Rounding)涉及为所选的属性选定一个取整基数,然后将每个值向上或向下取整至最接近取整基数的倍数。向上还是向下取整按概率确定,该概率值取决于观察值与最接近取整基数倍数的接近程度。例如,如果取整基数为10,观察值为7,

应将7向上取整至10,概率为0.7;若向下取整至0,概率为0.3。受控取整也是可行的,例如,确保取整值的求和结果与原始数据的求和取整值相同。

(2)顶层与底层编码。泛化技术为某一属性设定一个可能的最大(或最小)阈值。顶层与底层编码(Top and bottom coding)技术使用表示顶层(或底层)的阈值替换高于(或低于)该阈值的值。该技术适用于连续或分类有序的属性。例如,如果一个人的薪水非常高,则可将该用户的薪水值设置为"高于X元",其中"X"为高收入值的界限,而不记录或报告准确的金额。

6. 基于随机化技术的去标识化

随机化技术(Randomization Techniques)指通过随机化修改属性的值,使得随机化处理后的值区别于原来的真实值。该过程降低了攻击者从同一数据记录中根据其他属性值推导出某一属性值的能力。随机化技术并不能保证数据在记录集的真实性。为达到特定的目标,有效随机化过程需要逐项定制,定制过程中需要详细了解数据特性,并选取合适的参数。

(1)噪声添加(Noise addition)是一种随机化技术,通过添加随机值、随机噪声到所选的连续属性值中来修改数据集,同时尽可能保持该属性在数据集中的原始统计特性。该类统计特性包括属性的分布、平均值、方差、标准偏差、协方差以及相关性。

(2)置换(Permutation)是在不修改属性值的情况下对数据集记录中所选属性的值进行重新排序的一种技术。因此,置换保持了整个数据集中所选属性的准确统计分布。置换技术适用于数字与非数字值。因为观察到的不一致性可能有助于对置换算法实施逆向工程,需要考虑如何来确保生成的数据集是一致的。不同置换技术的区别在于方法与复杂性的差别。在保持所选属性之间原有相关性的情况下,置换算法可用于单个或多个属性。通常情况下,采用逆向工程可以将数据恢复到原始状态,从而加大受控重标识的可能性,因此把随机化算法引入到置换中会增强对抗重标识攻击的能力。

(3)微聚集(Microaggregation)是指用某种算法方式计算出来的平均值代替连续属性所有值的去标识化技术。对于每种连续属性,或对于所选的一组连续属性,数据集中的所有记录都进行了分组,具有最近属性值的记录属于同一组,而且每一组中至少有k个记录。每一种属性的新值替换为该属性所在组中的平均值。每组中的各个值越接近,数据的有效性就保持得越好。微聚集不能保证数据的真实性。

7. 基于数据合成技术的去标识化

数据合成是一种以人工方式产生微数据的方法,用以表示预定义的统计数据模型。对数据合成技术的选择和使用应注意以下几个方面:首先,合成数据集与原始数据特性相符,但不包含现有个人信息主体有关的任何数据,但是,若合成后的数据与原始数据的拟合度过高,可能会导致敏感信息泄露。其次,创建合成数据的方法很多。理论上,数据可根据所选的统计特性随机生成。该类模型的关键特征主要体现在每种属性(总体与子总体)的分布以及属性之间的内部关系。实际上,合成数据的生成会采用随机化技术与抽样技术对真实数据集进行多次或连续转换。合成数据通常用于测试工具与应用。合成数据可用于开发查询系统。合成数据可用作真实数据的替代项:数据管理者能在实际数据中重现在合成数据中执行的查询,以确保基于合成数据的处理能够同样正确应用于真实数据。利用后面介绍的差分隐私机制可以保证合成数据的隐私。

8.1.4 量化重标识风险的隐私模型

由于攻击者在获取去标识化数据集和相关背景知识后,可能通过关联、推理、链接等攻击手段恢复已去除的个人信息主体的身份信息,为进一步提高个人信息保护能力,研究者提出了多个隐私模型来量化被处理后的个人数据被重标识的风险,进而指导对个人信息的去标识化。这里的隐私模型不光可以用来衡量去标识化处理以后的数据的重标识风险(或者说数据可能导致的隐私泄露风险),实际上这些隐私模型可用来衡量任何个人数据所包含的隐私风险,可用于整个个人数据生命周期的所有环节。这也是本章将隐私模型与上一小节的去标识化技术分隔开来讲述的一个原因。

1. K-匿名及其改进模型

K-匿名(K-Anonymity)模型是一种衡量一个数据集(如去标识化处理后的数据集)对个人信息保护程度的模型。在满足 K-匿名的数据集中,指定标识符(直接标识符或准标识符)属性值相同的每一等价类[①]至少包含 K 个记录,使攻击者不能判别出个人信息所属的具体个体,从而保护了个人信息安全。这里的保护程度由 K 决定:K 越大,保护程度越好。GB/T 42460 中描述的重标识风险计算方法,每一条记录的重标识概率就是 K 的倒数,而整个数据集的重标识风险度量指标就是数据集中所有记录的重标识概率的最大值或者平均值。

K-匿名模型虽然可以刻画个人数据的可识别性,但是并没有考虑对数据中包含的敏感属性值进行保护,因而满足 K-匿名的数据集容易遭受具备某些背景知识的攻击者进行推理攻击,泄露敏感属性信息(参见表 8-1 给出的例子)。为此,研究者提出了各种对 K-匿名的改进模型。

L-多样性(L-Diversity)模型要求在 K-匿名的基础上,实现每一等价类在每一敏感属性上存在至少 L 个不同值。L-多样性是对 K-匿名在敏感数据属性值保护方面的一种改进,相较 K-匿名,L-多样性使得未经授权的外部用户最多只有 $1/L$ 的概率能够确

[①] 标识符的属性值相同,从而无法被区分的 K 条记录被称为一个等价类。

定敏感属性值信息,因而 L 越大,对于敏感属性值的保护就越强。

T-接近性(T-Closeness)模型则是在L-多样性的基础上进行了改进强化,增加了对数据敏感属性值分布的约束,要求每一个等价类中敏感属性值的分布与整个数据表中敏感属性值的分布之间的差异不超过给定的阈值 T,从而使得每个等价类中敏感属性值的统计分布与整个数据表中敏感属性值的总体分布接近,这样一来,攻击者不但没法确定敏感属性值,也无法估计敏感属性值的概率分布。这里的 T 越小,对敏感属性值概率分布信息的保护就越高。

我们用表8-1来直观地说明这几个概念的意义。假设企业收集的个人信息是关于某人的生日、住址和所患疾病这三个属性。攻击者已知其攻击目标(张三)、出生日期(1963年10月2日)、住址(A市B区C街道25号),知晓张三的信息被收集入库,并试图通过企业收集的信息来获取张三的患病情况。

表8-1 K-匿名、L-多样性、T-接近性示例

微数据	姓名	出生日期	住址	符合前3项的人数(K)	符合前3项的人的患病情况	
					患病种类(L)	患病情况分布
原始数据	张三	1963.10.2	A市B区C街道25号	$K=1$	$L=1$:高血压	1人高血压
处理后的数据1	张××	1963.10	A市B区C街道	$K=10$	$L=1$:高血压	10人高血压
处理后的数据2	张××	1963	A市B区	$K=100$	$L=2$:高血压、心脏病	197人高血压、3人心脏病
处理后的数据3	×××	1960—1969	A市B区	$K=1000$	$L=2$:高血压、心脏病	506人高血压、494人心脏病

在企业的原始的个人数据库中,攻击者通过出姓名、生日期和住址就能锁定张三的微数据(此时符合这3项属性值的 $K=1$),从而获取张三患有高血压的敏感属性值信息(见表8-1中第1行)。如果对原始个人数据进行去标识化处理,将张三名字屏蔽为张**,将出生日期泛化为出生年月、将门牌号泛化至街道,则与张三拥有相同的3项属性值的人增至10人(见表8-1中第2行),这就是 $K=10$ 的K-匿名,达到的效果是攻击者无法从这10人的微数据中识别出哪一条微数据是张三的。但是,如果攻击所针对的敏感属性(患病情况)的属性值变化很小,则K-匿名下还是可能泄露个人信息。例如,从表8-1中第2行可知,这10人都得了一种病(高血压),那么攻击者就算不能在10人的微数据中识别出张三,但还是获得了"张三患了高血压"这一信息。如果企业进一步对个人数据去标识化,得到表中第3行的微数据,此时与张三拥有相同的3项标识符属性值的人增至100人,同时这100人患有2种疾病(见表8-1中第3行),这就是 $K=100$、$L=2$ 时的L-多样性。此时,攻击者不能完全确定张三是患了高血压还是心脏病。但是,如果敏感属性值的分布不均,则L-多样性的效果同样有限。例如,从

表8-1中第3行可知,这100人中有197个高血压、3个心脏病,则攻击者可以推断出张三大概率是患有高血压。如果企业进一步对个人数据去标识化,得到表8-1中第4行的微数据,此时与张三拥有相同的3项标识符属性值的人增至1 000人(见表8-1中第4行),虽然这1 000人还是只得了2种病,但是患高血压的人数(506人)与患心脏病的人数(494人)比例非常接近现实中大人群患病比例(两者差距在0.01以内),这意味着处理后的数据对于攻击者猜测张三患病类型的概率基本没有帮助,这就是T=0.01时的T-接近性。

T-接近性模型也存在局限性。首先,它缺乏对不同敏感值实施不同保护的灵活性。其次,不能有效抑制在数字敏感属性方面的属性链接。最后,实施T-接近性有可能极大地降低数据的有用性,因为它要求等价类中敏感属性值的统计分布是接近的,这就极大地破坏了标识符和敏感属性间的关联,使得诸如生活环境对疾病影响这样的与个人无关的统计信息无法被挖掘出来。

2. 差分隐私模型

从K-匿名开始的一系列工作(L-多样性、T-接近性等)都陷入了一个"新的隐私模型不断被提出,又不断被攻破"的循环中。之所以会出现这样的现象,在于这一系列工作都存在一个根本缺陷,就是为了简化隐私保护理论上的推导,它们对攻击者的背景知识和攻击方式都做了相当多的预先假定。但是这些假定在现实中并不完全成立,攻击者总能找到更多的背景知识或者新的攻击方法,使得已有的、基于这些假定的模型失效。直到差分隐私(Differential Privacy)模型被提出后,这一问题才得到根本的解决。

差分隐私是一种通用且具有坚实的数学理论基础的隐私模型,可以在不对攻击者做预先假定的情况下来刻画对个人信息提供的隐私保护。差分隐私具有两个最重要的优点:一是差分隐私严格定义了攻击者的背景知识。除了关于攻击目标的那条记录信息,攻击者可以知晓原数据集中所有其他人的相关信息,这样的攻击者所拥有的背景知识是最多的。二是差分隐私拥有严谨的统计学模型,这极大地方便了数学工具的使用以及定量分析和证明。

(1) 差分隐私的基本原理。满足差分隐私的个人信息处理机制(或者通俗地称为算法),其输出结果的概率分布不会因增加、删除或修改数据集中的某一条记录而产生明显的差异。这就能够避免攻击者基于背景知识,通过捕捉输出差异进而推测出目标个体的信息。假设处理算法A对个人数据集D进行处理,我们需要确保处理的结果$A(D)$不会泄露关于个体x的个人信息。那么先构建一个数据集D',这个数据集包括D中的所有记录,除了关于个体x的那个记录。由于数据集D和D'只相差一项记录,也称为相邻数据集。差分隐私要求:算法A对数据集D'的处理结果$A(D')$与$A(D)$非常"接近",不超过一个阈值ε。这意味着,无论个体x的记录是否存在于数据集中,对数据集的处理结果都没有显著差异。因而,从数据集的处理结果中得不到关于个体x的差异性个体信息[①],而非差异性的信息无须保护。如果要保护数据集D中的所有个体记录,那么上述要求就要适用于数据集D的所有可能的相邻数据集D'。将上述思想中的非常"接近"用严格的数学语言表达,我们就得到了经典的差分隐私定义。

定义:给定常数$\varepsilon>0$,如果对于任意相邻数据集D和D',以及任意可能的输出集合$S\in\text{Range}(A)$,$\text{Range}(A)$为处理算法A的值域(处理算法A可能的输出结果的集合),都满足:$\Pr(A(D)\in S)\leqslant\Pr(A(D')\in S)\cdot\exp(\varepsilon)$,则称$A$满足$\varepsilon$差分隐私。其中,参数$\varepsilon$限制了一项记录改变时输出的概率分布变化程度,其值越小表明隐私保护程度越高,可以作为对可容忍的隐私损失的限制,因而通常ε被称为隐私预算。

在理论上可以证明,满足上述定义的处理算法A必须是一个随机算法,也就是说A的输出必须包含一个随机量。在具体实现上,通常都是在一个确定性的处理结果上添加满足差分隐私定义的随机噪声来实现的。该噪声通过精心选择的概率分布产生。随机噪声既可在个人信息采集点直接添加至每一个人的记录中(本地模式),也可以在对个人信息进行处理时由可信服务器添加至处理的结果中(服务器模式)。

(2)服务器模式和本地模式。差分隐私服务器模式通常会将个人数据以原始值保存在可信的服务器中。服务器对原始数据集进行处理,获得正确的无噪声的处理结果。但是,服务器在输出处理结果时,会添加一定量的随机噪声,且该噪声与处理算法所对应的隐私损失成比例。服务器负责持续记录累积的隐私损失并确保该损失不超出隐私预算。一旦隐私预算耗尽,服务器按照预先定义的策略不再处理和输出结果,或者采取其他措施。

本地模式适用于执行个人数据采集的实体不受个人信息主体信任,或采集个人数据的实体正寻求降低风险并执行数据最小化的情形。在该模型中,首先对属于单个个人信息的数据值添加一个随机量,然后才将其存储在服务器中。由于噪声是在存储前被添加的,因而只要ε确定的隐私损失是可以接受的,那么存储在服务器中的数据无须采取其他隐私保护措施,而且基于这些数据的处理结果可直接共享,无须管理者参与。

虽然本地模式在可信假设上有所提高,但相比于服务器模式仅在处理输出结果上添加一次噪声,本地模式需要在每个用户端都进行独立的数据加噪,这就会造成数据的有用性降低。一般来说,本地模式数据可用性约为服务器模式数据可用性的$1/O(\sqrt{n})$,其中n表示参与的(独立加噪的)用户端的数量。

[①] 我们有可能从数据集的处理结果中得到关于个体x的信息,但这些信息是数据集中所有人都有的,因而无须保护。例如,我们总可以从个人寿命统计数据集中获得信息"没有人的寿命超过150岁",这个信息对于任何一个个体都成立,因而没有保护必要。

(3) 加噪机制。以服务器模式为例,服务器首先对个人数据集 D 进行确定性的处理 F,获得准确真实的处理结果 $F(D)$,然后将一定比例的随机噪声添加至 $F(D)$,作为处理算法的最终输出。随机噪声根据所选的概率分布生成。常用的概率分布包括拉普拉斯分布或指数概率分布,前者适用于处理结果为实数值的场合(如处理结果是数值型的),而后者则适用于处理结果为离散值的场合(如处理结果是字符型的)。现有的许多差分隐私加噪机制在很大程度上都可以认为是拉普拉斯机制与指数机制的组合与应用。

以拉普拉斯噪声为例,加入 $F(D)$ 的随机噪声的标准差与 Δ/ε 成正比。其中 Δ 表示给定的确定性处理算法 $F(D)$ 的敏感度,描述了增加、删除、修改一项个人信息记录时处理算法 $F(D)$ 输出结果最多会改变多少。而 ε 就是前述的隐私预算,较小的 ε 会增加标准差,从而增加了添加至实际结果中的噪声值,因此提供了更大程度的隐私保护。同时,ε 还可理解为此次处理输出所造成的隐私损失,ε 越大,消耗的隐私预算越大,带来的隐私风险也越大。

在差分隐私模型中,对数据集的每次处理输出都会产生对应的隐私成本或隐私损失。单次处理造成的隐私损失可以足够小,不使隐私受到侵犯,但这些损失的累积效应最终会导致对隐私的侵犯。好在差分隐私模型中的隐私损失 ε 具有良好的数学性质,是线性可加的。例如,对同一个数据集进行了 k 次独立的处理,每一次的处理都满足 ε 差分隐私,那么整个 k 次处理的隐私预算开销将不高于 $k\varepsilon$。这样,我们就可以计算隐私预算中发生的变化,对多次处理输出中累积的隐私损失进行量化评估。

隐私预算耗尽并不意味着对隐私一定有侵犯,而只是表明数学保证的失效。一旦保证失效,攻击者就可能基于处理算法输出信息,并运用推导、关联及其他类型的重标识技术实施攻击,可能会导致重标识攻击的成功实施。

(4) 差分隐私模型的优点有:

① 攻击者背景知识无关性:攻击者拥有的背景知识和计算能力不会影响隐私保护程度,即使攻击者获得数据集中除某条记录外的所有记录,仍然无法得知这条记录是否存在于数据集中;

② 隐私预算可组合性:如果用保证程度分别为 ε_1 和 ε_2 的差分隐私来处理给定数据集,则对两次处理结果提供的隐私保护程度为 $(\varepsilon_1+\varepsilon_2)$;

③ 后期处理的安全性:该模型不会限制差分隐私结果的用途,即无论差分隐私结果与什么结合或者怎么被转换,它仍然是差分隐私的;

④ 噪声量与数据集大小无关性:隐私保护所添加的噪声量不随数据集的增大而增加,所以差分隐私保护仅通过添加与数据集大小无关的少量噪声,就能达到高级别的隐私保护;

⑤ 数据分布特性保持性:对数据集实施差分隐私保护机制时,虽然对数据集加入

了噪声,但是数据集的分布特性仍能保持。

虽然在理论上,差分隐私模型比K-匿名及其改进模型要完美很多,但是前者不如后者实用,在现实中更多的是使用K-匿名模型进行隐私风险评估,例如GB/T 42460中就给出了使用K-匿名模型计算重标识概率和风险的详细指引,对于差分隐私模型反而没有提及。K-匿名模型虽然不完美,但是很直观,便于一般的工作人员掌握和使用。差分隐私模型为了确保能应用于所有场景、与攻击者背景知识无关,其实是高度抽象的。最核心的参数ε,表面上其物理意义是明确的,代表了隐私预算或者隐私损失;但是在一个实际场景中,参数ε应该设置为多少才可以被认为是有效保护了隐私?如何将ε换算为重标识概率?这些关键问题,即使在学术界都还有很大争论,更不用说在实务界如何让一般的工作人员掌握和使用了。对于一些前沿探索领域,例如评估联邦学习中的隐私风险,此时的数据处理过程很复杂,用K-匿名模型无法刻画本地模型的梯度数据中的隐私风险,使用差分隐私模型是主流。但对于本节介绍的大部分简单、实用的去标识化操作,用K-匿名模型进行隐私风险评估在企业实践中是主流方案。

8.1.5 去标识化技术和模型的选择

当企业需要对个人信息进行去标识化处理时,需要从上述众多的去标识化技术和隐私模型中选择最合适的工具来进行去标识化操作。本小节首先描述企业在做选择时,需要全面考虑哪些因素,然后再对去标识化技术和隐私模型做一个系统的比较。

1. 选择时需要考虑的因素

首先是重标识的风险。虽然攻击者不能直接从去标识化处理后的个人信息中识别出信息主体,但是攻击者仍然可以采用数据关联、概率推理等手段试图获知已被去除的个人信息主体身份,即把去标识化的数据集重新关联到原始个人信息主体,这个过程称为重标识或重标识攻击。重标识风险是指攻击者成功实施重标识攻击的风险。GB/T 42460给出了测算重标识风险的方法和示例。

其次是不同的使用场景对去标识化的影响。去标识化处理后的个人信息应用于不同的场景,这些场景的公开程度不同,可能引发的重标识风险和对去标识化的要求是不一样的,如表8-2所示。其中完全公开共享指数据一旦共享,很难召回,一般通过互联网直接公开发布;受控公开共享指通过数据使用协议对数据的使用进行约束,包括禁止信息接收方发起对数据集中个体的重标识攻击;禁止信息接收方关联到外部数据集或信息;禁止信息接收方未经许可共享数据集。飞地内公开共享:指在物理或者虚拟的安全飞地范围内共享,数据不能流出到飞地外。

表 8-2　不同应用场景的公开程度对去标识化的影响

应用场景的公开程度	可能的重标识风险	对去标识化的要求
完全公开共享	高	高
受控公开共享	中	中
飞地内公开共享	低	低

最后还要考虑去标识化对数据有用性的影响。对数据集进行去标识化,会改变原始数据集,可能影响数据有用性。业务应用使用去标识化后的数据集时应充分认识到这一点,并考虑数据集变化可能带来的影响。

2. 常用的去标识化技术和隐私模型的比较

表 8-3 列出了 GB/T 37964 对常用的去标识化技术和隐私模型的特性比较,可作为实践中选取合适技术和模型的参考依据。

表 8-3　常用去标识化技术和模型的比较

类别	子类	输出数据类型	数据记录级保真性	适用数据类型	适用属性类型	降低分离风险	降低关联风险	降低推导风险	计算消耗
统计技术	抽样	微数据	√			部分	部分	部分	低
	聚合	统计数据		连续数据	所有	√	√	√	低/中[1]
密码技术	确定性加密	微数据	√	所有	所有	×	部分	×	中
	保序加密	微数据	√	所有	所有	×	部分	×	中
	同态加密	微数据	√	所有	所有	×	×	×	高
	保留格式加密	微数据	√	所有	所有	×	×	×	高
	同态秘密共享	微数据	√	所有	所有	×	×	×	高
抑制技术	屏蔽	微数据	√	分类数据	局部标识符	√	部分	×	低
	局部抑制	微数据	√	分类数据	标识符	部分	部分	部分	低
	记录抑制	微数据	√			部分	部分	部分	低
假名化技术		微数据	√	分类数据	直接标识符	×	部分	×	低[2]/中
泛化技术	取整	微数据	√	连续数据	标识属性	×	部分	部分	低
	顶层与底层编码	微数据	√	有序数据	标识属性	×	部分	部分	低

续表

类别	子类	输出数据类型	数据记录级保真性	适用数据类型	适用属性类型	降低分离风险	降低关联风险	降低推导风险	计算消耗
随机化技术	噪声添加	微数据	×	连续数据	标识属性	部分	部分	部分	低
	置换	微数据	×	所有	标识属性	部分	部分	部分	中
	微聚集	微数据	×	连续数据	所有	×	部分	部分	中
数据合成技术		微数据		所有	所有	√	√	√	低/中[3]
差分隐私模型		微数据	×	所有	标识属性	√	√	部分	中/高[4]
K-匿名模型		微数据	√[5]	所有	准标识符	√	部分	×	高

注:1. 如果需要多次进行不同的聚合;2. 如果不需要查看映射表;3. 如果需要多次进行;4. 如果需要进行查询管理;5. 除非K-匿名是基于微聚集实现的。

8.2 密态个人数据处理技术

传统的密码技术(如加密、签名、哈希、消息认证码、身份认证、密钥协商等)能够提供个人数据在传输、存储和访问等环节的保密性和完整性。但是在数据处理计算过程中,一般先要将密文解密成明文,再进行计算,因而对处理计算过程缺乏有效的技术保护手段。本节讨论的隐私增强技术,可以在个人数据处于加密状态的情况下,直接对密文进行处理,因而称之为密态个人数据处理技术。只要攻击者没有获得解密密钥,即使侵入了企业的计算系统,所获得的个人数据也只是一堆乱码,这就大大增强了对个人数据的保护。另外,密态个人数据处理技术在一些场景下还能增强个人数据的有用性:也就是在不对加密的个人数据解密的条件下,去处理获得一些有用的信息。但要强调的是:不是所有情况下对密态个人数据处理技术的使用都是合规的,这不光取决于密态数据处理技术本身的安全性,还取决于这一处理行为是否获得用户的同意授权等合规性要求,具体分析参见8.4.1小节的讨论。

密态个人数据处理技术可分为基于高级密码学的技术(包括同态加密、安全多方计算)和基于可信硬件的技术(如可信执行环境),下面分节予以介绍。本节聚焦于这些技术的内在逻辑、技术特点、理论可行性、实际可用性和潜在应用场景等方面,至于具体的方案构造和技术实现,由于涉及复杂的密码学和硬件知识,本节不展开讨论,相关资料参见本章扩展阅读部分。

8.2.1 同态加密

同态加密(Homomorphic Encryption, HE)是指对加密的数据进行某种计算得到一个输出,将这一输出进行解密,其结果与用同种方法计算未加密的原始数据得到的输出结果一致。我们自然希望具有这种性质的计算是通用计算。通用运算包括基本的加法和乘法等代数运算、各种比较类型的逻辑运算,以及由这些基础运算(通常也称为"基础算子")组合而成的包含算术和逻辑类的衍生算子。这里面最重要的是加法和乘法运算,利用加法和乘法可以构造任意的计算方法。

目前的同态加密实现多为非对称加密算法,即所有知道公钥的参与方都可以加密、执行密文计算,但只有私钥所有者可以解密。按照支持的运算来划分,目前的同态加密方案可以分为部分同态加密方案(Partially Homomorphic Encryption, PHE)、类同态加密方案(SomeWhat Homomorphic Encryption, SWHE)、全同态加密方案(Fully Homomorphic Encryption, FHE)三类。

1. 部分同态加密和类同态加密

假设 $E(\cdot)$ 代表加密方案,$\oplus$ 与 $\otimes$ 代表特定的代数运算(在一些场景下可以理解为就是+和×运算)。如果对所有的明文 a 和 b,都有:$E(a) \oplus E(b) = E(a+b)$,则称加密方案 $E(\cdot)$ 具有加法同态性质;如果对所有的明文 a 和 b,都有 $E(a) \otimes E(b) = E(a \times b)$,则称加密方案 $E(\cdot)$ 具有乘法同态性质。部分同态加密方案或者具有加法同态性质,或者具有乘法同态性质,但不同时支持加法和乘法运算。

研究者很早就发现一些常用的加密方案其实都是部分同态加密。例如,RSA加密是建立在因子分解困难性假设基础上的公钥加密算法,使用电子密码本模式(electronic code book)进行加密时,RSA加密方案具有乘法同态性,但不具有加法同态性。建立在计算有限域上离散对数困难性假设基础上的ElGamal加密具有乘法同态性,它是一个概率公钥加密算法,既能用于加密又能用于数字签名。建立在合数模的高阶剩余计算困难性假设基础上的Paillier公钥加密具有加法同态性,这种同态性表现为 $E(a) \times E(b) = E(a+b)$,这对应于定义中 $\oplus$ 为乘法运算的情况。另外一个较为特殊的例子是Goldwasser-Micali公钥加密方案,建立在计算以合数为模的二次剩余困难性假设基础上,具有对异或运算的同态性,该方案对数据的加密只能逐比特进行。上述加密方案中只有RSA加密是确定性加密,其他方案都是概率加密方案。概率加密方案每加密一次就需要选择一个随机数,对于同一个数加密多次的结果都不相同,因此这些概率加密方案都是语义安全的。部分同态加密方案的构造没有规律可循,主要是利用数论和近世代数中某些代数运算的性质结合某些计算困难问题构造具有部分同态性的公钥加密方案,构造的方法见仁见智。

还有一种类同态加密(Some What Homomorphic Encryption,SWHE),支持对密文进行有限次数的同态加法和同态乘法。例如Boneh等人提出的基于双线性映射的PKE方案可以支持有限域上无限次数的密文间加法运算和仅一次密文间的乘法运算。

2. 全同态加密

全同态加密方案支持加法同态和乘法同态,而且对运算次数(称为计算深度)没有限制,即任何类型的计算,理论上可以支持任意的密文计算。自从2009年Gentry基于理想格提出了第一个真正意义上的全同态加密方案,全同态加密研究得到飞速发展,至今已经发展出了四代全同态加密。除了Gentry最早的工作代表了第一代,BGV(Brakerski-Gentry-Vaikuntanathan)、BFV(Brakerski-Fan-Vercauteren)、TFHE(fully homomorphic encryption over the torus)和CKKS(Cheon-Kim-Kim-Song)是应用最广泛的全同态加密算法,涵盖了第二代到第四代全同态加密构造方案(BGV、BFV是第二代,TFHE是第三代,CKKS是第四代)。值得指出的是,全同态加密方案的四代构造并非改进与替代的关系,而是各具特点和适用场景。正因如此,当前学术界呈现出上述四种算法同步发展的现状[①]。

总的来说,第二代和第四代全同态加密算法均可通过高效的明文打包技术实现对多个明文的并行计算,适合计算量较大的数值计算,其中第二代适用于需要精确计算的场景而第四代面向近似计算场景;第三代全同态加密算法不支持明文打包,但其设计结构对于逻辑运算友好,能够高效地完成逻辑门形式的密文运算。

3. 应用场景和问题分析

同态加密是最为直观的密态数据处理技术,具有"数据加密—密文计算—结果解密"的应用模式,可广泛应用于个人数据在计算环节的隐私保护,只要攻击者没有获得解密密钥,即使控制了进行计算的机器,也无法获得个人信息。

部分同态加密方案是较为实用的公钥加密方案,但由于其所支持的运算的局限性,一般很难完全基于部分同态加密独立设计一个隐私保护计算方案,但是部分同态加密通常作为核心组件被用于构造各类隐私保护计算方案,例如前文提到的基于同态加密实现的个人信息去标识化方案,以及各类联邦学习协议中经常采用Paillier加法同态加密来保护训练过程中的局部模型的梯度更新等中间参数不被泄露。

全同态加密方案在过去的十余年间经历了快速发展。然而,目前主流的全同态

---

① 霍炜,郁昱,杨糠,等.隐私保护计算密码技术研究进展与应用[J].中国科学:信息科学,2023,53(9):1688-1733.

加密方案的开销(主要是计算复杂度和密文规模大小)仍然大大超出了企业能够承受的范围,离实用化还很远,还没有看到商业应用。此外,尽管第二代到第四代全同态加密在不同的应用场景中各有所长,例如,第二代和第四代高效的明文打包技术适用于矩阵运算、第三代支持高效的非线性函数运算等,但仍然缺乏一种通用的方案能够同时提供上述优点,这也会给实际应用带来困难。

8.2.2 安全多方计算

安全多方计算(Secure Multi-Party Computation,SMPC)可以实现多个参与方协同计算关于秘密数据的任意函数,除函数输出外不泄漏任何其他信息。通过安全的算法和协议,参与方将明文形式的数据加密或转化后再提供给其他方,任一参与方都无法接触到其他方的明文数据,从而保证各方数据的安全。而函数的输出则由参与方事先约定,并固化在SMPC协议里,确保除了事先约定的输出,不会有任何其他信息的泄露。当某一项个人信息处理任务需要使用多个参与方掌握的个人数据时,MPC确保这些个人数据在计算过程中始终处于加密状态,而且计算结果不超出事先约定的范围,因而为个人数据提供了计算环节的有效保护。

1. SMPC的安全目标和安全假设

由于SMPC涉及多个参与方之间的交互,因而其安全目标和安全假设远远比一般的密码学方案要复杂。首先,任何一个SMPC需要实现隐私性和正确性这两个基本安全目标。隐私性保证各参与方除自身输入的秘密数据以及既定函数计算输出结果外,无法获得其他任何信息;正确性保证若各参与方均遵守SMPC协议完成了计算,那么所有用户都应该获得预先协商函数的计算结果(而不是其他函数)。即使参与方中存在内部攻击者,这两个安全目标仍需保证。

SMPC可以对参与方中攻击者(敌手)的能力有不同的假设。

(1) 敌手行为。如果敌手是半诚实(semi-honest)的,那么它必须按照SMPC协议参与交互,但可以通过观察协议记录获取更多的信息,其主要目的是通过参与SMPC协议挖掘其他参与方的隐私信息(输入信息)。恶意(malicious)的敌手能够运行任何攻击策略和发送任意消息来攻击SMPC协议,其主要目的是妨碍其他方获得正确的计算结果。半诚实敌手也称被动(passive)敌手,恶意敌手也称主动(active)敌手。基于恶意敌手假设的SMPC协议可以抵抗更强的攻击。

(2) 安全门限。假设一个SMPC协议的总参与方数目为n,根据参与方中敌手合谋的可能,可将SMPC的安全门限分为诚实大多数和不诚实大多数。诚实大多数(Honest Majority)情况下,可能合谋的敌手人数小于$n/2$;不诚实大多数(Dishonest Majority)情况下,可能合谋的敌手人数大于等于$n/2$。基于不诚实大多数假设的

SMPC协议可以抵抗更强的合谋攻击。

根据敌手能否阻止诚实参与方获得函数输出，SMPC的安全性可分为3个不同等级：中止安全，不诚实参与方在获得函数输出后，可以阻止诚实参与方获得输出。中止安全是在不诚实大多数情况下能达到的最好结果。公平性，要求所有参与方要么都获得函数输出，要么都不能获得函数输出，这要求大部分参与方是诚实的。保证输出送达：要求所有参与方一定获得函数输出，这也要求大部分参与方是诚实的。从输出可达的角度来看，有中止安全＜公平性＜保证输出送达；但从SMPC协议执行效率上看，满足中止安全的SMPC协议效率最高，因而研究者通常只考虑要达到这个安全等级。

2. 通用SMPC的技术路线

目前SMPC主要有两条实施技术路线，包括通用SMPC和面向特定问题SMPC。前者可以解决各类计算问题，但是这种"万能型"的技术路线通常体系庞大，各种开销较大；后者针对特定问题设计专用协议，如隐私集合求交（PSI）、隐私信息检索（PIR）等，往往能够以比通用安全多方计算协议更低的代价得到计算结果，但是需要领域专家针对应用场景进行精心设计，因而设计成本较高。

通用SMPC解决方案主要包括基于秘密共享（secret sharing）的方法和基于混淆电路（garbled circuit）的方法。

SMPC主要考虑3种计算模型，布尔（Boolean）电路、算术电路和RAM程序，针对前两种计算模型的SMPC协议效率显著优于针对最后一种计算模型的SMPC协议。因此，大部分设计仅考虑两种电路计算模型。

（1）基于秘密共享的SMPC。秘密共享通过将秘密信息分割成若干秘密份额并分发给多人掌管，以此来达到风险分散和容忍入侵的目的。一般来说，一个秘密共享方案由一个秘密分割算法和一个秘密重组算法构成，包含秘密分发者、秘密份额持有者还有接收者三类角色。秘密分发者持有秘密信息并且负责执行秘密分割算法，并将秘密份额分发给秘密份额持有者。接收者是试图重组秘密信息的一方。当接收者希望重组秘密信息时，将从一组授权的秘密份额持有者中收集秘密份额，并执行秘密重组算法计算秘密信息，当有充足的秘密份额就可以重新恢复出秘密信息。一个参与方可以同时承担多个角色。

基于秘密共享的SMPC解决方案采用基于秘密共享的方式实现各类通用计算，中间计算值以秘密份额的方式存在。在此基础上进行应用层算法的指令改写，构造安全多方计算的电路实现秘密份额上的基本运算，如加法、乘法、比较等。基于秘密共享方法的SMPC协议通信轮数与电路的深度呈线性关系，所以在相同的计算需求背景下，通信轮数更多。

（2）基于混淆电路的SMPC。混淆电路则是将任何函数的计算问题首先转化为由"与"门、"或"门和"非"门组成的布尔逻辑电路,再以门为单位,对电路中的每个门进行加密和扰乱。具体操作是:每个门都对应一个真值表。对真值表中的0/1进行加密,并对真值表中的输入和输出进行混淆操作,每个参与方掌握自己的明文输入与密文之间的对应关系,就构建起了一个输入和输出都是密文的电路,确保对密文计算的过程中不会对外泄露计算的原始数据和中间数据。

基于混淆电路的安全多方计算解决方案其通信轮数与电路深度无关,因此在机器学习训练等较深的电路需求背景下,总通信轮数更少,但总通信量更大。

一般来说,秘密分享方法具有较低的通信带宽,但轮数复杂度为$O(d)$,适用于低延迟网络(例如局域网),其中d表示电路深度;混淆电路方法的轮数复杂度为$O(1)$,但需要较高通信带宽,适用于高延迟网络(例如广域网)。此外,秘密共享方法可以高效地支持加法和乘法等算术运算,但难以高效支持复杂的运算如浮点计算;而混淆电路方法理论上可以通过门电路实现任意逻辑运算,但由于其通信量较大,对网络带宽要求较高。也有将两者结合起来的SMPC解决方案,例如使用秘密共享方案实现加法和乘法,而对于更加复杂的执行逻辑则采用混淆电路方案。

3. 面向特定计算问题的SMPC技术路线

在具体的应用场景中,已经有不少针对特定问题的SMPC解决方案,例如隐私集合求交集(Private Set Intersection, PSI)、隐私信息检索(Privacy Preserving Information Retrieval, PIR)、安全多方统计(Privacy Preserving Statistical Analysis, PPSA)、保护隐私的数据挖掘(Privacy Preserving Data Mining, PPDM)等。下面主要介绍PSI和PIR[1]。

(1)隐私集合求交集PSI。PSI指通过一系列底层的密码学技术,允许参与方使用各自的数据集合计算交集,且不会泄露交集以外的任何数据,在黑名单共享、营销匹配等现实场景中有广泛应用。近些年PSI技术在理论和工程实现上均得到迅猛发展,一些PSI协议可以达到上亿量级的数据处理能力。根据底层所用技术的不同,PSI可以分为基于公钥加密机制的PSI、基于电路的PSI和基于不经意传输(OT)协议的PSI三类。一般地,基于公钥加密机制的PSI通信复杂度和计算复杂度都与集合大小成线性关系,虽然通信复杂度在几类PSI中最低,但是计算开销随着集合增大变得非常高;由于计算交集的整个逻辑(或算术)电路的门数和深度很大,基于电路的PSI计算效率很低;随着OT协议的快速发展,基于OT协议的PSI在时间复杂度和通信复杂度均得到很大提升,特别适用于大规模数据交集计算。目前,基于公钥加密机制的PSI由于其原理的简洁性,在工业中的应用较为广泛。

(2)隐私信息检索PIR。PIR是客户端从数据库检索信息的一种方法,且数据库无法知道客户端检索的具体信息,保护客户端的隐私安全。一个简单的实现方案是

---

[1] 中国信息通信研究院. 隐私保护计算技术研究报告[R]. 2020.

数据库把所有数据发送给客户端，但是通信复杂度是线性的，且无法保护数据库安全。因此 PIR 的一个重要目标是降低协议执行过程中的通信复杂度。此外，能够同时保证客户端和数据库隐私安全的 PIR，称为对称的 PIR（Symmetrical PIR，SPIR）。根据数据库副本的个数分为多副本 PIR 和单副本 PIR。多副本 PIR 协议要求多个数据库副本之间不能合谋，这在现实场景中很难满足，因此考虑更多的是单副本 PIR。单副本 PIR 只能达到计算安全（Computational PIR，CPIR）。在大多数 PIR 方案中，总是假设客户端知道想要检索的是数据库的第几个比特（单比特）。但是在现实场景中，客户端往往是根据关键字检索（并不知道该关键字对应数据库的具体位置），且希望取回的是字符串（多比特）。总而言之，一个实用的 PIR 通常需要满足对称、单副本、按关键字检索、返回字符串等多个条件，并达到计算效率和通信效率的平衡。通过同态加密、OT、单向陷门函数等密码学技术，可以满足或部分满足上述条件。

4. 应用场景和问题分析

与其他隐私增强技术的融合应用：目前的 SMPC 虽然比全同态加密要更加实用化，但因为用到相对复杂的密码学运算，还是需要消耗大量的计算和通信资源，只适用于小规模数据，并且应用主要是聚焦相对简单的统计、查询等类型的计算。所以其主流的应用模式主要是融入其他隐私计算解决方案中，例如与联邦学习的结合，在样本对齐阶段通过隐私集合求交来实现参与方公共样本 ID 的发现；在联邦模型训练阶段，可以通过基于秘密分享的 SMPC 来实现对中间计算结果的保护。

计算和通信成本控制：降低 SMPC 的计算和通信开销是当下 SMPC 演进的主流方向，主要呈现两大技术路径：一是聚焦减少算法的计算量和协议消息交互量，通过压缩算法、采样、抽样等方式减少计算和通信开销，从而实现计算和通信效率的提升；二是通过新的密码学技术和设计新的算法协议，结合硬件加速技术（如 GPU、FPGA、ASIC 加速）和专有算法实现硬件来加速计算量较大的环节和步骤，进一步实现计算效率的提升。

计算结果可能泄露隐私信息：SMPC 虽然确保了输入的个人数据一直处于密态，但是不能防止计算结果向参与方泄露个人信息。虽然计算结果是可控的，由参与方事先约定并固化在 SMPC 中，但技术本身并不能保证对计算结果中包含的个人信息的使用是合规的。一方面，可以结合差分隐私技术，对计算结果进行技术处理，确保其隐私泄露风险在允许范围以内；另一方面，需要采用管理手段，确保 SMPC 的结果输出是合规的。

8.2.3 基于可信硬件的技术

虽然通过密码学方法（如前述的同态加密和安全多方计算）也能实现密态个人数

据处理的功能,但这些方案的实现依赖于大量的复杂密码计算,即使可以通过GPU等加速器提升计算效率,仍然会因为存在性能瓶颈而难以大规模应用。另一个思路,则是以计算机硬件隔离为基础,通过数据加解密和特权指令执行提供安全的计算处理服务。攻击者即使控制了用于处理的计算机,所能拿到的数据还是处于加密状态;而在安全隔离的硬件环境内,数据是以明文的形式处理计算的,从而消除了计算瓶颈。

目前主流的基于可信硬件的隐私保护技术是通过在基于硬件的可信执行环境(Trusted Execution Environment,TEE)中执行计算来保护个人数据应用中的隐私安全。TEE通常采用隔离部分软硬件资源的方法构建安全区域(也称为安全飞地Enclave),确保在其中运行的程序的代码完整性、数据机密性和完整性不受外部干扰。

1. TEE的基本原理

具体而言,一个可靠的TEE需要提供四方面的安全保障:① 数据隔离,即要求一个可信应用使用的数据不能被其他应用访问、修改,包括可信应用的数据对外部操作系统隔离以及多个可信应用之间的数据隔离;② 计算隔离,即要求可信应用的计算资源不能被其他应用观测和拦截,同时需要清理可信应用执行后的痕迹,并防御来自侧信道的攻击;③ 通信控制,即要求非可信应用和可信应用、多个可信应用之间的会话和数据交互不能破坏隔离性;④ 错误隔离,即要求非可信区域的安全漏洞不能扩散到可信应用中。

为了确保上述四个安全保障,在使用安全飞地处理个人数据的过程中,TEE还需要提供以下的可信功能:

(1) 远程证明。这是使用TEE进行个人数据处理的必备步骤□当参与方A需要将个人数据(处于加密状态)传递给参与方B去处理,那么就需要检验B的程序的确是在TEE中运行,而且运行的程序代码(即对个人数据的处理)是A所预先认可的。在这一情况下,B的TEE需要能够向A提供"证明",来证实自己的确是符合A所预期的运行状态,这一运行状态除了TEE环境信息以外,也进一步包括对于所运行程序代码相关信息的核验。

(2) 可信信道。在A成功验证了B的TEE传递过来的证明之后,A也验证了B的TEE的身份信息和计算环境信息,便可以建立一条安全的可信信道(如基于B的TEE的证书建立的加密信道),用于后续的数据传输会话,从而确保A的个人数据在传输到B的TEE的过程中始终处于密态。

(3) 密封与隔离。安全飞地的内存区域是默认加密的,数据密封机制保证了安全飞地对数据的密封(加密)和解封(解密)过程,只能于同一安全飞地内进行,即便是外部高权限实体(VMM、BIOS、SMM)也无法解封并访问数据。而密封数据的存放,可以落于安全飞地外,通过只有安全飞地知晓的密钥进行加密,从而实现可信存储。

2. 主流计算机系统架构上的TEE

当前主流计算机系统架构包括x86、ARM、RISC-V、异构计算单元(含GPU)架构均在其设备平台中部署了TEE技术[①]。

基于x86架构的设备主要面向家用、商用服务领域,其优点在于高性能以及强兼容性。目前主要以Intel,AMD厂商为代表推动x86架构的发展。面向TEE的需求,Intel和AMD分别提出Intel软件防护拓展(SGX)和AMD安全加密虚拟化(SEV)技术。Intel SGX为计算机用户提供应用层TEE,用户可以将个人数据处理程序部署在SGX飞地(Enclave)内执行,但对于内核函数的调用则需要切换至非可信系统中执行。AMD SEV则为用户提供系统级的TEE,通过内存加密和虚拟化技术,直接构建面向用户的安全虚拟机系统。AMD SEV相比于SGX飞地在使用场景上有极大的拓展,且虚拟化和加密性能降低在可接受范围内,尤其适用于云环境下对租户提供安全计算平台的需求。因此后续Intel也推出可信区域拓展技术(TDX),实现虚拟化系统的可信隔离。

ARM在智能手机和物联网领域有着至关重要的作用。在数据中心、云端服务器和车联网领域,ARM也在快速发展,针对安全应用需求,ARM侧重于设计通用的TEE硬件基础。代表性设计就是ARM TrustZone,已在数十亿的移动终端和嵌入设备中运行。TrustZone通过设计处理器不同的处理模式,结合隔离内存等软硬件资源,将系统划分为安全和非安全两个世界。非安全世界运行一个丰富的软件栈,称为富执行环境(REE),由完整的操作系统(如Linux)和应用程序组成,它通常被认为是不可信任的。安全世界运行一个较小的软件栈,由可信操作系统和可信应用组成。TrustZone执行系统范围内的世界间隔离,并在富执行环境调用可信应用的服务时为世界切换提供受控的入口点。服务提供商通过在安全世界中部署独立于用户操作系统的可信应用,可为用户提供安全的个人信息处理服务。

RISC-V是新兴的开源指令集架构,因为其高度可定制性而受到学术界、嵌入式设备厂商等的青睐。研究者或厂商可以使用RISC-V来自行设计TEE架构,从而摆脱对传统厂商TEE设计的限制和依赖。有代表性的TEE包括Keystone和PENGLAI等。但是RISC-V自身的硬件可定制性带来了便利的同时也不可避免地带来了碎片化的问题。每个厂商或研究者设计出不同的硬件来实现自己的目标,但硬件彼此之间并不兼容,也没有统一的编程模型,因此难以推广,目前更多停留在学术界的尝试中。RISC-V官方社区正在推进的TEE设计有助于解决这一设计碎片化的问题。

对计算性能有高要求的计算机系统都普遍使用各种异构计算单元(如GPU、

---

① 张锋巍,周雷,张一鸣,等.可信执行环境:现状与展望[J].计算机研究与发展,2024,61(1):243-260.

DPU、NPU等各类专用加速器)来加速计算过程,这些异构计算单元通常是独立于CPU之外的硬件外设,拥有极高的数据吞吐量和强大的计算能力,也承担了绝大多数的计算任务,因而有必要为这些异构计算单元构建自己的TEE。代表性成果有:Graviton针对服务器GPU拥有独立内存的特性,设计了GPU TEE;StrongBox则是针对边缘端设备使用的共享内存GPU,为Arm边缘端统一内存GPU构建了TEE,解决了共享内存GPU面临的特殊安全问题。

3. Intel SGX示例

不同的计算机系统架构下的TEE实现差异很大。这里以应用最为广泛的Intel SGX为例,来说明其技术实现路径,如图8-1所示。

SGX是由Intel提出,基于CPU实现执行环境隔离的新一代硬件安全机制。SGX通过内置在CPU的内存加密引擎(Memory Encryption Engine,MME)以及安全飞地实现了应用程序运行安全和数据安全。Intel SGX允许应用程序实现一个被称为安全飞地的容器,在应用程序的地址空间划分出一块被保护的区域,将合法软件的安全操作封装在安全飞地中,为容器内的代码和数据提供机密性和完整性保护,免受拥有特权的恶意软件的破坏。当应用程序需要保护的部分加载到安全飞地后,保证只有位于安全飞地容器内部的代码才能访问安全飞地所在的内存区域,容器之外的任何特权和非特权软件都不能访问安全飞地内部数据。所有的安全飞地都驻留在EPC(Enclave Page Cache)中,EPC是系统内分配的一块被保护的物理区域。

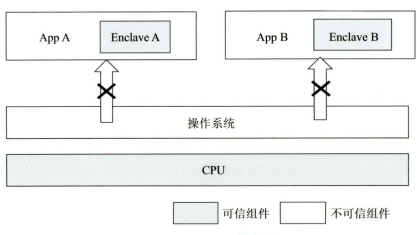

图8-1 Intel SGX基本原理

与ARM TrustZone不同,Intel SGX可信计算基缩小至CPU,支持一个CPU上运行多个安全飞地,相较将操作系统或特权软件作为可信计算基的TrustZone,安全飞地彼此相互独立,减少了潜在的攻击面,防止由单个恶意程序影响整个系统安全性。

由于目前服务器领域依然被x86架构主导,而ARM架构目前主要应用在手机、平板等低功耗设备,难于适用于大规模数据共享。因此,主流的TEE应用开源框架大多是基于Intel SGX的。具体包括Rust SGX SDK、Asylo（不限于SGX）以及libOS开源框架。

尽管Intel SGX能够保护重要应用程序的安全性，但是这些应用程序使用如C/C++等不安全的语言开发，仍然可能存在传统的内存安全漏洞。Rust SGX SDK是一个由百度安全实验室发起的开源项目，它将Rust语言和Intel SGX技术进行结合，可通过该项目用Rust语言编写Intel SGX应用程序。得益于Rust语言的内存权限管理等优势，程序员可以基于该SDK开发出没有内存安全漏洞的Intel SGX可信程序，且性能几乎没有额外开销。

Asylo是谷歌发起的开源隐私计算开发框架，它包含用于加密敏感通信的功能和服务。一般而言，在TEE中开发和运行软件需要专业的知识和工具，而且部署也需要与特定的硬件环境绑定。Asylo框架的目标是使得更多的开发人员能够便捷地开发使用TEE，并支持各种硬件——从企业内部系统到云端。

除了使用SDK开发TEE程序之外，另外基于libOS的隐私计算也开始流行。简单来讲，libOS在真实的操作系统上层准备了一份精简的操作系统作为软件的运行库，为软件提供了隔离、方便迁移等优势。为此，将libOS和主机的OS相互分离，使得两者能够快速和独立地进行升级，能够跨计算机迁移各个应用程序的运行状态，从而更好地保护系统和应用程序的完整性，每个应用程序之间都是相互独立的，只能通过libOS层面来进行通信。libOS的优点是可以便捷地将已有的程序迁移到TEE环境，而无须重新开发，其缺点是增大了可信计算基的内容（整个libOS也要是可信的）。目前支持SGX特性的libOS有Graphene、Occlum等。这些libOS提供通用的系统调用接口，可以透明地处理需要调用系统软件的所有安全飞地到不可信环境的转换。

4. 应用场景和问题分析

TEE是提供密态个人数据处理的一个基本方案。密码学方法（如前述的同态加密和安全多方计算）所能提供的功能，TEE都能提供，而且和前述的纯软件解决方案相比，具有较高的通用性、易用性和较优的性能。TEE的计算效率高，在安全飞地中是以明文的形式处理，除了硬件不同之外，与普通的数据计算并无本质不同。虽然TEE也用到了加密，但都是最基本的对称加密。需要注意的是：TEE中数据保护普遍采用内存加密的方式防止数据泄露，如果数据处理任务对内存访问过于密集，即使通过硬件电路支持加解密操作，其数据访问效率仍然低于明文计算，会一定程度上影响整体的处理性能。

现有的TEE技术也存在不同程度的缺陷，主要表现在以下几个方面：

（1）TEE共享资源的特性决定了其存在安全风险。虽然在设计TEE的过程中引入了新的加解密引擎、协处理器等，提供了更高程度的隔离，但TEE仍然复用主处理器和内存单元，这一方面保证了与不可信系统的数据交互的便捷性，但另一方面也导致TEE容易面临来自共享资源的侧信道攻击。已有报道表明，攻击者可能利用基于缓存溢出、页表故障、非法指令的访问甚至电源控制等攻击手段，导致TEE的机密性和完整性破坏。因此TEE技术下一步的研究重点是如何系统性地提升TEE的安全性，同时TEE的使用者也需要关注相关漏洞和研究进展。

（2）使用基于硬件的TEE方案必须要相信提供TEE的厂商。例如，TEE中的远程证明需要TEE厂商的参与，TEE的一些密钥和证书也是TEE厂商来管理。因此，TEE的国产化对于实现自主可控非常重要。国内的CPU芯片厂商海光、飞腾、兆芯、鲲鹏分别推出了支持TEE的技术Hygon-CSV、飞腾TrustZone、ZX-TCT和鲲鹏TrustZone，给出了Intel SGX的替代选择，是未来丰富可信计算应用场景的重要条件。

（3）底层硬件架构难以灵活切换。基于硬件的方案TEE不如纯软件的密码学方案可以灵活适应底层硬件。这将是下一步完善TEE的又一关键点。例如，将现有的TEE计算平台进行硬件架构适配，通过硬件抽象层使其同时兼容Intel SGX、ARM TrustZone、AMD SEV等多重CPU架构，在此基础上，持续拓展可信计算的计算场景，将TEE功能由CPU延伸到GPU、FPGA等计算平台，从而满足用户在不同运算场景下的安全需求。

8.3 联邦学习技术

本章介绍的最后一类隐私增强技术，是以联邦学习为代表的人工智能（Artificial Intelligence，AI）与隐私保护技术融合衍生的技术。这一类技术有鲜明的应用导向特征。使用AI技术来处理个人数据，是未来发展的趋势，不可阻挡。但是AI技术尤其是深度学习（Machine Learning，ML）技术的高度复杂性，使得极难对这一数据处理过程的隐私风险进行定量分析。已有的研究表明，针对AI处理的个人数据，现有的隐私保护方案（包括联邦学习）还有很多隐私和安全风险，而且还具有很高的隐蔽性。这一类技术目前在很大程度上还带有探索的性质，并不成熟，但却是未来隐私增强技术的重点发展方向。

8.3.1 联邦学习的基本概念

联邦学习（Federated Learning）是一种机器学习框架，由两个或以上参与方共同参与协作解决机器学习问题;参与方中的数据提供方①各自的原始个人数据不离开其安全控制范围(本地),不进行交换或传输,通过互相交换并聚合模型参数更新的方式完成机器学习。

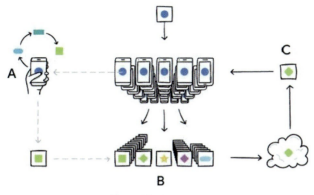

图8-2　Google基于联邦学习的语言预测模型更新

联邦学习最初是由Google公司提出,并将其应用落地。即通过一个中央服务器协调众多结构松散的智能终端实现语言预测模型更新(图8-2)。其工作原理是:客户终端(手机)从中央服务器下载现有预测模型,通过使用本地个人数据对模型进行训练,并将模型的更新内容上传至公司云端。训练模型通过将不同终端的模型更新进行融合,以此优化预测模型,客户终端再将更新后的模型下载到本地,过程不断重复。在整个过程中,终端个人数据始终存储在本地手机,没有上传云端。

1. 联邦学习的隐私风险

联邦学习的出现打破了传统机器学习的数据集中式训练模式。个人或者各个机构的原始个人数据不必流出本地,在企业集中汇聚再进行集中式的模型训练;而是各自使用本地原始个人数据参与本地模型训练,通过迭代、聚合等过程最终得到全局模型。这大大缓解了汇聚集中给个人数据带来的直接泄露问题,对于由数据驱动的机器学习的隐私保护具有里程碑式的意义。这也导致了对联邦学习特征的一种流行的、通俗的概括:(个人)数据不离开本地。但需要注意的是,虽然个人数据不离开本地可以防止直接泄露,但交换的本地模型的参数仍然包含个人信息,训练出来的全局模型也包含个人信息,已知的联邦学习并没有能够完全杜绝间接的个人信息泄露的风险。

概括地说,联邦学习的隐私风险主要表现在以下两个方面:

(1) 在模型训练阶段,由于系统中参数交互导致的数据泄露。在联邦学习架构中,参与方和服务器均有可能作为攻击者窃取其他参与方的隐私信息。若服务器是好奇或恶意的,参与方将本地模型参数上传到服务器后,服务器便可通过这些参数信

---

① 在联邦学习框架下,可以有些参与方不提供数据,虽然大多数参与方也都是数据提供者。

息逆向推断参与方的本地数据特征或其他隐私信息。若其他参与方是好奇或恶意的,便可通过接收服务器发送的聚合信息监听或窃取全局模型。此外,恶意参与方可以和其他参与方甚至服务器共谋,联合推导其他参与方的数据信息。

(2) 在模型预测阶段,由于模型的泛化能力不足导致的数据泄露。若机器学习模型泛化能力较弱,则在模型预测阶段遇到某些训练集中出现过的数据时,其输出结果与在训练集中未出现过的数据有明显不同。不可信的用户通过和模型多轮交互,可识别出某条记录是否属于训练集,若训练集数据包含的信息较敏感(例如训练集是某种疾病患者的数据集),则会导致个人隐私信息泄露。

后续的研究工作,则是综合运用本章已经介绍的隐私增强方法,减少联邦学习中的上述间接泄露的隐私风险(参见8.3.2小节)。在介绍这些工作之前,我们先总结一下联邦学习的特点和分类,从而意识到联邦学习在现实应用中可能出现的面貌是很复杂的。

2. 联邦学习的特点

联邦学习本质上来说是在保持训练数据去中心化分布的基础上,实现参与方数据隐私保护的特殊分布式机器学习架构,且基于联邦学习协同构建的机器学习模型与中心化训练获得的机器学习模型相比,性能几乎是无损的。但因其应用场景的不同,也使得联邦学习具有一些区别于传统分布式学习的特性:

(1) 对数据的自主控制。数据提供方作为对训练数据的拥有者,对本地数据有绝对控制权,可自主决定何时加入、何时停止参与计算和通信。

(2) 参与方不稳定。由于联邦学习不同参与方在计算能力、通信稳定性等方面存在差异,导致联邦学习相较于传统分布式机器学习存在参与方不稳定的情况。

(3) 通信代价高。由于联邦学习参与方的不稳定,使得通信代价成为联邦学习的效率瓶颈之一。

(4) 数据非独立同分布。在联邦学习中,不同参与方数据分布不同。如特征分布倾斜、标签分布倾斜、标签相同特征不同、特征相同标签不同等,不满足独立同分布。

(5) 负载不均衡。各参与方数据在量级上存在差异化,各参与方的数据量不平衡,且在联邦学习中无法进行负载均衡。

3. 联邦学习的分类

联邦学习可以从以下三个维度进行分类。根据参与方的性质,联邦学习可划分为跨机构(cross-silo)联邦学习和跨设备(cross-device)联邦学习。跨机构联邦学习指不同组织、机构之间,或者地理分离的数据中心之间的联邦学习,其特点是参与方数量少,各方的数据规模、质量等方面相对一致,技术实现相对简单;跨设备联邦学习指大量移动通信设备或物联网终端、边缘计算设备等之间的多方数据建模模式,其特点是参与方数量规模巨大,且各方的数据质量以及所处的网络、硬件环境相差较大,因此需考虑数据不平衡、设备性能不平衡、网络性能差等问题,实现难度较大。

根据技术架构的不同,联邦学习可以划分成中心化架构和去中心化架构。中心化架构中需要中央服务器作为协调方协助完成联邦学习过程,中央服务器及协调方程序通常部署于诚实的第三方中。去中心化架构中则没有处于中心地位、用以协调的第三方,如图8-3所示。

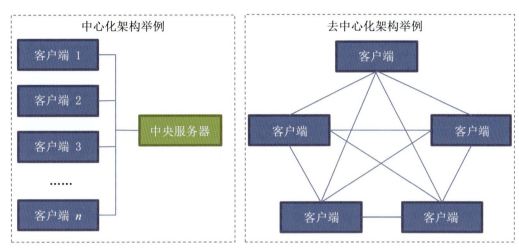

图8-3 联邦学习的中心化架构和去中心化架构

根据多方训练数据样本和特征空间的异同,联邦学习可划分为横向联邦学习(Horizontal Federated Learning,HFL)、纵向联邦学习(Vertical Federated Learning,VFL)和联邦迁移学习(Federated Transfer Learning,FTL),如图8-4所示。横向联邦学习中,各参与方的数据集特征重合较大,但是样本重合较小;横向联邦学习的本质就是通过"横向"扩展训练数据的样本空间(数目),实现基于样本的分布式模型训练,以此达到模型效果提升的目的。纵向联邦学习则与横向联邦学习相反,参与方数据集的样本重合度较高,但是特征重合度较低;纵向联邦学习的本质是通过"纵向"扩展训练数据特征空间的维度,实现机器学习模型的优化。当参与方的样本和特征重合度都极低的情况下,相应的联邦学习称为联邦迁移学习。

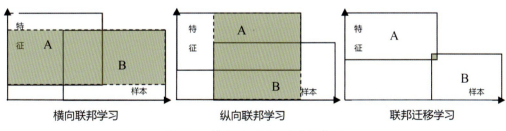

图8-4 横向、纵向、迁移联邦学习

8.3.2 联邦学习中的隐私保护

目前已经提出的隐私保护的联邦学习架构,最为典型的有两类:基于差分隐私的联邦学习和基于安全聚合的联邦学习。这两类架构均基于中央服务器是半可信或不可信实体的假设设计的。

1. 基于差分隐私的联邦学习

基于差分隐私的联邦学习使用噪声添加机制,各个客户端在将本地模型信息上传到中央服务器时添加服从特定分布的随机噪声(梯度扰动),从而令整个训练过程满足差分隐私。

假设中央服务器是可信的,可以通过对本地模型的聚合结果添加随机噪声,从而防止恶意客户端利用全局模型信息推测出其他客户端的本地数据;当中央服务器不可信时,加噪过程则需在客户端处实现,以保证本地数据不会因传递的模型信息而被中央服务器或其他客户端推测得到。需要注意的是,对各客户端而言,其整个训练过程中隐私损失会不断积累,即随着迭代次数的增加,隐私损失会逐渐增大。

另外,差分隐私机制还可以用来处理在模型预测阶段,由于模型的泛化能力不足导致的数据泄露。通过对模型的输出结果添加服从特定分布的随机噪声,可以有效降低攻击者识别出某条记录是否属于训练集的概率,从而控制模型使用造成的间接泄露的隐私风险。

基于差分隐私的联邦学习设计简单、易于部署,计算量小,但由于添加了额外的随机噪声,势必会影响模型的收敛速度,同时会明显降低模型的可用性。因此在联邦学习领域,如何在保证本地参数隐私保护程度不变的前提下,减少添加的噪声量,依然是应用差分隐私方法时亟待解决的一大关键研究问题。

2. 基于安全聚合的联邦学习

与基于差分隐私的联邦学习不同,基于安全聚合的方法主要通过同态加密或秘密共享的方式实现。该方法不添加额外噪声,允许上传的模型参数以加密或分割存储的形式流通,同时保证中心节点处聚合结果的准确性,故该方法不会影响模型的可用性。

(1)同态加密实现参数安全聚合。本章8.2.1小节介绍了同态加密,其本质是一种加密方案,能够保证在密文上进行加法或乘法运算后的结果解密后与在明文上计算得到的结果是等价的。利用同态加密实现联邦学习的参数安全聚合主要包含如下4个阶段:在密钥生成阶段,参与方随机选择各自的私钥,通过计算得出公钥;在模型训练阶段,参与方各自在本地数据上做局部模型训练得到梯度值;在数据处理阶段,参与方对梯度值进行Paillier加密或其他形式的加法同态加密;在参数聚合阶段,服务器在加密的参数上进行聚合,再将聚合后的参数分发给参与方,参与方解密后就可以更新本地模型参数。应用加法同态加密能够有效保证参与方在向中央服务器上传参数时参数信息的私密性。

（2）秘密共享实现参数安全聚合。本章8.2.2小节介绍了秘密共享是实现安全多方计算的一种常用技术。利用秘密共享技术实现联邦学习的参数安全聚合主要包含以下3个阶段：在参数分解阶段,各参与方将本地训练后得到的模型参数使用秘密共享技术分解为多个份额；在交换阶段,各参与方两两交换份额,保证均能持有自己的其中一份份额；在聚合阶段,各参与方在本地对持有的份额进行局部聚合后发送给中心节点,中央服务器再进一步进行全局聚合。

尽管上述方法能够在联邦学习过程中保证参数的高隐私性,但同时具有两个明显缺陷。一是通信代价高：联邦学习的每一轮训练过程都要求每一对参与方两两交换参数份额或加密参数,该方式将产生高昂的通信代价。二是容错能力差：在联邦学习过程中,参与方随机离线的情况时有发生,若某一参与方在与其他参与方交换信息后离线,无法成功将其参数发送给中央服务器,则导致最终无法得到一个正确的聚合结果。同时,若存在某个参与方是恶意攻击者,通过恶意上传模型参数,也将严重破坏模型的可用性。

另外,安全聚合机制只能用来处理模型训练阶段的间接泄露造成的隐私风险；无法像差分隐私的加噪机制一样去处理在模型预测阶段,由于模型使用造成的间接泄露的隐私风险。

8.3.3 联邦学习的应用及存在的问题

目前的机器学习是数据驱动的,需要使用到大量的个人数据来训练有用的深度学习模型。联邦学习最初是由企业在机器学习领域从实践的角度提出的,而且马上就得到了落地应用,这对于遏制机器学习中个人数据的无序使用具有非常正面的意义。直至今日,联邦学习也是AI处理个人数据时应用最为广泛的隐私保护机制[①]。

目前,从研究的角度来说,联邦学习中还有很多关键问题没有解决,联邦学习技术还远不如个人信息去标识技术、密态个人数据处理技术成熟；从实用角度来说,联邦学习存在隐私风险而且隐蔽性高,使用中是否合规还存在很大的疑虑。

"数据不离本地"并不能解决间接个人信息泄露带来的隐私风险,而且联邦学习应用中多方交互的高复杂性造成了这些安全风险隐蔽性高,不易被发现。联邦学习比集中式机器学习增加了分布式过程,其针对集中式机器学习的各类算法进行了拆分改造,并且将拆分后的计算参数分布到各参与方进行计算,同时通过多方交互的方

---

① 中国信息通信研究院.联邦学习应用安全研究报告[R].2023.

式来满足各拆分后参数的计算所需条件,从而完成计算。拆分后的计算参数在各参与方之间进行流转,参与方的当前状态亦随时序的变化而变化,在特定时刻下,不易确定参与方是否可根据其自身状态推导出其他参与方的个人信息,因此其中的安全风险具有很强的隐蔽性。可以说,复杂的算法逻辑和数学推导为这些隐私风险提供了很强的掩护,即使是专业研究者也难以发现。目前学术界还缺乏对于联邦学习的隐私保护效果进行刻画衡量的模型,因此也很难保证各类联邦学习方案里模型更新过程中的信息泄露是可接受的,这就给相关方案的合规审计带来很大障碍。

在通信效率方面,传统分布式机器学习中,服务器之间的网络连接状态稳定可控,数据满足独立同分布,能有效实现负载均衡;而在联邦学习中,各参与节点计算能力不一致、网络连接状态不稳定、数据通常非独立同分布,导致联邦学习的通信效率极易成为联邦学习应用的瓶颈之一。而且,当前许多联邦学习方案引入部分同态加密等技术来加密保护中间计算结果,加密会带来额外的计算代价,而且密文体积较大,这会进一步对效率造成不利影响。总之,如何设计联邦学习方案以取得通信效率和收敛速度的平衡,这仍然是学术界和产业界关注的焦点。

在模型的健壮性方面,由于联邦学习本质上是一种分布式机器学习,所以也面临着拜占庭将军问题。参与方中的敌手可在模型训练和模型推理阶段进行投毒攻击(Data Poisoning Attacks)以及逃逸攻击(Evasion Attacks)等,以此来降低模型的性能或为模型预留后门等,破坏模型的可用性。目前关于健壮性的讨论尚处在理论研究阶段,产业界考虑得更少。

8.4 隐私增强技术的总结与展望

本节首先分析隐私增强技术的合规问题,作为对隐私增强技术的总结。然后展望隐私增强技术的发展趋势。

8.4.1 隐私增强技术的合规问题

隐私增强技术虽然能够在一定程度上帮助保护个人信息,但并非专为保护个人信息而设计的合规工具。隐私增强技术的使用在本质上仍然是一种信息处理行为,在这一过程中所涉及的个人信息提供、加工、传输、使用等环节,均适用于相关法律法规对于个人信息处理的规制要求。隐私增强技术的使用是否合规,需要具体问题具体分析①。

1. 隐私增强技术有助于企业隐私合规的情形

隐私增强技术在以下几个方面有助于企业履行隐私合规的法定义务,为个人数据要素的合规流通与使用提供了一种可能的"技术解"。

(1) 隐私增强技术有助于企业履行安全保障义务。中国的《个人信息保护法》第27条和51条、欧盟的GDPR第25条和第32条都明确规定企业要采取相应的技术措施,保障个人数据安全。本章所介绍的隐私增强技术可以防止对个人信息未经授权的访问、减少个人信息泄露、篡改和丢失,还可以实现在不获知其他参与方原始的个人数据的情况下获得预先设定的对个人数据处理的结果信息(例如海量个人数据的统计信息)。因此,隐私增强技术有助于保障个人数据处理过程中各方的数据安全,能有效防范个人信息使用过程中的安全风险,可以被视为是一种加强数据安全的技术措施。因而,从法律层面来说,企业使用隐私增强技术属于履行法律要求的数据安全保护义务,有利于优化个人信息应用的安全环境和维护个人信息主体(用户)的权益。

欧洲数据保护委员会(EDPB)发布的《关于第25条的基于设计和默认的数据保护指南》(Guidelines on Article 25 Protection by Design and by Default)指出:"最先进的隐私增强技术可以被视为GDPR第25条要求采取的措施(如果适用于基于风险的方法)。"这在某种程度上从监管机构的角度赋予了隐私增强技术能够帮助履行合规义务的法律地位。目前在我国,由于《个人信息保护法》实施时间较短,可供参考的司法和执案例较少,司法机关和监管部门还没有作出如此明确的背书。

(2) 隐私增强技术有助于企业遵守最小必要原则。中国的《个人信息保护法》第6条、欧盟的GDPR第5条都将最小必要原则列为个人信息处理的基本原则,要求企业在收集个人信息时,应当限于实现处理目的的最小范围;在处理个人信息时,应当采取对个人权益影响最小的方式。在企业当中,个人信息使用环节复杂多变,很难确保最小必要原则得到遵守,也很难通过事后监督与审计机制进行追责。

隐私增强技术可以为这一管理难题提供一定程度上的"技术解"。首先,隐私增强技术使得个人信息在内部的使用过程中也不是以明文的方式出现的,从而有效防止个人数据在使用过程中被违规复制而导致的滥用,得以保证个人信息的机密性。其次,隐私增强技术可以通过技术手段限定初始的个人信息处理目的和使用范围,使得各参与方基于最初共同商定的范围来落实最小必要原则。最后,对于结果使用方而言,隐私增强技术可以使其从数据提供方处收集更少的个人数据来达到相同的数据处理目的,将"实现处理目的的最小范围"进一步缩小。

(3) 隐私增强技术有助于实现个人数据的去标识化。中国的《个人信息保护法》

---

① 隐私计算联盟. 隐私计算技术应用合规指南[R]. 2022.

第51条明确将"采取相应的加密、去标识化等安全技术措施"列为个人信息处理者的一项重要义务，国家标准GB/T 35273则进一步明确了去标识化的应用场景和安全要求。去标识化的内涵与欧盟GDPR第4条定义的假名化类似，都是指通过对个人信息的技术处理，使其在不借助额外信息的情况下，无法识别个人信息主体。

除了本章列举的第一类隐私增强技术是直接用于去标识化以外，其他类型的隐私增强技术也都能起到去标识化的作用。例如，多方安全计算、同态加密、零知识证明等技术能够在一定程度上对输入数据和输出数据提供隐私保护，也是在个人信息处理过程中实现去标识化的有效手段。

2. 不当使用隐私增强技术导致不合规的情形

由于普遍存在着对隐私增强技术的各种误解（例如，以为经过隐私增强技术处理后的个人数据"完全可用也完全不可见"），如果对隐私增强技术的适用范围和使用风险不加分析，也很容易出现不合规的情况。

（1）使用隐私增强技术处理个人信息没有取得个人同意。一种对隐私增强技术的常见误解，是只将其视为一种个人信息保护手段，认为其天然是正当的、合规的，无须再履行其他的保护义务。其实，隐私增强技术还有另一面，就是对个人信息的利用，从而释放数据价值，因而还是属于一种个人信息处理活动，仍然适用于相关法律法规对于个人信息处理的规制要求。

例如，有的企业认为使用隐私增强技术的各参与方并未直接处理其他方所收集的原始个人数据，所以使用隐私增强技术处理个人数据无须获得个人的授权同意。这其实是不合规的，因为未直接处理其他方所收集的原始个人数据，并不等于没有获得其他方所收集的原始个人数据中包含的个人信息，这里使用隐私增强技术处理个人数据的行为仍然是法律所定义的个人信息处理行为。如果不是法定许可的例外情形，没有获得个人的授权同意，即使是用隐私增强技术来处理个人数据，也违反了《个人信息保护法》第13条的规定。

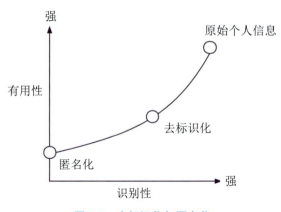

图8-5　去标识化与匿名化

(2) 将隐私增强技术处理后的个人信息当作匿名化信息处理。另一种常见的误解,是将法律上的去标识化(或者是欧盟GDPR中的假名化)与匿名化等同起来,认为被隐私增强技术处理后的个人信息是匿名化信息,不再属于个人信息,因而可以按照非个人信息来处理。与去标识化不同,法律上的匿名化有非常严苛的条件。《个人信息保护法》对匿名化的定义是"个人信息经过处理无法识别特定自然人且不能复原的过程"。欧盟的GDPR定义匿名数据为"与已识别或可识别的自然人的个人数据无关的数据",即数据主体"不可识别或不再可识别"。这里都要求只有确保被去标识化的数据不能够被重标识,才是匿名化。图8-5展示了去标识化与匿名化之间的差异。

隐私增强技术是基于密码学、统计学及可信硬件实现的一系列不同技术的统称,各类别的技术基于不同原理实现,在不同场景中能够达到的去标识化程度不能一概而论,需要具体分析。在使用隐私增强技术的某些场景下,计算结果本身就包含标识符,或者计算的目的就是要输出某些带有个人标识的结果(如隐私集合求交集)。在这些情况下,隐私增强技术甚至都达不到去标识化的"无法直接识别"要求。在另外一些使用隐私增强技术的场景下,虽然处理后的个人信息不再包含个人标识,属于去标识化的个人信息,但这些信息结合其他额外信息,还是可以被复原、被重新标识,因而不是匿名化信息。例如,多个企业使用联邦学习对用户行为进行建模时,参与方需要在终端收集用户的出行、消费等信息,训练得到本地的模型,然后将本地模型的梯度数据在参与方之间进行交换。梯度数据可以被视为去标识化数据,但在一定技术条件下仍然可以还原或部分还原原始的个人信息,因而梯度数据仍然属于个人信息,受到个人信息保护法律法规的规制。

目前还没有哪种隐私增强技术对于个人信息的去标识化处理被证明是绝对不可能被复原的或者重标识的,以至于学界基本上认为个人信息的绝对匿名化是做不到的(具体参见2.1.3小节的讨论)。而且,匿名化处理后的数据有用性保留得很少(图8-5),也不符合隐私增强技术在保护个人隐私的同时促进个人信息利用的设计目标。所以,对于隐私增强技术处理后的个人信息,一般来说还是要按照个人信息来对待。特殊情况下,需要进行隐私风险评估来判断其被重标识的风险,如果这一风险在当前的技术条件和资金投入水平下是很小的、可忽略的,才能按照监管机构的相关指南要求,判定为匿名化信息后,按照非个人信息处理。

(3) 以为隐私增强技术能够自动实现目的限制原则。如前所述,大部分的隐私增强技术支持使用者通过技术手段确保对个人信息的使用(主要是基于个人信息所计算出的最终结果)不超出初始设定的个人信息的处理目的和使用范围。但在现实场景中,这并不意味着就自动实现了目的限制原则。这里有一个必要的前提,就是隐私增强技术应用场景中各参与方事先已经对个人信息处理目的和使用范围达成了明确的约定,而这个处理目的是否明确合理、处理行为是否与处理目的直接相关、是否获得了用户的同意授权,这都是需要通过管理机制来解决的问题,无法通过隐私增强技术本身来解决。因此,在具体的场景下判断对隐私增强技术的使用是否合规时,还要考虑个人信息提供方将个人信息用于特定目的的信息处理行为是否与获得授权同意时告知的处理目的直接相关。后者在本质上是一个管理问题,寄希望于通过纯粹的技术手段来完全解决一个管理问题是不切实际的。

8.4.2 隐私增强技术的发展趋势

在当今数字化转型的浪潮下,无论是主动参与还是被动选择,企业都将成为数据要素市场的一员,如何合规地使用和共享个人信息会是企业面临的重要课题。而隐私增强技术是最优的技术选择,企业应当尽早理解该技术的必要性与发展趋势、率先结合业务进行产品调研与选型、学习同行的优秀实践,将隐私增强技术在业务中落地,这样才能充分撬动数据这一新型生产要素的价值,也才有机会打造新的业务场景与经济增长点。

1. 隐私增强技术是技术体系

从技术落地路线上来看,隐私增强技术是基于密码学、统计学及可信硬件实现的一系列不同技术的统称,各类别的技术基于不同原理实现,适用于不同场景、具有不同的技术特点,没有单独的技术路线能够兼具效率、安全、隐私多重维度。企业面临的实际问题,需要搭配多种隐私增强技术才能解决。因而,这些技术的融合发展必然是未来的发展趋势,市场上必然以多种隐私增强技术融合的解决方案交付为主。

2. 技术需要和管理、法务紧密结合

隐私增强技术在业务中落地需要管理团队、管理流程的配合。隐私增强技术往往只解决整个业务流程中的某一隐私保护问题,技术能否发挥好预期的作用,取决于流程上下游的有效配合。隐私增强技术的合规分析,涉及技术与法律两大专业领域的碰撞与融合。对法律专家而言,判断技术的合规性,需要理解通过技术语言描述的数据处理行为,将其与法律条文的规定相对应,进而判断相关行为属于何种法律行为,会触发何种合规风险。对技术专家而言,了解技术应用合规性,也需要经历从技术到法律的认知转变。这种涉及跨专业的沟通往往会引发一些认识和理解上的偏差,需要技术和法务专家的紧密合作才能消除。

3. 迫切需要降低技术的性能开销

目前的主流隐私增强技术,无论是基于密码学的、可信硬件的,都存在性能瓶颈。对于面向机器学习的隐私保护,由于需要处理海量的数据,隐私保护的开销更是可观。因而大部分的隐私增强技术,由于其性能开销,都还不能在大多数业务场景中实用化。虽然在过去的十年,随着隐私增强技术研究的快速深入,大部分性能开销已经

降低了数百甚至数千倍,但这仍然远远不够。在实际的公司业务线中,很多情况下部署隐私增强技术的性能开销达到5%就已经无法接受了,更不要说是几倍。所以,未来技术的研究重点就是要继续大幅降低隐私增强技术带来的性能开销。

扩 展 阅 读

隐私增强技术是目前学术研究的前沿。从2020年起,国际上每年都会举行隐私增强技术大会(The Annual Privacy Enhancing Technologies Symposium,PETS),会议网址为petsymposium.org,在历年的会议论文集中可以看到隐私增强技术的最新研究进展。

William Stallings 关于信息隐私工程的教科书 *Information Privacy Engineering and Privacy by Design* 只提到隐私增强技术里面最基础的内容,例如,K-匿名、L-多样性、T-接近性等。其他更进一步的内容可以参考专业书籍。

在个人信息去标识化方面,中国信息通信研究院于2023年11月发布的《数据清洗、去标识化、匿名化业务规程(试行)》在国家标准GB/T 37964的基础上,进一步将去标识化过程(包括前期的数据清洗过程,后继的匿名化过程)中涉及的具体工程实践和配套的管理流程做了详尽的描述,可供实务参考。

在隐私计算方面,我们推荐陈凯和杨强教授编著的《隐私计算》(电子工业出版社2022年版)和李伟荣编著的《深入浅出隐私计算:技术解析与应用实践》(机械工业出版社2022年版)。陈凯的书更加全面和权威,李伟荣的书则为隐私计算提供了一本很好的入门书。

在安全多方计算方面,我们推荐徐秋亮等编著的《安全多方计算》(科学出版社2024年版)和David Evans等编著的 *Pragmatic Introduction to Secure Multi-Party Computation*(Now Publishers 2019年版,有中译本)。安全多方计算在密码学中有很长的研究历史,也有很多相关书籍。徐秋亮的书是国内高等院校相关专业安全多方计算的最新教材。David Evans的书则反映了国际上在安全多方计算领域的最新进展,是该领域不可不读的权威著作。

在联邦学习方面,我们推荐这一领域的主要倡导者杨强教授编著的《联邦学习》和《联邦学习实战》(均由电子工业出版社2021年出版),这两本书分别从基础理论和实际应用两个角度完整介绍了联邦学习。薄列峰等编著的《联邦学习:算法详解与系统实现》(机械工业出版社2022年版)在很多技术细节上描述更为深入。

差分隐私是目前为止,对于隐私分析使用最多的理论模型。这一领域最权威的书籍是差分隐私概念的提出者 Cynthia Dwork 教授编著的 *The Algorithmic Foundations of Differential Privacy*(Now Publishers 2014 年版),但这本书数学味过浓。Joseph P. Near 等编写的 *Programming Differential Privacy*(有中译本)则从应用的角度,对于差分隐私的概念和使用作了很好的阐释。

隐私增强技术迭代较快,因此还可以关注一些国内和国外科研机构定期出版的关于隐私增强技术或者隐私计算技术的白皮书。例如,针对隐私增强技术的合规性问题,隐私计算联盟发布的《隐私计算法律与合规研究白皮书》《隐私计算技术应用合规指南》《隐私计算应用研究报告》有深入的讨论和分析。

附　　录

附录1　名词解释

中文名称	英文全称	英文缩写	含义解释
中华人民共和国个人信息保护法	Personal Information Protection Law of the People's Republic of China	PIPL	中华人民共和国的第一部个人信息权益保护法律，于2021年8月20日经十三届全国人大常委会第三十次会议表决通过，自2021年11月1日起施行
通用数据保护条例	General Data Protection Regulation	GDPR	欧盟的第一部全面性、体系性的个人数据保护法律，于2016年4月14日经欧盟议会通过，自2018年5月25日在欧盟成员国内正式生效实施
健康保险可携性和责任法	Health Insurance Portability and Accountability Act	HIPAA	美国于1996年通过并生效的联邦法律，旨在改善医疗保险的可携带性和连续性，简化医疗保险的管理，规制医疗健康服务活动对个人健康信息的非法收集和滥用
健康信息技术促进经济和临床健康法案	Health Information Technology for Economic and Clinical Health Act	HITECH	美国于2009年通过并生效的联邦法律，加强了HIPAA中的隐私规则并扩展了其适用范围
金融服务现代化法案	Gramm-Leach-Bliley Act	GLBA	美国于1999年通过并生效的联邦法律，除了排除银行跨业经营的限制、重整金融监理体制之外，在第五章专门设立了保护消费者个人信息隐私的条款，成为金融行业个人信息保护的关键联邦法律
儿童在线隐私保护法	Children's Online Privacy Protection Act	COPPA	美国于1998年通过、2000年生效的联邦法律，是第一部关于儿童在线隐私保护的法律
加州消费者隐私法	California Consumer Privacy Act	CCPA	美国州一级最重要的信息隐私法，2018年通过，并于2020年在美国加州生效
加州隐私权法	California Privacy Rights Act	CPRA	对CCPA的补充及完善，2020年通过、2023年美国加州生效

续表

中文名称	英文全称	英文缩写	含义解释
国际标准化组织	International Organization for Standardization	ISO	成立于1947年,是标准化领域中的一个国际组织,其主要活动是制定国际标准,协调世界范围的标准化工作,组织各成员和技术委员会进行情报交流,研究有关标准化问题
国际电工委员会	International Electrotechnical Commission	IEC	成立于1906年,是世界上成立最早的国际性电工标准化机构,负责有关电气工程和电子工程领域中的国际标准化工作
美国国家标准与技术研究院	National Institute of Standards and Technology	NIST	直属于美国商务部的组织,负责为美国建立国家计量基准与标准,是计量和标准技术方面的全球领导者
国际信息系统审计协会	Information Systems Audit and Control Association	ISACA	非盈利组织,为全球专业人士提供创新及世界级的知识、标准、网络、资格认证和职业发展,以领导、适应并确保在不断发展的数字世界得到信任
信息安全论坛	Information Security Forum	ISF	信息安全和风险管理领域中最有影响力的全球性协会之一,致力于帮助全球企业和非营利组织、政府机构更好地应对广泛的安全挑战,并通过开发最佳实践、方法和管理流程等形式,满足其会员的安全业务需求
云安全联盟	Cloud Security Alliance	CSA	中立的非营利世界性行业组织,致力于定义、提高和普及对云计算安全最佳实践的认识,以帮助实现安全的云计算环境
公平信息实践原则	Fair Information Practice Principles	FIPPs	20世纪70年代信息技术开始普及的初期形成的关于个人数据使用、收集和隐私保护的相关原则。虽然没有正式成为任何隐私立法的一部分,但这些原则在今天仍然具有相关性和影响力。许多国家和国际组织将它们作为如何处理个人数据的指南
数据保护官	Data Protection Officer	DPO	欧盟的所有处理大规模特殊类别数据的私营组织,必须任命的个人数据保护负责人,以确保GDPR合规
首席隐私官	Chief Privacy Officer	CPO	美国的大型IT企业任命的隐私合规负责人,在企业中的地位一般比DPO高
隐私设计	Privacy by Design	PbD	一种隐私保护思想,要求在系统设计的最初阶段将个人信息保护的需求"嵌入其中",成为系统运行的默认规则,而不是事后简单地"附加其上"

续表

中文名称	英文全称	英文缩写	含义解释
基于设计的和默认的数据保护	Data Protection by Design and by Default	DPbDD	GDPR中关于PbD的称呼
个人信息安全影响评估	Personal Information Security Impact Assessment	PIA	针对个人信息处理活动,检验其合法合规程度,判断其对个人信息主体合法权益造成损害的各种风险,以及评估用于保护个人信息主体的各项措施有效性的过程
数据保护影响评估	Data Protection Impact Assessment	DPIA	GDPR中关于PIA的称呼
欧洲数据保护监督机构	European Data Protection Supervisor	EDPS	是欧盟独立的数据保护机构,负责监督欧洲各机构、组织、办事处和机关对个人数据的处理。EDPS就与个人数据保护相关的新立法提案和倡议向欧盟机构提供建议,并与监管机构合作,确保欧盟数据保护规则的一致执行
欧盟数据保护委员会	European Data Protection Board	EDPB	欧盟依据GDPR的规定还设立的一个专门服务于GDPR的独立机构,负责对企业或组织的个人数据处理进行监督,对违法数据收集行为进行审计、调查、处罚和制裁。该委员会还负责对GDPR中的关键主题发布相应指引并进行具体阐释
欧盟网络和信息安全局	European Union Agency for Cybersecurity	ENISA	是欧盟网络和信息技术中心。它与欧盟成员国和私营部门密切合作,提供有关良好网络安全做法的建议。ENISA还支持制定和实现与国家/地区信息安全相关的欧盟政策和法律
美国联邦贸易委员会	Federal Trade Commission	FTC	是美国政府独立机构,成立于1914年,其主要任务是促进消费者保护及消除强迫性垄断等反竞争性商业行为,也是美国联邦最主要的隐私执法机构
隐私合规技术	Privacy Compliance Technology	CompTech	通过数字化、自动化、智能化技术减少人为干预,帮助企业开发自动化的个人数据处理流程来满足法律法规的合规要求,提升合规管理效能、降低合规成本的技术
隐私增强技术	Privacy Enhancing Technology	PET	通过密码学、系统安全、隐私计算等方法来提升隐私保护的效能,提升个人数据的可用性、更多地释放数据价值。一方面管控隐私泄露风险;另一方面调节个人信息处理中各参与方的利益,平衡个人信息保护与利用

续表

中文名称	英文全称	英文缩写	含义解释
同态加密	Homomorphic Encryption	HE	一种加解密方法,对加密的数据进行某种计算得到一个输出,将这一输出进行解密,其结果与用同种方法计算未加密的原始数据得到的输出结果一致
安全多方计算	Secure Multi-Party Computation	SMPC	可以实现多个参与方协同计算关于秘密数据的任意函数,除函数输出外不泄漏任何其他信息
可信执行环境	Trusted Execution Environment	TEE	采用隔离部分软硬件资源的方法构建安全区域,确保在其中运行的程序的代码完整性、数据机密性和完整性不受外部干扰
联邦学习	Federated Learning	FL	一种机器学习框架,由两个或以上参与方共同参与协作解决机器学习问题;参与方中的数据提供方各自的原始个人数据不离开其安全控制范围(本地),不进行交换或传输,通过互相交换并聚合模型参数更新的方式完成机器学习

附录2　术语等价表

中国	欧盟	美国
个人信息	个人数据	个人可识别信息
个人信息治理	(个人)数据治理*	(信息)隐私治理
个人信息保护	(个人)数据保护	(信息)隐私保护
个人信息保护政策	(个人)数据保护政策	(信息)隐私政策
(个人)信息主体	(个人)数据主体	隐私保护对象
(个人)信息处理者	(个人)数据控制者	收集和处理个人信息的主体
(接受委托处理个人信息的)受托人	(个人)数据处理者	
个人信息保护负责人	数据保护官	隐私官
个人信息安全工程	个人数据保护工程	隐私工程
隐私设计	基于设计的和默认的数据保护	隐私设计
个人信息保护影响评估/个人信息安全影响评估**	(个人)数据保护影响评估	隐私风险评估

　　*表中括号内的文字经常在上下文明确的情况下被省略;

　　**在《个人信息保护法》中称为个人信息保护影响评估,在GB/T 35273—2020《信息安全技术 个人信息安全规范》中称为个人信息安全影响评估,两者含义相同。

附录3　国外相关的标准与规范列表

1. ISO/IEC标准			
英　文　名　称	中　文　名　称	文　号	发布时间
Information security, cybersecurity and privacy protection-Information security management systems-Requirements	信息安全,网络安全和隐私保护—信息安全管理体系—要求	ISO/IEC 27001:2022	2022.10
Information security, cybersecurity and privacy protection-Information security controls	信息安全,网络安全和隐私保护—信息安全控制指南	ISO/IEC 27002:2022	2022.02
Security techniques-Extension to ISO/IEC 27001 and ISO/IEC 27002 for privacy information management-Requirements and uidelines	安全技术—对ISO/IEC 27001和ISO/IEC 27002的隐私信息管理扩展—要求和指南	ISO/IEC 27701:2019	2019.08
Information technology-Security techniques-Privacy framework	信息技术—安全技术—隐私框架	ISO/IEC 29100:2024	2024.02
Information technology-Security techniques-Guidelines for privacy impact assessment	信息技术—安全技术—隐私影响评估指南	ISO/IEC 29134:2023	2023.05
Information technology-Security techniques-Code of practice for personally identifiable information protection	信息技术—安全技术—个人可识别信息保护的实施准则	ISO/IEC 29151:2017	2017.08
Information technology-Security techniques-Code of practice for protection of personally identifiable information (PII) in public clouds acting as PII processors	信息技术—安全技术—个人可识别信息(PII)公有云上数据处理者的行为准则	ISO/IEC 27018:2019	2019.01
Information security, cybersecurity and privacy protection-Guidelines on personally identifiable information deletion	信息安全,网络安全和隐私保护—人可识别信息删除指南	ISO/IEC 27555:2021	2021.10

续表

英　文　名　称	中　文　名　称	文　号	发布时间
Information technology-Security techniques-Privacy engineering for system life cycle processes	信息技术－安全技术－系统生命周期流程中的隐私工程	ISO/IEC TR 27550:2019	2019.09
Information technology-Online privacy notices and consent	信息技术－在线隐私声明和同意指南	ISO/IEC 29184:2020	2020.06
Information technology-Security techniques-Privacy capability assessment model	信息技术－安全技术－隐私保护能力评估模型	ISO/IEC 29190:2015	2015.08
Information technology-Security techniques-Privacy architecture framework	信息技术－安全技术－隐私保护体系结构框架	ISO/IEC 29101:2018	2018.11
Privacy enhancing data deidentification terminology and classification of techniques	隐私增强数据去标识化技术和技术分类	ISO/IEC 20889:2018	2018.11
Information technology-Security techniques-Requirements for partially anonymous, partially unlinkable authentication	信息技术－安全技术－部分匿名、部分不可链接鉴别要求	ISO/IEC 29191:2012	2012.12
Information security, cybersecurity and privacy protection-Guidance on managing information security risks	信息安全,网络安全和隐私保护－信息安全风险管理指南	ISO/IEC 27005:2022	2022.10
Privacy protection-Privacy guidelines for smart cities	隐私保护－智慧城市隐私指南	ISO/IEC TS 27570:2021	2021.01

2. NIST标准

英　文　名　称	中　文　名　称	文　号	发布时间
NIST Privacy Framework v1.0: A Tool for Improving Privacy through Enterprise Risk Management	NIST隐私框架:通过企业风险管理改善隐私的工具	—	2020.01
Security and Privacy Controls for Information Systems and Organizations	信息系统和组织的安全与隐私控制	NIST SP 800-53	2023.11
An Introduction to Privacy Engineering and Risk Management in Federal Systems	隐私工程与风险管理指引	NIST IR 8062	2021.03

续表

英　文　名　称	中　文　名　称	文　号	发布时间
Guide to Protecting the Confidentiality of Personally Identifiable Information (PII)	保护个人可识别信息(PII)机密性指南	NIST SP 800-122	2010.04
Guidelines on Security and Privacy in Public Cloud Computing	公共云计算安全和隐私保护指南	NIST SP 800-144	2011.12
De-Identifying Government Datasets	政府数据集去标识化	NIST SP 800-188	2023.09
De-Identification of Personal Information	个人信息去标识化	NIST IR 8053	2021.04

参 考 文 献

[1] 孟洁,薛颖,朱玲凤.数据合规:入门、实战与进阶[M].北京:机械工业出版社,2022.

[2] 裴炜,陈鹏.数据合规实务全指引:关键场景与典型行业[M].北京:法律出版社,2023.

[3] 潘永建.数据保护官(DPO)法律实务指南[M].北京:法律出版社,2023.

[4] William Stallings. Information Privacy Engineering and Privacy by Design [M]. Boston:Addison-Wesley Professional,2019.

[5] William Stallings. Effective Cybersecurity:A Guide to Using Best Practices and Standards[M].Boston:Addison-Wesley Professional,2018.

[6] 安永,赛博研究院.2022-2023全球数据合规与隐私科技发展报告[R/OL].(2023-02-23). https://www.sicsi.org.cn/Upload/ueditor_file/ueditor/20230223/1677154576424425.pdf.

[7] Colleen McClain, Michelle Faverio, Monica Anderson and Eugenie Park. How Americans View Data Privacy[R/OL]. Washington, DC : Pew Research Center.(2023-10-18).https://www.pewresearch.org/internet/2023/10/18/how-americans-view-data-privacy/.

[8] Stuart E, Madnick. The Continued Threat to Personal Data:Key Factors Behind the 2023 Increase[R/OL]. Cupertino:Apple Inc. Report.(2023-12-1).https://www.apple.com/newsroom/pdfs/The-Continued-Threat-to-Personal-Data-Key-Factors-Behind-the-2023-Increase.pdf.

[9] ISACA. Privacy in Practice 2024[R/OL]. Schaumburg:ISACA Report.(2024-1-18).https://www.isaca.org/resources/reports/privacy-in-practice-2024-report.

[10] 丁晓东.个人信息保护:原理与实践[M].北京:法律出版社,2021.

[11] 中国信息通信研究院互联网法律研究中心.个人信息保护立法研究[M].北京:中国法制出版社,2021.

[12] 何渊.大数据战争:人工智能时代不能不说的事[M].北京:北京大学出版社,2019.

[13] Helen Nissenbaum. Privacy in Context:Technology, Policy, and the Integrity of Social Life [M]. Manhattan:Stanford University Press,2009.

[14] Ari Ezra Waldman.Privacy as Trust:Information Privacy for an Information Age[M].Cambridge:Cambridge University Press, 2018.

[15] Raphaël Gellert.The Risk-Based Approach to Data Protection[M].Oxford:Oxford University Press, 2020.

[16] ENISA. Privacy and Data Protection by Design:from Policy to Engineering[R/OL].(2014-12-01). https://op. europa. eu/en/publication-detail/-/publication/6548a14b-9863-410d-a8a6-c15a0137d281/language-en.

[17] ENISA. Data Protection Engineering:from Theory to Practice[R/OL].(2022-05-20). https://op. europa. eu/en/publication-detail/-/publication/3b6176f0-dbd6-11ec-a534-01aa75ed71a1/language-

en/format-PDF/source-341317916.

[18] ENISA. Engineering Personal Data Protection in EU Data Spaces[R/OL]. (2024-02-02). https://op.europa.eu/en/publication-detail/-/publication/6a92f1fc-c4af-11ee-95d9-01aa75ed71a1.

[19] Sean Brooks, Michael Garcia, Naomi Lefkovitz, et al. An Introduction to Privacy Engineering and Risk Management in Federal Systems[R/OL]. Washington, DC: NIST Internal Report (NIST IR) 8062. (2017-01-04) https://nvlpubs.nist.gov/nistpubs/ir/2017/nist.ir.8062.pdf.

[20] 大数据技术标准推进委员会. 隐私工程白皮书[R/OL]. (2023-09-26). https://www.secrss.com/articles/59237? app=1.

[21] 全国信息安全标准化技术委员会. 信息安全技术 个人信息安全工程指南：GB/T 41817—2022[S]. 北京：中国标准出版社，2022：10.

[22] Information Technology-Security Techniques-Privacy Engineering for System Life Cycle Processes: ISO/IEC TR 27550:2019[S/OL]. (2019-09-01). https://www.iso.org/standard/72024.html.

[23] Consumer Protection-Privacy by Design for Consumer Goods and Services-Part 1: High-level Requirements: ISO 31700-1:2023[S/OL]. (2023-01-01). https://www.iso.org/standard/84977.html.

[24] Consumer Protection-Privacy by Design for Consumer Goods and Services- Part 2: Use Cases: ISO 31700-2:2023[S/OL]. (2023-01-01). https://www.iso.org/standard/84978.html.

[25] Lothar Determann. Determann's Field Guide to Data Privacy Law: International Corporate Compliance [M].5th Ed.London: Edward Elgar Publishing, 2022, 1.

[26] 个人信息保护课题组. 个人信息保护国际比较研究[M].2版. 北京：中国金融出版社，2021.

[27] 程啸，王苑. 个人信息保护法教程[M]. 北京：中国人民大学出版社，2023.

[28] 江必新，郭锋.《中华人民共和国个人信息保护法》条文理解与适用[M]. 北京：人民法院出版社，2021.

[29] 杨合庆. 中华人民共和国个人信息保护法释义[M]. 北京：法律出版社，2022.

[30] 瑞柏律师事务所. 欧盟《一般数据保护条例》GDPR 汉英对照[M]. 北京：法律出版社2018.

[31] 欧洲联盟第二十九条资料保护工作组的相关文件[EB/OL]. (2024-02-01). https://www.dspdp.gov.mo/zh_cn/references_detail/article/l3mqmkcr.html.

[32] 京东法律研究院. 欧盟数据宪章：一般数据保护条例GDPR评述及实务指引[M]. 北京：法律出版社，2018.

[33] Mariusz Krzvsztofek.GDPR: Personal Data Protection in the European Union[M]. The Netherlands: Kluwer Law International BV, 2021.

[34] IT Governance Privacy Team, EU General Data Protection Regulation (GDPR): An Implementation and Compliance Guide[M]. IT Governance Publishing, 2019.

[35] The Congressional Research Service. Data Protection Law: An Overview[R/OL]. (2019-03-25). https://crsreports.congress.gov/product/pdf/R/R45631.

[36] 深圳市律师协会. 数据合规法律汇编(第1期 欧洲篇)[R/OL]. (2022-03-16). http://szlawyer.lsxh.homolo.net/info/1893907f82e44e8e9919f7ff13888653.

[37] 深圳市律师协会. 数据合规法律汇编(第2期 美国篇)[R/OL]. (2022-04-14). http://www.szlawyers.com/file/upload/20220414/file/20220414163427_d6e1de3444b64eed9771ddd14767b487.pdf.

[38] 深圳市律师协会.数据合规法律汇编(第3期 亚洲篇)[R/OL].(2022-05-23). http://www.szlawyers.com/info/172b7f916b9a49629b01cd9c522006a3.

[39] 深圳市律师协会.数据合规法律汇编(第4期 境内篇)[R/OL].(2022-07-25). http://www.szlawyers.com/info/803ab44e815b4660a62fd54437d9e417.

[40] 北源律师事务所.金融行业数据合规法规与案例选编[R/OL].(2021-11-09). https://www.beiyuanlawyer.com/beiyuanlvsuo/research/abb794bf-b21d-436d-9517-828d0d353baf.html.

[41] 北源律师事务所.医疗行业数据合规法规与案例选编[R/OL].(2021-11-10). https://www.beiyuanlawyer.com/beiyuanlvsuo/research/39ec8e71-03de-41fc-aebc-347ccd7c1efb.html.

[42] 北源律师事务所.汽车行业数据合规法规与案例选编[R/OL].(2022-01-24). https://www.beiyuanlawyer.com/beiyuanlvsuo/research/461a4501-4fb2-44d0-8f30-f4a8b7ffc111.html.

[43] 北源律师事务所.广告行业数据合规法规与案例选编[R/OL].(2021-01-09). https://www.beiyuanlawyer.com/beiyuanlvsuo/research/30b7e76a-4a11-4dbb-afc1-dfd37003e91a.html.

[44] 北源律师事务所.游戏行业数据合规法规与案例选编[R/OL].(2021-12-21). https://www.beiyuanlawyer.com/beiyuanlvsuo/research/8b254cd7-102a-4fb1-96f0-07cb3cfb2c7b.html.

[45] 北源律师事务所.教育行业数据合规法规与案例选编[R/OL].(2022-01-06). https://www.beiyuanlawyer.com/beiyuanlvsuo/research/b68a3ab1-95a7-4f25-8ab0-9f6aee56e0ab.html.

[46] 谢宗晓,董坤祥,甄杰,等.ISO/IEC 27701:2019隐私信息管理体系(PIMS)标准解读[M].北京:中国标准出版社,2020.

[47] 中国邮政储蓄银行,中国金融认证中心组.个人信息保护:基于GB/T 35273的最佳实践[M].北京:中国标准出版社,2019.

[48] 华为技术有限公司.《华为隐私保护治理白皮书:隐私合规17/27框架》[Z/OL].[2022-11-07]. https://www-file.huawei.com/-/media/corp2020/pdf/trust-center/huawei_privacy_protection_governance_white_paper_2022_cn.pdf.

[49] 中国软件评测中心,国家信息中心《信息安全研究》,蚂蚁科技集团股份有限公司.数据安全复合治理与实践白皮书[R/OL].(2021-12-21). http://mogesec.com/wp-content/uploads/2021/12/%E6%95%B0%E6%8D%AE%20%E5%AE%89%E5%85%A8%E5%A4%8D%20E5%90%88%E6%B2%BB%E7%90%86%E4%B8%8E%E5%AE%9E%E8%B7%B5%E7%99%BD%E7%9A%AE%E4%B9%A6.pdf.

[50] Salido Javier.Data Governance for Privacy, Confidentiality and Compliance:A Holistic Approach[Z/OL]. https://www.isaca.org/resources/isaca-journal/past-issues/2010/data-governance-for-privacy-confidentiality-and-compliance-a-holistic-approach.

[51] Microsoft. Data Governance for GDPR Compliance:Principles, Processes and Practices[EB/OL].(2017). https://info.microsoft.com/rs/157-GQE-382/images/EN-GB-CNTNT-eBook-Security_GDPR-Data_Governance_for_GDPR_Compliance%5B1%5D.pdf.

[52] Microsoft. A Guide to Data Governance:Building a Roadmap for Trusted Data[EB/OL].(2020). https://query.prod.cms.rt.microsoft.com/cms/api/am/binary/RE4GEtu.

[53] Microsoft Purview[EB/OL]. https://learn.microsoft.com/en-us/purview/manage-data-governance.

[54] AICPA/CIC. Privacy Management Framework (PMF)[EB/OL].(2020). https://us.aicpa.org/interestareas/informationtechnology/privacy-management-framework.

［55］ IBM.2023年数据泄露成本报告［EB/OL］.［2023-07-24］.https://www.ibm.com/reports/data-breach.

［56］ ISO/IEC 19011：2018《管理体系审核指南》［EB/OL］.https://www.iso.org/standard/70017.html.

［57］ Accountability Framework .https://ico.org.uk/for-organisations/uk-gdpr-guidance-and-resources/accountability-and-governance/accountability-framework/.

［58］ 朱晓娟.数据合规实务指南［M］.北京：法律出版社，2024.

［59］ 阿里巴巴数据安全研究院.数据安全能力建设实施指南v1.0［Z/OL］.［2018-09］.https://www.dsmm.org.cn/skin/files/2021-09-15/%E6%95%B0%E6%8D%AE%E5%AE%89%E5%85%A8%E8%83%BD%E5%8A%9B%E5%BB%BA%E8%AE%BE%E5%AE%9E%E6%96%BD%E6%8C%87%E5%8D%97%20V1.0.pdf.

［60］ Salido Javier. Data Governance for Privacy，Confidentiality and Compliance：A Holistic Approach［Z/OL］.https://www.isaca.org/resources/isaca-journal/past-issues/2010/data-governance-for-privacy-confidentiality-and-compliance-a-holistic-approach.

［61］ 中国移动通信有限公司研究院.企业跨境数据流动安全合规白皮书［Z/OL］.（2023-02）.http://221.179.172.81/images/20230220/38841676875798184.pdf.

［62］ 中国联通研究院，中国联通网络安全研究院，下一代互联网宽带业务应用国家工程研究中心.企业数据跨境合规与技术应用白皮书［Z/OL］.（2023-11）.http://221.179.172.81/images/20231129/49261701242593785.pdf.

［63］ 工信部.工业和信息化部关于进一步提升移动互联网应用服务能力的通知［EB/OL］.https://www.miit.gov.cn/jgsj/xgj/APP qhyhqyzxzzxd/ tzgg/art/2023/ art_be 5c5d0782a f4300a4cd-cbc10a60f202.html.

［64］ 我们必须加强跨境数据流动［EB/OL］.https://www.weforum.org/agenda/2023/01/data-flows-cross-border-wef23/.

［65］ 国家互联网信息办公室.数据出境安全评估申报指南（第一版）［EB/OL］.http://www.cac.gov.cn/2022-08/31/c_1663568169996202.htm.

［66］ Guidelines 05/2021 on the Interplay between the application of Article 3 and the provisions on international transfers as per Chapter V of the GDPR［EB/OL］.https://edpb.europa.eu/our-work-tools/our-documents/guidelines/guidelines-052021-interplay-between-application-article-3_en.

［67］ 死者个人信息保护问题［EB/OL］.https://www.secrss.com/articles/35029.

［68］ GDPR执法统计盘点、重点案例分析及应对方案（下篇）［EB/OL］.https://www.yenlex.com/news/content_246.html?lang=en-us.

［69］ 电信服务规范［EB/OL］.https://www.gov.cn/zhengce/2022-08/23/content_5722729.htm.

［70］ 规范互联网信息服务市场秩序若干规定［EB/OL］.https://www.gov.cn/gongbao/content/2012/content_2161726.htm.

［71］ 电信和互联网用户个人信息保护规定［EB/OL］.https://www.gov.cn/zhengce/2022-08/23/content_5722717.htm.

［72］ 关于印发《App违法违规收集使用个人信息行为认定方法》的通知［EB/OL］.http://www.cac.gov.cn/2019-12/27/c_1578986455686625.htm.

［73］ 冯登国.大数据安全与隐私保护［M］.北京：清华大学出版社，2018.

[74] Rehan Jalil. PrivacyOps Book: Automating Privacy Operations Across Your Organization[R/OL]. (2019-11-07). https://securiti.ai/ebooks/request-book/.

[75] Office of the Privacy Commissioner of Canada (OPC). Privacy Enhancing Technologies: A Review of Tools and Techniques[R/OL]. (2017-11-01). https://www.priv.gc.ca/en/opc-actions-anddecisions/research/explore-privacy-research/2017/pet_201711/.

[76] Organisation for Economic Cooperation and Development (OECD). Emerging Privacy Enhancing Technologies: Current Regulatory and Policy Approaches[R/OL]. (2023-03-08). https://www2.oecd.org/digital/emerging-privacy-enhancing-technologies-bf121be4-en.htm.

[77] 隐私增强技术会议论文集[EB/OL]. https://petsymposium.org/.

[78] 中国信息通信研究院. 数据清洗、去标识化、匿名化业务规程(试行)[R/OL]. (2023-11-02). http://www.caict.ac.cn/kxyj/qwfb/ztbg/202311/P020231117626922388674.pdf.

[79] 陈凯,杨强. 隐私计算[M]. 北京:电子工业出版社,2022.

[80] 李伟荣. 深入浅出隐私计算:技术解析与应用实践[M]. 北京:机械工业出版社,2022.

[81] 徐秋亮,蒋瀚,王皓,等. 安全多方计算[M]. 北京:科学出版社,2024.

[82] David Evans, Vladimir Kolesnikov, Mike Rosulek. A Pragmatic Introduction to Secure Multi-Party Computation[M]. Boston: Now Publishers, 2019.

[83] 杨强,刘洋,程勇,等. 联邦学习[M]. 北京:电子工业出版社,2021.

[84] 杨强,黄安埠,刘洋,等. 联邦学习实战[M]. 北京:电子工业出版社,2021.

[85] 薄列峰,黄恒,顾松庠,等. 联邦学习:算法详解与系统实现[M]. 北京:机械工业出版社,2022.

[86] Cynthia Dwork, Aaron Roth. The Algorithmic Foundations of Differential Privacy[M]. Boston: Now Publishers, 2014.

[87] 尼尔,亚比雅. 动手学差分隐私[M]. 刘巍然,李双,译. 北京:机械工业出版社,2024.

[88] 隐私计算联盟. 隐私计算法律与合规研究白皮书[R/OL]. (2021-12-22). https://www.secrss.com/articles/37462.

[89] 隐私计算联盟. 隐私计算技术应用合规指南[R/OL]. (2022-12-28). https://www.secrss.com/articles/50661.

[90] 隐私计算联盟. 隐私计算应用研究报告[R/OL]. (2023-07-26). https://www.secrss.com/articles/57631.

后记

  随着5G、物联网等技术的发展，我们的生活方式发生了巨大的变化，个人信息已经成为一种重要资源被广泛收集和利用，与此同时，用户的个人信息泄露、滥用问题也愈加凸显，给企业和个人带来了极大挑战和威胁。为了应对这种情况，全球隐私保护立法不断完善，为全面保护个人信息提供了完整的法律框架，规范了企业和国家相关部门的隐私保护义务。企业作为个人信息的收集者和处理者，如何合规收集和使用数据，保护个人信息安全已经成为大数据时代的一个重要课题。

  中国科学技术大学网络空间安全学院一直致力于全球隐私保护相关法律法规和标准的洞察和分析，以及隐私科技的探索。在实践过程中，我们逐渐意识到隐私治理是一门交叉学科，单纯依赖隐私科技难以全面、高效地解决企业在隐私治理中遇到的问题和挑战，建立完善的内部隐私管理机制才能与用户形成互信共赢。

  我们与华为公司的隐私治理专家就如何开展隐私保护治理进行了深入的交流和探讨，其先进的隐私治理理念和方法为我们提供了宝贵的启示，给企业隐私治理的互信互赢提供了丰富的理论基础和实践经验，具有很高的行业参考价值。隐私治理是一项综合工程，涉及企业管理、信息安全技术、法务等多个领域，我们注意到目前国内市面上的书籍和大多数高校教材与课程，或者聚焦于法律视角，或者聚焦于隐私技术，缺乏面向企业隐私治理的系统性思考。因此，我们与华为联合编写一本聚焦隐私治理的书籍，结合当前业界优秀实践，从法律法规、管理、技术三个方面综合性地展开介绍。

本书从前期的调研、选题、收集资料到成稿耗时一年，其间我们认识到这本书的受众不仅限于高校学生，书中所提供的行业洞察和企业在隐私治理方面的宝贵实践可以供各行业管理者、专家和学者参考借鉴。选题到成稿之路漫漫，其间幸得多方助力。首先，感谢华为专家与我们分享了十余年丰富的企业隐私治理实践，为企业理解和应对隐私治理挑战提供宝贵经验。其次，感谢丛书编委会的院士、专家们拨冗指导，因为他们专业、细致的评审及客观公正且富有建设性的意见，本书才得以不断优化。最后，感谢中国科学技术大学老师和同学们的支撑，因他们一路相伴，携手共进，让本书内容更加饱满并最终付梓。

在数字化转型之下，个人信息安全的挑战无处不在，隐私治理之道将与时俱进，本书仅仅是抛砖引玉，不足之处，望广大读者和从业人士宽容以待，不吝珠玉。

为本书作出贡献的同志还有：贾艳斌、韦卫嫦、贾强、蔡舒衡、季凤、乔明、孟繁龙、李秋铭、王淑贞、肖睿阳、张鑫、景王沅、苏谈、刘嘉彤，在此向他们一并表示感谢。

张　驰